白晋易学思想研究

——以梵蒂冈图书馆见存
中文易学资料为基础

陈欣雨 著

人民出版社

序

张立文

"曾在蚕宫亲织就，方知缕缕尽辛勤"。陈欣雨博士置身于梵蒂冈图书馆的书海，犹如三月不知肉味地在蚕宫中终日乾乾、艰难辛苦地笔墨，穿梭于文本之间，终于亲自织就华美的绵缎，完成博士论文的撰写。其中的甜酸苦辣，唯有亲历者才能品味到。

一

之所以讲其为华美的绵缎，一是新资料。新材料是织出华美绵缎的条件，为绵缎增华添美加丽。材料是历史的记录，前人智慧的结晶、反思的精华。为了研究白晋及其弟子傅圣泽和马若瑟的易学思想，她在梵蒂冈图书馆、耶稣会档案馆、罗马国立中心图书馆、罗马大学图书馆、乌尔班大学历史档案馆及乌尔班大学汉学研究中心细心寻求有关文献，梳理、研究其资料，请教汉学教授和研究者，终于较全面、系统地掌握了白晋及弟子易学思想的第一手资料，为研究、撰写博士论文提供了扎实的基础，这也是上乘博士论文必备条件。若无新的第一手资料，在二手资料上炒冷饭，是不可能织出锦缎的。

二是新领域。陈欣雨博士对易学本就有兴趣，在硕士期间撰写过李贽的易学思想论文，在博士期间她原准备撰写三苏的经学思想，包括其易学思想。但研究西方传教士的易学思想，却是其新的领域。开拓一个新领域，对一个人的学术生命来说，是一新的征途，需要付出更多、更大的精力和心血，一切需要

1

重新开始,需要克服更多更大的困难和险阻。她终于"过五关斩六将"似地闯过来了,并做得很出色。

三是新视野。在当前全球化、信息革命的时代,互联网把人与人、国与国、民族与民族紧紧地捆绑在一起,不留一点空隙。中国哲学研究就不能封闭、保守在一人、一国、一民族狭小的视野内,心里要有全球的视野、人类的意志。当今不仅是"国家兴亡,匹夫有责",而是"世界兴亡、人人有责"的时代。于是陈欣雨博士把中国易学思想研究的视野拓展到世界传教士易学思想研究领域,以及耶《易》思想的探索。她从耶《易》的萌生、早期基督教传教失败的启示、耶稣会士的来华到教士的《易经》研究和白晋等人卓有成就的易学钩深,以及传教士在与中国学者的交往、切磋、互讲中,揭示着耶《易》的形成,对耶《易》与中国传统的儒、道、释、易关系有一宏观的体察,在其互相比较中亦有一微观的辨析。其易学思想研究便投入到中西古今比较的致广大的视野中,这对易学研究带来新的启迪。

四是新观点。观点是经典文本研究的灵魂。无魂的研究是没有生命的,无灵的研究是没有智慧的,无灵魂便无疑于死亡;有灵魂才能有生命、有智慧,才能生生不息。易学生生不息的生命价值就在有新观点。例如:开创易学的基督神学研究,协调《圣经》与《易经》,中华民族文化与西方基督文化碰撞所喷发的火光;跨文化、跨文本研究的主体性与客体性在转换中的融突而和合的构建;传教士从其基督信仰立场审视《周易》的起源、内容、地位、影响,去寻找古代中华圣人智慧中与基督宗教相契合的元素,扩展其在华的传播;《易经》所蕴涵的天地鬼神之奥,其玄妙的象数和智慧义理承载着中华文化的哲学精华和道德精髓,传教士通过几代人对异国、异教、异质的唯变所适的演化,充实西方易学经学史义理阐释的内涵。新观点引领着耶《易》的研究导向、理论思维的指向和价值评价的定向。

五是新方法。方法是主体解剖客体对象所运用的技艺、手段、工具的总和。它有上、下、左、右、中央之分别,它制约着主体对客体对象的判断、分析、评价和导向,也支配着其拒斥、继承、认同和吸收。正确方法的选择,是能否织就华美锦缎的关键一环。《庄子·养生主》讲庖丁为文惠君宰牛,进刀解牛发出的声响,没有不合乎音节,既合乎桑林乐章的舞步,又合乎经首乐章的韵律。

庖丁之所以做得这样华美,是把解牛活动转变成艺术。他说:"臣之所好者道也,进乎技矣"。超越了技术,进入道的境界,"以神遇而不以目视,官知止而神欲行,依乎天理"。依照牛的天然纹理去解牛。文惠君受庖丁的启发,领悟了养生的道理,我们也可从中获得解牛之方的启迪。方法不仅是形而下的技术,亦是形而上的道艺。该博士论文运用宏观与微观相圆融的方法,"宏观涉及文献学、经学、社会学以及和合学方法的运用",微观来说涉及经学、诠释学、易经索隐学等。用和合学来解释白晋的易学思想本意、义理蕴含和思想特色,从而保持了白晋的易学思想的本身。

二

"问渠那得清如许,为有源头活水来"。《易经》作为中华文化思想的源头活水,她是诸经之本、万学之源,"范围天地万物之理"。《四库全书总目》称其有两派六宗。易道广大,无所不包,诸凡思想文化、价值观念、天文地理、乐律算术、兵法策略、范畴概念、思维方式、象数图式等无不被历代学者所钩沉发微,或义理演绎为形而上之道,或转化为形而下之器;或依以构建度越的价值理想的可能世界,或形成百姓日用的礼仪行为理论;或借以实现人生自我价值的意义世界,或成为祈求今生来世的工具。因此,中国各阶层的人都敬畏它、点赞它。

《易经》在汉以后被尊奉为六经之首和世界四大经典之一,受世人"高山仰止",因此历代释《易》者及其著述如汗牛充栋,不可胜数。其释《易》之理和方,大体有相似之处,既有"理一分殊",也有"殊途同归"。

《易》虽旧典,和合创新。经典诠释,源远流长,或传,或疏,或笺,或注,或集解,或外传,不一而足。汉时既有古文经学,又有今文经学,乾嘉时既有汉学,又有宋学,形成各有特色、指向异趣的解经体系,或我注六经或六经注我,同为旧典《易经》,其解分殊,是由于时代不同、价值观不同、主体学养差分、体认有别所致,但都是不同的诠释者依据其所处不同时代思潮、价值观念所形成的"前见"、"前识",对旧典《易经》所作出的解释;或者诠释者依据其本具的宗教教理、坚定的价值理想信仰(如各种主义、学说等)对旧典作出诠释,这是诠释者融突而和合的殊途同归。无论是诠释者哪种诠释,对于旧典《易经》来说,都是种新说、新解,都是对旧典《易经》的一种新体认。给《易经》穿上儒服、道袍、袈裟、耶装,都是对旧典《易经》影响力的扩展、话语力的提升、内涵力的充实。具体而言,运用和合学方法论,不仅使《易经》自身的核心范畴、主导概念和范畴系统,自身的内涵和品格以及自身依以诠释的经典文本,而且有戛戛独造的方法和表述这种方法的概念及形式,能对白晋及其弟子的易学思想的本意、义理蕴含、思想特色作出创新性诠释,以使白晋的易学思想的整体和谐性、传统延续性、结构有序性得到再现。

探赜索隐,钩深致远。中华自古以来有书不尽言、言不尽意之训。由于人文语境的局限、意识形态的控制,语言文学的有涯,而意的无涯,故在字里行间隐藏着言外之意、意外之意,探究这言外之意、意外之意的学问,便出现《周易·系辞》所说的"探赜索隐,钩深致远"。唐代司马贞曾著《史记索隐》一书,不过没有形成索隐学派。但由于探赜索隐者身处不同时代的人文语境、政治意识形态环境和价值观念的分殊,各索隐者的指向、评价、结语均相差分,因此便会出现各抒己见、莫衷一是的情境。白晋选择《易经》作为索隐的经典文本,是因为它是"诗书等经,并诸古典籍,其道其学,俱既本于大易,其章其文其字之隐藏深奥与易亦必一揆而无不同,此乃折中经书正义之权衡,通达其奥文之灵机,探取其深意之神韵"。但其主要原因,白晋认为在《易经》中通过索隐可找到让隐蔽的天主得以显现的"光",这样的"光"不仅能认识天主,而且能使中华人民能得到基督拯救之道。他从中西方关于天主的称谓具有可统合性出发,索隐钩深《易经》与《圣经》相应相向的因素。尽管白晋与其弟子傅圣泽、马若瑟索隐的关注点、研究重点不同,指向亦异,但都突出其基督立场和上帝信仰的主体性,即以《易经》释我,而非我释《易经》,赋予《易经》以基督性,这是白晋等索隐派的宗旨和目标。

中西经典、互架彩桥。在当今信息革命、互联网+的时代,中西早已一桥飞架,互联互通,政治、经济、文化、军事、人员、信息、空间各个层面均实现"无间",尽管各领域之间互联互通的程度、深度、水平有别,但"无间"的互联互通是大势所趋,不可逆转。在文化思想多元多样存在的情境下,由于社会制度、意识形态、国家体制、价值观念、文化背景的差异，其干扰、阻碍、矛盾、困难就显得突出一些，获得认同、共识、合作、共赢艰难一些，但只要坚持和合学的和生、和处、和立、和达、和爱五大原理，便能使中西古今均能互联互通。当白晋及其弟子来华传教时的人文语境正是外来基督宗教信仰文化与中华传统儒、释、道文化碰撞之际，这对于他们来说是在异国、异文化、异语境、异宗教中传教，但经过他们终日乾乾的奋斗，把传教的着力点放在中华传统经典的学术研究上，以《易经》作为诠释文本，通过将天主教的《圣经》核心教义与《易经》的义理蕴含架起彩桥，使中西经典成为互相沟通的思想巨流，而汇合到世界大洋。对于当代研究耶《易》的学者来说，主体所研究客体对象，亦是跨国度、跨文化、跨文本、跨宗教的研究，研究主体既要入《易经》和《圣经》，又要出《易经》、《圣经》，无入何以体认《易经》、《圣经》，无出何以客观公正地评价，"不识庐山真面目，只缘身在此山中"。只入不出，便不能认识《易经》、《圣经》的真面目，既不能认识其面目，就不可能架起中西经典之间的彩桥，而成断桥，也不能实现以彼注我，以《圣经》注《易经》，或以《易经》注《圣经》。各诠释主体均以我经为中心划线或标准，付诸他者，要求他者符合我的划线和标准，否则就不予承认而否定，便出现霸权标准，因此中西经典彩桥的连接、沟通，需要各方诚信来维护。

致以广大，尽以精微。唯有广大，而能精微，唯有胸怀整体的《易经》发展史，才能探赜索隐其被遮蔽的奥义，以及钩深致远其发展的趋势和其未来命运。历朝历代各家各派的哲学家、思想家、术算家、文学家、史学家、宗教家都趋之若鹜地到《易经》中发掘适合于自我可发微或演绎的元素、因子。就宏观而言，有儒家《易》、道家道教《易》、佛家《易》、耶家《易》，在这几家中又分为各派《易》以及在历史长河中的种种演变。就微观来说，将儒家《易》内部逻辑演变分为四个阶段：从卜筮《易》演生为先秦诸子《易》；由先秦诸子《易》演变为两汉经学《易》；汉代经学《易》发展为宋代义理《易》；明清之际融合象数《易》与义理《易》，预示朴学《易》的产生。进而精细地说，汉代经学《易》分古文经学与今文经学，并各立家法与师法。汉武帝始立《易》博士学官，皆为今文经学家，古文易学行于民间。重今文经学的孟喜利用天文历法、物候时运、阴阳灾变、图象术数解《易》，并以八卦取象推断人事吉凶。京房以阴阳学说为理论基础，诠释自然、社会现象，丰富了易学内涵，而讲八宫、纳甲、阴阳互行和卦气说。由象数易学的发展,明阴阳灾异的纬书随之而生,"上明稽应之理,下言卦气之征验也"。对于宋代义理《易》与明清之际的《易》学的象数与义理均有精细的钩深,可谓致精微。特别是对白晋易学思想的研究,从白晋易学著作考、易学著作内容概要、《易钥》的论述中,将《圣经》所言之天,与集三位一体(圣父、圣子、圣灵)之"天主"与《易经》所言天、地、人三才之"道"及《老子》所言"一生二,二生三,三生万物"之"三"相比附,以此为先天之道、天地万物之本、万民之大父母。这种比附,白晋以为发现了中西文化、《圣经》与《易经》中共同的核心元素。这种分析可谓尽精微,为中华易学与耶《易》的《易经》与《圣经》中西易学比较别开生面。

以上所述,观有感而发。谚曰:文如其人。博士论文是其从幼儿园到大学、博士二十多年学习的心血结晶,是人生成长的历程,是生命智慧的充实,是道德情操的提升,是精神境界的塑造。"大学之道,在明明德"。德者,得也,"内得于己,外得于人"。内得于己,首要以修身为本,修身而能修学。《论语》讲"德之不修,学之不讲,闻义不能徙,不善不能改,是吾忧也"。修养品德是与追求学问紧密联系的。吴澄说:"学必以德性为本"。学习以修养德性为根本。它体现在修学上,"学而时习之,不亦说乎"。内得于己,除修德之外,修学需要思勤、眼勤、耳勤、手勤、行勤,才能博学多才、广采多收、别开生面、结出硕果。此五勤陈欣雨博士身体力行,故撰出好论文。外得于人,唯有"己欲立而立人,己欲达而达人",才能人立而立己,人达而达己。"接物见霁月光风,持身则严霜烈日"。待人接物像雨后明月和初晴的风那样和谐,要求自己要像严寒的霜雪和猛烈的太阳那样严厉,但不能颠倒。唯有如此,才能得道多助,这就是助人即助己,帮人即帮己。这是取得事业成功,也是取得学业成功的秘诀。这是陈欣雨博士所以取得诸多人协助的原因所在,也是她能够撰写该博士论文的关键所在。陈欣雨博士是既有潜力有能力从事学术研究的人才,又是对诗、书、画有兴趣的人。文以载道,道以化文,祈盼其道与文更上一层楼。

是为序。

于中国人民大学孔子研究院

2016 年 6 月 12 日

目 录

图 目 录

表　目　录

绪　论

　　由于时空的不平行,很多时候历史文本演绎只是一部沉默的哑剧。然而语言却是连接着历史与文本的媒介,使得文本有了可以表达的声音,其生命力在历史中得以再现。语言的表达过程便是思想的形成阶段,话语所构建的语言大厦,便是整个思想的池城。本书主要涉及的东方经典《易经》与西方经典《圣经》借着强大的异域宗教文化力量作为支撑,通过构建一条"虹",联结中西经典文本,使"毫无关联"的智慧具有妙不可言的亲缘性。而法国耶稣会士白晋(Joachim Bouvet,1656—1730)及其弟子傅圣泽(Jean Françoise Foucquet,1665—1741)、马若瑟(Joseph-Henri-Marie de Prémare,1666—1736)等人的易学研究,区衷所志,厥欲凭借清朝初期外来基督宗教信仰文化与中国本土传统思想(儒、道、释等)相遇之机,窥探二者的交融程度。一方面他们作为天主教徒,对天主的话语、基督宗教权威经典《圣经》是如何认知的,如何抹平"圣言"与"人言"("基督宗教神学的起点是神与人的对话"[①])之间的鸿沟,从而试图通过人间的经典呈现天主的面孔。另一方面他们来华以后,在传教实践中如何将传教的着力点放置到对中华传统经典的学术研究上,以中华传统经典《易经》作为诠释底本,通过将天主教的权威经典《圣经》核心教义付诸于上,从而在这两个经典文本之间搭建一座沟通的桥梁,和合时间、地域、文化及语言的差异,使两种异质文化在经典文本中有了交流的可能性。

---

　　① ［芬兰］黄保罗:《大国学视野中的汉语学术对话神学》,民族出版社2011年版,第86页。

1

一、耶稣会士易学研究意义之探讨

耶稣会士们经过专业的学术训练，凭借着渊博学识和聪明才智在面对异质文化时所产生的学术兴趣和思想共鸣，挑战着终极信仰与理性分析的界限，并且转换着东西认知视角的相对性与绝对性。他们凭借的是其坚贞的信仰支撑，故不可能委屈至高无上的上帝，也无法做没有灵魂的"陪唱者"，必然造就异质文本"误读"和有趣的语词"比附"。但是这样的牵强附会并不损伤其本有的思想价值，仍不失为一出精彩的演出。

其一，他们开创了易学研究领域的耶《易》尝试。法国耶稣会士白晋及其弟子等人对《易经》的研究，对于《易经》文本本身而言，是一次诠释上的全新尝试。在经历了儒《易》、道《易》、佛《易》以后，耶《易》是与传统诠《易》方式截然不同的思想维度。曾经道家和佛家都成功地将《易经》化作了自己的文本来源，且成为研究易学的主要宗派，特别是道学《易》，更是跻身进入了易学的正统研究体系。而作为耶《易》研究主体的传教士，试图对《易经》进行耶化的诠释，这就需要将神学宗教的因素暂时隐去，用中国传统的经学方式去和《易经》建立联系；作为客体的《易经》，其自身诠释空间的包容性使得主体的宗教性有了缓冲的可能，故西方《圣经》和东方《易经》在中华传统经学中得以相遇。故耶《易》研究不是在宗教的氛围中进行，而是在中国传统经学研究中发生。

其二，他们开拓了基督宗教在华传播方式。法国耶稣会士白晋及其弟子等人在面对传统儒家经典（特别是《易经》）时，透过不同的生活觉解和信仰追求形成不同的宗教立场，以及对"异国"、"异教"、"异质"文化的感知，《易经》不仅成为他们这个学派整个学术研究的主攻方向，亦是他们借此在华进行传教的文本载体。通过将《圣经》典型故事和代表人物援引入《易经》及其他传统经典，以义理诠释吸收传统文化的合理内核，从而寻求东西文化的同源性和相似性，以追寻基督宗教在传统文化的踪迹。这不仅形成独特的研《易》思路和方法，衍生出"易学索隐"的思想，而且通过中西经典文化的学理交融，为天主教的传教事业开拓了新的方式。

其三,他们补充国外对中华经学史的研究。本文秉持的视角并不是基督宗教传播史的角度,也并非局限于文化交流史的视域,而是以传统经学的义理阐释为研究角度去探寻《易经》在国外的发展情况。经学史在这里特指本土儒家经典的流传演变和发展的历史。早在利玛窦来华时,便萌发了将儒家经典介绍到欧洲的想法。通过传教士不断对儒家经典的翻译和研究,儒家经典不仅陆陆续续地翻译到了欧洲①,而且扩展到了文本分析的阶段。本书所涉及的法国耶稣会士白晋,可视为耶稣会传教士对《易经》的专门的系统学术研究的第一人,他及其弟子对《易经》的研究不仅不再停留在翻译、介绍和译注的层面,而且形成自己的易学思考、研究方法和思想特色,从而使得国外经学研究发展到了西方人拥有经学著作阶段。

本书从本土经学研究为出发点,研究外来传教士们基于文化认知、接纳的立场上如何对传统经典进行研究,实现中西交流背景下的文本比较研究,如何以传教士的视角去审视《易经》的起源、地位、主要内容及其影响,以及如何从占有统治地位的儒家智慧中寻找到与基督宗教相符合的元素,围绕中国熟知的哲学、宗教观念来诠释西方宗教文化,从而将天主教与中国文化进行衔接。考虑自身能力有限,对跨文化(Cross-Culture)、跨文本(Cross-Textual)研究尚且肤浅,故需要厘清个体局限与终极问题之间的关系。这里的"个体"即是"主体性"的体现,即在应对不同的社会语境所凸显出的主体存在性。对于当时耶稣会士来说,他们"主体性"全由天主决定,存在于信仰使命与世俗生活相互碰撞的火花之中,在《易经》研究中体现出来的强烈宗教引导是其主体性的突出体现。而对于笔者,在研究耶稣会士白晋的信仰皈依和文本著作时,必然就存在着信仰层面的鸿沟,故是站在宗教之外研究其学术思想,亦是成就本书能够以经学作为研究路线的可能。

---

① 参见[法]费赖之:《在华耶稣会士列传及书目》,中华书局 1995 年版,第 46、124、226、317、326、331、420 页。

二、先行研究之分类

本书主要涉及的是梵蒂冈图书馆所馆藏的关于白晋及其弟子中文易学资料的研究。唯有了解目前学术界针对此问题的研究现状,才能够明朗问题意识的最终确立,亦才能凸显出本书研究的价值和意义。

(一)关于人物个案研究

1. 白晋

在德国汉学家柯兰霓(Claudia von Collani)所著的《耶稣会士白晋的生平与著作》(*P. Joachim Bouvet S. J. Sein Leben und sein Werk*)(1985)①一书专门就白晋的生平、作品、他的索隐派思想体系和他在华传教的重要意义等方面进行陈述,重点阐释了以《易经》为基础的索隐思想在白晋人生和学术中的影响。其中有对白晋的易学著作如《易经释义》(藏于巴黎国家图书馆)、《易钥》、《易考》(藏于梵蒂冈图书馆)等的论述。其中涉及梵蒂冈图书馆资料是拉丁文,而非中文资料。而柯兰霓在《华裔学志》上发表了《西方与〈易经〉的第一次相遇》(*The First Encounter of the West with the Yijing*)(2007)②一文,其中在第三节"《易经》和中国的索隐派"(*The Yijing and Figurism in China*)和第四节"中国和白晋的研究"(*The Chinese and Bouvet's Research*)中对白晋的易学进行了详细的论述,并对清代学者李光地(1642—1718)对其易学思想的影响做了阐释;第五节"关于十五卦的不同解释"(*Different Interpretation of Hexagram 15*)中涉及白晋对《易经》中《谦》卦的解释;第六节(*The Figurist Texts*)中对白晋的法文和拉丁文书信进行了分析。此文对白晋的易学研究情况做了详细的

① Claudia von Collani, *P. Joachim Bouvet S. J. Sein Leben und sein Werk*, Monumenta Serica Monograph Series 17, Nettetal-Sankt Augustin 1985. 参见中文译本:[德]柯兰霓:《耶稣会士白晋的生平与著作》,李岩译,张西平、雷立柏审校,大象出版社 2009 年版。

② Claudia von Collani, "*The First Encounter of the West with the Yijing——Insrodution to and edition of letters and Latin translations by French Jesuits from the 18ᵗʰ century*", Monumenta Serica 55 (2007), pp.227-377.

叙述,可谓研究索隐派在中国情况的代表之作。在文中亦没有涉及梵蒂冈图书馆的中文易学资料。

国内早在 20 世纪 40 年代,阎宗临(1904—1978)曾撰写《白晋与傅圣泽之学〈易〉》对傅圣泽随同白晋研究《易经》情况和经过做备份①。而方豪(1910—1980)在《十七八世纪来华西人对我国经籍之研究》中"康熙帝命西士研究易经"一节中节录其文②。他又在其《西方交通史》中以"清圣祖命西教士研究《易经》之经过"之题下节录③,所抄内容经过考证多出于梵蒂冈图书馆,Borgia·Cinese,439°(A)和(B)部分。而关于梵蒂冈图书馆所藏白晋的易学资料,韩琦在《白晋的〈易经〉研究和康熙时代的"西学中源"说》(1997)④一文在论证康熙所提出的"西学中源"说的时间基础上,对白晋通过研究《易经》确立的传教策略进行了分析,从而论述西方数学与易学的关系。文章对梵蒂冈图书馆中关于白晋研究《易经》的手稿进行了简要的介绍,特别是《易经总论稿》中关于数学(引用《算法统宗》)与易学(《天尊地卑图》)关系的部分,重点论述了白晋的研究在康熙的"西学中源"说中的作用。本书已涉及白晋的易学著作内容,但是并不完整,仅仅是白晋易学著作中的一本。韩琦又连续发表了《再论白晋的〈易经〉研究——从梵蒂冈教廷图书馆所藏书稿分析其研究背景、目的及反响》(2004)⑤、《科学与宗教之间:耶稣会士白晋的〈易经〉研究》(2004)⑥等论文,进一步对梵蒂冈图书馆关于白晋的易学资料研究,继续对白晋的《易学外篇》及康熙的谕旨做了分析,探讨了白晋作《易经》的目的和反响,重点依然放置于白晋所研究《易经》的数学内容部分。但是文中对白晋

① 阎宗临:《中西交通史》,广西师范大学出版社 2007 年版,第 132—134 页。
② 方豪:《十七八世纪来华西人对我国经籍之研究》,《方豪六十自定稿》上册,台湾学生书局 1969 年版,第 196—197 页。
③ 方豪:《中西交通史》下,上海人民出版社 2008 年版,第 730—733 页。
④ 韩琦:《白晋的〈易经〉研究和康熙时代的"西学中源"说》,《汉学研究》1997 年第 16 卷第 1 期。
⑤ 韩琦:《再论白晋的〈易经〉研究——从梵蒂冈教廷图书馆所藏书稿分析其研究背景、目的及反响》,荣新江、李孝聪主编:《中外关系史:新史料与新问题》,科学出版社 2004 年版,第 315—323 页。
⑥ 韩琦:《科学与宗教之间:耶稣会士白晋的〈易经〉研究》,载陶飞亚等编:《东亚基督宗教再诠释》,香港中文大学崇基学院宗教与中国社会研究中心 2004 年版,第 413—434 页。

及其弟子的易学著作并没有做厘清,比如认为《周易原旨探》"原书虽然没有保存下来"①,且认为此书为白晋所著。但是经过笔者查阅,不仅文章内容藏于梵蒂冈图书馆 Borgia·Cinese,361°-4 中,名称改为了《周易理数》(又称《易理易数》)②,而且推测多为马若瑟所著等等。张西平在《梵蒂冈图书馆藏白晋读〈易经〉文献初探》(2003)③一文中首先对国内外学术界关于梵蒂冈图书馆所馆藏的白晋研究《易经》的基本情况做了介绍,继而对照余东所编《梵蒂冈图书馆馆藏早期传教士中文文献目录,十六至十八世纪》④和伯希和(PaulPelliot)《梵蒂冈图书馆所藏汉籍书目》⑤两篇目录,从而确定白晋的易学著作。然后对白晋和傅圣泽对《易经》的文献即康熙的奏折进行了抄录。不足之处在于本书仅仅是对白晋有哪些著作书目进行了论述,但是并没有分析白晋易学著作的内容,尽管也介绍了康熙的相关奏折,但是也并未深入分析。

2.傅圣泽

美国汉学家魏若望(John W.Witek S.J.)所著的《耶稣会士傅圣泽神甫传:索隐派思想在中国及欧洲》[*Controversial ideas in China and in Europe:a biography of Jean-François Foucquet,S.J.,(1665—1741)*](1982)⑥一书主要是以傅圣泽的生平为线索,从他的手稿资料对在中国的礼仪之争中耶稣会士传教区之间的纷争、傅圣泽在康熙皇帝宫廷中与白晋一起从事《易经》研究,试图在中国古代典籍中寻求《圣经》相符思想以及回到欧洲对中国文化的传播的情

---

① 韩琦:《再论白晋的〈易经〉研究——从梵蒂冈教廷图书馆所藏书稿分析其研究背景、目的及反响》,荣新江、李孝聪主编:《中外关系史:新史料与新问题》,科学出版社 2004 年版,第317 页。

② [法]马若瑟:《周易理数》,梵蒂冈图书馆,Borgia·Cinese,361—4°-I,第 1 页。

③ 张西平:《梵蒂冈图书馆藏白晋读〈易经〉文献初探》,《文献季刊》2003 年第 3 期。

④ 余东:《梵蒂冈图书馆馆藏早期传教士中文文献目录,十六至十八世纪》(Yu Dong,*Catalogo delle opere cinesi missionarie della Biblioteca apostolica vaticana,XVI-XVIII sec*)Cità del Vaticano,Biblioteca AposticaVaticana,1996。

⑤ Paul Pelliot,*Inventaire sommaire des manuscrits et impreimes chinois de la Bibliotheque Vaticane*,13 JUIN-6 JUILLET 1922.参见中文译本[法]伯希和编:《梵蒂冈图书馆所藏汉籍书目》,高田时雄校订、补编,郭可译,中华书局 2006 年版。

⑥ John W.Witek S.J.,*Controversial ideas in China and in Europe:a biography of Jean-François Foucquet,S.J.,(1665—1741)*,Institutum Historicum S.I.,Roma,1982.参见中文译本[美]魏若望:《耶稣会士傅圣泽神甫传:索隐派思想在中国及欧洲》,吴莉苇译,大象出版社 2006 年版。

况做了论述。在书后附录中罗列了傅圣泽的易学著作,他提及梵蒂冈图书馆中文易学著作部分,但是在文章中对白晋和傅圣泽的中文易学著作的归属问题不甚清楚,有待进一步论证。

3. 马若瑟

丹麦汉学家龙伯格(Kund Lundbk,T.S.Bayer,1694—1738)的《清代来华传教士马若瑟研究》[*Joseph de Prémare*(1666—1736)*S.J.*:*ChinesePhilology and Figurism*](1991)①一书主要论及马若瑟的生平和著作情况,通过马若瑟与福尔蒙的信札以及其著作如《六书实义》、《汉语札记》等,分析马若瑟的学术造诣,通过对《易经》的分析而论述马若瑟的索隐学理论,并且对马若瑟和白晋的关系进行了分析。

国内张西平有《清代来华传教士马若瑟研究》(2009)②一文,主要是对马若瑟的汉语研究《汉语札记》、翻译著作《赵氏孤儿》等的价值和影响作了分析,以《六书实义》为代表对马若瑟索隐派思想的主要观点进行论述。文章涉及马若瑟对《河图》、《洛书》的研究,分析易学与文字之间的关系,此为马若瑟索隐思想的基础,并认为马若瑟、白晋、傅圣泽等人的索隐派在理论上比以利玛窦为代表的第一代来华耶稣会士更具有自洽性。但是文中仅仅是对《六书实义》中所出现的易学进行分析,而并未涉及马若瑟的易学著作。李真的《来华耶稣会士马若瑟(Joseph de Prémare,S.J.)生平及学术成就钩沉》③一文将马若瑟作为西方汉语研究的开创者,对其的生平、来华时间、传教活动、流放和病逝等,特别是与中国索隐派的关系以及他自己的索隐派研究做了较为细致的论说。文章最后对马若瑟学术著述概述进行了梳理,其中并未涉及本书所探讨的马若瑟中文易学作品。潘凤娟在《从西学到汉学:中国耶稣会与欧洲汉学》(2008)④一文主旨是探讨耶稣会士在中国的学术活动情况,从利玛窦合古

---

① Knud Lundb k:*Joseph de Prémare*(1666—1736)*S.J.*:*Chinese Philology and Figurism*. Aarhus:Aarhus UniversityPress,Acta Jutlandica,1991,参见中文译本[丹麦]龙伯格:《清代来华传教士马若瑟研究》,李真、骆洁译,大象出版社 2009 年版。
② 张西平:《清代来华传教士马若瑟研究》,《清史研究》2009 年第 2 期。
③ 李真:《来华耶稣会士马若瑟(Joseph de Prémare,S.J.)生平及学术成就钩沉》,《东亚文化交涉研究》2010 年第 5 号。
④ 潘凤娟:《从西学到汉学:中国耶稣会与欧洲汉学载》,《汉学研究通讯》2008 年第 27 期。

儒驳宋儒的经典研究、龙华民对古代经典的全盘否定、艾儒略对古儒和程朱理学的调和以及以马若瑟为代表的符象派的经典研究,从而对耶稣会在中国经典研究过程做了历史梳理,并将此作为欧洲汉学的起源之一。其中对马若瑟的《六书实义》重点阐述,但对其《易经》研究并未论及。此外,在廖名春主编的《周易研究史》(1991)的"易学在国外的流传和影响"一节中介绍到白晋、马若瑟的《易经》研究①,但非常有限,仅涉及白晋与莱布尼茨的书信,从而论及白晋易学的成就和在西方的影响,对马若瑟的介绍更是只言片语。

(二)关于人物传记生平式记载

这类整理书籍最早是由天主教耶稣会内部的神父所著,即是对耶稣会士在中国传教情况以及人员信息整理的记载,其中有关于白晋及其弟子傅圣泽、马若瑟等人的信息。较之于研究学者而言,他们的工作更加详细和准确。

在费赖之神父(Louis Pfister,S.J.,1833—1891)所著的《在华耶稣会士列传及其书目》(Notices biographiques et bible-ographiques sur les jésuite de l'ancienne mission de Chine 1552—1773)(1932—1934)②一书中,对白晋(编号:一七一)、傅圣泽(编号:二四三)、马若瑟(编号:二三五)等人有简要的生平简介和书目说明,其中涉及白晋的易学著作《古今敬天鉴》(巴黎国家图书馆和梵蒂冈图书馆皆有)、《易经释义》以及一些关于易学研究的书信;傅圣泽和马若瑟的一些涉及易学研究的信札等。在荣振华(Joseph Dehergne S.J.,1903—1990)所著的《1552—1800年入华耶稣会士列传》(Répertoire des jésuites de Chine de 1552 à 1800)(1973)③中按照耶稣会士的诞生、受洗、出发赴华、莅华、汉名、在华活动时间、职务、逝世时间以及主要著作等对耶稣会士进行编

---

① 廖名春、康学伟、梁韦弦等:《周易研究史》,湖南出版社1991年版,第457—458页。

② Louis Pfister,Notices biographiques et bibli-ographiques sur les jésuites de l'ancienne mission de Chine1552—1773.Shanghai,Imprimerie de la mission lazariste,2 vols.参见中文译本[法]费赖之:《在华耶稣会士列传及其书目》(全二册),冯承钧译,中华书局1995年版。

③ Joseph Dehergne S.J.Répertoire des Jésuites en Chine de 1552 à 1800,Institutum hHistoricum Letouzey and Ane Roma Paris.参见中文译本[法]荣振华、方立中、热拉尔·穆赛、布里吉特·阿帕乌:《16—20世纪入华天主教传教士列传》,耿升译,广西师范大学出版社2010年版;[法]荣振华:《在华耶稣会士列传及书目补编》,耿升译,中华书局1995年版。

目,其中对索隐派代表人物白晋(编号:106,第79—80页)、傅圣泽(编号:330,第155—156页)、马若瑟(编号:660,第280—281页)等人皆有所记录,对大事记的时间记录更加精准,至为珍贵的是对学界的研究成果进行了罗列,从而通晓对人物的研究状况。方豪所著的《中国天主教史人物传》(1988)①一书,对白晋、傅圣泽、马若瑟等人在中华传教和学术研究情况都有所介绍。徐宗泽编著的《明清间耶稣会士译著提要》(1949)②中,分圣书、真教辩护、神哲学、教史、历算、科学、格言等七类概括耶稣会士译著,而在"真教辩护"中有白晋的《古今敬天鉴天学本义》、马若瑟的《周易原旨探》等文,且在文后对译著者有传略,白晋、马若瑟皆在其中。卓新平主编、雷立柏著的《中国基督宗教史辞典》(2013)③一书中收录了1949年以前有关中国基督宗教的历史资料,其中包括白晋(第42页)、傅圣泽(第128页)、马若瑟(第288页)等人,对他们的生平、在华主要事迹、代表著作做了简要的概况,其中提及他们对《易经》的研究情况。此外,顾卫民的《中国天主教编年史》(2003)④一书亦对按照时间顺序白晋及其弟子在中华的活动情况进行了记载,等等。

(三)关于索隐派的学派研究

由于以研究《易经》衍生出来的索隐主义是白晋及其弟子思想的最主要特色,故对索隐派的易学研究即是对白晋及其弟子研究的重要体现。

孟德卫(David E.Mungello,1943—　　)的《奇异的国度:耶稣会士适应政策及汉学的起源》(*Curious land*:*Jesuit accommodation and the origins of sinology*)(1985)⑤一书中,对耶稣会士的适应政策从传教、学术、文化等方面进行了研究,梳理了自利玛窦开始的政策发展历史和演变过程,其中涉及白晋利用《易经》作为新的适应政策载体,在吸收西方赫尔墨斯神秘体系的基础上,结合中

①　方豪:《中国天主教史人物传》,中华书局1988年版。
②　徐宗泽编著:《明清间耶稣会士译著提要》,中华书局1989年版。
③　卓新平主编,雷立柏编:《中国基督宗教史辞典》,宗教文化出版社2013年版。
④　顾卫民:《中国天主教编年史》,上海书店出版社2003年版。
⑤　David E.Mungello:*Curious land*:*Jesuit accommodation and the origins of sinology*,F.Steiner Verlag Wiesbaden,1985.参见中文译本[美]孟德卫:《奇异的国度:耶稣会士适应政策及汉学的起源》,陈怡译,大象出版社2010年版。

国历史的古老性,"试图使它和新的儒学与基督宗教结合方案更为一致"①。在书的第九章"耶稣会适应政策在白晋索隐主义中的演变"中专门针对白晋的索隐主义进行了论说并且论及其在欧洲的传播及影响。在他的另一本《1500—1800 中西方的伟大相遇》(*The Great Encounter of China and the West*, *1500—1800*)(1999)②著作中,第四章"欧洲对中国文化和儒学的接纳"中专门有介绍莱布尼茨、白晋和索隐派,介绍了白晋对中国文化的研究以及与莱布尼茨的交往,重点放在二人在《易经》的数、图与二进制的讨论上,从而看到两个外国人对中国文化的接纳和运用。澳大利亚学者鲁保禄(Paul A.Rule)在《孔子或孔夫子? 耶稣会士的儒学诠释》(*K'ung-tzu or Confucius?:the Jesuit interpretation of Confucianism*)一书(1986)③中介绍了自利玛窦开始的耶稣会士对儒学的诠释,其中重点涉及礼仪之争的内容以及耶稣会士和汉学发展的关系。而在第四节"摩西或者中国? 耶稣会索隐派"中对索隐派的情况以及所遭受的批评进行了概述,并且认为白晋主张《易经》预示学,傅圣泽强调经典象征学,马若瑟看重"遗迹"理论,从而分别论述了对索隐派代表人物的思想。虽然篇幅不大,但影响深远。美国学者司马富(Richard J.Smith)在《耶稣会士在历史比较下对〈易经〉的解释》[*Jesuit Interpretations of the Yijing*(*Classics of Changes*)*in Historical and Comparative Perspective*](2001)④一文中详细解释了《易经》的行文特色和地位,进而探讨耶稣会士对《易经》的涉及和研究,以白晋作为索隐派的发起者和领导者,带领着傅圣泽和马若瑟一起使用索隐法对《易经》进行了解释,运用索隐派的研究方法,试图挖掘中国宗教传统中可以

---

① [美]孟德卫:《奇异的国度:耶稣会士适应政策及汉学的起源·导言》,陈怡译,大象出版社 2010 年版,第 8 页。

② David E.Mungello: *The Great Encounter of China and the West*, 1500—1800, Rowman & Littlefield Publishers,1999.参见中文译本[美]孟德卫:《1500—1800 中西方的伟大相遇》,陈怡译,新星出版社 2007 年版。

③ Paul A.Rule, *K'ung-tzu or Confucius?:the Jesuit interpretation of Confucianism*, Allen&Unwin, Sydney, London, Boston.1986.

④ Richard J.Smith, *Jesuit Interpretations of the Yijing*(*Classics of Changes*)*in Historical and Comparative Perspective*, article based on the conference "Matteo Ricci and After:Four centuries of Cultural Interactions between China and the West", sponsored by the City University of Hong Kong and Beijing University, October 13-16,2001.

为天主教所利用的元素,从而宣扬其教义。在文章中提及梵蒂冈图书馆内所存白晋的易学著作数篇,如《易稿》、《易钥》、《易考》、《易引原稿》、《易学总说》、《大易原义内篇》、《易学外篇》等篇。司马富在《全球视角下的〈易经〉:一些反思》[The Yijing (Classic of Changes) in global perspective: some reflection](2002)①一文中先是论述了东亚(韩国、日本和越南等地)的《易经》发展情况,继而论西方世界的《易经》情况。最后论及在比较视野下的《易经》情况,将《易经》(I Ching)、基督宗教《圣经》(Bible)、伊斯兰《古兰经》(Qu' ran)、印度《吠陀经》(Veda)等书作为权威经典进行比较,从而证实《易经》的元典地位。其中特别提到了梵蒂冈图书馆中所馆藏的关于白晋的易学资料、包括Borgia・Cinese 317 中 7°所附的《古传遗迹论》、8°《释先天未变始终之类由天尊地卑图而生》(原文题目为《易学总说》)、15°《天学本义》、3°《易经总论稿》、4°《易考》、10°《易学外篇》、2°《易钥》、16°《易钥》、6°《易引原稿》,以及Borgia・Cinese 316 的 14°《古今敬天鉴》等,此外还论及白晋与康熙、傅圣泽等人的关系。此外,他还著有《探寻宇宙和规范世界:〈易经〉和它在中国的进程》[Fathoming the Cosmos and Ordering the World: The Yijing(I-Ching, or Classic of Changes) and Its Evolution in China]②(2008)一书,其中在"康熙时代的《易经》学者"(The Kangxi Era in Changes Scholarship)一节中(177—183 页)对白晋在中国的易学活动和《易经》研究做了概述,特别提及《易经总论稿》和《天尊地卑图》,这一文一图在梵蒂冈图书馆皆有馆藏。钟鸣旦在《中国基督宗教手册》(Handbook of Christianity in China)(2001)③中专门有一节介绍索隐主义(Figurism),其中对索隐派的研究方法起源、组成人员、面临的利弊条件、核心话题以及影响等方面都做了概述。其中将类型学(typological exegesis)、古代神学(ancient theology)、犹太——基督宗教神秘教义(the Judaeo-Christian cabala)三种方法作为方法来源,按照天、地、人三才之道对历史分为三个时

①　Richard J.Smith, The Yijing (Classic of Changes) in global perspective: some reflections, Paper for the Boosof Changes World Conference, Taipei, Taiwan, September 28-October 2, 2002.

②　Richard J. Smith, Fathoming the Cosmos and Ordering the World: The Yijing (I-Ching, or Classic of Changes) and Its Evolution in China, University of Virginia Press, 2008.

③　Nicolas Standaert, Handbook of Christianity in China, Volume one: 635—1800, Leiden, Boston, Köln: Brill, 2001.

代,将伏羲和以诺的形象等同,在中国传统中的基督宗教条(道与造物主、三位一体、智慧之根、中国企望圣人而至等)以及关于中国文字的索隐分析等作为索隐派思想的主题皆为学界所认同,多为引用。黄保罗(Paulos Huang)在《汉语索隐神学——对法国耶稣会士续讲利玛窦之后文明对话的研究》(2011)①一文中,通过对利玛窦适应政策和礼仪之争的背景的梳理,探讨白晋、马若瑟、傅圣泽等人的汉语索隐神学,对其的内涵、诞生、主题、方法及其影响进行了阐发,并对汉语索隐神学所受到的批评以及合理性进行了考察。其中不仅提到白晋在梵蒂冈图书馆中的《易经》研究著作,而且也涉及白晋用中国经学的方法作为索隐神学的进路,从而将《易经》和《圣经》联系起来。但是文中亦没有对白晋等人的易学著作内容进行具体分析。

国内张国刚的《明清传教士与欧洲汉学》(2001)②一书将法国耶稣会士在华的发展情况视为汉学研究格局的草创时期,其中第四章、第五章内容主要解释法国传教士在华的传教情况、学术研究以及对后世影响,其中还特别介绍了《易经》与索隐派的关系,认为索隐主义思想特别是对编年史研究"为18世纪晚期第一批态度认真、严谨治学的汉学家的诞生奠定了基础"③。书中还从文字研究方面专门介绍了索隐派的文字理论,特别对马若瑟的文字研究和索隐诠释方式进行了分析。此外,也在关于莱布尼茨的"一般字符"和汉字关系中讲到了白晋对《易经》的介绍。张国刚、吴莉苇的《礼仪之争对中国经籍西传的影响》(2003)④一文主要是以礼仪之争为背景,分析传教士对中国经典的翻译、研究和西传情况,对传教士关于礼仪问题、对儒家经典(四书五经)的作品情况(翻译类、研究类等)分别进行了统计,重点介绍了索隐派与经典研究的关系,对索隐派的成员情况、理论渊源、经典研究以及影响都做了较为全面的论述。但在思想分析中并没有进行个人作品的划分,而笼统地认为是白晋

---

① [芬兰]黄保罗:《汉语索隐神学—对法国耶稣会士续讲利玛窦之后文明对话的研究》,《深圳大学学报人文社科》2011年第2期。

② 张国刚:《明清传教士与欧洲汉学》,中国社会科学出版社2001年版。

③ 张国刚:《明清传教士与欧洲汉学》,中国社会科学出版社2001年版,第195页。

④ 转引自张国刚、吴莉苇:《礼仪之争对中国经籍西传的影响》,《中国社会科学》2003年第4期。

的思想,这并不符合现实情况。杨宏声的《明清之际在华耶稣会士之"易"说》(2003)①一文将明清之际的来华耶稣会士作为研究《易经》的开创者,不仅对意大利、法国耶稣会士对《易经》的研究做了概要梳理,而且重点对以白晋、傅圣泽、马若瑟等人为代表的"《旧约》索隐派"的易学研究进行哲学上的分析,认为白晋重视形象主义理论,傅圣泽重视古史和道家学说,马若瑟重视文字学等,由此体现出索隐派的思想特色,并将此作为易学演进的重要组成部分。在张西平的《传教士汉学研究》(2005)②一书中收录了他关于白晋易学研究的三篇文章,即《〈易经〉研究:康熙和白晋的一次文化对话》、《梵蒂冈图书馆藏白晋读〈易经〉文献初探》以及《〈易经〉在西方的早期传播》。内容基本与他的另一本著作《欧洲早期汉学史——中西文化交流与西方汉学的兴起》(2009)一书相同,主要是将白晋和马若瑟作为索隐派汉学家进行了思想分析③,将索隐派汉学研究视为来华传教士汉学成就最高的一批人,且重点对白晋的易学研究情况(以梵蒂冈图书馆所藏书目以及康熙奏折等为主)做了初步的梳理。但是并未涉及梵蒂冈图书馆中白晋易学著作的具体内容。卓新平所著的《索隐派与中西文化认同》(2006)④一文主要是通过深层意义上解说索隐派对《易经》的研究,进而阐述在对中国文化认同努力中多与历史学、传教初衷的矛盾,以此指明其思想启发意义和潜在的生机。在文中特别强调白晋将《易经》分为表层和深层研究,对其索隐易学主要内容进行了概述,还涉及傅圣泽、马若瑟、郭中传等人通过索隐学而对中华文化的认同。岳峰和程丽英的《索隐式翻译研究》一文(2009)⑤主要是从翻译的角度去研究索隐式的哲学阐释,传教士以"合儒"为动机,通过研究中华典籍,试图为天主教寻求合适载体,将索隐学派分为滥觞、浸淫与延续三个发展阶段,把白晋、傅圣泽、马若瑟等人的索隐式研究置于浸淫阶段,重点以他们对《诗经》的研究为例,诠

---

① 杨宏声:《明清之际在华耶稣会士之"易"说》,《周易研究》2003 年第 6 期。

② 张西平:《传教士汉学研究》,大象出版社 2005 年版,第 91—126 页。

③ 张西平:《欧洲早期汉学史——中西文化交流与西方汉学的兴起》,中华书局 2009 年版,第 514—593 页。

④ 卓新平:《索隐派与中西文化认同》,参见王晓朝、杨熙楠主编:《沟通中国文化》,广西师范大学出版社 2006 年版,第 1—26 页。

⑤ 岳峰、程丽英:《索隐式翻译研究》,《中国翻译》2009 年第 1 期。

释他们的索隐特色。杨平的《耶稣会传教士〈易经〉的索隐法诠释》（2013）[1]一文对耶稣会传教士的《易经》研究方法做了阐释，以白晋、傅圣泽、马若瑟的《易经》研究方法为例，以汉字字形分析法、《易经》与《圣经》宗教人物对比、《圣经》卦象与天主神圣启示相结合、《易经》编年合于《圣经》编年史以及经学与基督宗教关系等五种索隐方法来分析其索隐思想，认为索隐派的方法为易学的国际推广与翻译以至于文化传播学提供了重要的借鉴意义。这两篇文章针对性地介绍了耶稣会士的易学索隐研究，但是并没有对梵蒂冈图书馆的相关资料做研究。

（四）关于相关背景的记载

在这里主要包括关于白晋及其弟子的在华生活情况介绍。

首先，白晋所著的《康熙皇帝》（*Portrait historique de l'empereur de la Chine*）（1697）[2]一书，本是白晋献给法国皇帝路易十四（Louis XIV，1638—1715）的奏折，亦是他在华期间与康熙皇帝相处后，对康熙皇帝的评价以及对中国民族、宗教、文化等多方面问题的描述，不仅可以了解他在中国的生活情况，也可以了解当时中西文化交流的程度，"是耶稣会适应政策转移的标志"[3]。此外，杜赫德（Jean Baptiste du Halde，1674—1743）所编的《耶稣会士中国书简集：中国回忆录 I—III.》（*Lettres édifiantes et curieuses：écrites des missions étrangéres. Noel-Etienne Sens*）（1724）[4]，其中第一卷藏有白晋与马若瑟的信件，通过他们自己与其他神父的通信，如白晋给拉雪兹神父、马若瑟给郭弼恩（Charles Le Gobien，1653—1708）神父等信可以对他们来华的海上经历、与康熙的见面以及片段生活做一个还原。在背景研究的介绍方面，比如白晋及其弟子所面临

---

① 杨平：《耶稣会传教士〈易经〉的索隐法诠释》，《周易研究》2013 年第 4 期。

② P.J.Bouvet.*Portrait historique de l'empereur de la Chine*，Paris，1697.原著藏于罗马国家图书馆。参见［法］白晋：《康熙皇帝》，赵晨译，黑龙江人民出版社 1981 年版。

③ ［美］孟德卫：《奇异的国度：耶稣会士适应政策及汉学的起源》，陈怡译，大象出版社 2010 年版，第 332 页。

④ J Jean-Baptiste Du Halde，*Lettres édifiantes et curieuses：écrites des missions étrangéres*（*1810*）.Noel-Etienne Sens，1724.参见［法］杜赫德编：《耶稣会士中国书简集：中国回忆录》I，II，郑德弟等译，大象出版社 2001 年版。

图一　白晋所绘康熙图像①

①　Bouvet, Joachim, *icon Regia Monarchae Sinarvm Nvnc Regnantis Ex Gallico Versa*, 1699, Bayerische Staats bibliothek.p.1.

图二 《康熙帝传》（1946年）首页

16

的礼仪之争问题等也有涉及。谢和耐（Jacques Gernet）的《中国与基督宗教——中西文化的首次撞击》（*Chine et christianisme.Actionet réaction*）（1982）①一书对明末清初入华耶稣会士的情况和中西文化首次撞击的研究领域作了深入的研究，为白晋等人入华的前期背景作了很全面的交代，详细描述了中国礼仪之争的过程以及葡萄牙对耶稣会士所起到的作用等方面。

此外，在钟鸣旦（Nicolas Standaert）、杜鼎克（Adrian Dudink）、蒙曦（Nathalie Monnet）等编的《法国国家图书馆明清天主教文献》（*Textes chrétiens chinois de la Bibliothèque nationale de France*）（2009）②丛书中含有白晋、马若瑟的著作，如白晋的《天学本义》（第 26 册，第 1—24 页）、《古今敬天鉴》（第 26 册，第 25—160 页）、《古今敬天鉴》（第 26 册，第 161—330 页）、《造物主真论——古今敬天鉴》（第 26 册，第 331—480 页），马若瑟的《六书实义》（第 25 册，第 441—502 页）、《天学总论》（第 26 册，第 481—524 页）、《经传众说》（第 26 册，第 525—571 页）等。而在钟鸣旦、杜鼎克、黄一农、祝平一等编的《徐家汇藏书楼明清天主教文献》（1996）③丛书，钟鸣旦、杜鼎克主编的《耶稣会罗马档案馆明清天主教文献》（*Chinese Christian Texts from the Roman Archives of the Society of Jesus*）④丛书中并无白晋等人的著作。而杜鼎克（Adrian Dudink）在 2002 年《华裔学志》上有一篇题为《耶稣会罗马档案馆的和—汉文厐藏》（*The Japonica · Sinica Collections I–IV in the Roman Archives of the Society of Jesus*）⑤的论文，亦具有重要的参考价值。

由上可知，关于梵蒂冈图书馆所馆藏的白晋及其弟子的中文易学资料，国

①　Jacques Gernet, Chine et christianisme.Actionet réaction, Paris, Gallimard.1982.参见［法］谢和耐著，《中国与基督宗教：中国和欧洲文化之比较》，耿昇译，上海古籍出版社 1991 年版。

②　［比利时］钟鸣旦、［荷兰］杜鼎克、［法］蒙曦等编：《法国国家图书馆明清天主教文献》二十六册，台北利氏学社 2009 年版。

③　［比利时］钟鸣旦、［荷兰］杜鼎克、黄一农、祝平一等编：《徐家汇藏书楼明清天主教文献》五册，辅仁大学神学院 1996 年版。

④　Nicolas Standaert, Adrian Dudink, *Chinese Christian Texts from the Roman Archives of the Society of Jesus* , 2002, procura generalizai della compagnia di GESú ente riconosciuto con Decreto10-1-1950, Borgo Santo Spirito 4, Borgo Santo Spirito 4, Roma, Italia.参见［比利时］钟鸣旦、［荷兰］杜鼎克主编：《耶稣会罗马档案馆明清天主教文献》十二册，台北利氏学社 2002 年版。

⑤　Adrian Dudink, *The Japonica · Sinica Collections I–IV in the Roman Archives of the Society of Jesus*.Monumenta Serica.Volume L（2002）, pp.481–536.

内外的一些学者都在不同程度上已经注意到了,并且对其收录情况进行了一定的详略说明。但是关于其易学具体内容,大抵由于时间限制或者其他原因,至今还没有进行详细的学术分析,充其量只对其中少许文章进行大致的概述和说明,大都匆匆一瞥,凭其印象而成一目之士,或是徒抄只言片语,众人摸象而不体其全。故对此研究的薄弱也为本书的写作提供了学术意义。

<h2 style="text-align:center">三、本书文献资料之确定</h2>

本书之所以以"梵蒂冈图书馆见存中文易学资料"作为文本界定范围,其一是参阅伯希和(Paul Pelliot,1878—1945)、高田时雄(Takata Tokio,1949—   )的《梵蒂冈图书馆所藏汉籍目录》一书,在梵蒂冈图书馆中确有关于白晋及其弟子马若瑟、傅圣泽的中文易学资料。其二是由于留学意大利的契机,笔者花了近三个月的时间在梵蒂冈图书馆对梵蒂冈教廷图书馆里所馆藏的白晋及其弟子傅圣泽、马若瑟所著中文易学资料进行了文献抄录和校对工作,故是在第一手资料的基础上开展研究。而对其他国家地区(特别是法国、德国等地)的相关白晋等人的易学资料无法进行亲自考察,故必须作此限定。其三是出于对相关研究的深入程度考虑,关于白晋的《易经》研究资料(特别是外文书信和手稿),藏于法国国家图书馆、耶稣会档案馆的资料已广被参阅和研究,而梵蒂冈图书馆的传教士《易经》资料不仅比较集中,而且其具体思想还未被综合研究。

在梵蒂冈图书馆内的目录室(Inventory Room)里,关于汉籍书目的目录书一共有3本。第一本是法国汉学家伯希和于1922年6月13日—7月6日仅仅三个星期便编录成册的《梵蒂冈图书馆所藏汉文写本和印本书籍简明目录》(*Inventaire sommaire des manuscrits et imprimés chinois de la Bibliothèque vaticane*),在梵蒂冈图书馆里编号为512。此目录虽然还需要完善,但是关于梵蒂冈图书馆汉籍书目的第一本目录书,为外界特别是学术界了解梵蒂冈图书馆的汉籍馆藏提供了便捷。在此书中,包括高第(H.Cordier)的《十七至十八世纪欧洲人在中国出版的作品书目》(*Bibliographie des ouvrages publiés en*

Chine par les Europeens au XVIIe et au XVIIIe siecle，Paris 1901）、古恒（M.Cou-rant）的《汉、韩、日语等作品书目》（*Catalogue des livres chinois，coreens，aponais，etc.*，Paris 1902—1912）中的编号，从而更加清楚地查询书籍汉文原名。第二本为日本京都大学人文科学研究所的高田时雄于1995年翻译、修改和整理的《梵蒂冈图书馆所藏汉文写本和印本书籍简明目录》（*Inventaire sommaire des manuscrits et impreimes chinois de la Bibliotheque Vaticane*），编号为512A。此目录由京都的意大利国立东方学研究所（Istituto Italiano di Cultura Scuola di Studi sull'Asia Orientale）列为该所的《参考文献丛刊》第一种（Reference Series 1）。高田时雄的工作不仅是对伯希和工作的文字校订，还有参考文献的补充，除了高第和古兰的书籍，还包括斯达理（Giovanni Stary）的意大利和梵蒂冈所藏写本目录，以及王重民的《罗马访书记》①，从而完善了索引参考文献。第三本亦是高田时雄所著，他自己根据伯希和遗漏材料的补充汇编，题目为《梵蒂冈图书馆所藏汉籍目录补编》（*Supplement a l'inventaire des livres chinois de la Bibliotheque Vaticane*），编号为512B，由京都大学人文科学研究所（Institute for Research in Humanities，Kyoto University）1997年出版在《东洋学文献中心丛刊》的第七册上。此外，梵蒂冈图书馆工作人员余东女士所编辑的《梵蒂冈图书馆馆藏早期传教士中文文献目录，十六至十八世纪》（Yu Dong，*Catalogo delle opere cinesi missionarie della Biblioteca apostolica vaticana*，*XVI-XVIII sec.*Città del Vaticano，Biblioteca Apostica Vaticana，1996）一书，对16—18世纪传教士所著录的中文文献有一个更清楚的认识。这些目录书籍使我们对梵蒂冈图书馆所藏的汉籍以及天主教传教士的中西文著作情况有一个基本的把握。从汉籍目录所著录的材料可以看到，除了中文书籍以外，还有基督宗教各派的传教士在华传教时所写的著作、抄录文件以及书信，这些都是对研究基督宗教入华史和明清时期中国文化西渐史的重要参考文献。通过初步检索，在梵蒂冈图书馆所收藏汉籍书目里，关于《易经》的书籍约有47本，其中有官方的《钦定日讲易经讲义》、李光地的《御纂易经折中》；传统儒家士人的易学著作，如胡一

---

① 王重民：《罗马访书记》，《图书季刊》1936年第4期。转引自王重民：《冷庐文薮》，上海古籍出版社1992年版，第799—809页。

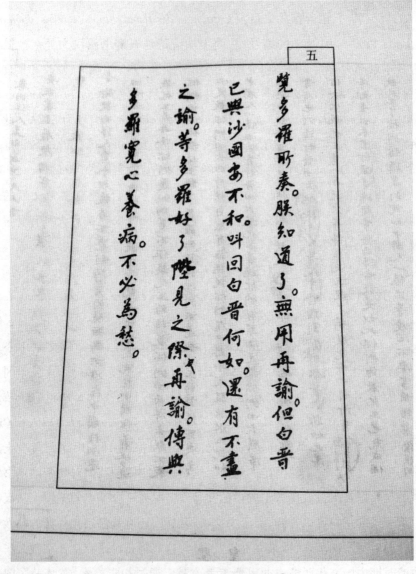

图三　康熙谕旨中提及白晋[1]

①　中国第一历史档案馆编纂:《清中前期西洋天主教在华活动档案史料》第一册,中华书局 2003 年版,第 11 页。

桂的《易附录纂注》、张问达的《易经辨疑》、潘士藻的《读易述》、林希元的《易经存疑》、张次仲的《玩辞困学记》等;还有已接受洗礼的中国人周志(教名雅克伯)所著的《读易记》等。而其中最为特色的即为传教士(耶稣会士)所著之《易》书,如白晋的《易考》、《易引原稿》,傅圣泽所著《据古经传考天象不均齐》,马若瑟的《易经原旨探》,雷孝思的《易经》选编等。本书是以梵蒂冈图书馆中所馆藏的白晋及其弟子的相关中文易学著作为研究文本,钩沉其易学思想。其中,关于白晋的易学著作集中在"FONDS BORGIA CHINOIS(Borgia·Cinese)手写本与刻印本"目录的 317 中,其弟子相关的易学著作或者论述散见于 91、316、357、361、380、379、439 等编号中。本书主要是从他们的中文易学著作内容、经学特点及其影响等方面去研究他们的易学思想,去窥见白晋及其弟子在适应中国传统文化、融合中西异质文化所作出的努力。

除了梵蒂冈图书馆的资料外,在罗马耶稣会档案馆中,关于中文书籍的资料和日本相关档案放在一起,收录在"日本—中国卷"(Borgia·Cinese)中,其中的第 1—4 类索引目录可参考陈纶绪(Albert Chan,SJ)的《罗马耶稣会档案馆处藏汉和图书文献目录提要》①,可以看到与白晋易学研究有关的易学书籍有 Japonica·Sinica,1V 5 的《识根本真宰明鉴》(*Shihken-pen chen-tsai ming chien*)和《天主三一论》(*T'ien-chu san-i lun*),Japonica·Sinica,1V 25-2 的《天尊地卑图》(*T'ien-tsun ti pei t'u*)和《六十四卦图》[*Liu-shih-ssu kua t'u* (*The Sixty-four Diagrams of the Book of Changes*)],Japonica·Sinica,1V 25-3 中包括白晋写给耶稣会士总会长的信件[*The page 1-2 consist of Joachim of Joachim Bouvet's letter to the general of Society of Jesus*(*Michelangelo Tamburini*,1648—1730)],信中涉及他对《易经》的研究情况以及其他传教士的反对态度。Japonica·Sinica,1V 25-4 中白晋关于《河图》、《洛书》的起源解释,进而阐释周敦颐的《太极图》和《天尊地卑图》、六十四卦,其中包含《河图密法》(*Ho-t'u mi fa*)、《洛书密法》(*Lo-xu mi fa*)、《伏羲六十四卦次序图》(*Fu hsi liu-shih-ssu kua tz'u-hsu t'u*)、《伏羲六十四卦方圆二图》(*Fu-hsi liu-shih-ssu*

---

① Albert Chan,S.J.*Chinese Books and Documents in the Jesuit Archives in Rome*,Armonk,N.Y.:M.E.Sharpe,2002.

kua fang yuan erh t'u)、《文王六十四卦原图》(*Wen-wang liu-shih-ssu kua yuan t'u*)等,由于阅读时间有限,仅仅对白晋的著作(Japonica・Sinica,1V 5;IV25)进行了摘抄。此外,关于白晋的一些原文书信(主要是法文和拉丁文),按年份收录在 Japonica・Sinica,177 中。在罗马宗座传信大学(Pontificia Università Urbaniana)的历史档案馆(Archivio Storico de Propagangda Fide)以及传信大学汉学研究中心(Centro Studi Cinesi Università Urbaniana)中,也都藏有关于传教士的手稿、书信和书籍,但是大多为拉丁文或者法文,其中历史档案馆(Archivio Storico)的《*Indie Orientali cina Scritture Rifer nei Congressi 1723* 》(640—1252)一书中有关于傅圣泽关于中国古代经典的介绍①。而在罗马国家图书馆(Biblioteca nazionale centrale di Roma)中存有白晋所著的《康熙皇帝》法文版本 *Portrait historique de l' empereur de la Chine*(1697)。德国巴伐利亚图书馆(Bayerische Staatsbibliothek)的《康熙皇帝》拉丁文版本 *Icon Regia Monarchae Sinarvm Nvnc Regnantis*(1699)等皆为参考使用。

四、经典诠释之中西结合

写作方法犹如站在思维城堡的门口,手里握着的那一把开启思想王国的钥匙。如果缺乏明确的思想分析手段和研究视角,不仅犹如散骑游勇,东游西荡,抓不住思想的本质,而且即使有了一个主题,也汗漫支离,下笔千言,离题万里,达不到预期的效果。这样的写作不仅对古人是一种误读,对于读者是更大的误导。面对林林总总的各类方法,恰如其分的"利其器",才能够"善其事",使用传统屡试不爽的文本研读法、历史考证法、经学诠释方法就如同停留在达芬奇"临摹鸡蛋"的阶段,但是鸡蛋要临摹好,亦是需要下苦功,相同的"刀"掌握在不同的人手里,对"牛"的解剖便会呈现不同的纹理。在延续着这些方法的基础上寻求新的研究进路,有了游刃有余的技术以后,再换一把

---

① Archivio Storico: *Indie Orientali Cina Scritture Rifer nei Congressi* 1723(640—1252), Vols 16, ff 698~723V.

好刀,便是锦上添花。所以在先行资料的阅读过程中,了解他人的研究方法,体察他人的研究模式,旨在能够提炼出适合问题研究的方法进路。综而论之,研究方法的提出不是弄出一个框架来约束思想或者附会思想,而是给予思想研究深层次的自由,为思想提供各种可能性的维度伸展,发挥其最大的可能性。

本书主要是从传统和创新两个层面来陈述研究方法。从传统方法而言,主要涉及文献学、社会学以及和合学等方法的运用。文献整理即是对梵蒂冈图书馆内关于白晋及其弟子的中文、法文以及拉丁文等第一手易学资料进行研读、抄录及校对工作,忠实于古文典籍的内在逻辑,努力保持文章原貌。社会学研究既包含着整体的社会人文环境,也包含着具体的学术研究语境。而白晋及其弟子的易学思想研究涉及国别之间的文本表达方式差异和思想文化比较,其个人具体的学术渊源、宗教归属、教育背景、地域文化等,都应有所考虑,以期探索白晋及其弟子何以能够成为清初在华传教的耶稣会士主力军,不仅在政治上取得了合法的传教权利,更是占据了传教士学术研究的主导地位。此外,本书还通过借鉴张立文教授的和合学方法论来对白晋的易学诠释进行指导,用和合学的方法论来解释白晋的易学思想的本意、义理蕴含和思想特色,从而保持白晋的易学思想整体的和谐性、传统的延续性、结构的有序性。

从创新来讲,本书通过经典诠释法去反思研究《易经》的特有方法。经典诠释法是对经典文本的义理分析,随着后世语言符号系统的诠释而不断彰显出自己的意义和价值。故本书的重点是通过对白晋及其弟子的易学著作文本语境、文本章句和辞理、语言基本表达形式的梳理,从而分析出他们对经典文本的自我诠释和理论圆融,归纳其主要内容,分析出其易学思想的特点、影响及其局限。

“赫尔默斯(Hermes)”一词成为了焦点。它“一词分饰两角”,一方面其本义是古希腊神话中的神,主要任务是将诸神的消息和指示传递给凡人,连通着天上和人间。本书中白晋将其与东方伏羲等同,赫尔墨斯是传递天主话语的使者,伏羲是传圣人之道的圣贤,故二者在其历史作用上相似。另一方面由它而衍发出的“诠释学”(Hermeneutic)一词成为本书主要的研究方法,“‘诠释学’的工作就总是这样从一个世界到另一个世界的转换,从神的世界转换到人的世界,从一个陌生的语言世界转换到另一个自己的语言世界"①。因此它是本书思考问题的方法维度和思想研究的重要进路。

面对经典,更多的是对一个民族发展的内部历史的见证,经典文本所形成的主题结构为传统所权威化的行文模式,经典所关注的主题乃为民族的文化精髓,从而发展出民族信仰与精神。在西方,《圣经》作为对神的言行故事的记录文本,本身即是一个完满的自我诠释体系,其《旧约》的文本世界开显为启示的模态,而《新约》即为初期信徒对耶稣基督的初始认信,其本质是一种"见证(temoignage,testimony)"文件②,而这种"见证"通过阐释为历史所延续。《圣经》诠释学是用属人的语言对天主话语进行理解,在神圣信仰的支撑下实现《圣经》的圆融性。而诠释之所以必要乃契合《圣经》的普世性,由于地域、语言、民族的差异,对经文的诠释、翻译已经和《圣经》历史一起发展,从最初的以《新约》诠释《旧约》为始端,"经文互释"成为已被公允的方式。《新约》对《旧约》的释读和评注,形成了预表论(Typology),"将《旧约》中的事件、人物或对象解释为《新约》事件、人物或对象的预示或原型"③。《旧约》所展示的弥赛亚预言,在《新约》耶稣那里得到了应验,这种"寓言"式的写法,增添了《圣经》的神圣性。随着不同民族间对《旧约》的翻译和不同教派的自我诠释,亟须对《圣经》的权威性文献进行订正,亚历山大学派(Alexandrian School)和安提阿学派(Antiochene School)在对《圣经》的诠释上各执己见:亚历山大学派受柏拉图思想中"人有肉身、灵魂、精神区分"的影响,更注重去探寻《圣经》中象征意义,主张建立一个《圣经》的寓意传统;安提阿学派在"三位一体"思想的指导下,对那些深藏于下的精神不感兴趣,而是钟情于经卷的字面意义,注重《圣经》的历史意义。这两种诠经方法的对立,促成了《圣经》诠释学的发展,在注重上层精神与坚守下层历史之间,基督宗教初期的教父们多选用亚历山大学派。奥古斯丁(Aurelius Augustinus,354—430)的诠释学确定了中世纪

①　Hans-Georg Gadamer, *Truth and Method*, 2nd edn, London: Sheed and Ward,1989.p.28.又参见[德]伽达默尔:《真理与方法》第2卷,洪汉鼎译,台湾时报文化出版有限公司1993年版,第102页。

②　《保罗·利科论〈圣经〉诠释》,载《圣经研究》第24—25卷,1979—1980年,第50页。转引自林子淳:《多元性汉语神学诠释》,宗教文化出版社2008年版,第167页。

③　卢龙光主编:《基督宗教圣经与神学词典》,宗教文化出版社2007年版,第542页。

的诠经路线,他不仅对《圣经》做注释,还专门著书对如何诠释《圣经》进行规范和指导,从语义学、符号学等方面来解说诠释语言,从而使《圣经》诠释学有了语言基础。而后经过克莱门(Clement of Alexandria, 150—215)、奥利金(Origen of Alexandria, 约185—254)等人,托马斯·阿奎那(Tomas Aquinas, 1225—1274)的"多重意义"说更多地发展了寓意的传统①。但是中世纪的《圣经》诠释学由于基督徒的滥用,古典哲学成了神学的婢女,《旧约》的历史意义在盲目权威下荡然无存。《圣经》文句中的字义、寓意、含义和奥义在隐现二维中愈发复杂。阿奎那的字义和灵义诠释中和了神学和历史学,将《旧约》的意义放置到文本的诠释之中,保持字义和灵义的平衡。而马丁·路德(Martin Luther, 1483—1546)的"称义神学"宣扬基督中心论,在此基础上诠释《旧约》的历史文句和先知文句,强调文法——先知意义,从而探寻出基督的信仰与称义,从而对《圣经》自解原则进行了全新的规范。到了18世纪,由安提阿学派发展出来的"历史文法"成为了主要的释经法,将诠释者隐匿在字字珠玑的圣言当中,通过经典字义和句法来破解圣言的奥秘,在文本当中呈现权威真理。然而《圣经》的诠释学不仅仅局限在文本翻译和句法分析当中,而是将重点放置于主体的理解上,"解释是理解的表现形式"②,能被理解的语言便是存在。故不同时代、不同地区的民族对《圣经》的诠释结合了本土文化而呈现出不同的特色。如同伽达默尔(Hans-Georg Gadamer, 1900—2002)在哲学诠释学中所言,在原始文本(Text)和当时处境(Context)中建立了传递机制,从而延续经典的生命,并且重建解释者的历史性。"一切阐释都包含着自我解释的成分在里面"③。福柯(Michel Foucault, 1926—1984)早期在话语分析中以文本为方向,且强调文本的"互文性"(Intertextuality),"它归诸于话语变化的那种首要地位的相容性,与话语秩序的建构和重新建构的相容性"④。由此可见,发展到现代,《圣经》诠释学更加注重一种话语环境,考虑解释者本

---

① 参见杨慧林:《追问上帝:信仰与理性的辩难》,北京出版社1999年版,第9—14、190—193页。
② 洪汉鼎:《诠释学——它的历史和当代发展》,人民出版社2001年版,第3页。
③ [德]乌尔·蒂茨:《伽达默尔》,朱毅译,中国人民大学出版社2010年版,第30页。
④ [英]诺曼·费尔克拉夫:《话语与社会变迁》,殷晓蓉译,华夏出版社2003年版,第93页。

身的历史因素,这样,《圣经》诠释有了"因时制宜、因地制宜"的倾向。比如在《圣经》与《易经》之间,传教士一方面必须捍卫《圣经》的权威,另一方面又不得不考虑现实的文本语境,需要对中华经典《易经》的地位进行认可,故在诠释中需要考虑到接收对象的理解宽容度和认知度,这样的诠释在一定程度上放开了《圣经》的思考维度。

而在东方,关于《易经》的诠释,在先秦属于经典诠释学的范畴,其目的是为了适应现实世俗社会的政治治理、思想文化统合等社会生活的发展,而并非如同《圣经》诠释学那样有宗教性的天启或者对神迹的演绎。在《中国经学思想史》一书①中,姜广辉将儒家经典诠释学概要为"知人论世,以意逆志"、"书不尽言,言不尽意"、"我注六经,六经注我"、"实事求是,六经皆史"、"返本开新,托古改制"等五个方面,这里所涉及的是针对在古汉语言文字体系下的文本诠释。而徐葆耕在《传统转化与传统解释学》一文中将训诂学作为中国传统解释学,提出以"历史话语——解释人的话语——解释人所处的政治、人文、背景的三重结构"②,并在《中西会通及其三种操作》一文中直言"中国广义上的训诂学,就是解释学"③。潘德荣亦言"中国解释传统根植于训诂学"④,将训诂学不仅作为经典解释的一种方式,而且是中国经学诠释学的基础。随着西学的进入,中国经典的诠释范围更是超出训诂学之所为。《易经》被认为是"在古代典籍中,对中国的思维与解释方式的形成与发展影响最大"⑤。所以针对《易经》的解读方法,钱基博在《〈周易〉解题及其读法》中认为《易经》不能看作是史书,因为"史以藏往,《易》以知来,史者所以记群治之事为,而《易》者所以籀群治演化之大例者也"⑥。历史是一种记录的"顾后",而《易经》是一种预测的"瞻前",在此基础上,他将《周易》之读法归纳为"明

① 姜广辉主编:《中国经学思想史》,中国社会科学出版社 2003 年版。
② 徐葆耕:《释古与清华学派》,清华大学出版社 1997 年版,第 19 页。
③ 徐葆耕:《释古与清华学派》,清华大学出版社 1997 年版,第 29 页。
④ 潘德荣:《文字·诠释·传统——中国诠释传统的现代转化》,上海译文出版社 2003 年版,第 43 页。
⑤ 何行之:《易传与道德经中所见之辩证法的思想》,载李证刚主编:《易学讨论集》,商务印书馆(台北)1966 年版,第 119 页。转引自潘德荣:《文字·诠释·传统——中国诠释传统的现代转化》,上海译文出版社 2003 年版,第 64 页。
⑥ 傅宏星主编:《钱基博集——经学论稿》,华中师范大学出版社 2011 年版,第 307 页。

《易》之学"、"读《易》之序"、"籀《易》之例"、"说《易》之书"四个方面,钱氏的读《易》之法更多的是重视对易学的理解和把握。潘德荣通过对《易经》的解释观念分析,将中国诠释传统的特征归纳为:解释的辩证性(关联性、动态发展和转化)、应用性[《易经》的解释系统可划分为三个环节——符号(64 卦、384 爻)——判断(卦辞、爻辞)——对卦象与判断的诠释(十翼)①]和价值性(《坤》卦之柔顺为例、君子为例)②,以此作为经典诠释中的方法论借鉴。我们可以看到,对于《易经》的诠释法都是以对《易经》的理解为主,是在《易经》文本范围之内所做的工作。

　　要将《易经》和《圣经》相结合,从整体而言,即是将经学研究与基督宗教研究联系起来。在黄保罗那里,他认为需要结合中国"经学"的"义理、考释、辞章"等三个方面来建构"汉语学术圣经学"③。他将"汉语学术神学"的定义为"汉语语境中关于'天主'(即'神')及基督宗教的完整知识的'学问',即关于天主及基督宗教的完整性研究"④。在这样的汉语学术神学的界定中,传统经典凭借着自身的权威性,成为了研究天主知识的最佳对比载体。"经学中的'注'就是对经典正文的注释,相当于西方圣经研究中的'解经学'(Exegetics)和'诠释学'(Hermeneutics)"⑤,从而对《易经》的注释亦是"诠释学"(Hermeneutics)的体现。考察白晋及其弟子们带着《圣经》进入到汉语语境中来,他们以《圣经》为认知出发点,《易经》为认知对象,其个人信仰、学术背景必然影响着学术研究,故对他们而言,如何在文化交互中实践基督宗教信仰,如何赋予《易经》"基督性",诠释的力量至关重要。而本书所采取的立场是从传统的经学出发,去分析传教士的《易经》诠释特色并反思其失败原因,这即是本书的旨归所在。

　　综而论之,经文本身的意义在各自的人文语境中通过释经者的差异而呈

---

① 潘德荣:《文字·诠释·传统——中国诠释传统的现代转化》,上海译文出版社 2003 年版,第 73 页。

② 潘德荣:《文字·诠释·传统——中国诠释传统的现代转化》,上海译文出版社 2003 年版,第 65 页。

③ [芬兰]黄保罗:《大国学视野中的汉语学术圣经学》,民族出版社 2012 年版,第 5 页。

④ [芬兰]黄保罗:《大国学视野中的汉语学术圣经学》,民族出版社 2012 年版,第 52 页。

⑤ [芬兰]黄保罗:《大国学视野中的汉语学术圣经学》,民族出版社 2012 年版,第 153 页。

现出不同的意义和效力。本书主要采取的方法主要是以白晋及其弟子的易学作品作为起点,通过文献学来尊重诠释文本具体经义和人文语境,重视《易经》的本身内涵;通过经学诠释来窥探传教士们如何对《圣经》进行历史处境的诠释,如何运用特有的索隐方法来揭示《圣经》在《易经》中所蕴含的象征意义;通过和合诠释学来对中西方经典诠释学进行义理分析,将经学研究与神学研究和合起来,从而呈现出异质文化在历史相遇时所迸发出的思想火花与学术创新。

本书力图做到言之有理,论之有据,由此让学术写作不仅摆脱枯燥乏味,亦可以在学术写作中呈现作者与读者之间的交流对话。以精英著称的耶稣会士遇到传统文化中最经久不衰的神秘《易经》,无疑是一次思想上的饕餮大餐。故本书大致遵循以上的研究方法进行写作,试图以经学作为研究角度,去感受发生在异质文本中的思想交锋,体认中西文化比较中传统经典所透露出来的韧性。

第一章　《易经》研究的多元展开

对《易经》的研究历代有之,已成为中国文化不可或缺的一部分。本章一方面对《易经》的发展历史进行了简略概述。随着不同的宗教(佛教、基督宗教等)进入中华,《易经》的研究也呈现出多元化,到了白晋来华时,他所接触的《易经》呈现出怎样的样貌,带给白晋怎样的学术思考? 另一方面从传教士出发,概述他们来华传教策略的调整情况,特别是在借鉴利玛窦(Matteo Ricci,1552—1610)等人所形成的上层接触、民间传教以及科技交流等传教策略之后,白晋为何将着力点放到《易经》的研究上来,使《易经》成为耶稣会士进行学术传教策略的核心研究对象。这些便是本章所亟须交代的问题。《易经》作为诸经之本、万学之原,"义精而用博,范围天地万物之理"①,承载着中国文化的思想精髓,其思想内涵、理念原则、范畴概念、象数图式等不断被历代学者所钩沉发微和义理演绎,注解之多,实可谓"汗牛充栋"、"目不暇接"。四库馆臣将其概述为"两派六宗":

故《易》之为书,推天道以明人事者也。《左传》所记诸占,盖犹太卜之遗法。汉儒言象数,去古未远也。一变而为京、焦,入于机祥,再变而为陈、邵,务穷造化,《易》遂不切于民用。王弼尽黜象数,说以老庄。一变而胡瑗、程子,始阐明儒理,再变而李光、杨万里,又参证史事,《易》遂日

---

① (清)傅以渐、曹本荣奉敕撰:《易经通注》,《景印文渊阁四库全书》经部三一,台湾商务印书馆 1986 年版,第 1 页。

启其论端。此两派六宗,已互相攻驳①。

大抵而言,《易经》在象数和义理两派主导下,又分占卜宗、机祥宗、造化宗、老庄宗、儒理宗、史事宗六宗贯穿历史。加上《易》道广大,无所不包,"旁及天文、地理、乐律、兵法、韵学、算术以逮方外之炉火"②,故《易经》具有广大的诠释空间和发展可能性,与多个领域建立联系,只要各家持之有故,言之成理,皆可以为己说,标榜其学。随着不同宗教文化,特别是外来异质新兴元素的渗入,《易经》研究变得更加多元化,并非仅仅为传统本土儒道二家所专持,而是化为各教各派"为我所用"的思想资源。本书通过历史发展(发展至清代早期)和不同教派(以佛教、基督宗教为例)的传入,将《易经》研究分为四家:儒《易》、道《易》、释《易》和耶《易》③。尽管四家都是对《易经》展开研究,但是秉承着相异的研究宗旨而呈现出自身的特色,为《易经》研究提供不同的诠释维度和思维模式。特别是耶《易》索隐派的代表人物白晋及其弟子傅圣泽、马若瑟等人,他们在进行本土文化融合时,将《易经》作为学术研究对象,以特定的宗教背景和思想主旨来开展学术交流与对话,试图找寻到靠近中华文化内核的途径。

自伏羲画八卦,周文王重卦以演三百八十四爻后,《易》遂而兴起。在《易》之初,皆为卜筮之书,"易本为卜筮而作"④,以卜筮设教,利用变卦、辞占、象占等对人事吉凶进行判断。根据廖名春统计,在《左传》、《国语》二书中关于《周易》的卜筮记载共 22 条⑤,在《诗》、《书》中涉及筮法之书虽不多,但

---

① 《易类一·序》,(清)纪昀等总纂,李学勤、李祖德等主审,《四库全书》研究所整理:《钦定四库全书总目》,中华书局 1997 年版,第 3 页。

② 《易类一·序》,(清)纪昀等总纂:《钦定四库全书总目》,中华书局 1997 年版,第 3 页。

③ 所谓"耶《易》","耶"即基督宗教的简称,"耶《易》"即是指代基督宗教对《易经》的研究成果,在本书特指法国传教士白晋及其弟子傅圣泽、马若瑟等人的《易经》研究。

④ (宋)黎靖德编,王星贤点校:《朱子语类》卷六十六,中华书局 1986 年版,第 1620 页。朱熹有对易学的卜筮性有多种说法,如"《易》之作,本只是为卜筮"(第 1621 页);"《易》以卜筮设教"(第 1621 页);"《易》本为卜筮之书"(第 1622 页);"八卦之画,本为卜筮"(1622 页);"《易》,某便说道圣人只是为卜筮而作"(第 1623 页);"《易》本是卜筮之书"(第 1626 页);"《易》为卜筮而作,皆因吉凶以示训诫"(第 1626 页);"《易》本为卜筮作"(第 1627 页);"《易》,自'大衍之数'以下,皆是说卜筮。"(第 1627 页);"《易》书本原于卜筮"(第 1627 页);等等。

⑤ 参见廖名春:《〈周易〉经传十五讲》,北京大学出版社 2004 年版,第 197 页。

是却也能够说明"自周初以至春秋卜筮流行,为很多人所笃信"①。《尚书·洪范》中对人事吉凶的占卜多有提及,由卜筮而知天命神意,从而对应民众意愿,体现出对天人关系的处理②。而在《周礼》中,卜筮已为专职名称,如"大卜"、"卜师"、"卜人"、"龟人"、"占人"、"筮人"等。根据级别不同,而占卜事务轻重有异,所要求掌握卜筮之法要求也不尽相同。比如"大卜"为卜筮官之长,要求最高,需掌"先三兆,后三易,次三梦者"③;"卜师"则需掌"开龟之四兆"④;而"筮人"需"掌三《易》,以辨九筮之名"⑤。由此可见,卜筮《易》在周朝已被官方认可并赋予权威性。到了孔子时代,"《易》为彻头彻尾的筮书,乃是社会上流行的看法"⑥,更是能够因其卜筮功能而避秦火焚烧之命运,"及秦禁学,以《易》为卜筮之书,独不禁"⑦,形成"天下唯有《易》卜,未有它书"⑧的局面。故《易经》卜筮之学渐渐转入诸子百家的哲理诠说范畴,可视为从占卜到学理上的过渡。

一、儒《易》的演变——象数与义理的替进

在儒家内部,《易经》研究经历了四次演变。第一次演变是由卜筮《易》演而生先秦诸子《易》;第二次由先秦《易》演而为两汉经学《易》;第三次从汉代

---

① 李学勤:《周易经传溯源》,中国社会科学院出版社 2007 年版,第 15 页。

② 关于"《洪范》卜筮考",参见李学勤:《周易经传溯源》,中国社会科学院出版社 2007 年版,第 1527 页。

③ (汉)郑玄注,贾公彦疏:《周礼注疏》(上)卷二十四,李学勤主编:《十三经注释》标点本,北京大学出版社 1999 年版,第 635 页。

④ (汉)郑玄注,贾公彦疏:《周礼注疏》(上)卷二十四,李学勤主编:《十三经注释》标点本,北京大学出版社 1999 年版,第 644 页。

⑤ (汉)郑玄注,贾公彦疏:《周礼注疏》(上)卷二十四,李学勤主编:《十三经注释》标点本,北京大学出版社 1999 年版,第 650 页。

⑥ 杨庆中:《周易经传研究》,商务印书馆 2005 年版,第 121 页。

⑦ (汉)班固撰,颜师古注:《儒林传》第五十八,《汉书》卷八十八,中华书局 1962 年版,第 3597 页。又参见(晋)皇甫谧:《高士传》卷中,《四部备要》本,中华书局 1989 年版,第 14 页。

⑧ (汉)班固撰,颜师古注:《楚元王传》第六,《汉书》卷三十六,中华书局 1962 年版,第 1968 页。

的经学《易》发展为宋代的义理《易》;第四次是明清之际合《易》之象数和义理倾向,预示着汉学《易》的出现。从卜筮《易》转变为先秦诸子《易》,由此定象数、义理两派的基调。文王演易而"孔子赞易"①,儒家孔子(前551—前479)及后学所做的《易传》演绎出易学哲理,朱熹(1130—1200)言及"《易》乃是卜筮之书⋯⋯及孔子始取而敷绎为《文言》、《杂卦》、《彖》、《象》之类,乃说出道理来"②,从卜筮中推出讲学之道,故为"两节功夫"③,故《易传》开了义理诠《易》的先河。除了《易传》以外,孟子(前385—前304)虽未留下《周易》专门的研究著作,朱熹引程子所言,"'孔子圣之时者也。'故知易者莫如孟子"④。荀子(约前325—前238)被司马迁封为"最为老师"⑤,对《五经》自然是烂熟于心,李学勤指出:"荀子在齐襄王即位(公元前283)以前,已以善《易》著称"⑥。由此可以看到,儒《易》在先秦诸子时代已经形成,并且得到延续。此外,除了儒家外,先秦道家的老子《易》、庄子《易》亦为公认的易学重镇。杭辛斋(1869—1924)认为"易掌于太卜,老氏世为史官,阴阳之学,乃其所世守"⑦,故老子(约前570—前500)直承阴阳卜筮之学。而庄子(约前369—前286)又"为老学正传,其立言皆本于阴阳正义,证之以《易经》象数,谶纬悉合"⑧。清朝惠士奇(1671—1741)言:"庄周精于《易》,故善道阴阳,先儒说《易》者皆不及"⑨。此外,管子(前475—前221)、墨子(约前468—前376)、列子(生卒年不详)其言阴阳器数,矩度井然,其精到之语,"无不与

————————

① (清)黄宗羲,全祖望等编:《濂溪学案》上,《宋元学案》卷十一,中华书局1982年版,第523页。

② (宋)黎靖德编,王星贤点校:《朱子语类》卷六十六,中华书局1986年版,第1626页。

③ (宋)黎靖德编,王星贤点校:《朱子语类》卷六十六,中华书局1986年版,第1626页。

④ (宋)朱熹撰:《孟子序说》,《四书章句集注》,中华书局1983年版,第197页。

⑤ (汉)司马迁:《孟子荀卿列传》,《史记》卷七十四,中华书局1959年版,第2348页。

⑥ 李学勤:《帛书〈周易〉与荀子一系〈易〉学》,《中国文化》1989年第1期。

⑦ (清)杭辛斋:《读易杂识》,《杭州易学七种》,天津古籍出版社1988年影印本,第1030页。

⑧ (清)杭辛斋:《读易杂识》,《杭州易学七种》,天津古籍出版社1988年影印本,第1034页。

⑨ 《易说》六卷,(清)纪昀等总纂:《钦定四库全书总目》经部六,中华书局1997年版,第63页。

《易》相合"①。故可以看到,先秦卜筮《易》为后代象数易学之基础,而诸子百家对《易经》的哲理思考可视为《易经》向义理化发展的开端。

第二次演变由先秦《易》演为两汉儒家经学《易》,特别是象数易学蓬勃发展,成就了易学研究的一个高峰。从理论上讲,易学与数学、天文、历法等融合,将物象符号化、数量化以推算事物与人事变化;从现实上讲,汉代易学研究不断与政治靠近,为了亲附政权,易学经术研究便利用象、数附会穿凿谶纬之学。自"《易》施孟、梁、丘之学"②之后,汉代易学研究分古文经学和今文经学之别,各立家法和师法,"西汉长于师说,东汉专用训诂"③。与之相应,汉代从汉武帝(前156年—前87)时开始成立《易》博士学官;到宣帝时立施雠、孟喜二家易学,然所立皆为今文经学,古文易学[以费直(生卒年不详)和高相(生卒年不详)为代表④]在汉朝四百年始终未立于学官,仅在民间流行,"行于人间,而未得立"⑤。在西汉,以孟喜(约前90—前40)⑥的"卦气说"、京房(前77—前37)的阴阳占卜之学最为典型。孟喜"从田王孙受《易》"⑦并"得《易》家候阴阳灾变书"⑧。他利用天文历法、物候时运、阴阳灾变、图数象数等来解《易》,八卦取象以此推断人事吉凶,重今文经学。其"卦气说"以方位、季节而论四正卦、十二月消息卦、六日七分法等,僧一行言"十二月卦出于《孟氏章句》,其说《易》本于气,而后以人事明之"⑨。由此可见,孟喜使卦气理论初具

① (清)杭辛斋:《读易杂识》,《杭州易学七种》,天津古籍出版社1988年影印本,第1036页。

② (汉)班固撰,颜师古注:《儒林传》第五十八,《汉书》卷八十八,中华书局1962年版,第3598页。

③ 廖平:《古学考》,《廖平学术论著选集》(一),巴蜀书社1989年版,第138页。

④ 二人其传见于(汉)班固撰,颜师古注:《儒林传》第五十八,《汉书》卷八十八,中华书局1962年版,第3602页。

⑤ (唐)魏征等:《经籍志》,《隋书》卷三十二,中华书局1973年版,第912页。

⑥ 关于孟喜生卒年,林忠军认为约前90—前40年;张其成认为生卒年不详。参见张其成:《象数易学》,中国书店出版社2003年版,第98页。

⑦ (汉)班固撰,颜师古注:《儒林传》第五十八,《汉书》卷八十八,中华书局1962年版,第3598页。

⑧ (汉)班固撰,颜师古注:《儒林传》第五十八,《汉书》卷八十八,中华书局1962年版,第3599页。

⑨ (唐)一行撰:《卦议》,(宋)欧阳修、宋祁等编纂:《新唐书》卷二十七,《历志》三上,中华书局1975年版,第598页。

规模。京房"治《易》,事梁人焦延寿"①,他重视占法,长于灾变,"房以明灾异得幸"②,主要以阴阳说来作为理论基础,诠释自然社会现象,其易学内容不仅有卦气说,且讲八宫、纳甲、阴阳五行等说。随着象数易学的不断发展,讲阴阳灾异的纬书③顺势而出,神秘化的谶纬神学由此兴盛,其中《周易乾凿度》为纬书代表,"上明稽应之理,下言卦气之徵验也"④。它一方面多托孔子之说,依傍经义,篡说舆论,增加权威性;另一方面也采道家之说,比如仿《列子》而言宇宙生成论,以"太易"为始,分"太易"、"太初"、"太始"、"太素"四个部分,两文甚为相似⑤。此外,还涉及八卦方位、九宫说、爻辰说等,宣扬阴阳灾异和天人感应等观念,从而导致经学研究的符号化和神秘化,其说影响深远以至于宋代的程大昌言"汉魏以降,言《易》学者皆宗而用之"⑥。到了东汉,郑玄(127—200)通今、古文经,兼采义理、象数之学,他始通《京氏易》,又跟随马融(79—166)学《易》,"事扶风马融"⑦,四库馆臣言"考玄初从第五元先受《京氏易》,又从马融受《费氏易》,故其学出入于两家"⑧。故其学说"实为传《易》之正脉"⑨,他被称

---

① (汉)班固撰,颜师古注:《眭两夏侯京翼李传》第四十五,《汉书》卷七十五,中华书局1962年版,第3160页。

② (汉)班固撰,颜师古注:《儒林传》第五十八,《汉书》卷八十八,中华书局1962年版,第3601—3602页。

③ 在《景印文渊阁四库全书》经部四七《附录》中收录关于纬书八本,由郑玄注。依次为《乾坤凿度》、《易纬稽览图》、《易纬辨终备》、《周易乾凿度》、《易纬通卦验》、《易纬乾元序制记》、《易纬是类谋》、《易纬坤灵图》。其内容参见《附录》,《景印文渊阁四库全书》经部四七,台湾商务印书馆1986年版,第821—909页。此外,关于《易纬》著录及辑佚情况,参见林忠军:《〈易纬〉导读》,齐鲁学社2002年版,第14页。

④ 《周易乾凿度二卷》提要,《景印文渊阁四库全书》经部四七,台湾商务印书馆1986年版,第825页。

⑤ 关于二者关系,马达著《〈列子〉与〈周易乾凿度〉》一文对马叙伦关于《列子伪书考》做了匡正,认为《周易乾凿度》仿《列子》所作。参见马达:《〈列子〉与〈周易乾凿度〉——马叙伦〈列子伪书考〉匡正之一》,《常州工业技术学院学报》1997年第1期。

⑥ 《周易乾凿度》二卷,(清)纪昀等总纂:《钦定四库全书总目》经部六,中华书局1997年版,第70页。

⑦ (南朝)范晔撰:《张曹郑列传》第二十五,《后汉书》卷三十五,中华书局1965年版,第1207页。

⑧ 《周易郑康成注》一卷,(清)纪昀等总纂:《钦定四库全书总目》经部一,中华书局1997年版,第6页。

⑨ 《周易郑康成注》一卷,(清)纪昀等总纂:《钦定四库全书总目》经部一,中华书局1997年版,第6页。

为"纯儒","齐、鲁间宗之"①。于象数方面，郑玄首先以《乾》、《坤》两卦十二爻作为基础，发展了爻辰说；其次以五行作为天地之数而生万物之数，倡五行生成之说；还本于《乾凿度》提出九宫数说，合自然规律与儒家伦理于一体，参天象而释人事。于义理方面，郑玄广引《三礼》、史书、道家学说等诠释《易经》，以卦象而阐释人事，从而明人伦物理之义理内涵，"这成为宋代河图洛书说的先导"②。除郑玄外，荀爽（128—190）重视以卦气论《易》强调"乾升坤降"说，提出阳升阴降说；虞翻（164—233）以变卦说《易》，重视消息卦，发明爻位"之正"说，二者直承孟京之《易》，成为汉象数代易学发展之主导。通过汉代易学的发展，象数和义理派最终确立。汉代以后，儒《易》遭受到了冲击，魏晋南北朝时期的道《易》几乎"喧宾夺主"，成为研《易》主流。而佛《易》的兴起和繁荣也使得儒《易》显得更加平淡无奇，"自汉以来，道术不出孔氏而乱天下者多矣。晋以老庄亡，梁以佛亡"③。故儒家内部的易学研究一直在汉《易》的路数上艰难地行进。到了唐代，儒生们的易学贡献并非革新，而是体现在对前代易学研究的总结和集成。如孔颖达（574—648）等所撰的《周易正义》即是从王弼易学的角度，在"疏不破注"的前提下，对两汉以来易学做总结，为唐代易学的最高成果代表，且为官修的经学标准之书、科举考试之文。李鼎祚（生卒年不详）的《周易集解》亦是采各家易说，倾向于汉代象数易学的治《易》原则，"采群贤之遗言，议三圣之幽赜，集虞翻、荀爽三十余家"④，有融合汉《易》和玄《易》之倾向。

第三次易学演变是从汉代训诂《易》演为宋代义理《易》，两派由此成熟。至于宋代，以义理解《易》，探讨经传哲理，形成义理化的《易经》成为了《易》之第三次变革。据《宋史·艺文志》载："《易》类二百十三部，一千七百四十卷。［王柏（1197—1274）《读易记》以下不著录十九部，一百八十六卷］"⑤。

① （南朝）范晔撰：《张曹郑列传第二十五》，《后汉书》卷三十五，中华书局1965年版，第1207页。

② 张其成：《象数易学》，中国书店出版社2003年版，第105页。

③ （宋）欧阳修撰：《原序》，《文忠集》，《景印文渊阁四库全书》集部四一，台湾商务印书馆1986年版，第4页。

④ 张文智：《周易集解》导读，齐鲁学社2005年版，第84页。另参见《周易集解》十七卷，《钦定四库全书总目》经部一，中华书局1997年版，第7页。

⑤ （元）脱脱：《志一百五十五·艺文一》，《宋史》卷二〇二，中华书局1977年版，第5042页。

尽管大致上仍然遵循象数、义理之分,但是具体研究路数上更加纷呈。

首先,宋代象数《易》虽不出象数范畴,但更加注重对《易》道的诠释,并非只停留在《易》文上,在整体上更趋于数理化和哲理化。陈抟(871—989)作为宋代象数学之开创者,"好读《易》,手不释卷"①,传《易》于世,经由种放、穆修、李之才等人,继而分化出图书《易》。图书学大体发展为先天图、河图洛书及太极图三类。邵雍(1011—1077)"受《河图》、《洛书》、《宓义》八卦六十四卦图像"②于李子才,专研《易》学数学派,著《皇极经世》,画先天图,提出先天学,其主要特色为先天之学,"康节之易,先天之嗣也"③,以先天图寓天地万物之理,"天地万物之理尽在其中矣,谓先天图也"④。其后学弟子张行成(生卒年不详)认为"邵子数学源出于陈抟,于羲、文、周、孔之易异"⑤,属另辟蹊径之象数易学。而朱熹的《周易本义》卷首所收之图多与邵雍有关⑥,蔡元定亦将邵雍列为图书象数的传承统绪之中,"图书之象,自汉孔安国。刘歆,魏关朗子明,有宋康节先生邵雍尧夫,皆谓如此"⑦,可见邵雍易学对后世影响深远。刘牧(1011—1064)为图书学之首倡,"象数之中,复岐出'图书'一派,牧在邵子之前,其首倡者也"⑧。他的《易数钩隐图》的渊源即为《河图》、《洛书》

---

① (元)脱脱:《列传第二百一十六》,《宋史》卷四五七,中华书局 1977 年版,第 13421 页。
② (元)脱脱:《列传第一百八十六·道学一》,《宋史》卷四二七,中华书局 1977 年版,第 12726 页。
③ (宋)张行成:《皇极经世索隐卷二卷》序,《景印文渊阁四库全书》子部一一〇,台湾商务印书馆 1986 年版,第 2 页。
④ (宋)张行成:《易通变》序,《景印文渊阁四库全书》子部一一〇,台湾商务印书馆 1986 年版,第 199 页。
⑤ (宋)张行成:《皇极经世索隐卷二卷》提要,《景印文渊阁四库全书》子部一一〇,台湾商务印书馆 1986 年版,第 1 页。
⑥ 涉及邵雍之图的有《河图图》、《洛书图》、《伏羲八卦次序图》、《伏羲八卦方位图》、《伏羲六十四卦次序图》、《伏羲六十四卦方位图》、《文王八卦次序图》、《文王八卦方位图》等图。参见(宋)朱熹:《原本周易本义》卷首,《景印文渊阁四库全书》经部六,台湾商务印书馆 1986 年版,第 627—632 页。
⑦ (宋)朱熹:《原本周易本义》卷首,《景印文渊阁四库全书》经部六,台湾商务印书馆 1986 年版,第 628 页。
⑧ 《易数钩隐图三卷附遗论九事一卷》,(清)纪昀等总纂:《钦定四库全书总目》经部二,中华书局 1997 年版,第 9 页。

之数,"以九为《河图》十为《洛书》,则与邵异"①,且少言阴阳灾变或者神仙丹术,重点是对太极、象数进行解说,以五行生成论言《易》理。周敦颐(1017—1073)作为"后世儒者鼻祖"②,以《易》之太极为本,推阴阳、五行之理,著《太极图》,通过《易》之天、地、人三道而立"无极——太极——人极"的演进图式,合自然与人文于一体,以明天理之根源,究万物之终始。又著《通书》,"《通书》本号《易通》,与《太极图说》并处"③,以《易》为主线而探寻性命之学,认为"大哉《易》也,性命之源也"④,确立了太极图象学模式,"发明太极之蕴"⑤。而张行成作为邵雍后学,在先天数学方面功不可没。所著《皇极经世索隐》以叙述邵雍之象数未详尽之理;而《皇极经世观物外篇衍义》以明邵雍《皇极经世》外篇之义;且在《易通变》中取自陈抟至邵雍所传的《先天卦数》等十四图,集中对《易》之"数"进行探讨,将邵雍图式分为"象图"和"数图"⑥,进而言天数、物数、地数,提出"理数"的概念,魏了翁(1178—1237)赞之"因象以推数,因数以知理"⑦,进而由《易》而提出理本论的哲学思想。而蔡元定(1135—1198)、蔡沈(1167—1230)父子在理数的层面上发展了河洛之学,"从数的领域讨论了《周易》的法则"⑧,亦属于宋代象数易学的代表人物之一。

其次在义理《易》方面。早在宋初转折之际,诸多儒生如欧阳修、李觏等人便对象数易学提出了异议,无论是卜筮之学还是图书之学,皆为批评的对

---

① 《易数钩隐图三卷附遗论九事一卷》,(清)纪昀等总纂:《钦定四库全书总目》经部二,中华书局1997年版,第9页。

② (清)黄宗羲、全祖望等编:《濂溪学案》上,《宋元学案》卷十一,中华书局1982年版,第482页。

③ (清)黄宗羲、全祖望等编:《濂溪学案》上,《宋元学案》卷十一,中华书局1982年版,第494页。

④ (宋)周敦颐:《通书》,《周敦颐集》,中华书局2009年版,第14页。

⑤ (元)脱脱:《列传第一百八十六·道学一》,《宋史》卷四二七,中华书局1977年版,第12712页。

⑥ (宋)张行成:《易通变》序,《景印文渊阁四库全书》子部一一〇,台湾商务印书馆1986年版,第199页。

⑦ (清)黄宗羲、全祖望等编,《张祝诸儒学案》引,《宋元学案》卷七八,中华书局1982年版,第2618页。

⑧ 张其成:《象数易学》,中国书店出版社2003年版,第12页。

象。欧阳修(1007—1072)大胆疑经,著《易童子问》①而非《易》,注重用人事来解释卦爻辞之义,反对其卜筮性。李觏(1009—1059)"援辅嗣之注以解义"②,著有《易论》十三篇,注重用阴阳之气来解释爻辞,批评象数易学,旨在提倡人事,"成为宋易中的义理学派,特别是气学派的先驱之一"③。司马光(1019—1086)著《温公易说》,一方面反对王弼以老庄解《易》之路数,"盖其意在深辟虚无玄渺之说"④;另一方面立己新说,用人伦日用之事来诠《易》,"有德之言,要如布帛菽粟之切於日用"⑤,强调义理的现实性。而苏氏父子[苏洵(1009—1066)、苏轼(1137—1101)、苏辙(1039—1112)]所著《苏氏易传》大体解《易》近于王弼,但并不主张玄理,而是重视以人情讲《易》,"玩其爻象,因得其刚柔、远近、喜怒、逆顺之情"⑥,通过重视自然人情,以情发之经义,故自成一派,"较空说义理之道学气,活泼多矣"⑦。由此可见其义理解《易》之风应势而起。到了北宋的张载(1020—1077),首开义理易学中的气学一派,其易学造诣深湛,熟知精义,故"尝坐虎皮讲《易》于京师"⑧,且著有《横渠易说》和《正蒙》等,"以《易》为宗"⑨,通过"气"来会通《易》,理解《易》之深意。由二程[程颢(1032—1085)、程颐(1033—1107)]所创立的理学派易学体系,以儒家思想承载大易生生之道,"《易》又不只是一部书,是易之道也"⑩,

----

① (宋)欧阳修:《易童子问》,《文忠集》卷七十六—七十八,《景印文渊阁四库全书》集部四一,《别集类》,台湾商务印书馆1986年版,第603—615页。

② (宋)李觏:《删定刘牧易图》序,《旴江集》,《景印文渊阁四库全书》集部三四,台湾商务印书馆1986年版,第53页。

③ 朱伯崑:《易学哲学史》,华夏出版社1995年版,第55页。

④ 《温公易说》,(清)永瑢、纪昀主编:《四库全书总目提要》易类二,河北人民出版社2000年版,第10页。

⑤ 《温公易说》,(清)永瑢、纪昀主编:《四库全书总目提要》易类二,河北人民出版社2000年版,第10页。

⑥ (清)永瑢、纪昀主编:《苏氏易传》,《四库全书总目提要》易类二,河北人民出版社2000年版,第11页。

⑦ 潘雨廷:《读易提要》,上海古籍出版社2003年版,第113页。

⑧ (元)脱脱:《列传第一百八十六·道学一》,《宋史》卷四二七,中华书局1977年版,第12723页。

⑨ (元)脱脱:《列传第一百八十六·道学一》,《宋史》卷四二七,中华书局1977年版,第12724页。

⑩ (清)黄宗羲、全祖望等编:《明道学案》上,《宋元学案》卷十三,中华书局1982年版,第567页。

《程氏易传》将儒理易学发挥得淋漓尽致,张载曾言"比见二程,深明《易》道,吾所弗及,汝辈可师之"①。而朱熹(1130—1200)自童蒙而学《易》,又以《易》登进士第,他一方面认为《易》为卜筮之书,对易学象数学进行研究,包括《河图》、《洛书》、先天学、后天学等问题;另一方面他对《易》之义理进行阐释,包括宇宙本体论(特别是太极阴阳之道与理之关系)、心性论及工夫论等。朱熹易学著作繁多②,其中以《周易本义》的影响最大,以至于明朝学子士人弃程《传》而专用《本义》,清朝康熙《御纂周易折中》亦用"此本之次序"③。张立文先生在《朱熹评传》中提及朱熹易学"是汉以来,特别是宋以来易学思想的总结,并开启了兼综象数、义理和河洛学派(或称图书学派)的发展"④。由此可见,朱熹在义理易学上集汉宋易学之大成。

在象数、义理两派以及易学六宗的前五宗之外,宋代解易发展出了易学第六宗——"史事宗",关于引史解《易》之法,在《易经》和《易传》中就含诸多史料,如顾颉刚所提及《易经》中的商周时期的"五项"故事⑤,已见史《易》之端倪;而战国时期的邹衍将五行相胜说运用到解释历史当中,从而发展出五德史观,"以五行之德循环替代解释历史"⑥;到了汉唐,以史作为解《易》之法更是平常所见,然而并未成其规模。到了宋代,"《易》之为书,推天道以明人事者也。……再变而李光、杨万里,又参证史事"⑦,此时用史实来辅证经义,才成为解《易》一宗。比如李光(1078—1159)的《读易详说》"书中于卦、爻之词,

---

① (元)脱脱:《列传第一百八十六·道学一》,《宋史》卷四二七,中华书局1977年版,第12723页。

② 朱熹的易学思想主要集中在《周易本义》、《启蒙》、《蓍卦考误》、《太极图》、《通书》、《朱子语类》等书。

③ 《原本周易本义》十二卷,(清)纪昀等总纂:《钦定四库全书总目》经部三,中华书局1997年版,第19页。

④ 张立文:《朱熹评传》,南京出版社1998年版,第174页。

⑤ 五项故事包括"王亥丧牛羊于有易"、"高宗伐鬼方"、"帝乙归妹"、"箕子明夷"、"康侯用赐马藩叔"等。参见杨庆中:《二十世纪中国易学史》,人民出版社2000年版,第62—64页;又参见(清)顾颉刚:《古史辨》第三册,上海古籍出版社1982年版,第5—28页。

⑥ 周桂钿:《略论中国古代历史观的发展》,《哲学研究》1997年第11期。

⑦ 《易类一》序,(清)纪昀等总纂:《钦定四库全书总目》经部一,中华书局1997年版,第3页。

皆即君臣立言,证以史事"①;杨万里(1127—1206)的《诚斋易传》"是书大旨本程氏,而多引史传以证之"②;李杞(生卒年不详)的《用易详解》"每爻解其辞义复引历代史事以实之"③,皆为之典型,而其解《易》之特色在于引用历史事实或者史例来对《周易》诸卦进行诠释或者论证,从而重视人事得失,以历史社会之史实言进退、存亡、治乱之理。此外,需论及的是以心解《易》的潮流。其代表为杨简(1141—1226)之易学,他师从陆九渊,"简之学出陆九渊,故其解《易》惟以人心为主。而象数事物皆在所略"④,其《杨氏易传》专主"心性"之说,称"人心即易之道也","人心即天道"⑤,认为卦爻和事物之变化、变化皆出于人心,从而将心与《易》统合于一道,故为以心解《易》之先行,其说在明代大肆风行。最后还有以叶适(1150—1223)为代表的事功学对《易经》的研究。叶适否定伏羲画卦说和文王重卦说,用事功学对《易经》的卦象和卦爻进行诠释,结合《易传》,注重《彖辞》和《象传》,主张卦义出于象,蕴含着形而上之理不脱于形器之理,强调《易经》的现实性。由此可见,宋代的儒家易学的研究,象数派和义理派都开出多元性的特色,易学的发展路向更加广阔。

到了元代,程朱理学为官方学说,故对《易经》研究亦不出程朱易学范围之藩篱,特别是朱子易学,更是被奉为圭臬,科举考试中举《易》以程朱为主,时人赵采言"今时学者之读《易》,当由邵、程、朱三先生之说溯而上之"⑥。比如胡一桂(1247—?)的《易本义附录纂疏》,强调复《周易》之本旨,发挥朱熹

---

① 《读易详说提要》,(清)纪昀等总纂:《钦定四库全书总目》经部二,中华书局1997年版,第14页。
② 《诚斋易传》二十卷,(清)纪昀等总纂:《钦定四库全书总目》经部三,中华书局1997年版,第23页。
③ 《用易详解》十六卷,(清)纪昀等总纂:《钦定四库全书总目》经部三,中华书局1997年版,第31页。
④ 《杨氏易传》二十卷,(清)纪昀等总纂:《钦定四库全书总目》经部三,中华书局1997年版,第21页。
⑤ (宋)杨简:《杨氏易传》卷九,《景印文渊阁四库全书》经部八,台湾商务印书馆1986年版,第96页。
⑥ 《周易程朱传义折衷》三十三卷,(清)纪昀等总纂:《钦定四库全书总目》经部四,中华书局1997年版,第37页。

易学中的象数部分,"惟以朱子为宗"①,而《易学启蒙翼传》三篇《内篇》亦"皆发明朱子之说者也"②,可见其对程朱理学的信奉和标榜。吴澄(1249—1333)的《易纂言》一书虽参照吕祖谦的《古易》,其余"多依傍胡瑗、程子、朱子诸说"③。胡炳文(1250—1333)的《周易本义通释》等著作同样以朱子易学为宗,发挥朱熹的理本论而阐释易理,被称"笃志朱子之学"④。赵汸(1319—1369)的《周易文诠》一书亦是"大旨源出程、朱,主于略数言理"⑤。而宝巴(生卒年未知)的《易原奥义》和《周易原旨》亦是"根柢于宋儒,阐发义理,无一字涉京、焦谶纬之说"⑥。由此可见,在朱子易学的影响下,元代的易学大抵为义理诠《易》一派,即为朱子易学之深化。

易学研究行进到明代,在义理易学研究上,首先是官方主持纂修易学书籍,以胡广(1369—1418)等人所纂的《周易传义大全》为代表,影响最大,"成祖亲制序牟之卷首,命礼部刊赐天下"⑦。朱彝尊在《经义考》谓胡广等合采诸家易说,"就前儒成编,杂为钞录"⑧,后通过勘验,一一符合,其中所引元代的董真卿、胡一桂、胡炳文等人易学著作等。蔡清(1453—1508)的《易经蒙引》一书其文字、体例皆是以发明朱熹的《周易本义》为主,四库馆臣对其评价甚高:"朱子不全从程《传》,而能发明程《传》者莫若朱子,清不全从《本义》,而能发明《本义》者莫若清,醇儒心得之学,所由与争门户者

---

① 《易本义附录纂疏》十五卷,(清)纪昀等总纂:《钦定四库全书总目》经部四,中华书局1997年版,第35页。

② 《易学启蒙翼传》四卷,(清)纪昀等总纂:《钦定四库全书总目》经部四,中华书局1997年版,第35页。

③ 《易纂言》十卷,(清)纪昀等总纂:《钦定四库全书总目》经部四,中华书局1997年版,第36页。

④ 《周易本义通释》十二卷,(清)纪昀等总纂:《钦定四库全书总目》经部四,中华书局1997年版,第39页。

⑤ 《周易文诠》四卷,(清)纪昀等总纂:《钦定四库全书总目》经部四,中华书局1997年版,第43页。

⑥ 《易原奥义》一卷;《周易原旨》六卷,(清)纪昀等总纂:《钦定四库全书总目》经部四,中华书局1997年版,第37页。

⑦ 《周易大全》二十四卷,(清)纪昀等总纂:《钦定四库全书总目》经部五,中华书局1997年版,第44页。

⑧ 《周易大全》二十四卷,(清)纪昀等总纂:《钦定四库全书总目》经部五,中华书局1997年版,第44页。

异欤！"①将蔡清对朱熹《周易本义》的发明比拟为朱子对程颐《程氏易传》的易学发明,大为称颂。

此外,阳明心学一派更是发展了"以心解《易》"的路数,在他们以"探讨和重建心体为起点"②的学术发展中,一直有习《易》传统。王阳明(1472—1529)困于狱中而读《易》,"膜坐玩羲易,洗心见微奥"③,其读书之席地乃称"玩易窝",并作《玩易窝记》以记录习经之心路历程,而欲对阳明哲学思想进行理解,"必须建基于对王阳明生存体验的理解"④,故对其易学探讨是研究其哲学思想的进阶。王艮(1483—1541)延续了阳明以"良知"解《易》、以《易》印证"良知"的传统,"服膺其'良知'之教的'简易直截'"⑤,认为《易》之道乃印证"良知",若"良知无毫厘之差",则"自能知进退保身之道矣"⑥。王畿(1498—1583)受程颢、杨简和王阳明之易学影响⑦,对《易》深有研究,他认为《易》之象,"道存其中矣"⑧,秉承着以"人心"为主,提出"《易》,心《易》也"⑨,《易》为心之《易》,故以心统《易》,人心本善,故学《易》即是发明良知而"复其本善之心"⑩,正心"此是易简直截根源","一念之几"或"一念之微"为正心之法⑪,从而体现出心学本体的易学研究。李贽(1527—1602)在其易

---

① (明)蔡清撰:《易经蒙引》提要,《景印文渊阁四库全书》经部二三,台湾商务印书馆1986年版,第2页。

② 方国根:《"四句教"与王学分化》,《湖湘论坛》1998年第3期。

③ (明)王阳明:《读易》,《王阳明全集》,上海古籍出版社1992年版,第675页。

④ 陆玉林:《王阳明晚年心境与哲学思想》,《孔子研究》1997年第2期。

⑤ 方国根:《王艮心学思想发微——兼论王艮与王阳明、王畿心学的异同》,《中国哲学史》1999年第3期。

⑥ (明)王艮:《与徐之直》,《王艮尺牍》,[日]冈田武彦、荒木见悟主编:《王心斋全集》卷五,据日本嘉永元年(1846)和刻本影印,中文出版社出版,广文书局印行,第155页。

⑦ 方祖猷:《王畿评传》,南京大学出版社2001年版,第305页。

⑧ (明)王畿:《易与天地准一章大旨》,《王龙溪先生全集》卷八,《四库全书存目丛书》编纂委员会编:《四库全书存目丛书·集部·别集类》卷九十八,齐鲁书社1997年版,第392页。

⑨ (明)王畿:《易与天地准一章大旨》,《王龙溪先生全集》卷八,《四库全书存目丛书》编纂委员会编:《四库全书存目丛书·集部·别集类》卷九十八,齐鲁书社1997年版,第392页。

⑩ (明)王畿:《学易说》,《王龙溪先生全集》卷十七,《四库全书存目丛书》编纂委员会编:《四库全书存目丛书·集部·别集类》卷九十八,齐鲁书社1997年版,第613页。

⑪ 转引自方国根:《王畿心学思想的走向与发展——兼论王畿与王阳明及王门后学的异同》,《中国文化研究》1999年第2期。

学著作《九正易因》①中从"心"出发,标立童心,重视人情和性命,将易学视为简易自然之圣学,将易学诠释与经世致用之学、启蒙思想相结合,倡圣人与凡人平等,从而体现出重自然人情的思想特色。

而在象数易学研究方面,明代多是沿袭宋代之学,然亦有创新之处,其中以来知德(1526—1604)、黄道周(1585—1646)、方以智(1611—1671)等为代表。来知德著《周易集注》一书,其最大的特色是"错综说",以错综其数以论象,即合义理与象数于一体,"错者,交错对待之名,阳左而阴右,阴左而阳右也"②,故阴阳相对为错。"综者,高低织综之名,阳上而阴下,阴上而阳下也"③,故上下颠倒为综。流行变化之道皆在其中,可谓"自成一说,当时推为'绝学'"④,其"取象说"可看作是易学派"象"理论的一大总结。值得一提的是,在白晋的《大易原义内篇》一文中,引用来知德易象理论解释《乾·象》"天行健,君子以自强不息"一语⑤。而黄道周的《易象正》的特色在于重动爻之变,从而以观象变,用变卦、动爻来解释卦爻辞,"则于每卦六爻,皆即'之卦'以观其变"⑥,文中有大量的易图⑦,并且征引古经对《易经》进行解释。四库馆臣案语"此书及《三易洞玑》皆邵氏《皇极经世》之支流也"⑧,可视为邵雍《易》之后学。方以智的象数易学更具有哲学意味。其一,他对"象数"以及

---

① 陈欣雨:《李贽以心论〈易〉及对自然人性论的阐述》,《周易研究》2012 年第 6 期。

② (明)来知德:《周易集注原序》,《景印文渊阁四库全书》经部二六,台湾商务印书馆1986 年版,第 3 页。

③ (明)来知德:《周易集注原序》,《景印文渊阁四库全书》经部二六,台湾商务印书馆1986 年版,第 3 页。

④ (明)来知德:《周易集注原序》,《景印文渊阁四库全书》经部二六,台湾商务印书馆1986 年版,第 2 页。

⑤ [法]白晋:《大易原义内篇》,梵蒂冈图书馆,Borgia·Cinese,317—9°,第 5 页。

⑥ (明)黄道周:《易象正》提要,《景印文渊阁四库全书》经部二九,台湾商务印书馆 1986年版,第 101 页。另参见《易象正》十六卷,(清)纪昀等总纂:《钦定四库全书总目》经部五,中华书局 1997 年版,第 50 页。

⑦ 卷初上下有二十四图,卷十四有七图(并无内容),卷终上下有二十二图,总共大致为四十六图。(参见《易象正》目录,(清)纪昀等总纂:《景印文渊阁四库全书》经部二九,台湾商务印书馆 1986 年版,第 103、108—109 页。)

⑧ 《易象正》十六卷,(清)纪昀等总纂:《钦定四库全书总目》经部五,中华书局 1997 年版,第 50 页。

象、数、理、气关系进行了哲学诠释,注重形而上学和逻辑辩证①。其二,重视先天之学,将其视为《周易》根源,从而对邵雍的图书学进行发展。其三,强调河图洛书,"因邵、蔡为嚆矢,征河洛之通符"②。黄宗羲(1610—1695)赞其"言河、洛之数,另出新意"③,根据数学中的数字图像而言《易》中之理,以"数"解《易》,用"处处是河洛图,处处是○∴卍"④中的"○∴卍"代表的一、三、万,以此作为世界的存在模式,且以"一、二、三、四、五为象数"⑤世界数之衍生之基础等。其四,提倡用实证、勘验的方式去言图书、卦爻之象,从而探求易学中的生克制化之理,并在此基础上用物理知识去理解易学"几"之含义,"《易》者,征天地之几也"⑥,由此将"太极"作为其易学归宿,从而建立其形而上学体系。他的象数易学标志着象数派宋《易》的总结。由上可知,明代的易学发展义理一派的心学倾向非常明显,而象数一派则是在宋《易》的影响之下行进,并未开出新的象数理路。

第四次演变是发生于明清之际合义理《易》和象数《易》之倾向,从而预示着清代《易》学的产生。明清之际,易学研究的路向也由于社会的多元化而变得更加复杂,当时刚经历过明末清初的政治改朝换代,思想上随着社会思潮的改变,《易经》也面临着"百家争鸣",不仅以汉儒经义之法来论宋学义理之《易》,而且御纂诸经,兼收历代之说。在儒学内部,关于对《易经》的研究,孙奇逢(1584—1675)、黄宗羲、顾炎武(1613—1682)、刁包(1603—1669)、王夫之(1619—1692)、毛奇龄(1623—1716)、陈梦雷(1650—1741)等人都是在明清之际对易学研究起到思想转向作用的人物。无论是象数《易》还是义理《易》,无论是宗朱子《易》还是论心学《易》,都无门户之分,流派之别,"诸儒

---

① 罗炽:《方以智评传》,南京大学出版社 1998 年版,第 150—160 页。
② (明)方以智:《总论》,《物理小识》,《景印文渊阁四库全书》子部一七三,台湾商务印书馆 1986 年版,第 745 页。
③ 沈善洪、吴光编:《思旧录》,《黄宗羲全集》第一册,浙江古籍出版社 2005 年版,第367 页。
④ 《易余·三冒五衍》,转引自罗炽:《方以智评传》,南京大学出版社 1998 年版,第169 页。
⑤ 《易余·三冒五衍》,转引自罗炽:《方以智评传》,南京大学出版社 1998 年版,第164 页。
⑥ (明)方以智:《东西均》,庞朴注释:《东西均注释》,中华书局 2001 年版,第 221 页。

好古敏求,各造其域,不立门户,不相党伐,束身践行,暗然自修"①。如孙奇逢的《读易大旨》,本象山、阳明心学之《易》,不涉及图书,以象传通每卦之旨、六十四卦之义,从而体认天理,统和二程之义理与朱子之卜筮,认为《易》本模写天地间的事理,故"盖六十四卦,三百八十四爻,皆理所在"②,又论三才之道,以天人之学显人文化成,从而"大意发明义理,切近人事"③。黄宗羲著有《易学象数论》,其重点是对《易》图书之学的考释,力辟陈抟之学,特别是对《河图》、《洛书》、先天图、太极图等的批判,在此基础上解决图书学与象数易学的关系,重视以象解《易》。郑吉雄将黄宗羲的《易学象数论》作为清初论辩《易》图之学的最重要著作④。四库馆臣认为其书"宏纲巨目,辩论精详,与胡渭《易图明辨》,均可谓有功易道者矣!"⑤朱伯崑亦将黄宗羲、黄宗炎兄弟列入"经学史上考据之学批判图书之学的代表"⑥。顾炎武的易学思想散见其著作《日知录》、《音学五书》中,他首先对《易经》的文本产生、流传及性质进行考辨,认为《连山》、《归藏》亦非《易》,重卦始于文王之前,批判汉儒在卦爻之外论象,否定了宋儒的道家诠释传统等⑦,重在复古尊经和辨伪求实,回归《周易》本经,以人伦日用为旨归,重视经世致用,凸显出考据学的特色。徐芹庭认为顾炎武"虽不以《易》名家",但是却能够对《易》进行解说论理,"有本有原,务实际而崇道本"⑧。刁包的《易酌》以程颐《程氏易传》为主,并参考朱熹的《周易本义》,皆本义理而说《易》。他将经典原文与程朱之学进行理论互证,属程朱后学之列,"足以羽翼程朱,于宋学之中实深有所得"⑨。其中论及

---

① 《儒林一》,《列传》二百六十七,《清史稿》第四百八十,《二十五史》下,上海古籍出版社、上海书店 1995 年影印本,第 1495 页。

② (清)孙奇逢、张显清主编:《孙奇逢集》上,中州出版社 2003 年版,第 116 页。

③ 《读易大旨》五卷,(清)纪昀等总纂:《钦定四库全书总目》经部六,中华书局 1997 年版,第 54 页。

④ 参见郑吉雄:《易图象与易诠释》,台湾大学 2004 年版,第 84 页。

⑤ 《易学象数论》六卷,(清)纪昀等总纂:《钦定四库全书总目》经部六,中华书局 1997 年版,第 56 页。

⑥ 朱伯崑:《易学哲学史》第四卷,华夏出版社 1995 年版,第 232 页。

⑦ 林忠军:《论顾炎武易学思想与清代易学转向》,《东岳论丛》2012 年第 6 期。

⑧ 徐芹庭:《易学源流》上册,台湾国立编译馆 1987 年版,第 475 页。

⑨ 《易酌》十四卷,(清)纪昀等总纂:《钦定四库全书总目》经部六,中华书局 1997 年版,第 55 页。

象数乃传陈抟、李之才之学，而并非汉代象数之学，足以见宋代象数易学之影响。王夫之试图借着《易经》建立其哲学体系，他对《易》最为服膺，认为"《易》为至命之学"①，且"五经"皆受"《易》统其理"②。他梳理了汉易以来的易学史，对王弼、三苏及程朱易学进行分析③，统和辞、变、象、占四者，重象数而不废占筮，强调重卦说、卦变说等象数体例，又从天人之学方面对义理易学进行阐释，发挥天人性命、价值论等学说，合易学、哲学思考为一体。然而由于政治原因，《四库全书》并未收录王夫之最主要的易学著作（如《周易外传》、《周易大象解》、《周易内传》等），仅收录《周易稗疏》一书，认为此书"言必征实，义必切理，于近时说《易》之家为最有根据"④。胡渭（1633—1714）以陈抟之图书学为基础，"专为辨定图、书而作"⑤而撰《易图明辨》一书，试图建立系统的《易经》图谱，其中涉及历代易图近四十七幅，概述历代易图体系及得失，"渭则于河图、洛书，五行、九宫，参同、先天、太极、龙图，易数钩隐图，启蒙图、书，先天、后天、卦变、象数流弊，皆引据旧文，互相参证，以箝依托之口"⑥，从而宣扬《易经》象数之学。此外，胡渭还著有《洪范正论》，对前人弊端进行总结，切实论《易》，"汉儒傅会之谈，宋儒变乱之论，扫而除焉"⑦，从而正象数《易》学。毛奇龄著《仲氏易》，"一日著一卦，凡六十四日而书成"⑧，主张《易》为卜筮之作，他提出"五易"说（"变易"、"交易"、"转易"、"对易"、"移易"），

---

① （明）王夫之：《周易内传·系辞上传》一，《船山全书》编辑委员会编校：《船山全书》第一册，岳麓书社1996年版，第524页。

② （明）王夫之：《周易内传·系辞上传》一，《船山全书》编辑委员会编校：《船山全书》第一册，岳麓书社1996年版，第989页。

③ （明）王夫之：《周易内传·系辞上传》一，《船山全书》编辑委员会编校：《船山全书》第一册，岳麓书社1996年版，第652—653页。

④ 《周易稗疏》四卷，（清）纪昀等总纂：《钦定四库全书总目》经部六，中华书局1997年版，第55页。

⑤ 《儒林二》，《列传》二百六十八，《清史稿》第四百八十一，《二十五史》下，上海古籍出版社、上海书店1995年影印本，第1505页。同于《四库全书提要》，参见（清）胡渭撰：《易图明辨》，巴蜀书社1991年版，第1页。

⑥ （清）胡渭撰：《易图明辨》，巴蜀书社1991年版，第1页。

⑦ （清）胡渭撰：《易图明辨》，巴蜀书社1991年版，第1页。

⑧ （清）胡渭撰：《易图明辨》，巴蜀书社1991年版，第1页。

并进行"推易"而明卦变说,"其言易发明荀、虞、干、侯诸家,旁及卦变、卦综之法"①。在解易方法上,重视引用他经而解《易》之意,征引史实而证《易》之理,"大致引据古人,终不同于冥心臆测者也"②,并且注重演绎《系辞》而论《易》之旨。此外还对宋代的《河图》、《洛书》、邵雍的《先天图》、周敦颐的《太极图》等进行考证和批判,重视博证求实,考据致用。而陈梦雷的《周易浅述》一书"大旨以朱子《本义》为主"③,若在《本义》之朱子为作定论之处,"尚有朱子未定之解"④,在采众家之说以定其归。于象数,认为《易》的义蕴不出理、数、象、占,重视卦气、爻象说,其解多以明象为主。于义理,对太极、无极、阴阳、神、道等一系列观念进行解读,以人作为万物之首,体天地之理,从人性、性命、体用、经世等方面多切于人事。从而融汇象数和义理之学,重视经世致用的探讨。

可见,一方面明末清初易学研究仍然是尊程朱一派研究为多,程朱易学为宋明易学的主导,"与清初学术直接源于宋明一样,清初易学也源于宋明易学"⑤,可见明末清初是对程朱易学的直承。另一方面明末清初易学研究已渐渐地发展出尊训诂之学的路向,为汉学甚至是朴学的兴起奠定了基础。"明末清初是宋《易》向朴学《易》转折的时期,这也是明清易学最有生气的阶段"⑥。考虑本书易学研究探讨范围(截止到耶稣会士白晋来在华时期),故在惠栋(1697—1758)还未形成朴学之风气,所以在此不加讨论其易学思想。综而论之,《易经》对于儒家,一直是作为入门至要经典。而儒家对《易经》的研究,整体上通过象数和义理的路数,在不同的历史阶段对《易》之象、数、理、占等方面又有偏倚论述,而形成不同时期的解《易》特色,从而推动着易学的不断演绎,成为名副其实的"生生"之学。

---

① 《儒林二》,《列传》二百六十八,《清史稿》第四百八十一,《二十五史》下,上海古籍出版社、上海书店 1995 年影印本,第 1505 页。

② 《仲氏易》三十卷,(清)纪昀等总纂:《钦定四库全书总目》经部六,中华书局 1997 年版,第 57 页。

③ 《周易浅述》八卷,(清)纪昀等总纂:《钦定四库全书总目》经部六,中华书局 1997 年版,第 59 页。

④ 陈梦雷:《周易浅述》,上海古籍出版社 1982 年版,第 6 页。

⑤ 汪学群:《清初易学》,商务印书馆 2004 年版,第 3 页。

⑥ 廖名春等:《周易研究史》,湖南出版社 1991 年版,第 7 页。

二、道《易》的分化——道学《易》与道教《易》

除了儒家解《易》以外,道家与《周易》思想具有天然的一致性,特别是在诸多哲学范畴上。简而要之,比如"道",既为"形而上者谓之道"①;又为老子的"道生一,一生二,二生三,三生万物"②之道,皆为其哲学的最高范畴;又如《易经》中的"《易》有太极,是生两仪"③的"太极"与老子"主之以太一"④之"太一",同为本体范畴;在宇宙观和生成论上,《周易》所主张的宇宙"天地万物感而万物生"的生生哲学,亦和老子所言的道生天地,天地生万物之理同。在辩证法上,《易经》中所提倡的变易观,"天地盈虚,与时消息"⑤与老子的"周行而不殆"⑥同,都认为整个天地都在永恒运动的发展之中,而阴阳对立与转化为万物运动的动力。在整体思维方式上,"天人合一"是《周易》与道家思想共同的思维基础,天道、地道、人道之同一,《周易》的"兼三才而两之"⑦与老子的"道大,天大,地大,王亦大"⑧,从而能够推天道以明人事。邵雍认为"老子得《易》之体"⑨,清朝惠士奇(1671—1741)亦称:"庄周精于《易》,故善道阴阳,先儒说《易》者皆不及"⑩,可见道家与《易》已经紧密联系在了一起。

---

① (魏)王弼注,(唐)孔颖达疏:《周易正义·系辞上》,李学勤主编:《十三经注疏》标点本,北京大学出版社1999年版,第344页。

② (魏)王弼注,楼宇烈校释:《老子道德经注校释》,中华书局2008年版,第117页。

③ (魏)王弼注,(唐)孔颖达疏:《周易正义·系辞上》,李学勤主编:《十三经注疏》标点本,北京大学出版社1999年版,第340页。

④ (清)王先谦、刘武撰:《庄子集解 庄子集解内篇补正》,中华书局1987年版,第294页。

⑤ (魏)王弼注,(唐)孔颖达疏:《周易正义·丰卦·象辞》,李学勤主编:《十三经注疏》标点本,北京大学出版社1999年版,第363页。

⑥ (魏)王弼注,楼宇烈校释:《老子道德经注校释》,中华书局2008年版,第63页。

⑦ (魏)王弼注,(唐)孔颖达疏:《周易正义·系辞下》,李学勤主编:《十三经注疏》标点本,北京大学出版社1999年版,第375页。

⑧ (魏)王弼注,楼宇烈校释:《老子道德经注校释》,中华书局2008年版,第64页。

⑨ (宋)黎靖德编,王星贤点校:《朱子语类》卷第一百二十五,中华书局1986年版,第2986页。

⑩ (清)永瑢、纪昀主编:《易说》六卷,《四库全书总目提要》经部六,河北人民出版社2000年版,第168页。

到了秦汉之际，由于政治因素，黄老之学兴起，"及至孝景，不任儒，窦太后又好黄老之术"①。道家对《易经》的引用和研究也更加倾向于天人感应说以为王权寻求合理性以及为王室研究延年益寿之术，"老氏初只是清净无为，清净无为，却带得长生不死"②。比如《吕氏春秋》以阴阳五行说为基本框架，在同气相应、同类相感的观念下进一步发展天人感应说。《淮南子》更是从学术理论、政治方略、伦理修养、神仙法术等多方面介绍道家思想，成为道家思想巨作。《河上公章句》更表现出道家和神仙家的融合，从理论上论证"不死之道"的养生方式。

汉魏以来，说《易》者众多，在《汉书·艺文志》中记载易学著作有十三家，二百九十四篇③；《隋书·经籍志》中记载六十九部，五百五十一卷④。关于道家研《易》，在《高士传》和《后汉书·逸民传》记载为多。两汉时期由于政治荡迭，多有道家隐士逸民习《易》，以此远离尘世。如隐士向长（生卒年不详）隐居不仕，"好通《老》、《易》"⑤，因读《易》之《损》、《益》卦而隐，不知所终。高士赘恂（生卒年不详）"明礼、易，遂治五经，博通百家之言"⑥，马融曾向他求学，并为其女婿。申屠蟠（生卒年不详）学而无师，隐于世隐，"博贯五经，兼明图纬"⑦，居学治京氏《易》，严氏《春秋》，小戴《礼》等，事于太学。姜岐（生卒年不详）"治《书》、《易》、《春秋》"⑧，教授者满于天下。汉代王远（生卒年不详）"博学五经，兼明天文、图谶、河洛之要，逆之天下盛衰之期，九州吉凶之事"⑨。由此可见，道学与《易经》已融为一体。到了魏晋南北朝时期，《易经》更是与《老子》、《庄子》一起被纳入"三玄"。其中王弼（226—249）的影响最

---

① （汉）班固撰，（唐）颜师古注：《儒林传》第五十八，《汉书》卷八十八，中华书局1962年版，第3592页。

② （宋）黎靖德编，王星贤点校：《朱子语类》卷一，中华书局1986年版，第3005页。

③ （汉）班固撰，（唐）颜师古注：《艺文志》第十，《汉书》卷三十，中华书局1962年版，第1704页。

④ （唐）魏征等：《经籍志》，《隋书》卷三十二，志二十七，中华书局1973年版，第912页。

⑤ （晋）皇甫谧：《高士传》卷中，《四部备要》本，中华书局1989年版，第16页。

⑥ （晋）皇甫谧：《高士传》卷中，《四部备要》本，中华书局1989年版，第21页。

⑦ （晋）皇甫谧：《高士传》卷中，《四部备要》本，中华书局1989年版，第22页。

⑧ （晋）皇甫谧：《高士传》卷中，《四部备要》本，中华书局1989年版，第23页。

⑨ （宋）张君房编：《王远》，《神仙传》，《云笈七签》五，卷一百九，中华书局2003年版，第2365页。

大,以《老》、《庄》之言解《易》之爻辞义理,成就玄学释《易》之典型。皮锡瑞(1850—1908)认为易学分为象数和义理,王弼"《易注》,源于费氏,尽去象数,而更附以《老》、《庄》之义"①。其《周易注》、《周易正义》为"排击汉儒,自标新学"②的力作,一改单单以传解《易》和以儒家礼法、道德等解《易》的方式,用道家老子的无为、虚静、自然等概念解释《易经》,其"注《易》亦杂老氏之旨"③。于正统治《易》之家而言,被称为补郑玄易学的飘逸之风,"辅嗣之野文,补康成之逸象"④。他一方面不谈阴阳灾异,倡义理说经,"全废象数……阐明义理,是《易》不杂于术数者"⑤。强调每卦的主旨,以统人事道理,重视阴阳、八卦的取义,用辩名析理的方式去分析言、意、象的关系。另一方面吸取老子的崇本息末、顺时随时、尚谦无为思想等的观点,"祖尚虚无,使《易》竟入于老庄者"⑥,从而形成独特的道家易学体系。陈鼓应认为王弼在《易》、道之间展开双向诠释,"进而开出'道易一体'的理论思维"⑦,这样的双向诠释既"以道解《易》",引用老庄思想范畴诠《易》,又"以易明道",用《易》之特色呼应道家思想,故"《易》老《庄》三玄交合为一体,体现了魏晋玄学的核心精神"⑧。后韩康伯(生卒年不详)亲受于王弼,坚持取义之说,糅合《易》、老,从而发展了玄学《易》。在南北朝时期,王弼易学与郑玄易学一起被列为官学。"梁、陈郑玄、王弼二注,列于国学",且"至隋,王注盛行"⑨。到了隋唐时期,易学依然受玄学《易》的影响,其易学发展主要是对前代易学的总结工作,并且玄《易》之风也影响到宋代的《宋史》中称"陈抟一派",从陈抟的图书学到

---

① (清)皮锡瑞著,周予同注释:《经学历史》第十五章,中华书局1959年版,第154页。
② 《周易正义》十卷,(清)纪昀等总纂:《钦定四库全书总目》经部一,中华书局1997年版,第6页。
③ 高志成:《皮锡瑞〈易〉学论述》,林庆彰主编:《中国学术思想研究辑刊》,花木兰文化出版社2011年版,第138页。
④ (清)李道平撰:《周易集解纂疏》,中华书局2004年版,第9页。
⑤ 《周易注》十卷,(清)纪昀等总纂:《钦定四库全书总目》经部一,中华书局1997年版,第6页。
⑥ 《周易注》十卷,(清)纪昀等总纂:《钦定四库全书总目》经部一,中华书局1997年版,第6页。
⑦ 陈鼓应:《王弼道家易学诠释》,《台大文史哲学报》2003年第58期。
⑧ 陈鼓应:《王弼道家易学诠释》,《台大文史哲学报》2003年第58期。
⑨ (唐)魏征等:《经籍志》,《隋书》卷三十二,志二十七,中华书局1973年版,第913页。

而后刘牧推崇《河图》、《洛书》、李之才重视卦变说，进而到周敦颐的太极图说，皆受道学《易》之影响。

在汉代，道家思想诠释慢慢发展为道教的思想直接来源，道教《易》的研究也由此兴起。比如，早期道教思想著作《太平经》被认为是"历史上第一部建立了系统理论体系的道教经典"①，它重视天道阴阳轮转，吸收《易》学中的天、地、人三才思想，强调"和"的思想，阐释寿命和天地相应，借用易学后天八卦的象数理论来解释人之性命②。西汉的严君平（前86—前10）曾在成都卖卜，自称"今我以卜为业"③，著有《老子指归》，在自序中亦言"以卜筮为业"④，以《老子》之道解《易》，特别是自然生成论与本体论的发挥，反映出儒道互补的倾向。在本书亦涉及傅圣泽对此书的研究，足见其影响性。杨雄（前53—18）模仿《易》而成《太玄》，"实好古而乐道，其意欲求文章成名于后世，以为经莫大于《易》，故作《太玄》"⑤，将老子的天道观、阴阳变易观与《易》相结合，"故观《易》者，见其卦而名之；观《玄》者，数其画而定之。《玄》首四重者，非卦也，数也"⑥，构造了一个"玄"之世界图式。到了东汉，神仙之术广为流行，牟子（170—?）先"读神仙不死之书"，而后成为佛教徒，著《牟子理惑论》，当时"北方异人咸来在焉，多为神仙辟谷长生之术，时人多有学者"⑦。而东汉末年魏伯阳（约100—170）得古文《龙虎经》之妙旨，"乃约《周易》撰《参同契》三篇"⑧，其著《参同契》将《周易》之象数义理之学、黄老思想及道教炼丹之法（内丹和外丹）紧密结合，"谓修丹与天地造化同途，故托易象而论之"⑨。在《参同契》中，乾、坤为易之门户，坎、离作为匡郭，四者同为炼丹之

① 卿希泰主编：《中国道教思想史》第一卷，人民出版社2009年版，第259页。

② 王明：《太平经合校》，中华书局1980年版，第465页。

③ （晋）皇甫谧：《高士传》卷中，《四部备要》本，中华书局1989年版，第16页。

④ （汉）严遵著，王德有点校：《老子指归》自序，中华书局1994年版，第3页。

⑤ （汉）班固撰，（唐）颜师古注：《杨雄传》第五十七下，《汉书》卷八十七下，中华书局1962年版，第3583页。

⑥ （汉）班固撰，（唐）颜师古注：《杨雄传》第五十七下，《汉书》卷八十七下，中华书局1962年版，第3575页。

⑦ 《牟子理惑论》，（南朝）僧祐撰：《弘明集》卷一，《大正藏》第五十二册，第1页。

⑧ 《周易参同契分章通真义》，参见潘雨廷：《道藏书目提要》，上海古籍出版社2003年版，第13页。

⑨ 潘雨廷：《道藏书目提要》，上海古籍出版社2003年版，第13—14页。

基本。"其说如似解释《周易》,其实假借爻象,以论作丹之意"①。从外丹学而言,乾坤为炉鼎,坎离为药物(铅和汞),又参照八卦纳甲之说,按时调熄火候"文火"与"武火"合而为炼丹之必备。从内丹而言,人之阴阳交合,乃保其命,故乾坤交而泰,水火交为药,乃运先天精气之法。故《参同契》运用《周易》之理,借黄老之说,模拟自然造化,炼丹修身,合内丹、外丹于一体,从而开创道教合《易》之始。《参同契》以爻象而论丹,重视阴阳之说。一方面既是道门中人和神仙家的必读书籍,为道教人士所认可,彭晓在《还丹内象金钥匙》中称"魏伯阳《周易参同契》,为还丹经诀之最妙也"②。另一方面亦为宋代陈抟、周敦颐、朱熹等人提供了丰富的哲学思维资源,如朱熹赞"《参同契》文章极好,盖后汉之能文者为之,读得亦不枉"③。葛洪(284—364)作为道教统系中的传承人,"今传者是黄帝、黄卢子、西岳公、鲍靓、抱朴子所授者也"④,对《易经》深熟于心,且给予《易经》极高的地位,"九圣共成《易经》,足以弥纶阴阳,不可复加也"⑤。葛洪论阴阳之法,并运用《周易》的"三才之道"合于道家的"不言而化行"之道与儒家的"道德仁义"之道,为"百家之君长,仁义之祖宗"⑥。此外,虽然并不热衷于用象数《易》来论修行之法,但是在《抱朴子》外篇《文行》和《尚博》中依然提及八卦和六甲之法,对易学的运用散见其文。

至此《易》已经成为"道学七经"⑦之来源,不仅以归内道,而且援理外儒,故在道教经典中《易》多有所见,特别涉及修行之法。如天门子(生卒年不详)"尤明补养之要"⑧,合《易》之阴阳、五行以及四方二十八星宿之要,炼丹修行,得长生不老之术。又如张道陵(34—156)"本大儒生,博综五经"⑨,然而

---

① (宋)张君房编,李永晟点校:《云笈七签》五,卷一百九,中华书局2003年版,第2365页。

② (宋)张君房编,李永晟点校:《云笈七签》三,卷五十六,中华书局2003年版,第1547页。

③ (宋)黎靖德编,王星贤点校:《朱子语类》卷第一百二十五,中华书局1986年版,第3002页。

④ (宋)张君房编,李永晟点校:《云笈七签》一,卷六,中华书局2003年版,第91页。

⑤ 王明:《抱朴子内篇校释》,中华书局1985年版,第153页。

⑥ 王明:《抱朴子内篇校释》,中华书局1985年版,第188页。

⑦ 为《仁》经、《礼》经、《义》经、《信》经、《智》经、《德》《道》经。其思想渊源为《诗》、《礼》、《传》、《易》,至于《尚书》、《礼》、《乐》、《孝经》"。(宋)张君房编,李永晟点校:《云笈七签》卷九,中华书局2003年版,第174页。

⑧ (宋)张君房编,李永晟点校:《云笈七签》五,卷一百九,中华书局2003年版,第2379页。

⑨ (宋)张君房编,李永晟点校:《云笈七签》五,卷一百九,中华书局2003年版,第2381页。

晚年转而学长生之道,得九鼎之要。西晋魏夫人(原名魏华存,251—334)的《黄庭内景玉经》历代被视为道教内炼养生之书,其中最基本的四句修行法:"上有魂灵下关元,左为少阳右太阴,后有密户前生门,出日入月呼吸存"①中的"少阳"、"太阴"概念皆出于《易经》。而在具体修身理论中亦多有对《易经》的引用,如用"七日来复"言肝脏循环②、用"一阴一阳之谓道"③言阴阳魂魄之守;用"太极"、"两仪"来说明"三一"天地的对应④;等等。在《黄帝阴符经》中引《易经》而论符,以《易经》中关于"时"、"机"的概念论"圣人观其时而用其符,应其机而制其事",从而说明"符"之来源,乃为奉天时而后天之作⑤。《元气论》中以《易经》中的"阴阳之道"而论气之转换,形成"易益之道","能益能易,名上仙籍;不益不易,不离死厄。行此道者,谓常思灵宝"⑥,从而提出修炼元气之法,成仙人、至人之道⑦。在讲究内丹诀法中,《大还丹契密图》中重点以《易》之六十四卦有三百八十四爻对应一年三百六十日、二十四气,从而论火候。⑧ 按照阴阳、损益取十二卦(《复》、《临》、《泰》、《大壮》、《夬》、《乾》、《姤》、《遯》、《否》、《观》、《剥》、《坤》)对应十二月份(从十一月始)、十

---

① 潘雨廷:《道藏书目提要》,上海古籍出版社 2003 年版,第 34 页。
② (宋)张君房编,李永晟点校:《云笈七签》一,卷十一,中华书局 2003 年版,第 219 页。
③ (宋)张君房编,李永晟点校:《云笈七签》一,卷十一,中华书局 2003 年版,第 231 页。
④ (宋)张君房编,李永晟点校:《云笈七签》一,卷十一,中华书局 2003 年版,第 254 页。
⑤ (宋)张君房编,李永晟点校:《云笈七签》一,卷十五,中华书局 2003 年版,第 383 页。
⑥ (宋)张君房编,李永晟点校:《云笈七签》三,卷五十六,中华书局 2003 年版,第 1226 页。
⑦ 其修炼元气之法为"一年易气,二年易血,三年易脉,四年易肉,五年易髓,六年易筋,七年易骨,八年易发,九年易形,从此延数万岁,名曰仙人。九年是炼气为形,名曰真人。又炼形为气,气炼为神,名曰至人"。(参见(宋)张君房编,李永晟点校:《云笈七签》三,卷五十六,中华书局 2003 年版,第 1240 页。)又见《蒙山贤者服内气诀》中亦言"一年易气;二年易骸一本为易血也;三年易血一本为易脉;四年易肉;五年易筋一云易髓;六年易髓;七年易骨;八年易发;九年易形;十年道成。位居真人,变化自由,即灵官、玉女而侍焉"。((宋)张君房编,李永晟点校:《云笈七签》三,卷五十八,中华书局 2003 年版,第 1283 页。)又见《延陵君修养大略》论人与天地合体,阴阳混气皆"均乎二仪,应乎五行也",故修养之法"一年易气,二年易血,三年易脉,四年易肉,五年易髓,六年易筋,七年易骨,八年易发,九年易形,即三万六千神备于兆身,化为真仙,号为真人矣"。((宋)张君房编,李永晟点校:《云笈七签》三,卷五十九,中华书局 2003 年版,第 1299 页。)又见《中山玉柜服气经》:"一年易气,二年易血,三年易脉,四年易肉,五年易髓,六年易筋,七年易骨,八年易发,九年易形,即三万六千神,皆在身中化为仙童,号曰真人矣"。((宋)张君房编,李永晟点校:《云笈七签》三,卷六十,中华书局 2003 年版,第 1346 页。)
⑧ (宋)张君房编,李永晟点校:《云笈七签》三,卷七十二,中华书局 2003 年版,第 1611—1616 页。

二时辰(从子时始)、阴阳气之两数以及对应小数之日等,从子月冬至日起火至亥月,有三百六十日,阴阳之气共一百六十四两,内外两月沐浴,即三千六百年,"此以小明大,大还丹之功毕"①。此外,《周易七十二候图》②、《七星朱书》③、《周易七十二候缠度诀》④等书皆是结合《易经》中天文、气象、物候等知识来论道家之造命开运系列卦图,为丹道之学体现。

可见,无论是在道家的思维体系还是道教的宗教理论建构中,《易经》都占据了不接或缺的地位,甚至到了几乎道学人物皆读《易经》的地步,在道家经典和道教著作中,总是能在其中搜索到与《易经》相关的元素,或者是直接征引《易经》或者是间接体现《易经》,特别是根据《易经》的"天道"观与道家"道"之形而上世界和道教神仙世界的拟定,《易经》对天人关系的阐释与道家天人相通的神仙系统,《易经》完密的逻辑性、自然辩证法与道家辩证法的关系,《易经》所具备的阴阳五行关系与道家的修养之论等,都可以看到《易经》和道家思想的合一性。

三、佛《易》的形成——《易》之首次东西会通

在《四库全书》的传统眼光中,对儒道二家对《易经》的诠释和发展是予以认同的,而佛教对《易经》的研究,尽管未入《四库》经部类,但也是易学史发展中不可忽略的一部分。上古未尝有佛,自后汉时流入中国,而"汉、魏之后,像教浸兴"⑤,甚至到了"民间佛经多于六艺之籍"⑥的地步。佛教自东汉末年传入中国,不仅与儒道抗衡,"中土的儒教和道教哲学在佛教哲学的冲击下,不得不

---

① (宋)张君房编,李永晟点校:《云笈七签》三,卷七十二,中华书局2003年版,第1616页。
② (宋)张君房编,李永晟点校:《云笈七签》三,卷七十二,中华书局2003年版,第1630页。
③ (宋)张君房编,李永晟点校:《云笈七签》三,卷七十二,中华书局2003年版,第1631页。
④ (宋)张君房编,李永晟点校:《云笈七签》三,卷七十二,中华书局2003年版,第1632—1638页。
⑤ (后晋)刘昫等撰:《武宗本纪》,《旧唐书》卷十八上,中华书局1975年版,第605页。
⑥ (宋)释志磐撰:《佛祖统纪》卷三十九,《续修四库全书·子部》,上海古籍出版社1995年版,第512页。

改弦更张"①,而且努力渗入到中国传统文化之中,在中华大地渐渐站稳了脚跟。

诸多僧人试图通过寻求《易经》和佛教教义的契合点,更加深入地理解中国的传统文化,故对《易》深有研究。比如三国魏国康僧会(? —280)他对中国经典莫不精究,"明解三藏,博览六经,天文图纬,多所综涉,辩于枢机,颇属文翰"②,将《易经》之理合佛教之义,特别是儒佛二家的诸多问题进行了统一,"虽儒典之格言,即佛教之明训"③。僧人支遁(314—366)更是文采斐然,"孙绰、许询、支遁等,皆以文义冠世"④。在《广弘明集·统归篇》卷三十中收录佛诗诸首,如支遁所著的《四月八日赞佛诗》等,其中多含易理和玄学意味,容佛、易、玄为一体⑤。竺法汰(320—387)合儒、释、道三家而以玄学观之,舍象而注《易》,崇尚心无之义,其弟子昙一、昙二"并博练经义,又善《老》、《易》"⑥。慧远(334—416)跟随道安学习佛经,一方面他"博综六经,尤善《庄》、《老》"⑦,常常引用《易经》以论佛经,旁征博引;另一方面尤喜与名士辩论《易》以阐释

① 张立文:《儒佛之辩与宋明理学》,《中国哲学史》2000 年第 2 期。

② (南朝·梁)释慧皎:《康僧会》,《高僧传》卷一,《大正新修大藏经》第五十册,日本大正新修大藏经刊行会 1960 年版,第 325 页。

③ (南朝·梁)释慧皎:《康僧会》,《高僧传》卷一,《大正新修大藏经》第五十册,日本大正新修大藏经刊行会 1960 年版,第 17 页。

④ (唐)柳宗元:《送文畅上人登五台遂游河朔序》,《柳宗元集》卷二十五,中华书局 1979年版,第 667 页。

⑤ 如"珍祥盈四八,玄黄曜紫庭"(《四月八日讚佛诗》)中"玄黄"即《坤》卦中"天玄而地黄";"大块挥冥枢,昭昭两仪映"(《咏八日诗三首》)中"两仪"即阴阳;"静晏和春晖,夕惕厉秋霜"(《五月长斋诗》)中"夕惕厉"即《乾》卦中的"夕惕若厉";"钦若盘春数,达度冥三才"(《八关斋诗三首》)中的"三才"即《易》之天、地、人三才;等等。(参见(唐)道宣撰:《统归篇》第十,《广弘明集》卷三十,《大正新修大藏经》第 五十二册,日本大正新修大藏经刊行会 1960 年版,第349—350 页。)特别是在支道林所著的《释迦文佛像赞》中"妙览未兆,则卓绝六位。曲成已着,则化隆三王。冲量弘乎太虚,神盖宏于两仪。易简待以成体。大和拟而称劭,员著者象其神寂。方卦者法其智周"(《释迦文佛像赞(并序)》)。其中诸多易学概念如"六位"即《乾》卦"六位时成"、"曲成"即《系辞上》"曲成万物而不遗"、"易简"即三易之易简、"太和"即《乾·彖辞》"保合太和乃利贞"、"圆著者象其神寂,方卦者法其智周"即《系辞上》"著之德圆而神,卦之德方以知"等,可见其对易学和佛学的巧妙融通。(参见(唐)道宣撰:《佛德篇》第三,《广弘明集》卷十五,《大正新修大藏经》第五十二册,日本大正新修大藏经刊行会 1960 年版,第 196 页。)

⑥ (南朝·梁)释慧皎:《竺法汰》,《高僧传》卷五,《大正新修大藏经》第五十册,日本大正新修大藏经刊行会 1960 年版,第 351 页。

⑦ (南朝·梁)释慧皎:《竺法汰》,《高僧传》卷五,《大正新修大藏经》第五十册,日本大正新修大藏经刊行会 1960 年版,第 357 页。

佛理,"与远共临北涧论《易》体"①,在《世说新语》中对其有所记载。柳宗元亦言"昔之桑门上首,好与贤士大夫游,晋宋以来,有道林、道安、法远师、休上人其所与游"②,其中的法远师即为慧远。僧人昙谛(347—411)将《易》作为讲席之作,含《易》之"五经"与佛经同讲于席,"讲《礼》、《易》、《春秋》各七遍,《法华》、《大品》、《维摩》各十五遍"③。南朝沙门昙度(生卒年不详)"善《三藏》及《春秋》、《庄》、《老》、《易》"④。齐时僧人道盛(生卒年不详)"善《涅盘》、《维摩》兼通《周易》"⑤。甚至连南朝梁武帝萧衍(464—549)其人生历程乃是"少时学周孔,弱冠穷六经"、"中复观道书,有名与无名"、"晚年开释卷,犹月映众星"⑥,其学术渊源集儒、道、释三家,不仅通晓佛典,又精于易学,对"神明"、"无明"问题上研究甚深。可惜解《易》多篇,早已亡佚,在《广弘明集》中对其习佛以及著作多有所记载。而在对经典翻译方面,"为魏晋以降,盛译群经,矫矫诸师,竞登讲席"⑦。佛教采取讲习经义的方式(格义、发挥)对儒道两家的哲学思想进行吸收,竺法雅(生卒年不详)对"格义"进行了定义,即"以经中事数,拟配外书,为生解之例,谓之'格义'"⑧。汤用彤(1893—1964)曾言:"格义之法,创于竺法雅。……格,量也,盖以中国思想比拟配合,以使人易于了解佛书之方法也。"⑨对于《易经》,大多借助象数图形对佛学理

---

① (南朝·梁)释慧皎:《竺法汰》,《大正新修大藏经》卷五,《大正新修大藏经》第五十册,日本大正新修大藏经刊行会 1960 年版,第 359 页。

② (唐)柳宗元:《送文畅上人登五台遂游河朔序》,《柳宗元集》卷二十五,中华书局 1979 年版,第 667—668 页。

③ (南朝·梁)释慧皎:《释昙谛》,《高僧传》卷七,《大正新修大藏经》第五十册,日本大正新修大藏经刊行会 1960 年版,第 371 页。

④ (南朝·梁)释慧皎:《释昙谛》,《高僧传》卷七,《大正新修大藏经》第五十册,日本大正新修大藏经刊行会 1960 年版,第 374 页。

⑤ (南朝·梁)释慧皎:《释道盛》,《高僧传》卷八,《大正新修大藏经》第五十册,日本大正新修大藏经刊行会 1960 年版,第 375 页。

⑥ (唐)释道宣:《述三教诗》,《广弘明集》卷三十,《大正新修大藏经》第五十二册,日本大正新修大藏经刊行会 1960 年版,第 352 页。

⑦ (宋)释志磐:《佛祖统纪》序,《大正新修大藏经》第四十九册,日本大正新修大藏经刊行会 1960 年版,第 129 页。

⑧ (南朝·梁)释慧皎:《竺法雅传》,《高僧传》卷四,《大正新修大藏经》第五十册,日本大正新修大藏经刊行会 1960 年版,第 347 页。

⑨ 汤用彤:《汉魏两晋南北朝佛教史》,人民出版社 1999 年版,第 168 页。

论进行诠说,将《易》之八卦、阴阳、吉凶定为"明玄"、"真玄"等,依然会通《老》、《庄》、《易》三玄来诠释佛典中的事数,从而确定中国化的佛教讲习规范。孔颖达在《周易正义序》称:"原夫易理难穷,虽复'玄之又玄',至于垂范作则,便是有而教有。若论住内住外之空,就能就所之说,斯乃义涉于释氏,非为教于孔门也。"①可见《易经》成为儒、释、道三家共同研究范畴。正如柳宗元(773—819)所言"浮图诚有不可斥者,往往与《易》、《论语》合"②,比如当时兴盛的玄学核心问题乃为"本末有无"问题,这与佛教般若学的"空"、"有"问题相近,故当时名僧合儒、释、道之教义,互相发明。其中以僧肇(384—414)为代表,他对中华典籍多有心得,其著作《肇论》即为"善窍名教精搜义理,揖此群贤语之所统"③,通过"拟孔易十翼之作"而"辄作《涅盘无名论》,论有《九折十演》"④,故"无论内涵还是方法上,于易学,尤其是与当时流行的王弼易学,关系极深"⑤。又如陈寅恪(1890—1969)在《支愍度学说考》中言及东晋孙绰《道贤论》以佛家七道比拟竹林七贤,并认为以内教之七道,拟配外学之七贤,"亦'格义'之支流也",且认为支愍度所创"心无义"是"与王辅嗣、韩康伯、老子、《周易》注旨意相似者"⑥,从而论证其思想实质,与老子及《易经·系辞》相符合,"非般空宗之义也"⑦。

到了唐代,僧尼众多,寺庙云集,"敕祠部检括天下寺及僧尼人数,大凡寺四千六百,兰若四万,僧尼二十六万五百"⑧。佛教的各大宗派形成了相对缜

---

① (魏)王弼注,(唐)孔颖达疏:《周易正义》卷首,李学勤主编:《十三经注疏》标点本,北京大学出版社 1999 年版,第 3 页。

② (唐)柳宗元:《送僧浩初序》,《柳宗元集》卷二十五,中华书局 1979 年版,第 673 页。另参见冯友兰:《中国哲学史新编》中,人民出版社 1998 年版,第 728 页。

③ (后秦)释僧肇:《肇论》,慧达序,《大正新修大藏经》第四十五册,诸宗部二,日本大正新修大藏经刊行会 1960 年版,第 150—161 页。

④ (后秦)释僧肇:《涅盘无名论第四》,《肇论》,《大正新修大藏经》第四十五册,诸宗部二,日本大正新修大藏经刊行会 1960 年版,第 157 页。

⑤ 王仲尧:《易学与佛教》,中国书店 2001 年版,第 58 页。

⑥ 陈寅恪:《支愍度学说考》,《陈寅恪史学论文选集》,上海古籍出版社 1992 年版,第 101 页。

⑦ 陈寅恪:《支愍度学说考》,《陈寅恪史学论文选集》,上海古籍出版社 1992 年版,第 102 页。

⑧ (后晋)刘昫等撰:《武宗本纪》,《旧唐书》卷十八上,中华书局 1975 年版,第 604 页。

密的教理体系,又凭借着"国教"(华严宗)的地位,故《易经》已化为佛教的思想渊源,融合至深。特别是华严宗,与易学关系尤为密切。潘雨廷曾著《〈易〉贯〈华严〉颂》①一文将《易经》与华严宗相合以同圣佛之心。华严五祖宗密(780—841)的《原人论》以《易》解释佛理,依照易道而立说,在《会通本末第四》中用易学太极两仪之说对"境亦从微至著,展转变起乃至天地"一语进行诠说:"言即彼始自太易,五重运转,乃至太极,太极生两仪,彼说自然达到,如此说真性……佛说内四大与外四大不同,正是此也"②。将太易运转作为生《易》之由、天地宇宙之本,以佛性对应乾道,用佛教的"常、乐、我、净"对应《乾》道的"元、亨、利、贞"四德③。最为特色的是,他还重视《易经》象数学理论,援引四正卦(《乾》、《坤》、《坎》、《离》),以《坎》、《离》两卦为变卦之原,参考《参同契》中的"圆相图"著有"阿赖耶识圆相"论,二者相类,内涵却相异。华严经学者李通玄(635—730)用《易》之象数学说诠释《华严经》,《华严经合论》为其易佛互论的代表,用华严宗所倡"托事显像"来对应《易经》中的"仰则观象"、"俯则观法"之法,且用《易经》之八卦配"上、下"来对应"十方",即主方神④。此

---

① 潘雨廷:《〈易〉与佛教,〈易〉与老庄》,上海古籍出版社 2005 年版,第 5—6 页。

② 宗密述:《原人论》,《大正新修大藏经》第四十五册,诸宗部二,日本大正新修大藏经刊行会 1960 年版,第 710 页。

③ 王仲尧:《易学与佛教》,中国书店 2001 年版,第 262 页。

④ 关于《易》之方位卦爻与佛家十方的对应关系,"主方神随方回转者,震、巽、离、坤、兑、乾、坎、艮、上下二方为十方,皆有神随逐回转而行。"((唐)李通玄撰:《略释新华严经修行次第决疑论》卷 3 上,《大正新修大藏经》第三十六册,第 1031 页)。并且在此基础上,以此对南、北、东北、东南等方位进行解说,以震为东,故为佛法开端:"震为音声,为震动,为青龙,为吉庆,为春生,为发明。为众善之首,以此法事先东方为首。"((唐)李通玄撰:《略释新华严经修行次第决疑论》卷 3 上,《大正新修大藏经》第三十六册,第 1031 页。)以离为南,为光明之所,佛性智慧达解之方:"南方为离,为虚无,为正为日,为目为心,为文章,为盛明,若达心虚无,即有智慧文章明也。"((唐)李通玄撰:《略释新华严经修行次第决疑论》卷 3 上,《大正新修大藏经》第三十六册,第 1031 页。)且《离》卦象中为虚无,体现心体虚无,故能容佛之慧。以坎为北,故为险,"北方者为坎为水,为玄武为始明,此方以明暗创分,以为北字,故十一月一阳生,以明暗始分之始……。"((唐)李通玄撰:《略释新华严经修行次第决疑论》卷 3 上,《大正新修大藏经》第三十六册,日本大正新修大藏经刊行会 1960 年版,第 1031 页。)象征善恶、正邪、迷悟之际,故相互转化,为佛教回转之意。以艮为东北,象征佛果之地,以及修行心境,"以艮止其心、正道现为艮义,皆随方回转义。"以巽为东南,以风象征教化,"以明巽为言说风教。以化众人"。((唐)李通玄撰:《略释新华严经修行次第决疑论》卷 3 上,《大正新修大藏经》第三十六册,日本大正新修大藏经刊行会 1960 年版,第 1031 页。)从而合易之八卦与佛家教义为一体。

外,他还利用《易纬》卦气说、九宫图、"五行休旺说"论来对应华严宗的诸神、名相及概念,其说"在会通儒、释、道三教中,不仅较早,而且能尽《易》象之妙"①。密宗创始人僧一行(683—727)对《易》之研究重点是将《易经》中的"天人关系"(天人互动、天人感应等)与天文学联系起来,探索自然阴阳之奥,著有《易传》、《周易论》(已佚)、《大衍玄图》、《大衍论》、《开元大衍历》及《义决》等,《太玄经》即是仿《易》而作,而《大衍历》则是以《易》之数论天文之说,借《易》弘法以发展佛教理论。

至于宋代,由于僧尼、寺院的不断增加,加上官方译经院和印刷业的发展,从而"释氏戒律之书与周、孔、荀、孟迹异而道同"②,佛学与《易》学愈来愈融合。一方面,在传统易学内部,一些易学大家被粉饰为佛门中人,比如在《佛祖统记》、《续补高僧传》中,以"麻衣道者"为易学大家陈抟之师,不仅陈抟自称"吾师麻衣道者也"③,而且多处提及"处士陈抟受易于麻衣道者,得所述正易心法四十二章"④,"有方服而衣麻者,妙达易道,始发河图之秘,以授希夷"⑤,将陈抟之先天易学视为麻衣道者所授,陈抟为之作注,得《河图》、《洛书》之诀,从而发易道之秘,从而开宋《易》之风。且他的后学种放、李溉、许坚、范谔昌、刘牧等人皆为麻衣道者后学。此外,众多儒生确乎浸于佛中,长期儒佛相合,比如周敦颐言自己妙心所处的禅悦境界"实启迪于黄龙,发明于佛印,然《易》理廓达,自非东林开遮拂拭,无繇表里洞然"⑥,故可见与佛学人物的交流对他思想影响极大。邵雍经常以禅语悟太极,禅意十足,张载亦是"出

---

① 张立文:《帛书周易注译》,中州古籍出版社2008年版,第25页。

② (宋)释志磐:《佛祖统纪》卷四十四,《大正新修大藏经》第四十九册,日本大正新修大藏经刊行会1960年版,第402页。

③ (宋)释志磐:《佛祖统纪》卷四十三,《大正新修大藏经》第四十九册,日本大正新修大藏经刊行会1960年版,第396页。

④ (宋)释志磐:《佛祖统纪》卷四十三,《大正新修大藏经》第四十九册,日本大正新修大藏经刊行会1960年版,第395页。

⑤ (宋)释志磐:《佛祖统纪》卷四十三,《大正新修大藏经》第四十九册,日本大正新修大藏经刊行会1960年版,第396页。

⑥ 《居士分灯录》卷下,《卍新纂续藏经》第一四七册。"黄龙"指"黄龙慧南"(生卒年:1002—1069),临济宗黄龙派创始人;"佛印"指"佛印了元"(生卒年:1019—1086),云门宗开先善暹法嗣;"东林"指的是"东林常聪"(生卒年:1025—1091),临济黄龙派代表人。

入于佛、老者累年"①。对于二程,更是"泛滥诸家,出入于老、释者几十年"②。而朱熹"出入于释老者十余年"③、"驰心空妙之域者二十余年"④,对待佛学他算是"毁誉参半",虽然从形而上之哲理、佛道关系、人伦道德以及修养功夫等方面多有批评,但是又对佛家之心性说充满好感,认为"佛家说心处,尽有好处。前辈云,胜于杨、墨"⑤,故曾称赞"释道专专此心"⑥。更进一步,在他的形而上学和人性论、修养论方面的理论建构中,亦是吸收了佛家的学说,主要是吸取了华严宗的"理"、"事"和禅宗的心性理论。另一方面,佛门中人研《易》,继续深化佛易对话,以禅机而显易象。比如临济宗从"三"之"三句"⑦、"三玄三要"⑧,继而重视"四",根据《易经》的阴阳两仪、四象八卦而说禅,对应"四照用"⑨和"四宾主"⑩,通过八卦之象而含佛意。曹洞宗的石头希迁(700—790)所做禅门《南岳石头大师参同契》⑪,受魏伯阳的《周易参同契》的影响,重《坎》、《离》二卦,"火热风动摇,水湿地坚固",蕴含水火之分,用明中有暗、暗中有明来说明"明暗各相对",从而论阴阳之别,理事之差。禅师洞山良价(807—869)在其《宝镜三昧歌》中言"重离六爻,偏正回互,叠而为三,变

---

① (清)黄宗羲、全祖望等编:《濂溪学案》下,《宋元学案》卷十二,中华书局1982年版,第532页。
② (清)黄宗羲、全祖望等编:《横渠学案》上,《宋元学案》卷十七,中华书局1982年版,第664页。
③ (宋)朱熹:《晦庵先生朱文公文集》卷三十八,《答江元适》,参见《朱子全书》第二十二册,上海古籍出版社、安徽教育出版社2002年版,第1700页。
④ (宋)朱熹:《晦庵先生朱文公文集》卷三十八,《答薛士龙》,参见《朱子全书》第二十二册,上海古籍出版社、安徽教育出版社2002年版,第1696页。
⑤ (宋)黎靖德编,王星贤点校:《朱子语类》卷五,中华书局1986年版,第91页。
⑥ (宋)黎靖德编,王星贤点校:《朱子语类》卷第一百二十五,中华书局1986年版,第3013页。
⑦ (宋)释智昭集:《人天眼目》卷一,《大正新修大藏经》,第四十八册,诸宗部五,日本大正新修大藏经刊行会1960年版,第301页。
⑧ (宋)释智昭集:《人天眼目》卷一,《大正新修大藏经》,第四十八册,诸宗部五,日本大正新修大藏经刊行会1960年版,第302页。
⑨ (宋)释智昭集:《人天眼目》卷一,《大正新修大藏经》,第四十八册,诸宗部五,日本大正新修大藏经刊行会1960年版,第304页。
⑩ (宋)释智昭集:《人天眼目》卷一,《大正新修大藏经》,第四十八册,诸宗部五,日本大正新修大藏经刊行会1960年版,第303页。
⑪ (宋)释道原纂:《景德传灯录》卷三十,《大正新修大藏经》,第五十一册,日本大正新修大藏经刊行会1960年版,第459页。

尽成五"①,将《易》之卦爻与佛家以"偏正回互"、"三叠分卦"、"五变成位"等图说相联系,揭示其精义。禅师曹山本寂(840—941)重视"五",发明"曹山五位君臣旨诀"②,根据京房易学中"五位君臣"和魏伯阳"假借君臣,以彰内外"的启发,重视位之偏正,辩五位之讹,论五位之序,作五位之颂,认为"玄黄之后,方位自他"③,进而融合《易经》阴阳、方位、时辰内容画《曹山五位君臣图》④、《五位功勋图》⑤等。

随后的佛教易学发展变从宋人王宗传(生卒年不详)、杨简(1141—1226)开始以心言《易》而流于禅,"以心性说《易》,始王宗传及简"⑥,以心说《易》太过,从而陷入禅学之嫌,"理者《易》之蕴,主理太过,使王宗传、杨简之说溢而妄出,而《易》入于释氏"⑦。到了晚明时期,禅学释《易》之风兴起,四库馆臣称"明之《易》,言数者入道家,言理者入释氏,职是故矣"⑧,"盖明末心学横流,大抵以狂禅解《易》"⑨,可见其禅《易》之滥觞。比如明代方时化(生卒年不详)的著作,皆为以佛解《易》为宗旨,所著《易引》,"各章大旨以佛经解《易》"⑩;其

---

① (宋)释智昭集:《宝镜三昧》,《人天眼目》卷三,《大正新修大藏经》第四十八册,日本大正新修大藏经刊行会1960年版,第321页。

② (宋)释智昭集:《人天眼目》卷三,《大正新修大藏经》第四十八册,日本大正新修大藏经刊行会1960年版,第313—314页。

③ (宋)释智昭集:《人天眼目》卷三,《大正新修大藏经》第四十八册,日本大正新修大藏经刊行会1960年版,第314页。

④ (宋)释智昭集:《人天眼目》卷三,《大正新修大藏经》第四十八册,日本大正新修大藏经刊行会1960年版,第316页。

⑤ (宋)释智昭集:《人天眼目》卷三,《大正新修大藏经》第四十八册,日本大正新修大藏经刊行会1960年版,第316页。

⑥ 《杨氏易传》二十卷,(清)纪昀等总纂:《钦定四库全书总目》经部三,中华书局1997年版,第21页。

⑦ 《御纂周易折中》二十二卷,(清)纪昀等总纂:《钦定四库全书总目》经部六,中华书局1997年版,第53页。

⑧ 《周易象旨决录》七卷,(清)纪昀等总纂:《钦定四库全书总目》经部五,中华书局1997年版,第46页。

⑨ 《周易翼简捷解》十六卷;附《群经辅易说》一卷,(清)纪昀等总纂:《钦定四库全书总目》经部八,中华书局1997年版,第102页。

⑩ 《易引》九卷,(清)纪昀等总纂:《钦定四库全书总目》经部八,中华书局1997年版,第93页。

《周易颂》泛言象数,"其体格颇仿焦氏《易林》,要不脱佛家之宗旨"①,《学易述谈》中论《易》之"密义述"、"名象述"、"卦义述"三种,"总以禅机为主,故首卷之末有佛家三乘之说也"②。又如马权奇(生卒年不详)的《尺木堂学易志》,其书多诠释大旨,不重训诂,间引《庄子》、《文中子》诸说,"旁及经史禅乘以证之"③。此外,还有徐世淳(?—1641)的《易就》一书,其书看似儒家之语录,"又似禅家之机锋"④等,皆是儒禅相合的易学代表。

而明末四大高僧云栖袾宏(1535—1615)、紫柏真可(1543—1603)、憨山德清(1546—1623)、蕅益智旭(1599—1655)等人,他们"站在佛教立场上阐释《周易》,企图诱儒入禅"⑤。其中紫柏真可和蕅益智旭深研佛《易》之法,紫柏真可著有《解易》,首先认为"六十四卦,三百八十四爻,虽性情有殊,而无常则一也"⑥,将理、事、性、情视为一体。进而认为"易有理事焉,性情焉,卦爻焉,三者体同而名异"⑦,性之通塞成理与情,而理和情皆为心统,故"心统性情"⑧,用"心"以统《易》之旨。最后将佛法等同于心学,"佛法者,心学也"⑨,从而通过《易》合儒、释、道三家。蕅益智旭在《周易禅解·序》⑩中即言及书之性质为"所解者是易"又"非易"⑪,论《易》之卦爻辞象。但他又认为《周易》

① 《周易颂》二卷,(清)纪昀等总纂:《钦定四库全书总目》经部八,中华书局1997年版,第93页。

② 《学易述谈》四卷,(清)纪昀等总纂:《钦定四库全书总目》经部八,中华书局1997年版,第93页。

③ 《尺木堂学易》三卷,(清)纪昀等总纂:《钦定四库全书总目》经部八,中华书局1997年版,第101页。

④ 《易就》六卷,(清)纪昀等总纂:《钦定四库全书总目》经部八,中华书局1997年版,第98页。

⑤ 金生杨:《佛教易学史发展综论》,《周易研究》2010年第1期。

⑥ (明)释真可:《解易》,《紫柏老人集》卷二十二,参见曹越主编:《紫柏老人集》,北京图书馆出版社2005年版,第576页。

⑦ (明)释真可:《解易》,《紫柏老人集》卷二十二,参见曹越主编:《紫柏老人集》,北京图书馆出版社2005年版,第576页。

⑧ (明)释真可:《法语》,曹越主编:《紫柏老人集》卷一,北京图书馆出版社2005年版,第11页。

⑨ (明)释真可:《栖霞寺定慧堂饭僧缘起》,《紫柏老人集》卷一三,参见曹越主编:《紫柏老人集》,北京图书馆出版社2005年版,第294页。

⑩ 谢金良:《〈周易禅解〉研究》,巴蜀书社2006年版,第1页。

⑪ (明)蕅益智旭:《周易禅解》序,台湾新文丰出公司印行1979年版,第2页。

非仅仅为《易》之书,还包含着丰富的佛学内容。故他又援用佛学佛法对《周易》的经传义理进行阐发,重视佛性理论。首先,蕅益智旭认为易理本源佛性,《易》即真如之性,世间万物,皆从"真常佛性建立"①、"蠢动含灵皆有佛性"②。其次,将《易》之理等同于佛之理。由天地万物而成易书,由易书而成易学,由易学而契易理,"所谓理即佛,乃至究竟即佛"③,从而《易》具佛理,《易》显佛理。再次,佛性即乾道,从而统和佛《易》。"佛性常住之理,名曰乾元",而《乾》之六位时成,乃对应"但约时节因缘假分"④,六位"位位皆龙"、"位位皆是法界"⑤。并且以《乾》之元、亨、利、贞四性表佛性本具常、乐、我、净四德,佛性必常,常必备乎四德⑥,从而将易理内涵与佛法等同,乾之道定为佛之性。接下来,以天地之数配合佛道,五行十数配佛门十道,河图之数及其方位诠释十波罗蜜等,合《周易》与佛教一起建构宇宙天地图式。最后,用三观(破、统、达)三止(息、统、停)对应乾坤父母的六子(长男、中男、少男、长女、中女、少女)⑦,"圣人体乾道而为智慧,智慧如男,体坤道而为禅定,禅定如女"⑧,将乾坤刚柔与止观定慧联系起来,止观双运,乃得解脱。他还利用《易》卦如《咸》卦九四爻言法界离微之道⑨,《困》卦六三爻论慧定之要⑩,

① (明)蕅益智旭:《乾卦·象辞》,《周易禅解》卷一,新文丰出公司印行 1979 年版,第 26 页。
② (明)蕅益智旭:《说卦传》,《周易禅解》卷九,新文丰出公司印行 1979 年版,第 559 页。
③ (明)蕅益智旭:《乾卦·象辞》,《周易禅解》卷一,新文丰出公司印行 1979 年版,第 26 页。
④ (明)蕅益智旭:《乾卦·象辞》,《周易禅解》卷一,新文丰出公司印行 1979 年版,第 24 页。
⑤ (明)蕅益智旭:《乾卦·象辞》,《周易禅解》卷一,新文丰出公司印行 1979 年版,第 27 页。
⑥ (明)蕅益智旭:《乾卦·象辞》,《周易禅解》卷一,新文丰出公司印行 1979 年版,第 25 页。
⑦ "只此众物各体之八卦,即是天地男女之八卦。可见小中现大,大中现小,法法平等,法法互具,真华严事事无碍法界也。佛法释者,方便为父,智度为母;三观皆能破一切法为长男,三止皆能息一切法为长女;三观皆能统一切法为中男,三止皆能统一切法为中女;三观皆能达一切法为少男,三止皆能停一切法为少女"。((明)蕅益智旭:《说卦传》,《周易禅解》卷九,新文丰出公司印行 1979 年版,第 560—561 页。)
⑧ (明)蕅益智旭:《系辞上》,《周易禅解》卷八,新文丰出公司印行 1979 年版,第 468 页。
⑨ (明)蕅益智旭:《系辞下》,《周易禅解》卷九,新文丰出公司印行 1979 年版,第 528 页。
⑩ (明)蕅益智旭:《系辞下》,《周易禅解》卷九,新文丰出公司印行 1979 年版,第 528 页。

《解》卦上六爻论戒定、智慧之用①，等等。除此之外，合房屋九宫之说论《伏羲六十四卦方位说》，认为"此六十四卦，若向此处悟得，便入华严事事无碍法界"②；在《文王八卦次序说》用人伦父母子女对应八卦之说而定八卦"一一皆法界也"③；又以佛教"十方界"、"四维"、"四宝"之说来论《文王八卦方位图》④；从而通儒释心要等。其弟子通瑞（生卒年不详）为《校刻易禅纪事》一文言及智旭拈义，为久精易学之士所钦服，无论是解《易》还是图说，皆为圣人作《易》精微之旨⑤。可以看到，智旭的佛《易》理论更加通俗易懂，其佛性论更加与儒家的价值立场融合在一起了，更加的本土化，在会通儒《易》上功不可没。

尽管四库馆臣并没有将佛学解《易》列入"正统"易学发展史之中，但是不可否认，随着佛教文化本土化的不断深入，佛《易》研究也卓有成效，成为了易学研究的一大派别。佛教一方面继承了传统易学文本、体例以及解《易》之法，也吸收了儒家《易》、道家《易》的思想；另一方面借《易》发挥佛教的学术主张，推崇"禅易相通"的观念，"禅易互证"的思维模式，从而让佛《易》研究与佛教东入的过程同行并进，不仅是在学理上进行交流融合，也使得佛教文化更加融入中华思想当中，这为外来宗教试图从《易经》入手进行本土化的"非传统"诠释提供了路向和借鉴。

四、耶《易》的萌生——耶稣会士的易学尝试

（一）早期基督宗教传教失败启示

关于耶《易》研究，首先涉及的便是基督宗教在中国的传教历史。关于基督宗教在中国的起源，很多学者对此已做了深入的考察和研究。对于第一次

① （明）蕅益智旭：《系辞下》，《周易禅解》卷九，新文丰出公司印行 1979 年版，第 529 页。
② （明）蕅益智旭：《图说》，《周易禅解》卷十，新文丰出公司印行 1979 年版，第 594 页。
③ （明）蕅益智旭：《图说》，《周易禅解》卷十，新文丰出公司印行 1979 年版，第 596 页。
④ （明）蕅益智旭：《图说》，《周易禅解》卷十，新文丰出公司印行 1979 年版，第 598 页。
⑤ 参见（明）蕅益智旭：《校刻易禅纪事》，《周易禅解》卷十，新文丰出公司印行 1979 年版，第 599 页。

基督宗教传入的种种传说,似乎并没有达成确切共识①。然而以唐朝景教作为基督宗教信仰在中国的兴起标志已被广泛认可。"景教"即基督宗教,更确切地说即古代基督宗教的聂斯脱利派(Nestorianism,基督宗教的支派)②。由于丝绸之路的开辟,中国与波斯国建立了友好的政治关系,加之景教徒们高超的生活技艺(医学、天文等知识),公元635年聂斯脱利派(Nestorian)的传教士阿罗本(Olopen)等传教士到陕西长安(今西安)传教。唐太宗予以尊崇,公元781年在长安所立的《大秦景教流行中国碑》③记述了此教约150年流行历史,包括景教的基本教义——三位一体、天主创造世界、原罪、救恩、耶稣降生成人、新约圣经、教会、宗教生活等内容,叙述了景教自唐太宗九年至建中二年的历史(时历唐太宗、高宗、玄宗、肃宗、代宗和德宗六位皇帝),特别指出诸州各置景寺,景教一度"法流十道"、"寺满百城"④。法国人樊国梁主教(Pierre Marie Alphonse Favier,1837—1905)在《燕京开教略》一书中详细记载了关于景教碑的情况⑤,并称"始于太宗,终于德宗,圣教大行于中国"⑥。徐光启(1562—1633)称中国有天教"以天启癸亥关中人掘地而得唐碑知之也"⑦。

---

① 参见陈垣:《基督宗教入华史略》,《陈垣学术论文集》第一集,中华书局1980年版,第83—106页。另参见朱谦之:《中国景教:中国古代基督宗教研究》,东方出版社1993年版,第76—81页。孙尚扬、[比利时]钟鸣旦:《一八四〇年前的中国基督宗教》,学苑出版社2004年版,第60—64页。

② 聂斯脱利派,也称为神圣使徒大公叙利亚东方教会(The Holy Apostolic Catholic Assyrian Church of theEast,简称为 The Assyrian Church of the East),唐人称之为大秦教。(参见陈垣:《基督宗教入华史略》,《陈垣学术论文集》第一集,中华书局1980年版,第84页。)而法国人樊国梁主教认为景教被称为"内斯多略之异教"乃是仇圣教者所为,根据首译碑文的耶稣会士塞梅多、同会修士包伊木、吉尔舍、阳玛诺、李明等人考证皆认为景教碑为"罗马圣而公会之传教士所立"。(参见[法]樊国梁撰:《燕京开教略》,救世堂清刻本,《东传福音》第六册,黄山书社2005年版,第274页。)

③ 对于景教碑的性质问题、真伪问题、翻译及注释、在景教文献中的位置、目前关于景教研究中文资料等论述,详见朱谦之:《中国景教:中国古代基督宗教研究》,东方出版社1993年版,第74—106,115页。

④ 转引自朱谦之:《中国景教:中国古代基督宗教研究》,东方出版社1993年版,第75页。

⑤ [法]樊国梁撰:《燕京开教略》,救世堂清刻本,《东传福音》第六册,黄山书社2005年版,第271—276页。

⑥ [法]樊国梁撰:《燕京开教略》,救世堂清刻本,《东传福音》第六册,黄山书社2005年版,第276页。

⑦ 《景教堂碑记》,参见徐光启:《徐光启集》下,上海古籍出版社1984年版,第531页。

陈垣(1880—1971)亦言及:"要讲基督宗教入华史,还是要从唐代的大秦景教流行中国碑讲起"①。从中可以见景教碑在基督宗教入华史之地位。然而公元845年唐武宗颁布毁灭宗教的诏谕,当时三千余景教传教士及火祆教教士都因"邪法不可独存"的理由勒令还俗,"勒大秦穆护、祆三千余人还俗,不杂中华之风"②,或者被驱逐出境"如外国人,送还本处收管"③。据统计,武宗时期,僧尼为归俗为民者,多达二十六万五千人,其中"大秦、穆护、祆二千余人"④。到公元878年黄巢起义时,战死广东城的人中有10万的阿拉伯、犹太、波斯人,其中多数是景教徒。大约公元980年的时候,在中国境内已经不再有景教徒了。据《古代中国闻见录》的记载,一个中世纪阿拉伯作家马哈迈德(Mahomet)曾说据一阿拉伯人记载宋太宗太平兴国五年(980年)"尝受大总管之命,与僧五人,往中国整顿其地基督宗教。余访问其旅行情况,即告余曰,中国之基督宗教已全亡,教徒皆遭横死,教堂毁害,全国之中,彼一人外,无第二基督宗教徒矣。遍寻全境,竟无一人可以授教者,故急归国也"⑤,此后景教便消失匿迹。

到了元代,由于蒙古族人与中亚的商业往来,皈依景教之风再次吹到了元代大都(汗八里 Khanbaliq),然而在称呼上已经不叫"景教",而叫"迭屑"(Tarsa,即波斯语"达娑")、"也里可温"(Arkagun,也叫"耶里可温"、"也里阿温"等)⑥。当然,也里可温教不单单指天主教,也可指天主教、东正教等。陈垣在《元也里可温教考》中将国人和日本人对"也里可温"的称谓做了一个罗列和评判⑦。由于蒙古的势力已经扩展到欧洲,1245年教宗依诺森四世(Innocentius IV)在法国里昂召开第一届大公会议,决定派遣意大利方济各会

---

① 陈垣:《陈垣学术论文集》第一集,中华书局1980年版,第94页。

② (后晋)刘昫等撰:《武宗本纪》,《旧唐书》卷十八上,中华书局1975年版,第605页。

③ (后晋)刘昫等撰:《武宗本纪》,《旧唐书》卷十八上,中华书局1975年版,第605页。

④ (宋)欧阳修、宋祁撰:《食货》二,志第四十二,《新唐书》卷五十二,中华书局1975年版,第1361页。

⑤ [英]裕尔撰,[法]考迪埃修订:《东域纪程录丛古代中国闻见录》,张绪山译,另外参见张星烺编注,朱杰勤校订:《中西交通史料汇编》第一册,中华书局2003年版,第203—204页。

⑥ 关于中文书籍中关于称呼记载,参见[英]阿·克·穆尔:《一五五〇年前的中国基督宗教史》,郝镇华译,中华书局1984年版,第248—270页。

⑦ 参见陈垣:《陈垣学术论文集》第一集,中华书局1980年版,第2—6页。

士柏郎嘉宾(Giovanni da Piano di Carpine, 1182—1252)等出使元朝廷,希望能够劝告请求蒙古皇帝罢兵、勿杀害无辜,"尤不可虐待基督宗教徒"①,并希望能够将基督宗教介绍到中国,劝皇帝入教、善待教徒等。元定宗贵由(1206—1248)虽然答应讲和,但不打算入教,对战争亦并无放弃之意。到了 1253 年,法国国王路易九世(Louis IX, 1214—1270)再次派法国方济各会士卢布鲁克(Guillaume de Rubruquis, 1220—1293/95)及意大利人克雷莫雷(Barthélémy De Crèmone,生卒不详)一行东行到蒙古帝国传教,依然遭到元宪宗蒙哥(1209—1259)的婉拒。而意大利威尼斯人马可·波罗(Marco Polo, 1254—1324)虽不是带着传教使命来华,但却对天主教的东传起到了推动作用。他的父亲、叔叔作为商人,本来受命于元世祖忽必烈(1215—1294)携带玺书出使罗马教廷,希望教宗派遣一百位通晓七艺、长于辩论的学者东来,"据理阐明基督宗教信仰比偶像崇拜之人类的信仰更好"②,但是由于赶上教宗换位而没能完成任务,然而却带来了马可·波罗。马可·波罗在中国的所见所闻通过《马可·波罗游记》(Marco Polo and His Travels)被记载了下来,书中对社会风貌、蒙古大汗参加各种宗教礼拜情形都做了记录,一方面为西方介绍了中国,另一方面对中国的元代历史研究也具有重要的史料价值。③ 而第一个获准在中国传教的是天主教方济各会教士孟高维诺(Giovanni da Montecorvino, 1246—1328),他受教宗尼古拉四世(Nicolas IV, 1227—1292)的派遣于 1289 年出使元朝政府,元政府设崇福司,掌管基督宗教教士等事。孟高维诺在华宣教三十余年,不仅率先在汗八里建立了第一座天主教教堂(共修三座)为多达三万人洗礼④,"大德三年……士庶感化入教者三万余人"⑤,收养百名幼童,还将

① 转引自顾卫民:《中国天主教编年史》,上海世纪出集团 2003 年版,第 11 页。
② 参见[英]阿·克·穆尔:《一五五〇年前的中国基督宗教史》,郝镇华译,中华书局 1984 年版,第 148 页。
③ 参见[意]马可·波罗:《马可·波罗游记》,梁生智译,中国文史出版社 1998 年版,第 6—7 页。
④ "根据我的计算,迄今为止,我在那里已为大约六千人施行了洗礼。如果没有上述的造谣中伤,我可能已为三万余人施行了洗礼,因为我是在不断地施行洗礼。"(转引自顾卫民:《中国天主教编年史》,上海世纪出集团 2003 年版,第 25 页。)
⑤ 黄伯禄:《正教奉褒》,参见中国宗教历史文献集成编纂委员会编纂:《东传福音》第七册,黄山书社 2005 年版,第 507 页。

《圣经》翻译成中文,成为传教最得力的传教士。故被任命为第一任汗八里总主教,兼管远东教务,其传教事业蓬勃发展,以至于在《元典章》中有"和尚在前,次道士,也里可温在后"的记载①。然而自孟氏以后,无人继任,随着元朝的覆灭,天主教又一次销声匿迹。

可以看到,唐代景教和元代的也里可温教好景都不长,皆以一种类似"流产文明"②的方式而告终,淹没在了历史之中,宛如初生婴儿,虽已降生,但由于外界环境的束缚,所以早早夭折了。关于其失败原因略有不同。对于景教,首先,它作为外来宗教,在发展初期其教义、教理为儒、释、道三家所不容,虽然佛教是外来宗教,但传入中国的时间很早,早已经在中国根深蒂固,与本土的儒家、道教并驾齐驱,甚至超过道教,形成"本土宗教"。而"任何外来的宗教,只有依托这三家始能生存"③,所以景教与儒、释、道三家差异判若云壤,加之儒道的本位意识和佛教的先入为主观念,景教也成了本土宗教天然排斥性的对象,在当时景教与摩尼教、火祆教一起被称为"杂夷"之教,"合天下三夷寺"④。其次,在诸多异教(除摩尼教、火祆教外,还包括伊斯兰教)之中,也存在着排挤和纷争诘难,摩尼教凭借着回纥国教的政治身份;火祆教依仗着西域移民的群众基础,故略胜景教一筹。加上景教并没有来自政治上的扶持或者军事上的护法,所以它始终发展缓慢,"来华的景僧比中国佛僧显然要逊色"⑤。在舒元舆(791—835)撰写的《鄂州永兴县重崖寺碑铭并序》中将大秦教(景教)置于摩尼教之后,"杂夷而来者,有摩尼教焉,大秦焉,秋神焉"⑥。可见景

---

① 参见陈垣:《基督宗教入华史略》,《陈垣学术论文集》第一集,中华书局 1980 年版,第 86 页。
② 根据汤因比将叙利亚地区的远西方基督宗教世界作为"流产的文明"。它"差不多创造了一个文明",但是"在襁褓时期就遇到了强大得无法抵抗的挑战",所以不幸"夭折"了。(参见[英]汤因比:《历史研究》,曹未风等译,上海人民出版社 1986 年版,第 192 页。)而景教即是源自于此,所以蔡鸿生认为景教依然没有摆脱"流产文明"的命运,"如果着眼于一种文明的命运,建中二年(781)建立的景教碑就不是什么流行中国的光荣榜,而是一块验证大秦景教从流亡到流产的墓志铭了"。(参见蔡鸿生:《仰望陈寅恪》,中华书局 2004 年版,第 208—209 页。)
③ 林悟殊:《中古三夷教辩证》,中华书局 2005 年版,第 47 页。
④ 舒元舆:《唐鄂州永兴县重崖寺碑铭》并序,参见(宋)姚铉编:《唐文粹》(二),卷六十五,《景印文渊阁四库全书》集部二八三,台湾商务印书馆 1986 年版,第 49 页。
⑤ 林悟殊:《中古三夷教辩证》,中华书局 2005 年版,第 363 页。
⑥ 舒元舆:《唐鄂州永兴县重崖寺碑铭》并序,参见(宋)姚铉编:《唐文粹》(二),卷六十五,《景印文渊阁四库全书》集部二八三,台湾商务印书馆 1986 年版,第 49 页。

教在当时社会上的地位并不受捧。再次,在景教内部,为了适应中国传统文化环境,一方面要"讨好"正统的儒家思想;"比附"势力如日中天的汉语佛教以及"套用"道教的文化术语,"景教徒的耶稣被装扮成老子和已中国化释迦牟尼的脸孔;同时,也吸收儒学的思想"①,它完全笼罩在中国各路宗教的强势语境下,进行自觉和不自觉的"矫饰",故很难发展出独立的宗教性格和教义义理特色。另一方面,它本有的宗教理想,很难与中国文化融合,因为"在中国人的伦理中,没有对本世以外的天主的向往"②,这种异质文化的根本对垒最终消耗了景教的所有力气,只有"始于乖睽,终于翕顺"③。最后,在政治方面,景教更是逢迎皇室,即使是大秦景教碑,连篇累牍都洋溢着对皇室的歌功颂德,一旦宗教附庸政治,那么皇室便掌握了生杀大权。当唐武宗(814—846)迫害外来宗教时,景教随同摩尼教、火祆教无一幸免,都受到政治迫害而被取缔,走向分崩离析。

然而对于元代的也里可温教,从教会组织形式来看,它并没有如景教一样保有独立专职传教的教会传统,而更多的是元朝政府管辖下的宗教机构。从传教士的作为来看,"也里可温与唐代景教最大的不同在于其传教角色的淡化"④,在教义宣传及经书翻译方面似乎显得较为沉默。从传教的对象来看,也里可温教并不是面向普通大众,更多的是当时的皇室和社会上层,因而缺乏坚实的民众基础。加之教会内部生活腐化,不能够坚持初衷信仰,所以很容易夭折,走入覆灭之路。因此,在中国基督信仰的发展史上,唐、元两代的基督宗教主要还是以传统方式(主要是上层接触、民间传教等)进行传教,然而这样一种以异质文化的生硬状态植入中华文化土壤,显得捉襟见肘,很难存活。

---

① 胡戟、张弓、葛承雍、李斌城主编:《二十世纪唐研究》,中国社会科学出版社2002年版,第607页。

② [法]谢和耐:《中国和基督宗教——中西文化的首次相撞》,耿升译,上海古籍出版社2003年版,第145页。

③ 《景教堂碑记》,参见徐光启:《徐光启集》下,上海古籍出版社1984年版,第532页。

④ 殷小平:《元代也里可温考述》,兰州大学出版社2012年版,第190页。

（二）耶稣会士的来华

由于关于传教士的易学著作，均是出自于"基督宗教入华的第三期"①——即明代耶稣会士沙勿略（St.Francois Xavier,1506—1552）传入之天主教时期。而耶稣会士对《易经》的研究可视为传教士易学研究之典型。谁都不曾预料，耶稣会（Societas Jesus,简称 S.J.）这样一个成立于 16 世纪中期、在欧洲名声似乎并不见好②的新兴修会却成为了来华传教士的主力军。他们人马有限，却极其精锐，迅速开拓了海外传教事业，不仅遍及欧洲，更是涉足美洲、亚洲等地。一次具有生命气息的中西文化交流史卷缓缓展开，似乎中西文化的齿轮在这里找到了契合点，开始转动起来，天主教迎来了新的希望。随着耶稣会士的入华，"两个完全相互独立发展起来的文化之间的第一次真正实质性的接触"③，天主教在中华大地上重新播撒了主的荣耀。耶稣会士所表现出的特点正是他们能够在海外传教的有力保障。其一，耶稣会士尽管在外表（穿着和佩饰）和生活方式上具有灵活的自主权，但是在其本质上依然坚持其宗教上的保守性，一方面谨守贞洁、神贫、听命三条戒律；另一方面主张"教宗绝对权力主"④，强调组织的高度集权，维护经院哲学的传统权威。其二，相对于基督宗教的方济各会（Ordo Fratrum Minorum）、多明我会（Ordo Dominicanorum）等修会，耶稣会更加重视修士个人文化素质培养（一般训练达 15 年之久），注重科学和艺术的修养，"耶稣会士通常是欧洲最有才华的人"⑤，他们规定所必修学习任务，"可能是欧洲最艰深的课程"⑥，故耶稣会士可堪称精英

---

① 陈垣：《基督宗教入华史略·神学志》第十卷第四号，1924 年，第 17—23 页。另参见陈垣：《陈垣学术论文集》第一集，中华书局 1980 年版，第 93 页。又参见 Nicolas Standaer, *Handbook of Christianity in China*, Vol.1, Boston：Brill, 2001, p.296.

② 参见叶潇：《自由中国——伏尔泰、艾田蒲论"中国礼仪之争"》，群言出版社 2007 年版，第 5 页。

③ ［法］谢和耐：《中国和基督教：中西文化的首次碰撞》，耿升译，上海古籍出版社 2003 年版，第 3 页。

④ ［法］杜赫德编：《耶稣会士中国书简集》（中国回忆录）I，郑德弟、吕一民、沈坚译，大象出版社 2001 年版，第 2 页。

⑤ ［意］科毅霖：《晚明基督论》，王志成、思竹、汪建达译，四川人民出版社 1999 年版，第 12 页。

⑥ 李炽昌主编：《文本实践与身份辨识——中国基督徒知识分子的中文著述（1583—1949）》，上海古籍出版社 2005 年版，第 3 页。

云集,个个都是鸿儒硕彦,从而使耶稣会士团体具有明显的文化性和学术性,这也为后面能够在中国进行文化、学术传教提供了知识修养保障。其三,由于重视耶稣会士的智力培养,所以其课程广泛、学习自由铸就了他们开放的学术态度,他们所涉猎的文化遗产远不止宗教著作,包括"异教"的哲学、神学、文学作品,这也为后来他们对中华传统文化的广泛涉猎奠定了基础。其四,在传教方式上,耶稣会采取的是扩展策略,他们"表达整体上可行的肯定性愿望以及愿意无条件地被派往世界任何一个角落,去宣扬神圣的法律"①,多旅居在外国布教,随着 15 世纪末的航海技术的发展和地理大发现,耶稣会借助葡萄牙保教权②积极进行海外扩展,从欧洲出发,一部分前往南美,一部分东到印度、马六甲、日本及中国等地传教③,由此让耶稣会士广布世界。

随着耶稣会东渐传教,印度以果阿为中心成为的最大教省(Province)④。随后日本及中国成立了副教省(Vice-province),从 16 世纪至 18 世纪在华活动过的耶稣会士共达九百余名,其中除一百余名是中国人(包括澳门人)外,其余都是外国人⑤。而在中国的耶稣会士们,来自葡萄牙、法国、意大利、德国、西班牙等不同的国家。一方面他们带着传教的任务,宣传教义;加之日常的宗教事务,"接受信徒的忏悔,为病人做圣事,教育异教徒,和一些文人雅士进行讨论等等"⑥。另一方面在朝廷任职当官,参与中国外交;不仅学习中国满文、汉文,还从事学术研究,研究中国古籍、历史,绘制中国地图,天文、地理无所不涉

---

① [意]科毅霖:《晚明基督论》,王志成、思竹、汪建达译,四川人民出版社 1999 年版,第 12 页。

② 葡萄牙的"保教权"(Patronatus missionum)是由罗马教廷授予的由世俗政权承担的保护天主教在非天主教国家传播的权利和义务,葡萄牙在 1493 年从教宗亚历山大六世(Alexander VI,1492—1503)手里获得的。其内容参见李天纲:《中国礼仪之争:历史、文献和意义》,上海古籍出版社 1998 年版,第 21 页。

③ 参见黄正谦:《西学东渐之序章——明末清初耶稣会史新论》,中华书局 2010 年版。第 76 页。

④ 参见[意]高一志:《圣人行实》,参见[比]钟鸣旦、杜鼎克等编:《耶稣会罗马档案馆明清天主教文献》第 12 册,台北利氏学社 2002 年版,170 页。

⑤ 参见[法]杜赫德编:《耶稣会士中国书简集》(中国回忆录)I,大象出版社 2001 年版,第 6 页。

⑥ 《关于中国传教会现状的汇报(1703)》,由耶稣会士卫(魏)方济(François Noël,1651—1729)在罗马呈尊敬的耶稣会总会长。参见[法]杜赫德编:《耶稣会士中国书简集》(中国回忆录)I,大象出版社 2001 年版,第 237 页。

及,甚至深入各省,调查民情民俗、文化掌故、物产工艺等。此外,他们还是出色的文化使者,通过著述、书信以及教务报道等多种书面形式将关于中国各个方面的情况带回欧洲,使中国更加全面而生动地进入了欧洲人的视野,成了当时欧洲社会探讨的热门话题。

耶稣会成立之初,作为东亚宗徒的方济各·沙勿略在印度果阿、马拉巴、马六甲和日本等地成功传教以后,通过与中国沿海从事商贸活动的葡萄牙商人接触以及他在日本传教时亲身实践和文化体验中明白了中国文化的重要性,迫切希望"通过以耶稣的圣名命名的修会的努力,中国人和日本人都会抛弃偶像崇拜,崇拜神、一切人之救世主的耶稣基督"①,因此多次提出前往中国的设想。"我想在今年,即1552年前往中国王国。因为那是可光大我主耶稣教义的国家"②,并且预设中国为他最后生命的传教地,在给友人迪奥戈·佩雷拉(Diogo Pereira)信中言及"我主天主以其怜悯定会使我们今生在中国聚首,为其效劳,否则来世相逢在天堂"③。然而由于中国森严的海禁和"唯我独尊"的封闭文化,他最终没能进入中华内地,"圣人切欲归化中国人民,未得遂其热衷遥望中国岸边而逝"④,且于1552年12月3日死于中国广东沿海的上川岛(见图四)⑤。

沙勿略不仅是首位试图进入中国传教的传教士,编撰第一部中文教理说明书⑥,做了一份关于中国情况的专题报告⑦,此报告被视为耶稣会士关于中国的最早记录⑧,其中对以后前往中国进行传教的会士制定了要求,在他给总

---

① [日]河野纯德译:《沙勿略全书简》,日本平凡社1985年版,第554页。

② 戚印平:《远东耶稣会士研究》,中华书局2007年版,第109页。

③ 原文载 George Schurhammer, *Epistolae S. Francisci Xaverii Aliaque eius Script*, Vol.2. Rome:1944-45. 转引自顾卫民:《中国天主教编年史》,上海世纪出版集团2003年版,第68页。

④ [法]樊国梁撰:《燕京开教略》,救世堂清刻本,《东传福音》第六册,黄山书社2005年版,第313页。

⑤ 关于沙勿略的墓碑,樊国梁记载"墓前有碑一通,高五尺,阔三尺,镌有辣丁(拉丁)、葡萄牙、中国与日本文。曰近世大宗徒,方济各沙勿略之墓"。(参见[法]樊国梁撰:《燕京开教略》,救世堂清刻本,《东传福音》第六册,黄山书社2005年版,第314页。)然如今已不得见。

⑥ 参见戚印平:《远东耶稣会士研究》,中华书局2007年版,第2页。

⑦ 参见[葡萄牙]费尔南·门德斯·平托等:《葡萄牙人在华见闻录》,王锁英译,海南出版社1998年版,第1—8页。

⑧ 1546年5月10日,沙勿略在安汶岛写给法国耶稣会士的信。(参见戚印平:《沙勿略与耶稣会士在华传教史》,《世界宗教研究》2001年第1期。)

图四 广州上川岛的圣方济各·沙勿略墓园

会长伊纳爵·罗耀拉(Gnacio de Loyola,1491—1556)的信件中,认为前往中国的会士须富含经验、学识渊博、善于讲道且不怕吃苦者,这便为进一步提高前往中国传教的人员素质预设了前提。更为重要的是,作为东方传教的开创者和尝试者,他所制订的传教策略对以后耶稣会士在中国的传教影响深远。他确立了"走上层路线"①、宣教活动附带商业贸易、赠送"奇器异巧"等礼品、通过"使节"等外交身份来获得政治认同支持,从而对话东方宗教、翻译撰写宗教神学著作等传教方针。这不仅为后来范礼安(Alessandro Valignano,1539—1606)②、利玛窦③等在东方制定传教政策提供了借鉴的思路和方法,更是他信仰殉道精神的体现。

而跟随他脚步的是范礼安,他作为东方全境视察员兼副主教,面对如"岩石般"的森严海禁,制定了文化调和的传教方针——"适应政策",致力将基督宗教传入中国。"适应政策",从字面而言,即入华传教士适应中国文化之策,努力了解中国的礼俗、社会和民情,习中国汉字,讲中国话,阅读中国书籍经典,穿戴中国传统服装(儒服为主)等,并且委派学识、品德出众

---

① "走上层路线"又称为"沙勿略方针"。(参见戚印平:《日本早期耶稣会史研究》,商务印书馆 2003 年版,第 126—130 页。)

② 关于范礼安的生卒年,费赖之一书有介绍,为"1538 年 12 月 20 日—1606 年 1 月 20 日",后被布鲁克尔考订作"1539 年 2 月"。(参见[法]费赖之:《在华耶稣会士列传及书目》,中华书局 1995 年版,第 20 页。)荣振华称"1539 年 2 月初(或 20 日)诞生于阿布鲁齐省的基艾蒂城";"1606 年 1 月 20 日逝世于澳门",(参见[法]荣振华等著:《16—20 世纪入华天主教传教士列传》,耿升译,广西师范大学出版社 2010 年版,第 358—359 页。)由此可见,其生卒年为"1539 年 2 月 15 日—1606 年 1 月 20 日"。

③ 关于利玛窦的研究文献,不可胜数,几乎所有关乎中国传教活动或者研究在华传教史的论著都会对其生平和影响进行论述。其中关于研究文献目录,参见 Jonathan D. Spence, *The Memory Palace of Matteo Ricci*, New York Viking, 1984。

之人居住中国,便于传教①。此后的耶稣会士,大都是在范礼安的指挥下在澳门学习中文,掌握基本的中国传统礼仪。故罗明坚(Michele Ruggieri,1543—1607)称"倘若范礼安并无参与此事,不知此布教之交涉如何进行"②。在他的弟子中,罗明坚首次在中国创建基督宗教传教团,夏嘉伯认为罗明坚"才是耶稣会中国传教的奠基者、学习汉语的先驱和第一本汉语基督宗教著作的作者"③。而利玛窦无疑是最为出色者,在中西交流史上功绩最为显著。

较之于范礼安的适应政策(以日本问题作为参照系),利玛窦更加符合中国国情,尊重习俗和强化土生土长的本地教士培训,进行深层次的学术文化交流,积极提倡"儒耶融合"观念(Confucian-Christian Synthesis)④,和合天主教教义和儒家思想。利玛窦⑤学华言、读华书、写华字,"兼通中西之文,故凡所著书,皆华字华语,不烦译释"⑥,而且还能够入乡随俗,从"天竺僧"到"儒僧"进而到"儒士"、"道人"、"居士"、"术士"等身份的转变⑦。更难得的是利玛窦对我国的古文典籍无所不读,对习俗礼仪无所不晓,熟习《六经》、《四书》等经

---

① 关于谈及适应政策书籍,参见黄正谦:《西学东渐之序章——明末清初耶稣会史新论》,中华书局 2010 年版,第 94—95 页。

② 转引自黄正谦:《西学东渐之序章——明末清初耶稣会史新论》,中华书局 2010 年版,第 98 页。

③ [美]夏嘉伯:《利玛窦——紫禁城里的耶稣会士》,上海古籍出版社 2012 年版,第 104 页。

④ 参见 David E.Mungello,*Curious land*,*Jesuit Accommodation and the Origins of Sinology*,Honolulu:University of Hawaii Press,1994.pp.71-72,105。

⑤ 关于利玛窦的传教具体策略,裴化行认为利用科学知识,以杰出学者的身份博得名声,以纯正汉文著书,阅读中国经典等等。参见 Heri Bernard,*Le pere Matthieu Ricci et la societe chinoise de son temps*(*1552—1610*),Tientsin:Chili Press,1937,vol.2.pp.375-384;比特利(J.Bettray)则从表面、语言、美学、社会法制、学术、宗教等六大范畴来说明,参见 Johannes Bettray,*Die Akkommodationsmethode des P.Matteo Ricci S.I.In China*,Analecta gregoriana.vol.76)。陈垣先生综合利氏生平为六:(1)奋志汉学,(2)赞美儒教,(3)结交名士,(4)排斥佛教,(5)介绍西学,(6)译著华书。此亦可以看作利玛窦在华适应政策的体现。(参见陈垣:《基督宗教入华史略》,《陈垣学术论文集》第一集,中华书局 1980 年版,第 87 页。)

⑥ (清)纪昀等总纂:《钦定四库全书总目》卷一百零六,子部十六,天文算法类一,中华书局 1997 年版,第 1390 页。

⑦ 关于利玛窦在华的身份考,参见宋黎明:《神父的新装——利玛窦在中国[1582—1610]》,南京大学出版社 2011 年版,第 2 页。

典,努力专研中华古籍,"至于六经子史等篇,无不尽畅其意义"①,"颇知中国古圣先贤之学"②,在日常交往中甚至达到信手拈来的熟练程度。他对中国文化的主动靠近深得儒生、士大夫阶层的肯定和推崇,渐渐融入中国士人的生活之中。一方面,对于他自己的传教事业,获得一定的官方支持;对于个人,在交游中增长知识,收获了许多诚笃的友情。另一方面也对明代诸多文人的思想起到了撞击和启发的作用,给明代思想界带来了新鲜的元素。他的著作如《天主实义》、《辩学遗牍》、《畸人十篇》以及《堪舆万国全图》、《几何原本》等书皆争相购置,一时间洛阳纸贵,争相传颂,当然他的著作有中国文人的润色之功,在万历朝至天启初年的儒生士大夫阶层中,缘由利玛窦的魄人魅力而对西学、天主教持友善态度的人远远超出拒斥之人,"玛窦精通儒术,一时名士均乐与之游"③,其中吸引了如成启元(生卒年未详)、李应试(生卒年未详)、徐光启、李之藻(1565—1630)、杨廷筠(1562—1627)、孙元化(1581—1632)等官绅儒生,还受到当时冯琦(1558—1604)、张问达(?—1625)、叶向高(1559—1627)、冯应京(1555—1606)等士大夫的帮助扶持④,利玛窦亦不再以外教人士示人,而名为"泰西儒士利玛窦号泰西"(顺天府尹王应麟所撰的《利玛窦墓碑》),礼部侍郎吴道南(1547—1620)赞颂利玛窦"慕义远来,勤学明理,著述有称"⑤。当南京教案发生以后,多有儒生对传教士进行保护,"当是时护教最得力者,内则有徐光启"、"外则为之藻与廷筠"⑥。此外,利玛窦积极传播西方文化、科学、技艺等方面,"此举不但把科学介绍给大明帝国,提供中国人一种有用的工具,而且也因此使中国人更敬重我们的宗教"⑦。近代学

① [意]艾儒略:《大西利先生行迹》,民国八年1920年铅印本版,第1页。

② [法]樊国梁撰:《燕京开教略》(救世堂清刻本),《东传福音》第六册,黄山书社2005年版,第317页。

③ 陈垣:《浙西李之藻传》,《陈垣学术论文集》第一集,中华书局1980年版,第71页。

④ 关于明末受洗的官员以及对天主教持友善态度的儒生士大夫具体情况,参见黄一农:《两头蛇——明末清初第一代天主教徒》,上海古籍出版社2006年版,第74—110页。

⑤ 徐宗泽:《增订徐文定公文集》卷首下,徐家汇天主堂,1933年版,第15—16页。又参见罗光:《利玛窦传》,台湾学生书局1982年版,第231—235页。

⑥ 陈垣:《浙西李之藻传》,《陈垣学术论文集》第一集,中华书局1980年版,第75页。

⑦ 罗渔译:《利玛窦全集》(第3卷),《利玛窦书信集》(上),台湾光启出版社、辅仁大学出版社联合刊行1986年版,第356页。

者李约瑟对利玛窦评价道:"他不仅是一位杰出的语言学家,几近完美的掌握了中文;而且是以为显著的科学家和数学家,他和他的传教士同伴们不断地效仿儒家士大夫的习俗,从而顺利地受到朝廷的欢迎,从而助于历法改革以及激发对科技各方面的兴趣"[1]。故利玛窦作为天主教在中国传教的开拓者之一和对中国典籍进行钻研的西方学者,不仅为中国和意大利的文化交流开辟了先河,也将天主教义带到了这片生疏的大地,培植了中国天主教萌生的土壤。"利玛窦的适应方法既包含了对儒家传统本质的理解,又包含了将基督宗教介绍到中国的巧妙方法"[2],然而利玛窦 1610 年 5 月向皮埃尔·戈登(Pierre Coton,1564—1626)发出呼吁,对当时法国耶稣会士尚没有来华感到遗憾[3],并没有得到响应,利玛窦于 5 月 11 日逝世[4]。

利玛窦之后,在传教士内部,对利玛窦所执行的"适应政策"态度有所分化。一些传教士继续遵守利玛窦策略,比如庞迪我(Diego de Pantoja,1571—1618)、熊三拔(Sabatino de Ursis,1575—1620)、曾德昭(Alvaro Semedo,1585—

① Joseph Needham, *Science and Civilisation in China*, Vol. I. With the research assistance of Wang Ling. CambridgeUniversity Press, 1954. Preface. p.149.

② [美]孟德卫:《奇异的国度:耶稣会士适应政策及汉学的起源》,大象出版社 2010 年版,第 43 页。

③ 参见 Malachi Martin, *Les Jésuites*, Monaco, Le Rocher, 1989. pp.141—142。

④ "利玛窦卒后,庞迪我在会友中,年最长,又善于结纳朝员,屡赠西国新奇之物,曾以象牙制小日晷,奇巧无似,朝员宝之,故各部中,相善之大员最多。庞迪我遂因朝员,具摺奏请。赐利玛窦茔地,皇上依请。时阜成门外,滕公栅栏,有官地二十亩,房屋三十八间。系杨太监籍没之寺院。皇上即命赐给庞迪我等。永远承管,以资筑坟茔葬。改建堂宇,为供奉天主。及祝厘之所。"参见[法]樊国梁撰:《燕京开教略》,救世堂清刻本,《东传福音》第六册,黄山书社 2005 年版,第 319 页。现利玛窦墓地位于中共北京市委党校校内"利玛窦与外国传教士墓地"中。碑文为中文和拉丁文,如下:"耶稣会士利公之墓利先生讳玛窦,号西泰,大西洋意大里亚国人。自幼入会真修。明万历壬辛年航海首入中华衍教,万历庚子年来都,万历庚戌年卒。在世五十九年,在会四十二年。D.O.M.P. MATTHAEUS RICCI, ITALUS MACERATENSIS, SOC. IESU PROFESS, IN QUA VIXIT ANNOS XLII, EXPENSIS XXVIII IN SACRA APUD SINAS EXPEDITIONE; UBI PRIM., CUM CHRI. FIDES TERTIO IAM INVEHERETUR, SOCIORUM DOMICILIA EREXIT. TANDEM DOCTRINAE ET VIRTUTIS FAMA CELEBER OBIIT PEKINI A.C. MDCX. DIE XI. MAII, AET. SUAE LIX." 除利玛窦外,汤若望、南怀仁亦葬于此。(参见 *Beijing Administrative College:Appendices · History recorded on Stone-The cemetery of Matteo Ricci and other Missionaries during four turbulent centuries*. Beijing:Beijing Publishing Group LTD. Beijing Publish House, 2013. p.15。)

1658)、安文思(Gabriel de Magalhães,1609—1677)①等人,为融合儒教和基督宗教而努力。耶稣会士试图融合早期中国文化中的"上帝"(God)和西方基督宗教的"上帝"(God)观念,因为他们能够通过中国人更加亲近和接受的本土文化遗产来完成传教使命②。但是有一些传教士如龙华民(Nicolas Longobardi,1559—1654)③等人对利玛窦的"入乡随俗"感到不理解,也反对利玛窦因为要适应中国文化而改变一些天主教的宗教仪式,比如为了遵循"男女授受不亲"的传统,利玛窦取消了在洗礼中的涂油等④。而在耶稣会士外部,特别是方济各会、多明我会、奥斯定会,乃至巴黎外方传教会等,对待儒学一直采取对立立场。出于信仰情感上,传教士们习惯于严守教义和坚定的信仰,当他们发现中国儒生士大夫对宗教的某种冷淡以及宗教情感的缺失时,便也对儒生有了反感,抱怨儒生的无信仰。而在教务执行上,他们批判儒家学说,特别是在后来的"礼仪之争"中,更是对儒家采取敌视态度。这不仅是中西宗教上的信仰冲突,也是天主教内部对传教方式的异议。

汤若望(Johann Adam Schall von Bell,1591—1666)、南怀仁(Ferdinand Verbiest,1623—1688)等人是继利玛窦以后最有影响的耶稣会士。他们在华所从事的事业重心已经转移到了天文历法、翻译西方科技著作、输入西洋火器等当时先进技艺方面。此外,他们在中国还享有很高的政治地位。比如顺治

---

① 安文思 1610 年生于葡萄牙的科英布拉,1625 年入耶稣会。1640 年来华传教,备受折磨。最终传教 37 年,享年 69 岁,1677 年 5 月 6 日逝世于北京,葬于滕公栅栏墓地。康熙皇帝亲自作祭文。"上谕:'谕今闻安文思病故,念彼当日在世祖章皇帝时营造器具,有孚上意。其后管理所造之物,无不竭力,况彼从海外而来,历年甚久,其人质朴夙著,虽负病在身,本期疗治痊可,不意长逝,朕心伤悯之,特赐银二百两,大绫十匹,以示朕不忘远臣之意。特谕。'康熙十六年四月初六日"。参见 Beijing Administrative College:Appendices·History recorded on Stone-The cemetery of Matteo Ricci and other Missionaries during four turbulent centuries. Beijing:Beijing Publishing Group LTD.Beijing Publish House,2013.pp.13-14.

② Wilhelm Hellmut;Wilhelm Richard,Understanding the I Ching—The Wilhelm lectures on The book of Changes.Princeton:Princeton University Press,New Jersey,1979.p.36.

③ 关于龙华民的出生年,荣振华 书记载为 1656 年。(参见[法]荣振华等著:《16—20 世纪入华天主教传教士列传》,广西师范大学出版社 2010 年版,第 216 页。)他在《论中国宗教的几问题》一文于 1701 年在巴黎出,随后就引起了当时两位最伟大的哲学家马勒伯朗士和莱布尼茨的注意。参见[法]戴密微:《法国汉学研究概述》(上),《中国文化研究》1993 年第 2 期。

④ 参见孙尚扬、[比利时]钟鸣旦:《1840 年前的中国基督宗教》,学苑出版社 2004 年版,第123 页。

帝对汤若望宠幸有加,不仅官至一品,赐号"通微教师"①,并赐地建筑天主堂,御题匾文颂扬天主之教②。南怀仁于 1660 年进京协助汤若望,并继任钦天监副监。至此,鉴于中国传教的现实情况,"在中国可能共有 115000 名或者稍多一些的基督徒,后于 1664 年则共有 20 万名和 159 各耶稣会教堂"③。他于 1678 年 8 月 15 号致信给耶稣会总会长奥里瓦(Orival)④,希望能够招募新的成员来华。他的提议与巴黎天文台台长关于派耶稣会士数学家去东方进行天文观测的计划不谋而合,故获得了路易十四的支持。加上 1660 年对华贸易公司的成立,在中华帝国、日本王国和交趾支那及其毗邻诸岛传播信仰并开展商业成为了法国最主要的海外扩展事业。故 1684 年当赴华耶稣会士柏应理(Philippe Couplet,1622—1693)到达法国觐见路易十四,1685 年 3 月 3 日,法国大使出访暹罗,促进了送往第一批六位耶稣会士"国王数学家"计划的实现,其中就包括白晋。

在这里需要提及的是关于天主教在远东教区的管辖权利问题。一方面管理海外派遣传教士的教会部门为传信部,但是由于经费原因,一直无法对海外教会进行有效的管理;另一方面,来华传教士来自不同的国家,从属于不同的修会,起初出于对"保教权"的拥护,葡萄牙人最初控制了在中国传教区的所有教职,连教廷也无法进行干预,只能派一些宗座代牧主教象征教廷。然而随着耶稣会士在东亚的不断发展,加之东亚辖区地域辽阔、通讯困难等问题,其各个传教区的管辖权和管理模式需要调整。"中国教区完全是由耶稣会士开辟的"⑤,和日本传教区一起划由一个省会长管理。1640 年,传信部明确宣布

---

① "上赐汤若望号'通微教师'。谨案:世祖皇帝赐号本系通玄教师,后于康熙朝因避朝讳,遂改为通微教师"。(钟鸣旦编:《徐家汇藏书楼明清天主教文献》第二册,辅仁大学神学院 1996 年版,第 999 页。)"汤若望于康熙五年降生后一千六百六十六年,阳历八月十五日卒。年七十五岁。然拟死之案。未尝撤销。数年后,圣祖仁皇帝追封汤若望,复其原官,与通微教师之美号。发帑银五百二十四两,以筑坟茔。"(黄保禄:《正教奉褒》,参见中国宗教历史文献集成编纂委员会编纂:《东传福音》第七册,黄山书社 2005 年版,第 629 页。)

② [法]费赖之:《在华耶稣会士列传及书目》,冯承钧译,中华书局 1995 年版,第 170 页。

③ [法]荣振华等:《16—20 世纪入华天主教传教士列传》,耿升译,广西师范大学出版社 2010 年版,第 407 页。

④ 罗马耶稣会档案馆,Japonica·Sinica,104,312R-V。

⑤ 李天纲:《中国礼仪之争:历史、文献和意义》,上海古籍出版社 1998 年版,第 21 页。

它对所有传教区的控制权①,传教区的领导权赋予直属于传信部的主教。除了教省与副教省的划分,总会为传教区任命视察员(Vistator)来处理那些本由罗马耶稣会总会长掌管的事务,这样就导致了省会长、省副会长与视察员之间的管辖权分歧。在魏若望的书里,对在华耶稣会士的行政管理结构表②(见表一)如下:

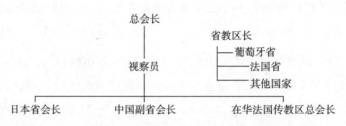

表一　在华耶稣会士的行政管理结构表

这样的设置一直到 1773 年取缔令颁布前一直都有效。而随着法国数学家的到来,激发了葡萄牙和法国传教士之间的争议,法国传教士们前往远东地区,不再由葡萄牙里斯本(Lisbon)出发,而从法国的布勒斯特港(Port of Brest)出发,经国王允许而宣誓,以试图建独立的法国传教区。此外,巴黎外方传教会也开始了在华传教工作,并且和耶稣会士就对上级宗座代牧主教的服从问题上闹得不愉快。这样的教区管辖职权问题也为后来中华"礼仪之争"问题埋下了伏笔。

(三)传教士的《易经》研究

其一,关于传教士的经学研究。关于传教士对中国典籍热心研究之原因,方豪认为有十:一为"传教心之热";二为"国人对经籍之注意";三为"汉文之精";四为"学侣之多";五为"反对者之攻击";六为"中国士大夫之欢迎";七为"帝王提倡之力";八为"教士生活之恬静";九为"教内对中国礼仪问题而兴

---

① ［美］魏若望:《耶稣会士傅圣泽神甫传:索隐派思想在中国及欧洲》,大象出版社 2006年版,第 14 页。

② ［美］魏若望:《耶稣会士傅圣泽神甫传:索隐派思想在中国及欧洲》,大象出版社 2006年版,第 103 页。

起之长期辩论";十为"教士以中国为第二祖国"等①。此原因分析可谓甚详，道出了传教士进行经学研究的动力、原因、条件等多方面，这里所言的传统经典主要是指《四书五经》。罗明坚作为第一位用中文原文与拉丁文对照教材的耶稣会士，曾翻译过《大学》（但只有前部分正式出版）以及《孟子》（并未刊行），但为"尝试将'四书'翻译成欧洲语言的第一人"②。而利玛窦则正式开始将注意力投到中华经典上，认为"圣人之教在经传"③，且将儒家学说视为一种"道德哲学"，认为是中国人所知的"唯一一种较高深的哲理科学"④。在《天主实义》中就曾试图指出天主教与中国经典之间的联系，比如"论人性本善，而述天主门士正学"⑤，将儒家的人性论与天主教先天人性联系起来；论孔子之"仁"与天主之"爱人"的关系，试图统和天主爱人、爱人如己与儒家仁之德⑥；等等。后来的来华耶稣会士多遵循此道，力求从古籍中寻找能与天主教义相印证的所谓纯粹的儒学观点。⑦ 冯应京在《天主实义》序言中言及此书"历引吾六经之语，以证其实"⑧。而李之藻认为利玛窦"知天事天大旨，乃与经传所纪，如券斯合"⑨，从而达到"东海西海，心同理同"⑩的目的，由此可以看到利玛窦对中华经典的熟练程度。此外，利玛窦亦著过《四书》译注本，是否出版未详⑪。德礼贤神父认为利氏的译本由于当时被用作传教士来华习文

① 方豪：《十七八世纪来华西人对我国经籍之研究》，《方豪六十自定稿》上册，台湾学生书局 1969 年版，第 199—201 页。

② ［美］孟德卫：《奇异的国度：耶稣会士适应政策及汉学的起源》，大象出版社 2010 年版，第 45 页。

③ 朱维铮主编：《利玛窦中文著译集》，复旦大学出版社 2012 年版，第 61 页。

④ ［美］孟德卫：《奇异的国度：耶稣会士适应政策及汉学的起源》，大象出版社 2010 年版，第 43 页。

⑤ 朱维铮主编：《利玛窦中文著译集》，复旦大学出版社 2012 年版，第 72 页。

⑥ 参见朱维铮主编：《利玛窦中文著译集》，复旦大学出版社 2012 年版，第 79 页。

⑦ 参见张国刚等：《明清传教士与欧洲汉学》，中国社会科学出版社 2001 年版，第 189 页。

⑧ 朱维铮主编：《天主实义》冯应京序，《利玛窦中文著译集》，复旦大学出版社 2012 年版，第 98 页。

⑨ 朱维铮主编：《天主实义》李之藻序，《利玛窦中文著译集》，复旦大学出版社 2012 年版，第 100 页。

⑩ 朱维铮主编：《利玛窦中文著译集》，复旦大学出版社 2012 年版，第 100 页。

⑪ 参见［法］费赖之：《在华耶稣会士列传及书目》，中华书局 1995 年版，第 46 页。

的教科书,故可能为柏应理等神甫合撰的拉丁文本《中国哲学家孔子》(*Confucius Sinarum philosophus,sive Scientia sinensis latine exposita*)书①后所附的《大学》(*Adultorum schola*)、《中庸》(*Immutabile medium*)、《论语》(*Liber sententiarum*)、《孟子》(*Mencius*)、《孝经》(*Filialis observatia*)、《小学》(*Parvulorum*)等译文(共288页)的基础。②《中国哲学家孔子》一书中文标题为《西文四书直解》,于1687年在巴黎出版,此书在欧洲世界影响深远,其中在《导言》部分还有对《周易》六十四卦图的简要介绍。

随后金尼阁(Nicolas Trigault,1577—1629)入觐教宗保禄五世时请准"翻译经典","详述在华传教情形,并宣扬中国文化"③,著有拉丁文版《中国五经》(*Pentabilion Sinense*)一卷(1626年)附以注解④,此书全称为 *Pentabiblion Sinense quodprimae atque adeo Sacrae Auctoritatis apud illos est*,翻译为《中国五经——中国第一部神圣之书》⑤,此书被视为是《五经》的第一个西文译本,可惜不知所踪⑥。他还试图翻译儒家的一部经典,可能为《论语》或者其他,因为他曾言及如果时间允许的话,他将写关于中国人风俗习惯的书和一部中国编年史概要,"一部拉丁文的中国伦理典范,让人们看到他们是如此关于辩论道德问题,从而可以了解这个民族的精神是多么适宜于接受基督宗教的信仰"⑦。由此可见,金尼阁为中学西传一直做着努力。郭纳爵(Ignace da Costa,1599—1666)与殷铎泽合译拉丁文《大学》译本⑧,于1662年在江西出版,书名为《中国的智慧》(*Sapientia Sinica*),书中除了《大学》以外,还包含关

---

① 参见[法]费赖之:《在华耶稣会士列传及书目》,中华书局1995年版,第317页。

② 参见[美]孟德卫:《奇异的国度:耶稣会士适应政策及汉学的起源》,大象出版社2010年版,第45页。

③ 徐宗泽编著:《明清间耶稣会士译著提要》,中华书局1989年版,第362页。

④ [法]费赖之:《在华耶稣会士列传及书目》,中华书局1995年版,第124页。另外参见许明龙主编:《中西文化交流先驱——从利玛窦到郎世宁》,东方出版社1993年版,第94—95页。

⑤ 关于此书介绍参见 António Vieira etl.ed. *Chave dos profetas Biblioteca Nacional*(*Portugal*)*Textos*(*Biblioteca Nacional*),Glossário de nomes próprios,Lisboa:Biblioteca Nacional Portugal,2001.p.223.

⑥ 参见郑锦怀、岳峰:《金尼阁与中西文化交流》,《东方论坛》2011年第2期。

⑦ [法]金尼阁:《金尼阁致读者》,[意]利玛窦、[法]金尼阁:《利玛窦中国札记》,何高济等译,中华书局1983年版,第42页。

⑧ [法]费赖之:《在华耶稣会士列传及书目》,中华书局1995年版,第226页。

于孔子的生平以及《论语》的一部分,后被带回欧洲,"这本著作被当代学者认为是'第一本中、拉双语译文'"①。白乃心(Jean Grueber,1623—1680)于1697年在佛罗伦萨出版《中华帝国杂记》(*China illustrata*),后附有《孔子传》及《中庸》选译文②。殷铎泽(Prosper Intorcetta,1625—1696)与多人合编《大学》、《中庸》、《论语》译本,附《孔子传》③等,而第一个《四书》西文全译本为卫方济(François Noël,1651—1729)完成,书名为《中国六部古典文学:〈大学〉、〈中庸〉、〈论语〉、〈孟子〉、〈孝经〉、〈小学〉④》(*Sinensis Imperii Libri Classici Sex*),后于1711年在布拉格大学出版。卫方济不但翻译为拉丁文,而且选译注释孔子与孔门诸子之说。此外,还著有《中国哲学》,1711年在布拉格出版,对中国诸著名哲学家的学说进行选录。除了儒家,道家经典也被介绍到欧洲。宋君荣(Antoine Gaubil,1689—1759)曾提及在卫方济神父把老子所撰《道德经》进行翻译,当时曾将译文寄送法国。⑤

可见,作为翻译和诠释主体的传教士们,对中华传统经典抱有求知的心态,不仅翻译文本,而且也不断尝试着注解和阐释。在白晋之前,对于古代经典,大多传教士的研究虽然都属于中国传统经典范畴,但整体上都将重点放在儒家的《四书》上,多为翻译之作,附加注解。探其原因,一是由于当时儒学为明清时期的官方主流学说,《四书》作为当时儒家传统的基本文本,在当时其影响力和实用性远在《五经》之上,且能够体现儒家学说的基本精神,传教士对《四书》的学习,是与当时所提倡的文化适应策略相符的。二是由于在学习中文方面,自罗明坚、利玛窦开始,《四书》一直是耶稣会士们学习中文的工具教材书⑥,"耶稣会士传教士之所以开始翻译《四书》

---

① 转引自[法]梅谦立:《〈孔夫子〉:最初西文翻译的儒家经典》,《中山大学学报》2008年第2期。

② 参见[法]梅谦立:《〈孔夫子〉:最初西文翻译的儒家经典》,《中山大学学报》2008年第2期。

③ 参见[法]费赖之:《在华耶稣会士列传及书目》,中华书局1995年版,第331页。

④ 有西方学者误将卫方济所译《小学》认为是《三字经》(Cheuk-Woon Taam,*On Studies of Confucius*,Philosophy East and West,Vol.3,No.2,Jul.,1953,p.148),实际为朱熹的《小学》一书。参见杨平:《评西方传教士〈论语〉翻译的基督宗教化倾向》,《人文杂志》2008年第2期。

⑤ 参见[法]费赖之:《在华耶稣会士列传及书目》,中华书局1995年版,第420—421页。

⑥ 参见[意]利玛窦:《利玛窦中国札记》,中华书局1983年版,第506页。

是为了教授新的来华传教士学习中文"①。其文法规范,较之《五经》也简
易些。

其二,耶稣会士对《易经》的认知。关于耶稣会士对于《易经》的涉及,早
在利玛窦便著有《八卦与九宫之变化》一书,柏应理亦有译著《〈周易〉六十四
卦和六十四卦意义》②等,这些书对《易经》已多少有所涉及③。门多萨(Juan
Gonzalez de Mendoza,1545—1618)在《中华大帝国史》(*Historia del Gran Reino
de la China*)中提及伏羲,也讲到了占卜,但是并未与《易经》相联系。而卫匡
国(Martinus Martini,1614—1661)于1658年在慕尼黑出版了拉丁文《中国历
史初编》十卷,介绍到了《易经》,其中介绍了《易经》的卦爻变化,并附有六十
四卦、三百八十四爻全图,"这应是欧洲最早介绍六十四卦的书籍之一"④。葡
萄牙耶稣会士曾德昭(Alvarus de Semedo,1585—1658)于1645年在巴黎出版
的法文版《大中国志》(*Relatio de magna monarchia Sinarum, ou Histoire
universelle de la Chine*)里叙述中国早期文化发展时介绍了《易经》的发展过程,
从伏羲、神农和黄帝使用奇数、偶数符号以制定道德伦理法规来论述《易经》
的起源,文王刊行《易经》包含道德训诫和文献法令,而孔子在此基础上写成
《五经》,依然遵循重视道德伦理和政治管理⑤。此外他还注意到中国的《四
书》、《五经》是中国科举考试的核心内容。然而尽管早期耶稣会士学者们开
拓了中国文化通向欧洲之径,但是他们随后却宣称《易经》是"疯狂的"
(insane)或者"异端的"(heretic)⑥。分析其原因,一方面,由于《易经》本身
所具有的卜筮性和神秘性,在一般传教士眼里,他们将《易经》视为迷信的
代表。包括安文思认为《易》之"内容为后人冒添,不值得相信";李明认为

　　①　转引自[法]梅谦立:《〈孔夫子〉:最初西文翻译的儒家经典》,《中山大学学报》2008年
第2期。
　　②　此图文根据胡阳、李长铎考证,存《中国哲学家孔子》一书中,现藏于比利时鲁汶耶稣会
档案馆。(参见胡阳、李长铎:《莱布尼茨二进制与伏羲八卦图考》,上海人民出版社2006年版,
第5页。)
　　③　参见沈延发:《〈周易〉——国外研究者点滴信息介绍》,《周易研究》1992年第4期。
　　④　吴孟雪:《明清时期——欧洲人眼中的中国》,中华书局2000年版,第197页。
　　⑤　参见[葡]曾德昭:《大中国志》,何高济译,商务印书馆2012年版,第73—73页。
　　⑥　Wilhelm Hellmut;Wilhelm Richard,*Understanding the I Ching—The Wilhelm lectures on The
book of Changes*.Princeton University Press,Princeton,New Jersey,1979.p.8.

《易》"极度的晦涩模糊导致它任人解说和引发迷信";龙华民则认为《易》为"巫术作品"①。魏若望曾提及传教士大多认为"《易经》是迷信之作,无论是《易经》本身还是历代学者对它的诠释解析都没有任何稳固道义和精深教义在里面"②。甚至连与白晋同时到达中国的刘应,这位被康熙皇嗣子胤祄(1674—1725)称赞为称"大懂"(Ta-toug)、"目今为止来中国的欧洲人中最有才能的一位"③、"以熟悉中国经书著称"④的人,也认为尽管中华典籍与基督宗教的原则相吻合,然而"唯一的例外是《易经》,这纯粹是迷信之作"⑤。由此可以看到,大多传教士对《易经》的认识已经定位于"迷信",而非哲学著作。

此外,加上《易经》本身文字的抽象与艰涩,传教士若非有良好的知识结构基础、卓越的语言天赋以及浓厚的兴趣,很难体会其深意,所以诸多传教士们虽然并非极端地认为"只有先把其他国家的宗教甚至文化全部破坏掉,才能在其废墟之上建立圣教"⑥。但是对待《易经》,即使当时大多数推崇中国古籍的耶稣会士们对它也是采取"敬而远之"的态度。

(四)耶《易》的确定及代表人物

随着法国耶稣会士白晋的到来,中国经典的翻译、研究工作进入到了一个

---

① 转引自张国刚、吴莉苇:《礼仪之争对中国经籍西传的影响》,《中国社会科学》2003 年第 4 期。

② John Witek, *Controversial Ideas in China and in Europe: A Biography of Jean-Francois Fouc-quet, S.J.1665—1741*, Institutum Historicum S.I., Roma, 1982, p.457.另参见[美]魏若望:《耶稣会士傅圣泽神甫传:索隐派思想在中国及欧洲》,大象出版社 2006 年版,第 55 页。

③ John Witek, *Controversial Ideas in China and in Europe: A Biography of Jean-Francois Fouc-quet, S.J.1665—1741*, Institutum Historicum S.I., Roma, 1982.p.457.另参见[美]魏若望:《耶稣会士傅圣泽神甫传:索隐派思想在中国及欧洲》,大象出版社 2006 年版,第 55 页。

④ [法]杜赫德:《耶稣会士中国书简集》(中国回忆录)I,大象出版社 2001 年版,第 287 页。

⑤ [美]魏若望:《耶稣会士傅圣泽神甫传:索隐派思想在中国及欧洲》,大象出版社 2006 年版,第 55 页。但是刘应对《易经》并非毫无研究。他的《关于易经的解释》(又名《易经概说》)一书介绍了因为时代的不同和作者的不同,而对卦象作出不同的解释,并举《谦》卦为例作了说明,于 1728 年在西方出版。(参见汪岚:《明清间宁波天主教传教士考略》《图书馆研究与工作》2010 年第 4 期;又参见樊洪业:《耶稣会士与中国科学》,中国人民大学出版社 1992 年版,第 171 页。)

⑥ [德]柯兰霓:《耶稣会士白晋的生平与著作》,大象出版社 2009 年版,第 20 页。

新的阶段,"18 世纪之后,研、译中国文献而卓有成就者,大抵非法人莫属"①,亦正是法国耶稣会士,进一步推动了对《易经》的研究。在学习中国典籍的过程中,传教士们渐渐感受到《易经》最为难懂,但是亦最可游刃发挥。特别是白晋更是发觉了《易经》独特的美,不仅对《易经》进行翻译、介绍或者注释,还形成了自己独立的易学思考和研究著作,成为了耶稣会传教士对《易经》进行专门系统学术研究的第一人。

在最早的五位来华"国王数学家"中,白晋和刘应是最擅长中国文献和历史的两位②,其中白晋又以《诗经》和《易经》为重,尤其对《易经》情有独钟③,他为《易经》首次"正名"是 1697 年作为康熙特使在法国时,他一方面反驳颜铛(亦写作颜当、阎当、严当,Charles Maigrot,1652—1730)于 1693 年所颁布的禁令(Mandement ou Ordonnance,共七条)④;另一方面将研究的重点集中到《易经》,认为《易经》是中国最上乘的道德和自然哲学教旨之浓缩。⑤ 而他正式研究《易经》是从康熙五十年(1711)开始⑥,不仅在很多文章中大量称颂和引用《易经》,如《识根本真宰明鉴》、《天主三一论》以及《古今敬天鉴天学本义》;而且他还著有易学专著,如《易考》、《易引》、《易学外篇》、《天尊地卑图》⑦、《易经释义》⑧等。他对《易经》的热爱以至于他的同伴们略带讽刺的称

---

① 吴孟雪:《明清时期——欧洲人眼中的中国》,中华书局 2000 年版,第 198 页。

② 参见[美]魏若望:《耶稣会士傅圣泽神甫传:索隐派思想在中国及欧洲》,大象出版社 2006 年版,第 108 页。

③ Albert Chan,SJ,*Chinese Books and Documents in the Jesuit Archives in Rome*,Armonk,N.Y.:M.E.Sharpe,2002.p.518.

④ 其具体内容参见 Paul A Rule,*K'ung-tzu or Confucius？:the Jesuit interpretation of Confucianism*,Allen & Unwin,Sydney,London,Boston.1986.pp.129-131。

⑤ 参见[美]魏若望:《耶稣会士傅圣泽神甫传:索隐派思想在中国及欧洲》,大象出版社 2006 年版,第 138 页。

⑥ "康熙皇帝对他的表现很满意,并在康熙五十年(1711)下令让白晋、傅圣泽等人开始研究《易经》。"(参见李真:《来华耶稣会士马若瑟(Joseph de Prémare,S.J.)生平及学术成就钩沉》,《东亚文化交涉研究》2010 年第 5 号。)

⑦ 罗马耶稣会档案馆,Japonica·Sinica,1V,25-1°。

⑧ 乃应视察员骆保禄神父之要求,根据中国经典中有关经象象而对《易经》加以的诠释钞本,现藏巴黎国家图书馆(法文书类编号 17239)。(参见[法]费赖之:《在华耶稣会士列传及书目》,中华书局 1995 年版,第 438 页。)

他"着了《易经》的魔"①。所幸的是白晋在研究《易经》的过程中获得了康熙皇帝的支持,不仅对白晋的《易经》研究很感兴趣②,也非常关心白晋研究《易经》的情况,在梵蒂冈图书馆馆藏汉籍《易考》(Borgia・Cinese,317-4)附文以及 Borgia・Cinese,439-A 中有很多康熙询问白晋研究《易经》情况的御旨③。分析其原因,除了试图调和"礼仪之争"中所存在的中华文化与西方宗教的冲突问题,以维护文化的正统统治的考虑,更多的是康熙个人对传统数学、律吕以及《易经》有浓厚的研究和兴趣。对于《易经》,他曾于康熙二十二年(1683)亲自给牛钮(1648—1686)等人纂编的《日讲易经讲义》作序,称"易之为书,合四圣人立象设卦系辞焉,而广大悉备,自昔包犠、神农、皇帝、尧、舜,王天下之道,咸取诸此"④。又于康熙五十四年(1715)给李光地等撰的《周易折中》作序,再次称《易经》"广大悉备"⑤。他自己也"尝博综简编、玩索精蕴至于大易,尤极研求"⑥,且认为"夫算法之理,皆出于《易经》,即西方算法亦善,原系中国算法,彼称为阿尔朱巴尔者,传自东方之谓也"(康熙五十年正月)⑦。此外,康熙对西方科学、数学也有极大的爱好,特别是阿尔热巴拉法(Algebra)⑧。所以具有异质文化研究能力的白晋,刚好投其所好,成为了帝王之师,且有充分的理由和特权开展学术研究。当然,白晋对《易经》的学习研究也就并非只是简单的翻译或者抄录工作,而是从哲学或宗教角度对其进行深层次的义理对比研究,并且在皇权的权威下,还需研究卓有成效。

---

① Albert Chan,SJ,*Chinese Books and Documents in the Jesuit Archives in Rome*, Armonk,N.Y.:M.E.Sharpe,2002.p.518.

② 参见 Joachim Bouvet 's letter to Jean-Joseph Guibert, Assistant of the French Province in Rome Peking,26.May 1719.Albert Chan,S.J.,*Chinese Books and Documents in the Jesuit Archives in Rome*, Armonk,N.Y.:M.E.Sharpe,2002.p.518;p.527。

③ 在梵蒂冈图书馆,Borgia・Cinese 317-4° 后的大篇幅御旨,张西平在《梵蒂冈图书馆藏白晋读〈易经〉文献初探》,韩琦在《再论白晋的〈易经〉研究——从梵蒂冈教廷图书馆所藏书稿分析其研究背景、目的及反响》中均已引用,而 Borgia・Cinese 439° 的相关御旨,在张西平为柯兰霓的《耶稣会士白晋的生平与著作》一书所做的"中文序"中亦引用。故在此不赘述。

④ 罗马耶稣会档案馆,Japonica・Sinica,I—18,第 18 页。

⑤ (清)李光地等撰:《御纂周易折中》,上海古籍出版社 1990 年版,第 1 页。

⑥ 罗马耶稣会档案馆,Japonica・Sinica,I—18,第 18 页。

⑦ (清)蒋良骐撰:《东华录》卷二十一,中华书局 1980 年版,第 348 页。

⑧ 在梵蒂冈图书馆内,有关于康熙研读阿尔热巴拉法的文献,参见"皇帝诏书",梵蒂冈图书馆,Borgia・Cinese 439-A。

在梵蒂冈图书馆中涉及白晋的易学著作大致有 10 本（在下一章有详细介绍）。此外,关于所藏中华易学书籍大致情况如下:

梵蒂冈图书馆所藏汉文写本和印本书籍简明目录

FONDS BORGIA CHINOIS(BORGIA CINESE)手写本与刻印本

69-70 未署名 Zhouyi zhezhong《周易折中》:Edition du Palais de ce commentaire du *Yijing*《易经》établi par ordre impérial.钦定《易经》。

73 未署名 Zhouyi quanshu《周易全书》:sur le *Yijing*《易经》.Exemplaire du début du XVII° siècle,mais la première boîte manque.对《周易》的研究。17 世纪初的版本。

75 张问达 Yijing bianyi《易经辩疑》:Discussion suir le *Yijing*.Edition de 1680.对《易经》的讨论,1680 年版。

78 佚名 Yijing daquan《易经大全》:Sur le *Yijing*.Edition de 1687.对《周易》的研究,1687 年版。

84 潘士澡 Du yishu《读易述》:Commentaire du *Yijing*,对《易经》的注解。Edition de 1606 年版。

87 佚名 Yijing xiangjie《易经详解》:Sur le *Yijing*.对《周易》的研究。

90 胡一桂 纂注 Yi fulu zuanzhu:《易附录纂著》:Sur le *Yijing*.Edition du T'ong-tce-t'ang.对《周易》的研究,通志堂版本。

91 未署名 Yijing《易经》,D'après le texte du Guozijian 国子监.Exemplaire interfolié à l'européenne et couvert de notes en chinois,français et lation.Edition de 1700.据国子监文本,带欧式空白插页,附汉、法、拉丁文注解。1700 年版。

115 林希元 Yijing cunyi《易经存疑》:Sur le *Yijing*.对《周易》的研究。

245 张次仲 Wanci kunxue ji《玩辞困学记》:Commentaire du *Yijing*.Circa 1700.Quelques notes manuscrites chinoises.对《易经》的评注。

331-3 23°et 24° du Zhouyi shuotong《周易说统》.sur le *Yijing*.《周易说统》的第 23、24 卷。对《易经》的研究。

384 未署名《易经》的民间注本。Commentaires populaires du *Yijing*.

510 未署名 *Yijing*《易经》、*Shijing*《诗经》、*Shujing*《书经》。Edition enpetit format du Guxiang-Zhai 古香斋。Provient de Montucci.古香斋小开本版。蒙突奇旧藏。

514 未署名 *Yijing*《易经》：Deux fascicules petit format. En tête, note de Montucci：*Cadeau de M.klaproth que j' ai acheté au poids de l' or.*小开本，共 2 册。开头是蒙突奇的按语：克拉普洛特—加龙省的礼物，以非常昂贵的价格购得。

534 未署名 2 °Text intitulé *Yijing*《易经》：sur la philosolhie du Yin 阴 et du Yang 阳；sur l' âme humanie.题目是《易经》。对阴、阳的哲学和人的灵魂的研究。

RACCOLTA GENERALE-ORIENTE

手写本与刻印本 8.5 RACCOLTA GENERALE-ORIENTE-III

251 未署名 1°—2° *Yijing*《易经》，*Livre des Changements*，édition populaire.民间版本。

梵蒂冈图书馆所藏汉籍目录 补编

RAC.GEN.OR I

1335 未署名《御纂周易折中》。Edition imperial avec commentaire du *Livre des Changements*.10 fasciules.钦定《易经》批注。10 册。

1138 未署名《日讲易经讲义》。Explications du Yijing faites au jour le jour devant l' empereur.18juan.3 fasciules.每天在皇帝面前所进行的《易经》讲解。

RAC.GEN.OR IV

2825 陈致虚《周易参同契》.Commentaire de Chen Zhixu 陈致虚. Même edition.1 fasiccules。

2845 未署名《易经真诠》。*Livre des Changements avec commentaire.*4 juan.Edition de Guangxu gengchen 光绪庚辰（1880）au Lüyintang 绿荫堂 de Suzhou 苏州.2 fasiccules.《易经》注本。

从上表可知这些书籍是由当时传教士带回欧洲献给教宗的,也可以反映出当时传教士较为看重的易学书籍。稍作注意,可知此类易学书籍皆为《四库全书》所收录的易学书籍,为官方认可。按照时代划分,有元代胡一桂的《易附录纂注》;明代林希元(1482—1567)的《易经存疑》,潘士藻(生卒年不详,约1598年前后去世)的《读易述》,张问达的《易经辨疑》;清代有官方的《钦定日讲易经讲义》,李光地的《御纂易经折中》;等等。此外,还有道家易学著作,如陈致虚(1290—?)的《周易参同契》和民间《易经》版本。按照解《易》方式,皆为义理解《易》,且大抵多宗于朱子,为科举考试之书。如胡一桂的《易附录纂注》,全文"以朱子《本义》为宗"、"惟以朱子为断"①,可见其是对朱子学的继承。林希元的《易经存疑》以朱子的《周易本义》为主,并且成为官方考试之书,"盖其书本为科举之学,故主于祧汉而尊宋"②。张振渊(生卒年不详)所著的《周易说统》③"是编大旨宗程、朱《传》、《义》",在此基础上对诸儒说理进行互证。潘士藻的《读易述》,又名《洗心斋读易述》,其论述先列经传原文,然后加"述曰"二字阐发己意,再采缀诸儒之说于后,"每条皆发己意","大旨主于义理"④。张次仲的《玩辞困学记》一书不谈象数谶纬之学,尊王弼之学,而在语言文字间求其真谛,故为"盖扫除輘輷之说,独以义理为宗者"⑤。当然,亦有宗于心学解《易》之代表。如清代张问达的《易经辨疑》,上承王弼易说,"王弼独主理略数天下宗之"⑥,下续陆九渊、王阳明心学影响,"得力于阳明

---

① 《易本义附录纂疏》十五卷,(清)纪昀等总纂:《钦定四库全书总目》经部四,中华书局1997年版,第35页。

② 《易经存疑》十二卷,(清)纪昀等总纂:《钦定四库全书总目》经部五,中华书局1997年版,第45页。

③ 《周易说统》十二卷,(清)纪昀等总纂:《钦定四库全书总目》经部八,中华书局1997年版,第104页。

④ 《洗心斋读易述》十七卷,(清)纪昀等总纂:《钦定四库全书总目》经部五,中华书局1997年版,第48页。

⑤ (明)张次仲撰:《周易玩辞困学记》提要,《景印文渊阁四库全书》经部三十,台湾商务印书馆1986年版,第384页。另参见《周易玩辞困学记》十五卷,(清)纪昀等总纂:《钦定四库全书总目》经部五,中华书局1997年版,第52页。

⑥ (清)张问达撰:《易经辩疑》序,《四库全书存目丛书》编纂委员会编:《四库全书存目丛书》经部三十一册,齐鲁书社1997年版,第436页。

良知之学"①,不言卜筮之《易》,专论义理心《易》。可以看到,梵蒂冈图书馆所馆藏之书多是义理解《易》之书。

而在这些书中,最为白晋所看重的是《钦定日讲易经讲义》和李光地的《御纂易经折中》这两本书,二者皆为官方编纂易学集成,且有康熙皇帝的亲自参与。首先,《钦定日讲易经讲义》由总裁官牛钮、孙在丰(1644—1689)、张英(1637—1708)等人于康熙十九年(1680)奉行完成,康熙二十二年(1683)由"《易经》的热心崇拜者"(An ardent admirer of the Yijing)②的康熙皇帝亲自御定和作序,以明《易》之地位,其帝王道法、天人性命、人事物则之理"莫详于《易》"③,故"日以进讲,反复卦爻之辞"④,从而研《易》之精蕴。在此基础上,探《易》之大旨乃阴阳变化而配人事正邪之道,奇偶而明君子小人之理。进而确定《易》之官方地位和作用,"以示人事之宜,于帝王之学,最为切要"⑤,通过体《易》而得治理国家之法和观民设教之方,故刊刻成书,颁示天下。关于此书与白晋的关系,首先在梵蒂冈图书馆和耶稣会档案馆皆藏有《钦定日讲易经讲义》一书,分别见于梵蒂冈图书馆 Rac. Gen. Or. II, 1138("《钦定日讲易经讲义》。每天在皇帝面前所进行的 Yijing《易经》讲解"⑥)和耶稣会档案馆 Japonica·Sinica, I(标题为《奉旨刊行日讲易经解义》),此书作为重要的中文书籍被带回了欧洲。白晋对康熙作序一事有过特别说明:"康熙皇帝为了表示对中国古代圣贤学说的敬意,亲自执笔撰写序文,刊登于该书卷头,并以御名出版这部书籍"⑦,而《奉旨刊行日讲易经解义》为其中的一本。其次,《奉

---

① (清)张问达撰:《易经辩疑》序,《四库全书存目丛书》编纂委员会编:《四库全书存目丛书》经部三十一册,齐鲁书社 1997 年版,第 434 页。

② J. Smith, Richard. *Fathoming the Cosmos and Ordering the World: The Yijing (I-Ching, or Classic of Changes) and Its Evolution in China*, University of Virginia Press, 2008. p. 177.

③ (清)牛钮等奉敕撰:《钦定日讲易经讲义》序,《景印文渊阁四库全书》经部三一,台湾商务印书馆 1986 年版,第 201 页。

④ (清)牛钮等奉敕撰:《钦定日讲易经讲义》序,《景印文渊阁四库全书》经部三一,台湾商务印书馆 1986 年版,第 201 页。

⑤ 《奉旨刊行日讲易经解义》,罗马耶稣会档案馆,Japonica·Sinica, I-18,第 4—6 页;另参见《日讲易经讲义》序言,(清)纪昀等总纂:《钦定四库全书总目》经部六,中华书局 1997 年版,第 53 页。

⑥ [法]伯希和编:《梵蒂冈图书馆所藏汉籍书目》,中华书局 2006 年版,第 132 页。

⑦ [法]白晋:《康熙皇帝》,赵晨译,黑龙江人民出版社 1981 年版,第 28 页。

旨刊行日讲易经解义》作为康熙皇帝听课讲义,其编纂整理工作(1680)完成,成为作为当时最具权威的易学书籍。白晋入华(1687)以后即在朝廷担任帝王之师,接触的便是朝廷御用书籍,而《奉旨刊行日讲易经解义》可能为白晋首当阅读之《易》书。再次,在白晋的易学著作中多次提及《奉旨刊行日讲易经解义》,简称为《日讲》。单单在梵蒂冈图书馆 Borgia·Cinese,317 的作品中就出现了 25 次,其中以《易引》和《易学外篇》两篇引用最为多。通过引用《日讲》中的具体言论而诠释自己的理论,如结合《日讲》中对"帝乙归妹"的理解,将《泰》卦六五爻中以阴居尊为泰之主而象征帝乙归妹之时①,隐喻圣母玛利亚诞下圣子之吉象;引用《日讲》中解"帝出乎震造化之主宰谓之帝",以象征造物主主宰万物造化之机为先天造化之功②;用《日讲》中对"衷"、"性"、"德"、"心"的理解,进行对造物主造宇宙之原旨进行说明,以彰显造物主的爱人之心、洪爱圣心③。而在《大易原义内篇》当中特意指出"内意之文,凡旁有圆圈者(用下横线),取于《日讲》"④,其他的"旁有尖圈者(用颜色),取于名儒古语"⑤,从而将《日讲》和"名儒古语"相对应,足以见《日讲》之地位。除了《奉旨刊行日讲易经解义》,白晋对李光地的《周易折中》亦很看重。李光地于1705 年拜文渊阁大学士,历任充殿试读卷官,国史馆、典训馆、方略馆、一统志馆总裁,作为官方正统的易学家,以宗朱子易学见称,奉旨负责校理《周易折中》。他倡以"性理"说《易》,具有集易学义理研究大成之作用。康熙于1715年亲自对《周易折中》作序,"深知大学士李光地素学有本,易理精详,特命修《周易折中》,上律河洛之本末,下及众儒之考定,与通经之不可易者,折中而取之"⑥;"诏大学士李光地采撷群言,恭呈乙览,以定著是编"⑦。可见,当时朝廷试图平息宋代《易》中义理、象数二派的论证,从而正天下易学。虽然并

---

① ［法］白晋:《易钥》,梵蒂冈图书馆,Borgia·Cinese,317-2°,第 19 页。
② ［法］白晋:《易钥》,梵蒂冈图书馆,Borgia·Cinese,317-2°,第 22 页。
③ ［法］白晋:《易钥》,梵蒂冈图书馆,Borgia·Cinese,317-2°,第 22 页。
④ ［法］白晋:《大易原义内篇》,梵蒂冈图书馆,Borgia·Cinese,317-9°,第 3 页。
⑤ ［法］白晋:《大易原义内篇》,梵蒂冈图书馆,Borgia·Cinese,317-9°。
⑥ （清）李光地等撰:《御纂周易折中》,上海古籍出版社 1990 年版,第 1 页。
⑦ 《御纂周易折中》二十二卷,（清）纪昀等总纂:《钦定四库全书总目》经部六,中华书局1997 年版,第 53 页。

无资料证明李光地和白晋二人有过直接接触,但是通过康熙的奏折,可以反映出二人思想上的交集,这份奏折"并原图一幅,说册一节,即与白晋看"①,并且白晋"称深服大学士李光地,精通易理,洞晓历法"②。在白晋的文章当中,也对《周易折中》多有借鉴,特别是对其数理图像知识,比如《加倍变法图》、《大衍勾股之原》③等,由此可见白晋对两本书的重视程度。

此外,要进行耶《易》的研究,必然涉及西方经典——《圣经》在中华的传入与发展。伴着基督宗教的传入,《圣经》也渐渐地进入到中华大地。黄保罗在《大国学视野中的汉语学术圣经学》一书中从景教、天主教、新教以及东正教来讲述不同宗派在华翻译圣经的历史。任东升的《圣经汉译文化研究》从翻译学的视角系统的阐释了汉语《圣经》的翻译历史。"论述《圣经》的汉译,一般是从中国的唐朝开始"④。当时只是对《圣经》的部分章节或者或内容已经在景教传播时被翻译成了中文,"《大秦景教流行中国碑》可说是基督宗教传入中国和圣经译成中文的最早证据"⑤。元代由于是蒙古民族统治,所以关于《圣经》的翻译为蒙文。而耶稣会士的到来,使得《圣经》的传播也有了新的发展,如罗明坚用中文撰写了《天主圣教实录》,为"明末清初基督宗教汉译《圣经》的最早实践"⑥,而利玛窦尽管并没有单独翻译出完成的《圣经》,但是他的《天主实义》试图用《圣经》的教义与中华的传统经典相结合,也算是对《圣经》的介绍。由此《圣经》也为儒生所知,这就为白晋援《圣经》入《易经》铺成了文本基础,两个文本皆有相应的文字对照,这样也方便世人理解。

白晋自来华以后直到他逝世,一直从事着易学研究,开创了耶《易》研究的先河。他的弟子傅圣泽和马若瑟皆跟随他的脚步,继续探索《易经》的魅

---

① [法]白晋:《易考》,梵蒂冈图书馆,Borgia·Cinese,317-4°,第23页。

② [法]白晋:《易钥》,梵蒂冈图书馆,Borgia·Cinese,317-2°,第22页。

③ (清)李光地等撰:《御纂周易折中》,上海古籍出版社1990年版,第552、546页。[法]白晋:《易经总说稿》,梵蒂冈图书馆,Borgia·Cinese,317-3°,第12页。

④ 傅敬民:《〈圣经〉汉译的文化资本解读》,复旦大学出版社2009年版,第82页。

⑤ 赵维本:《译经溯源——现代五大中文圣经翻译史》,中国神学研究所1993年版,第8页。

⑥ 傅敬民:《〈圣经〉汉译的文化资本解读》,复旦大学出版社2009年版,第104页。

力。他们师徒一起直接促成了耶《易》的产生,使《易经》研究在清初迎来了一次诠释新风,一场由基督宗教传教士而掀起的非正统的"新经学"尝试。他们一方面吸收着传统易学的智慧,熟悉《易经》的内容、本义、体例,从而将此作为东方经典的权威代表,另一方面以西方《圣经》作为诠释依据来考察和探讨易学深意,赋予《易经》新的含义。

第二章　白晋易学著作考证及主要内容

一、白晋的生平及来华

关于白晋的成长经历,他于 1656 年 7 月 18 日生于法国的勒芒市(Le Mans)①,1673 年 10 月 9 日进入初修院②,1685 年 3 月 3 日启程来华,期间除了作为康熙特使回了一次欧洲以外,白晋一直在中国工作且于 1730 年 6 月 29 日逝世于北京③。如今白晋的墓碑(见图五)上对其生平介绍如下:

---

① 关于出生时间,柯兰霓记载为 1656 年 7 月 18 日。参见[德]柯兰霓:《耶稣会士白晋的生平与著作》,大象出版社 2009 年版,第 12 页。在《通用文献综述》*Polybiblion*:*revue bibliographique universelle* 中亦称"ce père est né le 18 juillet 1656." 另参见 *Polybiblion*:*revue bibliographique universelle*,Paris:Bureaux De La Revue,Volume 19,1869.p.384。而荣振华称 1656 年 7 月 8 日。参见[法]荣振华等:《16—20 世纪入华天主教传教士列传》,广西师范大学出版社 2010 年版,第 79 页。关于出生地,荣振华称白晋生于芒市的芒索或者在孔利(萨尔特)难以定夺。参见[法]荣振华等:《16—20 世纪入华天主教传教士列传》,广西师范大学出版社 2010 年版,第 79 页。
② 参见荣振华:《在华耶稣会士列传及书目补编》,中华书局 1995 年版,第 79 页。"1673 年 10 月 9 日白晋加入了耶稣会士"。参见柯兰霓:《耶稣会士白晋的生平与著作》,大象出版社 2009 年版,第 13 页。另参见龙伯格:《清代来华传教士马若瑟研究》,大象出版社 2009 年版,第 9 页。这种说法都支持白晋十七岁即参加耶稣会士。另一说称"白晋二十二岁加入耶稣会士"。参见清史委员会:《清代人物传稿》上编,第 8 册,中华书局 1995 年版,第 391 页。费赖之一书称"一六七八年十月九日入会",亦为二十二岁入会。参见[法]费赖之:《在华耶稣会士列传及书目》,中华书局 1995 年版,第 434 页。
③ 此逝世日期为白晋墓碑上日期。荣振华一书称逝世于 1730 年 6 月 28 日。参见[法]荣振华等:《16—20 世纪入华天主教传教士列传》,广西师范大学出版社 2010 年版,第 80 页。在《通用文献综述》*Polybiblion*:*revue bibliographique universelle* 中亦称"dit que le P.Bouvet est mort le 28 juin 1730".*Polybiblion*:*revue bibliographique universelle*,Paris:Bureaux De La Revue,Volume 19,1869.p.384。

图五　白晋墓碑及拓本

耶稣会士白公之墓

耶稣会士白先生讳晋,号明远。泰西拂郎吉亚国人。缘慕精修,弃家遗世,在会五十二年,于康熙二十六年丁卯东来华传天主圣教,至雍正八年庚戌五月十五日卒于都城。年七十四岁。

D. O. M. P. JOACHIMUSBOUVET GALLUS SOCIE. JESU PROFESSUS VIXIT.IN.SO^C.ANNIS.LII.IN.MISS.SIN.ANNIS.XLIII.OBIIT.PEKIN. ANNO.DOM.MDCCXXX.DIE.XXIX.JUN.AETATIS ANN.LXXIV.①

---

①　白晋死后原葬于北京正福寺墓地,成为埋在正福寺墓地的第一位传教士。后正福寺墓地毁于义和团时期,白晋坟墓也遭到损毁。现修复墓碑存于北京五塔寺石刻博物馆内。其墓碑整体为一通螭首方座碑,团龙螭首,而碑趺、碑座却一律采用了方座。碑身正中墓碑的中央部分,俗称为"中榜",刻有"耶稣会士利白公之墓"八个大字。左为中文,右为拉丁文,这符合传统左尊右卑的观念,中文部分按照中国传统文化记载,有名有讳有字有籍贯,简略了记载他的生平。而拉丁文翻译:"法国耶稣会士白晋神父墓碑,在会五十二年,在华传教十八年,于1730年6月29日逝世于北京,享年七十四岁"。告知了白晋的所属修会、入会年龄、来华时间和生卒年等。参见明晓燕、[法]魏扬波主编:《历史遗迹——正福寺天主教墓地》,文物出版社2007年版,第101页。然而在《法国百科全书》关于白晋的词条中提及到白晋于1732年死于北京"Il mourut a pekin,en 1732".参见 *Dictionnaire encyclopédique de la France*,par M.PH.LE.BAS,Paris:Firmin Didot Frères,éditeurs,1812.p.299。恐有误。

95

由于家庭殷实,白晋自小即在耶稣会学校费莱彻(La Flèche)学习,严格的专业课程设置使他的语言能力、科学知识以及人文涵养得到了快速而稳定的提高,这也为以后他能够在海外快速进入学术研究打下了牢实的基础。作为一名虔诚的天主教徒,白晋加入耶稣会士以后,将前往中国传教作为自己的毕生梦想,"我决定献身于中国使团,在我加人耶稣会士的时候就已有此计划"①。他对中国这片异土为何有如此强烈的冲动不得而知,但是他确实为此目标一直努力着,一方面加强神学、哲学、语言、数学等科目的学习;另一方面不断地给耶稣会的上级写信,表达自己的传教愿望,并且在法国布尔日(Bourges)宣誓愿意赴中国传教。起初他的"中国梦"一直没有实现的契机,出现转机的是 1680 年柏应理(Philippe Couplet, 1623—1693)受南怀仁(Ferdinand Verbiest, 1622—1688)之托,前往巴黎招募有才之士,特别是具有自然科学知识(天文学、数学等)的人前往中国,此举不仅是南怀仁向欧洲宗教界和学术界发出的一个号召,也是法国扩大在远东影响力、削弱葡萄牙保教权的绝好机会。命运之神终于将幸运之手伸向了正在巴黎大路易学院(Du Collège de *Clermont* au Lycée *Louis-le-Grand*)学习神学的白晋。他得知消息以后,马上联系了柏应理和洪若翰(Joames Fontaney, 1643—1710)二人,经过重重筛选后,终于成为了"国王的数学家"(Mathématiciens du Roy)②之一,于1685 年 3 月 3 日乘坐"飞鸟号"(Oiseau)③三桅船从法国布雷斯特(Brest)东渡,经暹罗(今泰国),六人中除了塔夏尔(Guy Tachard, 1651—1712)被暹罗王

---

① 转引自[德]柯兰霓:《耶稣会士白晋的生平与著作》,大象出版社 2009 年版,第 13 页。

② 六名"国王数学家"除了白晋外,其他五位是洪若翰(Jean de Fontaney, 1643—1710)、张诚(Jean-Fran oisGerbillon, 1654—1707)、李明(Louis le Comte / Louis-Daniel Lecomte, 1655—1728)、刘应(Mgr Claudusde Visdel ou, 1656—1737)、塔夏尔(Guy Tachard, 1651—1712)。参见Nicolas Standaert:*Jesuits in China*, the cambridge companion to the Jesuits, Ed, Thomas coorcester, (Cambridge University Press, 2008), pp.169–185. 另参见"Bouvet was one of the five Jesuits sent by Louis XIV to China as mathematicians and astronomers." Albert Chan, *Chinese Books and Documents in the Jesuit Archives in Rome*: A Descriptive Catalogue: Japonica · Sinica, I–IV, Armonk, N. Y.: M. E. Sharpe, 2002. p.518. 传教士以数学家的身份进入中国,一方面是传教士们传教策略的确定,打算将宗教与科技文化相融合的方式进入中国;另一方面也存在者文化身份的问题,拥有"国王数学家"的传教士融合了政治、文化和宗教三种元素,也反映出中西文化遭遇时的复杂性。

③ 魏若望一书翻译为"瓦索"号。[美]魏若望:《耶稣会士傅圣泽神甫传:索隐派思想在中国及欧洲》,大象出版社 2006 年版,第 36 页。

留下,其余五人于 1687 年 7 月 23 日抵浙江宁波,"二十六年西士洪若、白进、张诚等五人由暹罗附商王华船至浙"①,次年 2 月 7 日抵达北京。洪若翰神父在给拉雪兹神父的信里提到:"所有人皆来宫廷,通数学者留在朕的身边候用,余者可前往其想去的省份"②。白晋和张诚由于其数学方面的造诣被留在京城,开始他们的在华传教事业。

白晋来到这个泱泱大国很快适应了在华生活,且大显才华。他不仅以满语教授康熙天文、哲学、数学、医学等科学知识,而且还用汉文和满文撰写几何学、哲学、自然神学等方面的文章。此外,在宫内建立了药物实验室,1692 年康熙发烧时,他用一盎司的奎宁(Quinine,Chinine)使得康熙得以治愈。在洪若翰的信中提到:"皇帝公开宣布,张诚神父与白晋神父的药粉救了他的命"③。可见,白晋与他的同伴们凭借着自身才能使得龙心大悦,获得长期留住京城的机会。④ 康熙不仅赏赐宅院府邸、修建教堂,且于 1692 年随即颁布"赦教令"(又称"康熙容教令"):

礼部等衙门尚书降一级(臣)臣顾八代等谨题:为钦奉上谕事,该(臣)等会议查得西洋人仰慕圣化,由万里航海而来。现今治理历法,用兵之际,力造军器、火炮差往阿罗素(俄罗斯,笔者注),诚心效力,克成其事,劳绩甚多。各省居住西洋人并无为恶乱行之处,又并非左道惑众,异端生事。喇嘛、僧等寺庙,尚容人烧香行走。西洋人并无违法之事,反行禁止,似属不宜。相应将各处天主堂俱照旧存留,凡进香供奉之人,仍许照常行走,不必禁止。俟命下之日,通行直隶各省可也。康熙三十一年二

---

① ［比利时］钟鸣旦编:《徐家汇藏书楼明清天主教文献》第三册,辅仁大学神学院 1996 年版,第 1257 页。

② ［法］杜赫德编:《耶稣会士中国书简集》(中国回忆录)I,大象出版社 2001 年版,第 264 页。

③ 洪若翰神父 1703 年 2 月 15 日致拉雪兹神父的信。［法］杜赫德编:《耶稣会士中国书简集》(中国回忆录)I,大象出版社 2001 年版,第 290 页。

④ 在《法国百科全书》关于白晋的词条中提及到在法国国王路易十四所倡导的科学的传教方针下,他和其他传教士一起前往中国,白晋和张诚被留在了北京,康熙很爱惜他们,让他们继续从事数学研究。*Dictionnaire encyclopédique dela France*,par M.PH.LE.BAS,Paris:Firmin Didot Frères,éditeurs,1812.p.298。

月初三日会题本月初五日奉旨依议。

　　熊赐履 席尔达 王飏昌 多奇 王泽弘 伊桑阿 阿兰泰 王熙 张玉书 满

丕 圆纳哈 思个则 王国昌 王尹方 王机 李枏①

可以看到,康熙当时是允许天主教在华传播的。白晋在信中称道:"皇帝无论
对外省还是对宫中为他服务的传教士,都如此明显而普遍地表示尊重和喜
爱"②。到了1693年,康熙又派出白晋作为中国特使回访法国,给路易十四带
去礼物③,孟德卫称白晋"他是天主的仆人,却侍奉着中国的皇帝,又带着礼物
回到欧洲献给他在欧洲的主人——法国国王"④。他不仅顺利完成出访任务,
写下了《中国现状和服饰》(*L'Estat présent de la Chine en figures*)(见图六)⑤及
《中国皇帝的历史画像》(*Portrait Historique de l' Empereur de la Chine*)(见图
七)两本书分别献给勃艮第公爵夫人和路易十四,从而将中国和康熙皇帝介
绍到了欧洲。

　　此外还获得了路易十四的财政帮助和人力支持,招募和筹集了更多的有
识之士前往中国传教,如雷孝思(Jean-Baptiste Regis,1663—1738)⑥、马若瑟、
巴多明(Dominique Parrenin,1665—1741)⑦等九人,此后他们均在中国传教事

---

① ［比利时］南怀仁辑:《熙朝定案》,参见中国宗教历史文献集成编纂委员会编纂:《东传
福音》第九册,黄山书社2005年版,第664页。

② 白晋神父1699年11月30日给拉雪兹神父的信。［法］杜赫德编:《耶稣会士中国书简
集》(中国回忆录)I,大象出版社2001年版,第149页。

③ 狄德罗在《狄德罗全集:狄德罗关于十八世纪哲学运动的研究》(*Oeuvres complètes de Di-derot:revues sur les éditions originales.Etude sur Diderot et le mouvement philosophique au XVIIIe siècle*)
中提及到白晋给路易十四带去了康熙皇帝的49卷中国书籍。参见 Denis Diderot, *Oeuvres
complètes de Diderot:revues sur les éditions originales.Etude sur Diderot et le mouvement philosophique au
XVIIIe siècle*.Tome 20.Paris:Garnier frères,1875—1877.p.471.

④ ［美］孟德卫:《奇异的国度:耶稣会士适应政策及汉学的起源》,大象出版社2010年版,
第332页。

⑤ Joachim Bouvet,*L'Estat présent de la Chine en figures*,Paris:P.Giffart,1697.

⑥ 雷孝思,法国人,耶稣会士,在会60年,在中国传教40年。1738年11月25日于北京去
世,享年75岁。葬于正福寺墓地,墓碑现存于北京石刻博物馆。(参见明晓燕、［法］魏扬波主
编:《历史遗迹——正福寺天主教墓地》,文物出版社2007年版,第103页。)

⑦ 巴多明,法国人,耶稣会士,在会57年,在中国传教43年。1741年9月29日于北京去
世,享年77岁。葬于正福寺墓地,墓碑现存于北京石刻博物馆。(参见明晓燕、［法］魏扬波主
编:《历史遗迹——正福寺天主教墓地》,文物出版社2007年版,第109页。)

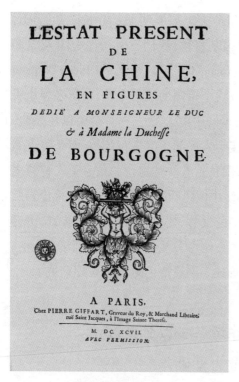

图六　《中国现状和服饰》(*L'Estat présent de la Chine en figures*) 扉页

图七　《中国皇帝的历史画像》(*icon Regia Monarchae Sinarvm Nvnc Regnantis*) 扉页拉丁文版本

业和中国文献研究及其传播均作出了不可磨灭的贡献。

在中国,白晋不仅要听从中国朝廷的命令,遵守中华传统习俗和文化习惯;而且要遵守教会在中国自利玛窦以来而沿成的规定:"你们住在中国,改当守会中之旧规,听一个会首之命令,如从前利玛窦以来之礼"①。为了将天主教与中国文化进行衔接,白晋在传教的过程中努力摸索一种适应中国的传教方式,他借鉴范礼安(Alexandre Valignani,1538—1606)的"文化适应政策"以及利玛窦的"本土化"的传教策略,且基于文化接纳的立场,"根据基督宗教的教义去修正和适应"(Emandataed accomaodate al modo deela christianity)②,

---

① 罗马耶稣会档案馆,Japonica·Sinica,174,F.358。

② [意]柯毅霖:《本土化——晚明来华耶稣会士的传教方法》,《浙江大学学报》1999 年第 1 期。

从而避免在异质文化中无谓的偏见和冲突。如罗明坚（Michele Ruggleri，1543—1607）所言："总而言之，为把中国基督化，我们已变得像中国人"（In breve，Siam fatti cini ut Christo Sinas lucrifaciamus）①。汤尚贤（Pierre-Vincent du Tartre，1669—1724）②亦称"为了适应这个帝国的风俗习惯，我们必须从头到脚脱胎换骨，将欧洲人改造成地地道道的中国人"③。白晋借鉴以往经验，他在与儒生、士大夫接触之余，并非直接深入民间生活进行传教，而是将更多的精力投入到中西学术对比研究中，试图从占有统治地位的儒家圣人智慧之中寻找到与基督宗教相符合的元素，围绕中国熟知的哲学、宗教观念来诠释西方宗教文化，从而让中国人（特别是中国的文官、儒生、学者乃至民众等）更容易接受天主教教义。在这个学术探索中，他将关注的重点放置到了《易经》上，且结合《圣经》进行深入研究，从而形成了别具特色的"耶《易》"研究。

二、白晋易学著作考——以梵蒂冈图书馆所馆藏为基础

通过对梵蒂冈图书馆中所收藏汉籍书目进行初步检索，其中涉及白晋的易学著作，主要藏于编号为 Borgia·Cinese，317 里面，目录如下：

　　1°《易经原旨探目录》（Tcheou yi yuan tche t'an mou lou）；

---

①　［意］柯毅霖：《本土化——晚明来华耶稣会士的传教方法》，《浙江大学学报》1999 年第 1 期。而最详尽的相关材料介绍参见［意］科毅霖著：《晚明基督论》，王志成、思竹、汪建达译，四川人民出版社 1999 年版，第 59 页。另参见：*Ci siamo fatti cinesi per guadagnare i cinesi a Cristo. Così scriveva*，in un italiano mescolato al latino，Matteo Ricci in una lettera al suosuperiore. P. Tacchi Venturi，*Le operestoriche del P. Matteo Ricci（Historical Works of Father Matteo Ricci，S. J.）*，vol. II：*Le lettere dalla cina*（a letter from China），Giorgetti，Macerata 1913，p.416。

②　汤尚贤，法国人，1700 年来华传教，1724 年 2 月 25 日逝世，在华传教 24 年，享年 56 岁，葬于北京滕公栅栏墓地。参见 Beijing Adminstrantive College，*History Recorded On Stone——The Cemetery of Matto Ricci And Other Foreign Missionaries During Four Turbulent Centuries：Appendices*，Beijing Publlish House. p.34。

③　汤尚贤于 1701 年 12 月 17 日给父亲塔尔特尔（Tartre）先生的信。参见［法］杜赫德编：《耶稣会士中国书简集》（中国回忆录）I，大象出版社 2001 年版，第 191 页。

2°《易钥》(*Yi louen*)，应为(*Yi yo*)①；

3°《易经总说稿》(*Dissertation générale sur le Yi king*)；

4°《易考》(*Yi K'ao*)；

5°《太极略说》(*T'ai ki lio chouo*)；

6°《易引原稿》(*Yi yin yuan kao*)；

7°《易稿》(*Yi kao*)；

8°《易学总说》(*Yi hio tsong chouo*)；

9°《大易原义内篇》(*Ta yi yuan yi nei p'ien*)；

10°《易学外篇》(*Yi hio wai p'ien*)；

11° I'Y King(无中文标题)；

12°《魔方排列法》(*Maniere d'arranger les quarrés magiques*)；

13°《据古经传考天象不均齐》(无对应外文标题)；

14°《天象不齐考古经籍解》(无对应外文标题)；

15°《天学本义》(*T'ien hio pen yi*)；

16°《易钥》(*Yi yo*)。

关于这 16 本书，学界对作者归属问题的研究莫衷一是。诸多学者对此编号书目及作者身份亦有所涉及，比如在余东的《梵蒂冈图书馆馆藏早期传教士中文文献目录，十六至十八世纪》(*Catalogo delle opere cinesi missionarie della Biblioteca apostolica vaticana, XVI–XVIII sec.*)一书中，关于白晋著作以及与之相关的著作共有 22 条②，综合整理如下：

---

　　① 关于标题，伯希和的法文原为"Yi louen"(*Inventaire sommaire des manuscrits et impreimes chinois de laBibliotheque Vaticane*, 13 JUIN–6 JUILLET 1922.p.25.)，高田时雄翻译为"Yi yue 易钥"于第 16 本同。目前国内论文中涉及此处文献罗列，参见张西平：《梵蒂冈图书馆藏白晋读〈易经〉文献初探》，《文献季刊》2003 年第 3 期。文中将两处都称《易轮》，称作者未明。又参见韩琦：《再论白晋的〈易经〉研究——从梵蒂冈教廷图书馆所藏书稿分析其研究背景、目的及反响》，荣新江、李孝聪主编：《中外关系史：新史料与新问题》，科学出版社 2004 年版，第 316 页。文中对白晋易学著作提及《易钥》，没提到《易轮》。通过对照，原稿为"Yi yue 易钥"。

　　② 余东：《梵蒂冈图书馆馆藏早期传教士中文文献目录，十六至十八世纪》，梵蒂冈图书馆 1996 年，第 1—5、9、6—11、10、12—17、11 页，奏稿第 12—13 页。

1.天学本义(敬天鉴)二卷 316(14°);357(9°);

2.易引(易考)二卷 317(6°);

3.择集经书天学之纲 317(15°)(同《天学本义》);

4.宗论布列类洛书等方图法 317(12°);

5.天象不均齐考古经籍解(据古经传考天象不均齐) 317(13°)(14°);380(6°)(7°)(*con note latine autografe di Foucquet*);469(*solo testo latino*);

6.太极图说 317(5°);

7.释先天未变始终之数由天尊地卑图而生 317(11°);

8.易学外篇原稿 十三节 316(6°)(5°);

9.易学外篇 八节 317(4°)(10°);

10.易学总说 317(8°);

11.易经总说汇 317(3°);

12.易稿317(7°);

13.易钥317(16°);

14.易钥自序317(2°);

15.周易原义内篇317(9°);

16.周易原旨探目录 理数内外二篇317(1°);

17.谕旨439(C)1\2\3\4 \5;439(A)b\ k\h。

其中提及 Borgia·Cinese,317 的 1°—16°皆为白晋的著作。此外,涉及白晋的作品还分布在 Borgia·Cinese,316、357 及 439 等编号。通过查阅,且内容多有重合之处,比如 Borgia·Cinese,317 的 7°《易稿》与 Borgia·Cinese,316 的 3°—4°《易解》(上、下卷)一书内容完全相同;Borgia·Cinese,317 中的 4°《易考》、6°《易引总稿》、10°《易学外篇》、8°《易学总说》等篇中所涉及的《易学外篇》,其原稿在 Borgia·Cinese,316 的 5°和 6°中;Borgia·Cinese,316 的 14°与 Borgia·Cinese,357 的 9°均为《天学本义(敬天鉴)》二卷等。在魏若望所著的《耶稣会士傅圣泽神甫传:索隐派思想在中国及欧洲》(*Controversial Ideas in China and in Europe:A Biography of Jean-Francois Foucquet,S.J.*1665—1741)一

书的附录(英文版)中,将 Borgia·Cinese,317 的诸多篇目都与傅圣泽相关,有学者通过引用魏若望和伯希与对 Borgia·Cinese,317 的目录做比较,认为"梵蒂冈教宗图书馆所藏易学作品中出自傅圣泽的居多"且认为能够确定为白晋作品的"似仅《大易原意内篇》"①。其实在英文原版中魏若望并非言 Borgia·Cinese,317 的作品为傅圣泽所著。如魏若望言称 317—1°《易经原旨探目录》这四页可能为傅圣泽所拥有(Owned by Foucquet)②;317-3°《易经总说稿》可能为傅圣泽所整理(Probably composed by Foucquet)③;317-4°《易考》为傅圣泽秘书所复制(Probably copied by Foucquet's Chinese secretary)④;317-7°《易稿》是傅圣泽在中国作品中摘抄的关于《易经》的整理(arranged by Foucquet)⑤;魏若望怀疑 317—8°《易稿》可能为傅圣泽所写[Probably written by Foucquet(?)]⑥,这些著作虽都与傅圣泽有关系,但并未明确指出为傅圣泽所著。司马富在《耶稣会士在历史比较下对〈易经〉的解释》[*Jesuit Interpretations of the Yijing*(*Classics of Changes*)*in Historical and Comparative Perspective*](2001)⑦一文中提到白晋的《易稿》⑧、Borgia·Cinese,317 中 2°《易钥》、4°《易考》、6°《易引原稿》、3°《易经总论稿》、8°《易学总说》、9°《大易原义内篇》、10°《易学外篇》、11°*I'Y King*(无中文标题)以及《天尊地卑图》等篇。

---

① 张国刚等:《明清传教士与欧洲汉学》,中国社会科学出版社 2001 年版,第 191—192 页。

② John Witek,*Controversial Ideas in China and in Europe:A Biography of Jean-Francois Foucquet,S.J.1665—1741*,Institutum Historicum S.I.,Roma,1982,p.457.

③ John Witek,*Controversial Ideas in China and in Europe:A Biography of Jean-Francois Foucquet,S.J.1665—1741*,Institutum Historicum S.I.,Roma,1982,p.456.

④ John Witek,*Controversial Ideas in China and in Europe:A Biography of Jean-Francois Foucquet,S.J.1665—1741*,Institutum Historicum S.I.,Roma,1982,p.457.

⑤ John Witek,*Controversial Ideas in China and in Europe:A Biography of Jean-Francois Foucquet,S.J.1665—1741* Institutum Historicum S.I.,Roma,1982,p.457.

⑥ 参见 John Witek,*Controversial Ideas in China and in Europe:A Biography of Jean-Francois Foucquet,S.J.1665—1741* Institutum Historicum S.I.,Roma,1982, p.456。

⑦ 参见 Richard J.Smith,*Jesuit Interpretations of the Yijing*(*Classics of Changes*)*in Historical and ComparativePerspective*,"Matteo Ricci and After:Four centuries of Cultural Interactions between China and the West",sponsored by the City University of Hong Kong and Beijing University,October 13-16,2001。

⑧ 康熙诏书梵蒂冈图书馆,Borgia·Cinese,439 A(h)。

而在《全球视角下的〈易经〉：一些反思》[*The Yijing <Classic of Changes> in global perspective: some reflections*]（2002）一文中，司马富依次将 Borgia·Cinese,317 中 7°所附的《古传遗迹论》、8°《释先天未变始终之类由天尊地卑图而生》（原文题目为《易学总说》）、15°《天学本义》、3°《易经总论稿》、4°《易考》、10°《易学外篇》、2°《易钥》、16°《易钥》、6°《易引原稿》、Borgia·Cinese,316 的 14°《古今敬天鉴》归为白晋的著作。① 此外，他还将 317 中 7°《易稿》、316 的 5°《易经诸家解说》、2°《周易义例》归为傅圣泽所著。② 而在胡阳、李长铎所著的《莱布尼茨二进制与伏羲八卦图考》（2006）③一书中，所罗列的梵蒂冈图书馆所馆藏的白晋易学著作有 Borgia·Cinese,317 中 6°《易引》（原标题为《易引原稿》）、12°《总论布列类洛书等方图法》（原标题为《魔方排列法》）、5°《太极略说》、11°《释先天未变始终之数由天尊地卑图而生》（原标题为 *I'Y King*）、4°和 10°统称《易学外篇》（分别题目为《易考》、《易学外篇》）、8°《易学总说》、3°《易学总汇》（原标题为《易经总论稿》）、7°《易稿》、16°《易钥》、9°《周易原义内篇》（原标题为《大易原义内篇》）、1°《易经原旨探目录理数内外二篇》（原标题为易经原旨探目录）。此外，还有 Borgia·Cinese,357 中 9°《读易记》等。而在方豪的《十七八世纪来华西人对我国经籍之研究》一书中，言及梵蒂冈图书馆中关于传教士研究《易经》中文资料 14 种，但是并未指出作者所属。④ 由此可见，各家各执己见，无统一之论。通过对文献的阅读，本书关于著作的作者问题，详细说明如下：

1°《易经原旨探目录》。对于作者，伯希和推断可能是出自马若瑟神父之手⑤。通过查阅，此篇目录内容出现在 Borgia·Cinese,361 的第四本著作《周易理

---

① 参见 Richard J.Smith, *The Yijing* (*Classic of Changes*) *in global perspective: some reflections*, Paper for the Boos ofChanges World Conference, Taipei, Taiwan, September 28-October 2, 2002. pp. 19-20。

② 参见 Richard J.Smith, *The Yijing* (*Classic of Changes*) *in global perspective: some reflections*, Paper for the Boos ofChanges World Conference, Taipei, Taiwan, September 28-October 2, 2002. p.23。

③ 胡阳、李长铎：《莱布尼茨二进制与伏羲八卦图考》，上海人民出版社 2006 年版，第 27 页。

④ 参见方豪：《十七八世纪来华西人对我国经籍之研究》，《方豪六十自定稿》上册，台湾学生书局 1969 年版，第 192 页。

⑤ ［法］伯希和编：《梵蒂冈图书馆所藏汉籍书目》，中华书局 2006 年版，第 36 页。

数》(又称《易理易数》)①。其中在《周易理数》第一页的装订线内,写有标题《周易原旨探》,可见此书即是对《易经原旨探目录》的内容的展开及分章解读②,内容详尽,约 37000 字。由于伯希和将 Borgia・Cinese,361 的 2°—6° 本统称为"与耶稣会士《易经》研究有关的各种汉语手写本。"(Manuscrits variés en chinois se rapportant aux travaux des Jésuites sur le *Yijing*),因此其具体内容很容易被忽视。这本书不仅可以确定与《易经原旨探目录》的原作者系同一人,亦可为原作者为马若瑟提供更多的证据。在文章的页眉处,以及文章的诸多章节前面均有"dans exemplaire du De Prémare"、"dans les exemplaire de P・Prémare"、"P・ de Prem"、"Exemplaire de Prem"("从马若瑟那里复制而来"、"复制于马若瑟")字样。此外,在文中提及"后儒学法太史公,将后史继续于古史,自黄帝至今上康熙五十四年。共四千四百余年,为一统全史"③。康熙五十四年是 1715 年,可知这本书是 1715 年写成的。徐宗泽提及《周易原旨探》一书"不书著者姓氏,华谛梵蒂冈图书馆藏抄本,此书系白晋、王化道(应为王道化)进呈康熙者,恐即白晋等所著"④。刚好马若瑟是 1714 年到达北京开始帮助白晋从事易经研究的⑤,1716 年又返回到江西。故此处言"白晋等"亦是可能包含了马若瑟。综而论之,《易经原旨探目录》的原作者可推测为马若瑟。

2°《易钥》。标题说明为"对易经和基督宗教的和谐性研究",未署名。首先,此书题目与 16° 一样,但是内容有所差别。关于 16°《易钥》的作者确定为白晋,详见 16°。其次,在耶稣会士罗马档案馆里 Japonica・Sinica,1V,5-C 中

---

① [法]马若瑟:《周易理数》,梵蒂冈图书馆,Borgia・Cinese,361-4°-I,第 1 页。

② 《周易理数》内含两个目录,第一个目录分十九章(称题目为《易理易数》),第二个目录分二十三章,为其定稿,后为详细内容。韩琦言及"《周易原旨探》原文没有保存下来"恐有误。(参见韩琦:《再论白晋的〈易经〉研究——从梵蒂冈教廷图书馆所藏书稿分析其研究背景、目的及反响》,荣新江、李孝聪主编:《中外关系史:新史料与新问题》,科学出版社 2004 年版,第 317 页。)

③ [法]马若瑟:《周易理数》,梵蒂冈图书馆,Borgia・Cinese,361-4°-I,第 62 页。

④ 徐宗泽编著:《明清间耶稣会士译著提要》,中华书局 1989 年版,第 134 页。

⑤ [德]柯兰霓:《耶稣会士白晋的生平与著作》,大象出版社 2009 年版,第 77 页。另参见李真:《来华耶稣会士马若瑟(Joseph de Prémare,S.J.)生平及学术成就钩沉》,《东亚文化交涉研究》第 5 号,2010 年。

题为《识根本真宰明鉴》(*Shihken-pen chen-tsai ming chien*)①的附录,是一篇名为《天主三一论》(*T' ien-chu san-i lun*)的论文,其行文内容与《易钥》的"天主圣经先天之大旨"一章极其相似,甚至前两段仅有几字之别。② 此外,柯兰霓在他所著的《耶稣会士白晋的生平与著作》一书中,直言《易钥》为白晋于1712 年所著③(但并未说明具体内容),故《易钥》作者可推断为白晋。

3°《易经总说稿》。其中第一部分为"易学总说"的第二篇为"此论系易学七节八节",用面象数学和形象数学之理来对《易学外篇》中"天尊地卑图"进行详细解说,其中提及"算法统宗"。根据康熙询问白晋解释《易经》的御旨,"今现在解演《算法统宗》之'攒九图','聚六图',等因具奏。……白晋释《易经》,必将诸书俱看,方可以考验"④。可知为白晋将《易经》和算数相联系,特别是程大位(1533—1606)的数学方法。其次,在十四页的装订线内用法文写到"Sur ly king.ses nombrés sortem du Tian Tcun Ti Pi.1713 mois de may. L'emp.r Partant Pour Tartarie."⑤(对《易经》的研究,图像出自于"天尊地卑图",1713 年五月抄录,皇帝出行鞑靼),此处对第三篇论文《释易卦爻之数由天尊地卑图所衍而出》的说明,和317—11°的文章说明完全相同。其中所言《易经》卦爻大成、小成之数与317—4°的《易考》中"易学外篇五节上。此解八卦既小成,先师因衍其三爻,推至于六爻,成六十四卦,先天方圆二图之大成"及317—8°"释圆方二图。八卦各三爻为小成,由天尊地卑图衍出之所以然"、"释先天易圆方二图。六十四卦各六爻为大成。由天尊地卑图衍出之所

---

① 《识根本真宰明鉴》,由白晋所著,中文人誊抄,封面分别由中文、拼音及法文标注,前言为白晋自己所著,文中主要是对 31 个范畴通过引经据典的方式进行说明注解,包括帝、上皇、天之主宰、造物者、无名、天地、古帝、皇天、主宰、道理、神、丶(古主字)、上帝、昊天、真宰、道、阴阳、唯一、天帝、上天、宰、理、乾坤、太极、帝天、天、主、自然、父母、太一、三一。参见 Albert Chan,S.J., *Chinese Books and Documents in the Jesuit Archives in Rome*, Armonk, N.Y. M.E.Sharpe, 2002. pp. 523-524。

② [法]白晋:《易钥》,梵蒂冈图书馆,Borgia·Cinese,317-2°,第 3 页。另参见罗马耶稣会档案馆,Japonica·Sinica,1V 5 C,第 15 页。

③ "……就在同一年白晋在京又完成了他的另一部作品,并为其取名《易钥》"。柯兰霓:《耶稣会士白晋的生平与著作》,大象出版社 2009 年版,第 75 页。

④ 康熙诏书,梵蒂冈图书馆,Borgia·Cinese,439-A(c)。

⑤ [法]白晋:《易经总说稿》,梵蒂冈图书馆,Borgia·Cinese,317-3°,第 14 页。

以然"所记叙的内容大致相同,属于《易学外篇》的内容①,由此可推测 317—3°为对相关《易经》研究的抄录节选,多为白晋的著作。

4°《易考》。伯希和明言作者为白晋,"是对 Yijing《易经》和圣经传统的协调性的研究,作者是白晋神父"②。通过对文章内容的考证,确定其原作者为白晋。

5°《太极略说》。此篇文章简要论述了"太极",正文是对"太极含三为一"进行说明,进而分为"太极含三未衍"、"太极含三已衍"、"混沌太极"等三部分,其中对白晋的《天尊地卑图》进行了解释和引用。韩琦已经提出此文并非白晋所著,可能为马若瑟。③ 在文章第一部分中的"太极含三已衍"、"混沌太极"与 8°《易经总说》的"释太极函三,三才已衍,外未显于形象之图"(18—21页)、"释混沌太极"(21—23 页)内容吻合。在文章的第 7 页,"附一含三、三为一验说"一章为马若瑟所著(在本书《白晋弟子易学思想》一章中有详细解释),马若瑟在页眉处对"六书"进行了详细的修改④,其"六书"的论述顺序及行文与马若瑟的著作《六书实义》中所言相同,文中多处与《六书实义》原文吻合,且言"欲明经者,先明乎字。欲明字者,先明乎易,至哉易其万学之原乎",从而把经学、文字学和易学联系起来,将中华文化起源归结到《易经》。他还在文末总结到自己的学习进阶,"愚臣等生长西土,审择旨归,幸至中华,由六书而进读六经"⑤,可见他作为一个从西土而来的外国人,对中国文化通过读"六书",进而了解"六经",从而在传统文化中寻求与天主教教义相符的元素。

---

① 参见[法]白晋:《易学总说》,梵蒂冈图书馆,Borgia·Cinese,317-8°,第 47 页。

② [法]伯希和编:《梵蒂冈图书馆所藏汉籍书目》,中华书局 2006 年版,第 36 页。

③ 参见韩琦:《再论白晋的〈易经〉研究——从梵蒂冈教廷图书馆所藏书稿分析其研究背景、目的及反响》,荣新江、李孝聪主编:《中外关系史:新史料与新问题》,科学出版社 2004 年版,第 316 页。

④ "按上古史皇制字。皆本于易。爰立六书。一曰指事。(上下是也。指事者,观而可识,察而可见,在上为上,在下为下。)二曰象形。(日月是也,象形者,日满月亏,效其形也。)三曰形声。(江河是也。形声者。以类为形。配以声也。)四曰会意。(武信是也。会意者,止戈为武,人言为信也。)五曰转注。(考老是也,转注者。以老寿考也。)六曰假借。(长是也。假借者。数言同字。其声虽异,文意一也。)六书之义,本粲然俱备。"(参见[法]白晋:《易学外篇(九节)》,梵蒂冈图书馆 Borgia·Cinese,361-5°,第 7 页。)

⑤ [法]白晋:《易学外篇(九节)》,梵蒂冈图书馆,Borgia·Cinese,361-5°,第 9 页。

此外,多处引用刘凝之语刚好契合学者所提及的马若瑟对刘凝的敬重和借鉴①。在文中的第 11 页(第二篇论文前)有一段法文说明,"Ecrit chinois sur la racine quarrée et cube,ie ne le presentai pas à l'emp.r.Par(énin?)(Parraine sous).ie le fis en 1711.A l'occasion du 天 Tcun 地 Pi Tou du P.B"(平方根和立方根的汉语表达。我并没有呈献给中国皇帝、巴多明?此文完成于 1711 年。白晋神父完成了"天尊地卑图"),在这段说明中提及了巴多明和白晋,在文后随即附的《易学外篇》的"此论系易学七节八节"。可见这一段法文说明是对后面白晋文章进行说明,第三部分"此论系易学七节八节"为白晋著作的抄录。

6°《易引原稿》。伯希和认为此篇是 4°《易考》第一部分"易引:此引集中华典西土古传相引考证"文本的原始草稿②,包含着《易引》共九节。文后附有"此论系易学七节八节",且内容并非完整,仅仅是一部分③。关于《易引》的内容除了出现在 4°《易考》里(第一节),还出现在 10°《易学外篇》中(前七节),可见其文与《易学外篇》关系密切,基本都是和《易学外篇》共同出现。在此篇第五节的论述"一三造物主初造万有何时何由何序"中提及"今康熙五十年辛卯"④,可知《易引原稿》的记叙时间为 1711 年。根据 10°《易学外篇》的作者确定,可知《易引》的作者为白晋。

7°《易稿》。此文未署名,是对《易经》中《屯》、《蒙》、《需》、《讼》、《师》、《比》、《小畜》、《履》、《泰》、《否》这十卦分"经文"和"内意"两部分进行逐文解释。此篇与 Borgia·Cinese,316 的 3°—4°所收录的题目为《易解》一书内容一致,仅仅分为上、下卷。伯希和认为按照 Borgia·Cinese,316-3°封面上的按

---

① "这个人就是刘凝,字二至,马若瑟很敬重他。马若瑟后来在写给复尔蒙的信中,尤其是在《六书实义》中还多次提到刘凝。"([丹麦]龙伯格:《清代来华传教士马若瑟研究》,大象出版社 2009 年版,第 159—160 页。)

② 参见[法]伯希和编:《梵蒂冈图书馆所藏汉籍书目》,中华书局 2006 年版,第 37 页。

③ 而且在 3°《易经总说稿》和 5°《太极略说》中对"易学(外篇)七节八节"都是引用完全的,文后均附有'算法统宗—开方求廉(面)原图'"。(参见梵蒂冈图书馆,Borgia·Cinese,316-3°,第 14 页和 Borgia·Cinese,316-5°,第 10a 页。)而 6°《易引原稿》只引用了其一部分,可能是节选。

④ [法]白晋:《易引原稿》,梵蒂冈图书馆,Borgia·Cinese,317-6°,第 18 页。

语显示本文与雷孝思有关①，但是并没有确定为雷孝思所著，文章也没有任何关于作者的署名。这里讲《易经》分为"经文"和"内意"与魏若望一书中所提及的骆保禄言称白晋对外显（external sense）和内隐（internal sense）的区分相似。② 经过与9°《大易原义内篇》比较分析，可知作者多为白晋。

在文后附有《古传遗迹论》一文，原文有页码（第19—29页），可推测附文为其他书籍的一部分，且没有附完整。主要是从字学与经学角度通过对古代文化传统中的资源来解释"三一"之旨，证明天主圣教实亦先圣相授受之真传，多引用道家（主要是老子和庄子）言论，其中引用到刘凝之言，"刘二至曰汉晋之时，字义便已不明"③，故《古传遗迹论》④为马若瑟所著的可能性较大。

8°《易学总说》。开头部分为《易经总说》，其中出现"幸今圣朝。我皇上天纵聪明。……是以分为易学内外二篇。将先天未变。先天已变。《周易》不变之旨。谨释之以备较阅之便。兹先以外篇言之，嗣以内篇言之"⑤，可见是对皇帝所呈之书。而言及"易学内外二篇"，其后便是真正的作品：《易学外篇》，研究《易经》的数据与西方传统文化的和谐性问题，且频繁使用《天尊地卑图》。故可能为白晋的著作，或者为对易学研究的抄录节选，其内容为白晋的易学。

9°《大易原义内篇》。在文内亦叫《周易原义内篇》⑥。第一部分是对"三易原义之异"的解释；第二部分是对《乾》、《坤》二卦分"经文"、"内意纲"、"内

---

① "La note de la couverture suggère que ces extraits ont pu être faits pour le P.Régis."（封面上的这条注解，暗示那些能够供雷孝思所用的注释）。梵蒂冈图书馆，Borgia·Cinese，316-3°的封面。

② 参见[美]魏若望：《耶稣会士傅圣泽神甫传：索隐派思想在中国及欧洲》，大象出版社2006年版，第186页。

③ [法]白晋：《易学总说》，梵蒂冈图书馆，Borgia·Cinese，317-8°，第40页。

④ 笔者推测这篇论文与马若瑟的索隐学著作《中国古籍中之基督宗教主要教条之遗迹》（Selectae quaedam vestigua praecipuorum religionis christianae dogmatum ex antiquis Sinarum libris eruta，也称《中国经书古说遗迹选录》）或称《中国古籍中蕴含之天主教教义遗存，附中义复印件》（Vestiges des principaux dogmes chrétien tirés des anciens livres chinois, avec reproduction des texts chinois）的一部分，根据内容可知是结合中国古代书籍而对"三位一体"思想的阐释。（参见[丹麦]龙伯格：《清代来华传教士马若瑟研究》，大象出版社2009年版，第173—174页。）

⑤ [法]白晋：《易学总说》，梵蒂冈图书馆，Borgia·Cinese，317-8°，第1页。

⑥ [法]白晋：《大易原义内篇》，梵蒂冈图书馆，Borgia·Cinese，317-9°，第3页。

意目"进行解释。在封面用法文写着"Aux RR. PP. Foucquet, De Prémare, De chavageac, de la Comp. e de Jesu",意为此文送给傅圣泽、马若瑟和沙守信(Emeric de Chavageac, 1670—1717)三人阅读,而马若瑟没有阅读("Le P. De Prémare ne la pas veue")。伯希和推测通过排除法,认为作者有可能是白晋①。而在李真的《来华耶稣会士马若瑟(Joseph de Prémare, S. J.)生平及学术成就钩沉》一文中,亦引用此按语,"在白晋一份手稿的扉页,曾有一段出自他手的记录"②,提及这是白晋的手稿。值得注意的是,317 的 7°《易稿》和 9°《大易原义内篇》有很大的相似之处。一是在行文体例上,两篇文章都是采取分"经文"和"内意"两部分对每一卦进行解释,在 9°文《乾》卦之前有对论述体例有所说明,"《乾》、《坤》以下诸卦,卦爻经文之列皆同,此于《乾》、《坤》二卦经文,亦仿同序顺解"③。二是在内容上,所参照文本皆是以《圣经》中的故事来解释《易经》,两篇文章合起来刚好是《易经》上经前十二卦的卦序,顺序上 9°《大易原义内篇》在前,7°《易稿》在后。三是在参考文献上,7°《易稿》中提及"外篇详析"、"精义详解,备载外篇"、"外篇详明"等,而在 9°《大易原义内篇》中亦多次提到"外篇解"、"外篇详解"、"上总论象之由,外篇特详"、"特详解于外篇"等,这里所言称的"外篇"即是指白晋的《易学外篇》。此外,9°的标题为《大易原义内篇》,白晋曾著《易学外篇》,内外呼应,根据白晋给皇帝的上书:"(臣白晋)前进呈御览《易学总旨》即《易经》之内意与天教大有相同,故(臣)前奉旨初作易经稿内有与天教相关之语。后(臣傅圣泽)一至即与(臣)同修前稿,又增几端"④,里面出现"内意"说法,可推测这两篇文章的作者多为白晋。

　　10°《易学外篇》。伯希和标其为"相当重要的作品(Ouvrage assez

---

　　① "Par élimination, l'œuvre est donc peut-être du P. Bouvet". *Inventaire sommaire des manuscrits et impreimes chinois dela Bibliotheque Vaticane*, 13 JUIN-6 JUILLET 1922. 另参见[法]伯希和编:《梵蒂冈图书馆所藏汉籍书目》,中华书局 2006 年版,第 37 页。

　　② 李真:《来华耶稣会士马若瑟(Joseph de Prémare, S. J.)生平及学术成就钩沉》,《东亚文化交涉研究》第 5 号,2010 年,第 142 页。

　　③ [法]白晋:《大易原义内篇》,梵蒂冈图书馆,Borgia·Cinese,317-9°,第 3 页。

　　④ 康熙诏书,梵蒂冈图书馆,Borgia·Cinese,439-A°-h。

considérable）"①,包括《易引》七节和《易学外篇》九节,其中《易引》七节与6°《易引原稿》的前七节内容内容相重合;《易学外篇》九节不仅与Borgia·Cinese,361的6°《易学外篇原稿》的前九节内容完全一致,也和4°《易考》、8°《易学总说》中的《易学外篇》讲述次序相同,内容多有相合之处。

在10°《易学外篇》开头"此篇发明易数象图"中从《易》之理、数、象的关系对文章之所有含《易引》之文作了一个说明,"三易诸数象图之本原,以详推之于无穷,必先明知先天后天三易诸理,……故不得不首用数条,为《易引》一篇,以发先天后天三易之纲,而明其理之概焉"②。认为《易引》明先天后天三易之纲,此为象数诸图的基础,亦是《易学外篇》内容的基础。且在文中,《易引》和《易学外篇》两篇文章交叉行进,且内容具有关联性。如第一处在《易学外篇》第一节中介绍先天后天三易"若真如《易引》第一节、第二节所论,则其所传三易诸数象图,当无不一一印符相证"③;第二处在《易学外篇》第二节中认为发明先天数象本原为"《易引》第三节、第四节,先天初造,凡有形无形之道,其理始于一而成于三"④,从而将《易引》和《易学外篇》联系起来,并可以推测二者的作者为同一人,即为白晋。

11°无中文标题。（*I'Y King*）对易经的研究。未署名。此文包含两篇文章,第一篇《释先天未变,始终之数由天尊地卑图而生》于317—8°相似;第二篇《释类洛书之数咸出于天尊地卑图》,见前面对3°的分析。推断为传教士易学研究的抄录节选,且内容出自白晋的《易学外篇》。

12°《魔方排列法》。Anonyme.Sur couverture,note:Maniere d'arranger les quarrés magiques.未署名。包含"总论比列类洛书等方图法"、"论布列类洛书方圆奇偶数自然法"、"论布列类洛书方图偶数自然法"三部分。作者无从考据。

13°《据古经传考天象不均齐》。Anonyme.Sur les irrégularités des mouvements celestas.未署名。对天体运动中不规则现象的研究。

---

① ［法］伯希和编:《梵蒂冈图书馆所藏汉籍书目》,中华书局2006年版,第37页。
② ［法］白晋:《易学外篇》,梵蒂冈图书馆,Borgia·Cinese,317–10°,第1页。
③ ［法］白晋:《易学外篇》,梵蒂冈图书馆,Borgia·Cinese,317–10°,第7页。
④ ［法］白晋:《易学外篇》,梵蒂冈图书馆,Borgia·Cinese,317–10°,第24页。

14°《天象不齐考古经籍解》。Autre manuscrit du même écrit.与13°同。未署名。

在这里,13°《据古经传考天象不均齐》和14°《天象不齐考古经籍解》,余东将其归于白晋的易学著作①。而柯兰霓则认为这两本书为傅圣泽所著。傅圣泽作为白晋的弟子,其研究不可避免地受白晋影响。他的兴趣是放在天文学和道家思想上,柯兰霓言及"他的第一部作品名字就叫作《据古经传考天象不均齐》"②。此书是以一种对话的形式如"或问"、"答曰"的对话方式,通过天文学的知识来阐明《易经》卦象与天文的关系,从而说服中国人信服他的索隐派思想。此外,在魏若望的书中,提及此书是傅圣泽以欧洲人与中国人进行天文学对话的著作,"表现了傅圣泽如何接触一位中国人并努力劝服他相信索隐派思想"③。此外,还将《据古经传考天象不均齐》一书放在傅圣泽的"中文与日文数据"一栏④,而14°《天象不齐考古经籍解》为13°《据古经传考天象不均齐》的另一个写本,内容大抵相同,故可推断两篇文章的作者多为傅圣泽。

15°《天学本义》。作者为白晋,成书于1703年。与 Borgia·Cinese, 316-14°的《古今敬天鉴天学本义》(1707年)一文相同。316—14°自序后写有"大清康熙四十六年岁次丁亥五月极西耶稣会士白晋题"⑤。徐宗泽对《古今敬天鉴天学本义》所做提要为"耶稣会士白晋编,有经筵讲官、礼部尚书韩菼序,时在康熙四十二年,又于四十六年白晋自序"⑥,可见这两篇文章皆由白晋所编著。两篇文章现藏于法国国家图书馆,古郎(Maurice Courant)编目为7161号、7162号的抄本《古今敬天鉴》(1707年)基本一致(见图八)。方豪提到白晋所著《古今敬天鉴》一文"专以经籍证教理,引证之文既繁,采用之经籍

① 参见余东:《梵蒂冈图书馆馆藏早期传教士中文文献目录》,梵蒂冈图书馆1996年版,第29页。另参见张西平:《梵蒂冈图书馆藏白晋读〈易经〉文献初探》,《文献季刊》2003年第3期。

② [德]柯兰霓:《耶稣会士白晋的生平与著作》,大象出版社2009年版,第70页。

③ [美]魏若望:《耶稣会士傅圣泽神甫传:索隐派思想在中国及欧洲》,大象出版社2006年版,第175页。

④ [美]魏若望:《耶稣会士傅圣泽神甫传:索隐派思想在中国及欧洲》,大象出版社2006年版,第433页。

⑤ [法]白晋:《古今敬天鉴天学本义》,梵蒂冈图书馆,Borgia·Cinese,316-14°,第7页。

⑥ 徐宗泽编:《明清间耶稣会士译著提要》,中华书局1989年版,第132页。

尤无所不包"①。此外,后藤末雄亦言及:"白晋深信他已从中国古典书籍中发现天主教初传的记载,他和两个同道一起写了《古今敬天鉴》一书。"②

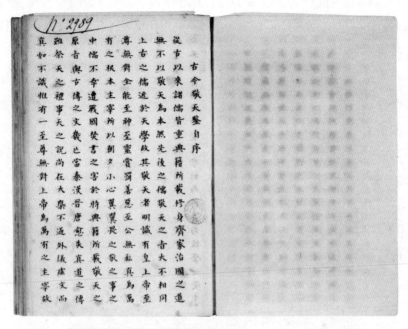

图八　法国国家图书馆《古今敬天鑒 *Gu jin jing tian jian*》(*Catholicisme. apologétique et controverse*)首页

16°《易钥》③。副标题是"解读易经的钥匙",在扉页上有"道(+)文(丁)録(d)文(丄)"三个字,包括"敬天鉴引"和"发明天学本义"。其中"敬天鉴引"与317—15 °的《天学本义》所做的前言内容相近,大旨相同。柯兰霓认为《易钥》作者为白晋④。此外,在 Borgia·Cinese,357—9°(a)的《敬天鉴引——发明天学本义》(*Texte qui doit faire partie du Tianxue benyi*)与这本《易钥》内容

---

①　方豪:《十七八世纪来华西人对我国经籍之研究》;《方豪六十自定稿》上册,台湾学生书局 1969 年版,第 189 页。

②　[日]后藤末雄:《白晋传略》,参见白晋:《康熙皇帝》,黑龙江人民出版社 1981 年版,第 71 页。

③　张西平:《梵蒂冈图书馆藏白晋读易经文献初探》,《文献季刊》2003 年第 3 期。(文中将 317—16°称为"易鑰",疑有误)。

④　"……就在同一年白晋在京又完成了他的另一部作品,并为其取名《易钥》。"(柯兰霓:《耶稣会士白晋的生平与著作》,大象出版社 2009 年版,第 75 页。)

一致。而《天学本义》的作者为白晋已经确定,1705 年阿什克伦主教白万乐 (Bernard-Vincent Laribe,C.M.,1646—1709) 以此书的手稿副本作为礼物以欢迎克莱门特十一世(Pope Clement Ⅺ,1649—1721) 所派遣的宗教特使铎罗 (Charles-Thomas Maillard de Tournon,1668—1710)[①]。所以可推断《易钥》为白晋所著。

总而论之,关于梵蒂冈图书馆 Borgia·Cinese,317 的十六本中文易学著作的作者,笔者推算:其中 1°《易经原旨探目录》和 5°《太极略说》的作者多为白晋的弟子马若瑟;而 13°《据古经传考天象不均齐》和 14°《天象不齐考古经籍解》为白晋的弟子傅圣泽;11°《I'Y King》(无中文标题)是对传教士《易经》研究的相关抄录节选,未署名,按其抄录内容,大多选择白晋的易学著作。12°《魔方排列法》作者无从考证。其余作品 2°/16°《易钥》、3°《易经总说稿》、4°《易考》、6°《易引总稿》、10°《易学外篇》、8°《易学总说》、7°《易稿》、9°《大易原义内篇》、15°《天学本义》等十篇,皆为白晋所著。

三、白晋易学主要内容概要

关于 Borgia·Cinese,317 中所提及的白晋的易学著作,通过文章性质或内容相似性原则,可将其归纳为以下几类:一是论文标题相同,即编号为 2°的《易钥》与 16°的《易钥》。二是主要内容相同,即 3°《易经总说稿》、4°《易考》、6°《易引原稿》、8°《易学总说》、10°《易学外篇》以及 11°《I'Y King》(无中文标题)等篇。之所以将诸篇文章放在一起,主要是由于虽标题不一样,但是其内容有很多重合之处,皆多属《易学外篇》、《易引》的内容。三是行文模式相同,即 317 的 7°《易稿》和 9°《大易原义内篇》两篇。四为白晋的其他著作,即 15°《天学本义》。这些文章内容繁多,大抵内容整理如下。

[①] "闵明我于北京致耶稣会总会长的信。"(罗马耶稣会档案馆,Japonica·Sinica,168,第 342—344 页。)

(一)关于《易钥》的论述

编号为2°的《易钥》(约28000字)与16°的《易钥》(约20000字)两篇文章,名字相同,内容皆是通过《圣经》与中华典籍的比较来阐释先天、后天之学,强调圣学的历史同源性,但在具体表达方式上有所差异。

在2°《易钥》中第一篇论文为《易钥》的自序。白晋以记叙的方式首先将《易经》作为东方诸经之本,继而从"天学心学为何"的疑问出发,引出《易经》承载诸经之道,圣人之学,即"实惟言天学心学而已"①。其次,中华与西土皆出于同一元祖,同一圣学。然而中华经过秦朝焚书坑儒以后,诸多经典已经失传,故后面的学者不能领悟经典真义。幸好大秦国的《圣经》与《易经》实质内容相同,皆记载着天学圣学。故"兹故特先将天主《圣经》真传之大纲,与天主圣教大道之目,约列之为上卷,后择中华典籍所载古传之文,与《易》等经所论理道精微之文,约列之为下卷"②,从而领悟圣人之学(然而在文中并无上、下卷之文)。接下来,又分"天主《圣经》先天之大旨"(从圣父、圣子、圣神的体一位三到元祖原罪的故事)、"天主《圣经》后天之大旨"(从元祖二人受罚到耶稣复活的故事)、"天主降主救世变化万方之功"(阐明先天元首亚当和后天元首耶稣皆为天主救世之旨)三部分(第三部分并未展开)来论述《圣经》中的先天、后天之大旨。从内容的未完整状态,可以看到此文并非正式出版文章。

第二篇论文首先是对中华哲学概念"太一"的论述,"太一"为唯一根本主宰之物、易数之本,以及万象万图之基础。结合《圣经》中天主"三位一体"的观念,"太一"是主,再造三一圣子(救世主、耶稣)为一位三体之象。在此基础上,继而论述上主(造物主、天主)和元祖(人祖亚当、夏娃)元初之心及耳、目三司之间的关系,通过"三位一体"(圣父、圣子、圣神)与伏羲的先天八卦图相对应,从而形成先天之道。西方上主、元祖与八卦对应如下(见表二):

---

① 〔法〕白晋:《易钥》,梵蒂冈图书馆,Borgia·Cinese,317-2°,第1页。
② 〔法〕白晋:《易钥》,梵蒂冈图书馆,Borgia·Cinese,317-2°,第1页。

表二　西方上主、元祖与八卦对应图

上主、元祖所对应之卦	《伏羲先天八卦图》	《周易·说卦》
上主为乾(☰)	乾上坤下,分居北南	天地定位
元祖为坤(☷)		
上主之目为离(☲)	坎右离左,分居西东	水火不相射
元祖之目为坎(☵)		
元祖之耳为巽(☴)	巽居东北,震居西南	雷风相薄
上主之令为震(☳)		
元祖之心为艮(☶)	艮居东南,兑居西北	山泽通气
上主之心为兑(☱)		

　　然而元祖(亚当、夏娃)背叛上主,犯下了原罪,从而导致以下犯上,天地不交,在《易经》中所对应的为《泰》(☷☰)卦变《否》(☰☷)卦,至此,先天之道已经不复存在。然因上主不忍因此弃绝人类,凭着其仁爱之心降下圣子,继天立极,重新拯救人类,从而《否》(☰☷)极《泰》(☷☰)来,后天之道得以开启。文后引用大量中华传统经典,比如用《中庸》里面对圣人现世的时间记载来推算天主降生的时间;用《易经》的《咸》(☱☶)、《乾》(☰)等卦来预感天主的来临;引用《春秋》、《诗经》、《淮南子》、《史记》等中对"麒麟"的描述来象征天主,用"西狩获麟"的故事来形容耶稣作为万民的牺牲,为万民赎罪,成救世之功;用孔子的"吾道穷矣"来形容圣父慈爱与元祖犯罪,圣父遣子与圣子牺牲之天地阴阳对立关系。在文末,专门引用《易传》将圣人、贤士与真儒等同,"儒"乃为人之需,此人乃为《泰》卦(☷☰)所言"辅相天地"、"以左右民"之大人,而"需"代表《需》卦(☵☰),乾下坎上,象征《圣经》中元祖获罪于天,天下变为旱地,而上主慈爱,降下甘霖,滋润苍生。合而论之,"儒者"即是等待救世之大圣即救世主耶稣,"儒教"即天主圣教,进而将圣教等同于信教,即听圣言之教。

　　在16°的《易钥》中,题为《敬天鉴引——发明天学本义》,亦是对"天学为何"提问开始行文,将《易经》作为明天理之经、垂后世之教,然自孔子没,经文落于长夜二千余年间,白晋引用《尚书·大禹谟》的"十六字口诀"——"人心惟危,道心惟微;惟精惟一,允执厥中"[1]来形容道心隐而不显,而人心容易被

---

① (汉)孔安国传,(唐)孔颖达疏:《大禹谟》第三,《尚书正义》,李学勤主编:《十三经注释》标点本,北京大学出版社1999年版,第93页。

蒙蔽,尽管诸多博士名家争相诠释,疏解如山,终不能发明天学本义。幸而天学与天主《圣经》皆为圣学,同出一源,西土先师(暗指每瑟,即摩西,《圣经》中的先知人物)前往中华,其功与伏羲相同,仰俯以观天地万象,画卦以造书契文字,作《易》以载天学大道,复开天教圣学。在中华,夏、商、周三代之书与三皇坟、五帝之典,皆为其大道之旨的体现。在白晋看来,凡修身齐家治国而好天学者,皆以"敬天"为本。然各家所言"天"之意,不尽相同,有自然有形之天、有道德之天、有形而上之天如理、道、心、性、太一、太极等。而《圣经》中所言之"天",乃宇宙万有造物主,集三位一体(圣父、圣子、圣灵)之天主也,与《易经》中所言的天、地、人三才相同,亦与《老子》所言"一生二,二生三,三生万物"之"三"相同。西土先师在此基础上一方面依据"三一"及"一本二元"之理,发明数学、文字之理,进而阐释天学之道;另一方面先师立先天太极图,阴阳奇偶,动静方圆皆以图示之,从而得大德之枢纽。故造物主至一不变圣三之体,第一位圣父,第二位圣子,第三位圣神,此为先天之道,为天地万物之本,万民之大父母。下表(见表三)为《易钥》文中涉及东、西方先天"三位一体"思想之比较。

表三　东、西方先天"三位一体"比较表

经典	思想出处	第一位	第二位	第三位
西方《圣经》	《圣经》"三位一体"	圣父	圣子	圣灵
		圣父	圣子	圣神
	性质	至全至能	至明至静	至神至感
中华典籍	《周易》"三极三才"	天	地	人
	《老子》"三生万物"	一	二	三
	人伦	父	儿	神
	道教	皇天皇父 太一全能	皇天太子天子 至明至静至德	皇天神天天神 至神至感
	德行	一德王 至能主命	二德王 至静至明	三德王 至神之德
	制陶器之法	主意者	明灵者	于神奇者
	文字	一点之微	二点之小	三点之大
	宗教	一佛	二菩萨	三清大帝

通过比较,中西文化就有了共同的核心元素。在此基础上,白晋从先天之道转向后天之道。在西土《圣经》中,先天、后天之别在于先天人心(特指人祖亚当、夏娃之心)本初之时,与上主之心结合为一;后天人心由于人祖所犯的原罪而被损害,因此上主降下救世主,亲负万方之罪,拯救万民,复人心之道。在《易经》中,先天之道由于焚书坑儒而中断,后天之道等待圣人先师来开启。先师为了阐明先天、后天二道之大旨,画卦作《易》,录于古典,其所做易之数、之象、之文即为《河图》《洛书》。随后文章对先天《河图》进行了分析,其中所含先天、后天之纲与天主《圣经》相同。《河图》之初为先天、后天万事万物之总原,其阴、阳、南、北、东、西所列对待之数序,函一、二、三、四之比例,北一在上,南二在下;为天地对待之方,三为生生变化之本,东为帝王所出之方,故为尊在右;西为人所受生之方,为卑在左,此乃先天太和自然之像(见图九)。然而人祖获罪于天,导致上下不合,天地倒置,成相绝不交之凶象。在方位上,北一居下;南二居上;东三居左;西四居右(见图十)。

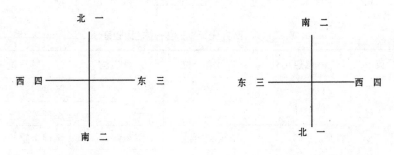

图九 《先天河图方位初图》　　图十 《先天河图方位变图》

在此基础上,《河图》之内为生数一、二、三、四,其外为成数六、七、八、九,五与十居于中,象征太极。一、三、五、七、九为天数,纯阳之数终天道于西;二、四、六、八、十为地数,纯阴之数终地道于东;且天道九不通下地六;地道八不通上天七。此先天《河图》(见图十一)内外、上下、左右自然不正,象征人祖获罪于天之后,上下尊卑失正、天地倒置之凶象。若于后天观之,"河出图"象征圣王出,圣人立后天吉象。据天主《圣经》,救世大圣诞世为人,以明仁义而开后天之道。故依照《河图》之中五,先连天、地二道,上下、中外合之于中,通之于外,后立其中五,以为后天易数易象之本,一、三、五、七、九为河图天阳生生之奇数,五为中。二、四、六、八、十为《河图》地阴主成之偶数,六为中。五由地二天三合而生,即五主生而合天地诸生数之本;六由地二天三相乘而成,即六主成,而为天地合诸数之末。天地二道复合于中,而通于外,以成《先天太极图》(见图十二),乃为易道之本。

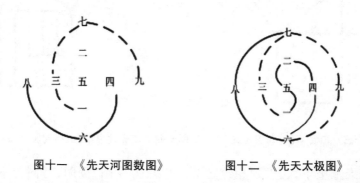

图十一 《先天河图数图》   图十二 《先天太极图》

此外,白晋根据数学知识来进一步论证天地之数(见图十三)。参考《几何原本》的勾股三角线之理,短边为勾,长边为股,斜边为弦,综衡长短两边各自乘,合之便为弦方积之数。"勾股弦自乘之方目曰幂,或曰实"①,若以先天之三为勾,以地之四为股,各自乘为九、十六,天九、地十六勾股二方积之数合之,共二十五乃其弦方积之数。后天二三,乃中五,此为天地之德。在李光地(1642—1718)的《周易折中》中画有《大衍勾股之原》(见图十四),图之说明为"勾三其积九,股四其积十六,弦五其积二十五,合之五十是大衍之数函勾股弦三面积"②。白晋根据勾股定理明天三、地二、中五之德,等同于先天天三、地四之德,且知其五、二、三之比例,合阴阳之乐,乃天地诸律吕之德。故言称天三、地四、人五,勾、股、弦一三角面为天、地、人之义,乃《易》三道太和自然之像。

此外,白晋又以律吕为例,认为勾股定理中的弦五之德(五五二十五)含天三、地二之比例,这与阴阳二元上九、下四比例同,因上下相感而成天地律吕中和之美妙。太阴一旬为十,太阳一节为十五,上九为太阳,下四为太

---

① 《勾股名义》,转引自郭彧注引:《河洛精蕴注引》,华夏出版社 2006 年版,第 137 页。

② (清)李光地等撰:《御纂周易折中》,上海古籍出版社 1990 年版,第 546 页。

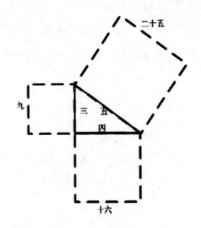 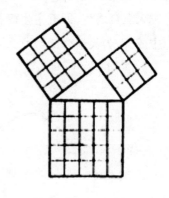

图十三　白晋所画"勾股定义"①　　图十四　李光地书中《大衍勾股之原》②

阴,为先天上主下人,天地相绝之数。中六为少阳、少阴,乃同上下之数。九、四、六三者,对应易道上、下、中,为天地人诸律吕之纲。结合《圣经》,人祖获罪于天,以乱四方,而上主降下救世主以德配天地,复先天南、北、东、西之原正,故使《河图》中合之五配之,故四方、上下中相通,具备十二律并六十甲子运行于中,此为诸律吕之本。故易数本纲俱归天九、地六,天九为天主,地六为救世主,圣父、圣子心身俱正,乐舞之美吕,通中六之吕,从而合上下之数。

由此可见,白晋重点是对《易经》卦爻辞的解说,融合儒道二家学说,讲究利用文字学、经学、历史学等术语来说明《圣经》与《易经》的同源性,皆为圣学。"《易钥》的正文分为两部分:一是阐述天主教的教义,以三位一体为开端,以耶稣的生活为结束;二是用对《易经》的注释来作为对第一部分的证明"③。两篇文章皆是从先天和后天大旨来理解《易经》,不仅试图融通中西文化经典,而且以此作为打开理解圣教古义的钥匙。第一篇《易钥》强调从先天、后天来区分《圣经》的旧约和新约,对照《易经》,对"太一"进行论述,通过三位一体(圣父、圣子、圣神)与伏羲的《先天八卦图》相对应,来说明上主和元

---

① ［法］白晋:《易钥》,梵蒂冈图书馆,Borgia・Cinese,317-16°,第 32 页。
② (清)李光地等撰:《御纂周易折中》,上海古籍出版社 1990 年版,第 546 页。
③ ［德］柯兰霓:《耶稣会士白晋的生平与著作》,大象出版社 2009 年版,第 75 页。

祖之心与耳目三司的相对,说明先天、后天之道的变化。第二篇《易钥》通过中西文化的比较,重点阐释"三位一体"的思想,并且从《河图》、《洛书》、勾股定理、律吕之数等方面来对天地之数进行说明。

(二)关于《易学外篇》和《易引》的释义

在 Borgia·Cinese,317 中,关于内容相似的文本有 3°《易经总说稿》、4°《易考》、6°《易引原稿》、8°《易学总说》、10°《易学外篇》以及 11°《*I'Y King*》(无中文标题)等篇。虽名字不同,但是内容上多有重合之处,大抵皆为《易学外篇》和《易引》的内容。

其中 3°《易经总说稿》(约 6600 字)为白晋易学著作的相关抄录节选,总共分三部分:第一篇为"易学总说",与 8°《易学总说》开篇相似(在后论述 8°《易学总说》中有提及)。第二篇为"此论系易学七节八节"(一明凡有角边之数象皆生于天尊地卑之图,一解此图内含有开诸方之本)即为用面象数学和形象数学之理来对《易学外篇》的第七节、八节所讲的《天尊地卑图》进行解说。在 10°《易学外篇》以及 Borgia·Cinese,316-6°《易学外篇原稿》中重复出现。第三篇论文《释易卦爻之数由天尊地卑图所衍而出》与 8°《易学总说》中最后一释"释易卦爻之数由《天尊地卑图》所衍而出"标题、内容完全相同①,可见亦属于《易学外篇》的内容。

4°《易考》(约 10700 字)亦为文章选编,集《易引》首节和《易学外篇》首节、二节、三节、四节、五节(上、下)等内容,以及《易学外篇》中"易数象图总说"、"一、二、三为易数象图之本"、"一三未衍为蕴易数象图之本"等篇。在文章后附有康熙对白晋易经研究询问情况的御旨九条。第一部分论《易引》首节,其主旨是引集中华典籍与西土古传(《圣经》)相互考证真理之道。首先通过西土大秦国派贤士携天主《圣经》来华而补救中华古经遭遇焚书之祸,以唐朝《大秦景教流行中国碑》为证。在此基础上认为天主《圣经》归万有之物不过天、地、人(纯神、纯形、兼神形)三宗,与易学总纲分先天后天三易(天道、地道、人道或天皇、地皇、人皇或《连山》、《归藏》、《周易》)相同,以此总论先天

---

① ［法］白晋:《易学总说》,梵蒂冈图书馆,Borgia·Cinese,317-8°,第 47—49 页。

后天三易之纲。第二部分论《易学外篇》五节：

> 易学外篇首节。此解易数象图本于河洛。
>
> 易学外篇二节。此解先天未变《连山》易数象图，本于天尊地卑，河洛未分，圆正三极之图。
>
> 易学外篇三节。此解《天尊地卑图》，备太极天地阴阳刚柔，通生生变化，而为乾坤三奇三偶，六爻三极之道，所出之原。
>
> 易学外篇四节。无标题。
>
> 易学外篇五节上。此解八卦既小成，先师因衍其三爻，推至于六爻，成六十四卦，先天方圆二图之大成。
>
> 易学外篇五节下。此解先师作易化卦，所以直由《天尊地卑图》而衍，至于乾坤各六爻，成先天六十四卦方圆二图。

这里之所以引《易学外篇》每节标题，旨在对《易学外篇》的内容有一个大致的了解。首节，白晋主要分析了《河图》、《洛书》之数，将此作为《易》数、象、图之本，并且区分先天、后天三《易》之别，由此衍发出《河图》、《洛书》的分合随着先天、后天《易》之变化而变化。第二节，主要讲述先天未变《连山易》之数象图本于《天尊地卑图》。重点介绍天尊地卑圆图之数应天地五奇五偶，乃《河图》之全数，而《洛书》不全而缺之数为易之方图。第三节，将《天尊地卑图》的性质定为《乾》、《坤》六爻三极之根原。《乾》、《坤》三奇三偶六爻皆由《天尊地卑图》内、中、外三层衍画而成，皆为天九地六、叁天两地之比例。第四节，认为《易经》先天八卦由《浑方圆天尊地卑图》内、中、外三层相衍而成，内层一奇一偶之对待；中层由内阴阳衍发而成四象；外层四象衍而推之为八卦，同先天方位秩序，为八卦之小成。第五节（上、下），主要介绍《易经》六十四卦方、圆大成二图由八卦小成所推衍而成，且为天地河洛相兼之数。

第三部分为《易学外篇》中含"易数象图总说"（与第八本《易学总说》的第三页"易数象图总说"同名，行文有异）、"一二三为易数象图之本"、"一三未衍为蕴易数象图之本"等篇。将先天未变、先天易变、后天不变，三易之道各为三才,各本于函三一太极,其吉凶之殊,同由《河图》、《洛书》所衍而出。用一、二、三所出之三才一本二元作为《易》数、象、图之本,亦为天地阴阳,万数所生之本。以两种排列方式(三极之列、三圆一贯之列)来阐释一三未衍为蕴易数象图之本。在书的附录,是康熙的谕旨①。鉴于甄别文字、标点符号以及内容的完整等方面的考虑,引录于下:

二十四日。进新改了的"释先天未变之原义"一节,又释"河洛合一,《天尊地卑图》,为先天未变易数象图之原"一本,并《历法问答》定岁实法一本,交李三湖呈奏。奉旨:朕俱细看过了,明日伺候。钦此。

二十五日呈览。上谕:尔等所译之书甚好了,朕览的书合于一处,朕所改已上,所谓地形者之处,可另抄过送上。

七月初四日。呈御笔改过的《易经》,并新得第四节,"释《天尊地卑图》,为诸地形立方诸方象,类于洛书方图之原",及《大衍图》一张,进讲未完。上谕:将四节合定一处,明日伺候。钦此。

初六日。呈前书并新作的"释《天尊地卑图》,得先天未变始终之全数法"图二张,进讲。上谕王道化:白晋作的数,甚是明白,难为他,将新作的"释《天尊地卑图》,得先天未变始终之全数法"并图留下,《易经》明日伺候。钦此。

初七日。进《大衍图》。上谕:将《大衍图》留下,朕览。尔等另画一张,安于书内。钦此。谕尔等俱领去收看,钦此。

十二日。进讲"类洛书偶数方图之法"一节,图一张,呈览。上谕:将"偶数方图之法"与前日"奇数之法"合定一处,尔等用心收着。钦此。本日御前太监叶文忠奉旨取,去原有御笔写"类书方圆奇数格"一张,并《偶

---

①　[法]白晋:《易考》,梵蒂冈图书馆,Borgia·Cinese,317-4,第22—24页。此处的大篇幅御旨,张西平在《梵蒂冈图书馆藏白晋读〈易经〉文献初探》(引用全文)、韩琦在《再论白晋的〈易经〉研究——从梵蒂冈教廷图书馆所藏书稿分析其研究背景、目的及反响》(引用部分)中均有涉及,但是在文字和标点等多处略有不同。(参见张西平:《梵蒂冈图书馆藏白晋读易经文献初探》,《文献季刊》2003年第3期,第21页;韩琦:《再论白晋的〈易经〉研究——从梵蒂冈教廷图书馆所藏书稿分析其研究背景、目的及反响》,荣新江、李孝聪主编:《中外关系史:新史料与新问题》,科学出版社2004年版,第316页。)

数方图》一张。传旨,照此样多画几张。钦此。本日画的奇数方图格二张,交太监李三湖呈上,留下。

王道化谨奏:初九日,恭接得上发下大学士李光地奏折一件,并原图一幅,说册一节,即与白晋看。据白晋看,捧读之下,称深服大学士李光地,精通易理,洞晓历法。我皇上贯彻古今,凡理数之学,尤加详密。今大学士如此博学,真圣君览相也。白晋西士末儒,毫无所知,荷蒙圣恩柔远,得以日近天颜,又蒙圣君贤相,鉴照辙衷,欣跃难言,唯有扣首而已。因大学士奏折,无有问之处,故无庸回答。所有大学士奏折一件,原图一张,前解一节,一并缴上外,白晋释《易经》一节,图一张,呈览。据白晋称今所进之此一节,与回复大学士者,大概多有相同。此节乃随所释《易经》应用之次序,与大学士者,乃应其所问也。谨此。

上问十月十一月,《坤》、《复》二卦之际其阳往而来复如何?臣谨对穷惟易道精微,至《复》卦更为微妙。臣虽自知己愚,然蒙皇上下询,亦何敢隐嘿不言,以隐藏鄙陋。兹敬略陈管见一二,仰览。

圣训开臣愚蒙,夫道之悬象着明,莫显于日月,日月随天,自然运行,其道与天同圆,始终合一,生而必道,往尔必反,周而复始,健恒不息,二明之道,其理之自然如此,无俟言矣。若其在人,先天元善明德元吉之时。与天运日月,同道无异。本来易简,恒而不变,人生而静,天之性也,其斯时与。迨后其人不幸。有自用之私,越分僭上,变生乎心。感物而动,性之欲也。好恶无节于内,知诱于外,不能反躬,天理灭矣!阴道之开,自《姤》卦始,渐坠落以至于《剥》。恶极阳尽,终于坤之纯阴无德,入于地中而晦,灭天理而穷人欲,自绝于天,万不能自悔而复。然幸蒙上天好生仁爱,不忍绝其人也,开后天之道。故特降一仁义兼全大圣,纯亦不已,德配天地,动静无想愆,继天立极,至尊而好谦,下下自卑,由是天道之阳,复生于下,如雷在地中,震动人心,感化醒悟,悔其往愆,复见天地之心,返于元善,恒亨不息。臣愚见如此,恐未必有合与圣明之旨。

根据康熙的谕旨可以看到,"释先天未变之原义"、"河洛合一,《天尊地卑图》,为先天未变易数象图之原"、"释《天尊地卑图》,为诸地形立方诸方象,类于洛书方图之原"、"类洛书偶数方图之法"以及《大衍图》等文均为白晋所著,其内容在白晋的《易学外篇》和《易引》当中均有所提及。

　　6°《易引原稿》(约 18400 字)一文共包含九节,为《易引》的全部内容,其中包括:

> 首节,总论先天后天三易之纲。
>
> 二节,分论先天后天三易之纲。
>
> 三节,明先天万有之本原。
>
> 四节,明一三何以为万有之本。
>
> 五节,明一三造物主初造万有何时何由何序。
>
> 六节,明造物主造宇宙之原旨。
>
> 七节,略详三易之第一乃先天易简《连山》之元吉。
>
> 八节,略详三易之第二乃先天变易《归藏》之否凶。
>
> 九节,略详先天人性变易损坏,世乱人类之命已丧之凶原,由一人祖所起,后天复开再生新民,终幸得真福无疆,天国永宁之吉,系于惟一仁义德全兼至尊至卑天仁二性之元圣所复。

首节,与 4°《易考》中的第一节内容相同,在此不赘述。第二节,结合《圣经》,通过对"三易"的形象解释,将先天神人之志视为《艮》卦(䷳)之定,上下和合天道等同于易简《连山》天皇之"易";人祖原罪而天地不交等同于变易《归藏》地皇之"易";天主降下圣子拯救万民等同于不易《周易》人皇之"易"。第三节,将万有之本原归于一三,对比《圣经》,以诺亚方舟一家八口(父母三子三妇)分天下为三州长子;大秦先师每瑟抄录《圣经》,立天道精微秘学,所遗一阴阳环三极三才同体之图即《三极三才图》(图十五)。

　　对照 Borgia · Cinese,317-10°《易学外篇》,此图三圈之一、二、三为三极,即古先圣所依据之秘数,此节还引用《圣经》和中华古传(各家对《老子》、《淮南子》、《易经》中思想的注释)阐释三位一体、太极函三为一的思想。第四节,从天地、阴阳、神形、方圆、动静等方面总结万物皆由一三乃一本二元所命、所生、所成,举例用制陶器之法与三一造物之工相等同,论证三一造物主之功。

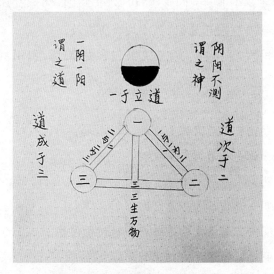

图十五　白晋所画《三极三才图》

第五节,按照《圣经》,造物主创造世界距今康熙五十年(1711)接近 7300 年,结合中华古传,自天地开辟到尧去世的时间相差甚远(有称不到万年;有称 64800 岁)。参照《六十四卦圆图》打算统和中西世界开端的时间,造物主造万有之序,小成三日,大成六日与《易》之天先天初造之功、后天再造之功六位时成相同,且《圣经》中刚提及的"第七日为休息日"与《易经》中的"七日来复"异曲同工。第六节,主要引用《书经》、《淮南子》、《孟子》、《大学》等说明造物主造物之初的仁爱之性,神人共享天福,善恶福祸各归其位。第七节,通过《连山》之特色与伏羲八卦方位图于兑之对应关系具体解释三易第一易简之易、《连山》之易、天皇之易。并列中华古传《易经》、《史记》、《乐记》以相印证。第八节,详细解释三易第二先天变易《归藏》之否凶;造物主生天地神人本天地元吉,然元恶傲神叛逆抗上,与帝抗衡。通过中西典籍中所出现的傲神与出征者的对比,可以看到正义邪恶双方的抗衡。中西方人物对比如下(见表四):

表四　中西典籍中正邪人物对比表

西方《圣经》		东方典籍		
傲神、恶魔	制服者	邪恶方	正义方	典籍出处
露即拂尔（译言带光）又译路西法 Lucifer"炽天使"	弥额尔（译言何敢比拟上主）又译米伽勒 Michael"正义天使"	共工氏	祝融	《纲鉴》《史记》
		蚩尤	轩辕	《书经》《史记》
魔蛇诱惑人祖	天主	共工（人面蛇身）	颛顼	《归藏》

第九节，主要讲述救世主耶稣的一生。耶稣由圣母玛利亚所生，在人间生活了 33 年，期间以仁、义、忠、孝等德行规范自己，教化民众，最后为了拯救万民而献上自己的生命，三日后复活坐在天主的右边。文后附中华古传《书经》、《易经》、《孟子》、《礼记》、《四书大全》等书来印证中华圣人之名，将文王与武王等同，视为圣人，"文王立武功即武王也"、"文王武王皆一天而已"①。从而合西方圣子与东方文王，皆为以身、以言教于天下。

可以看到，白晋从中华西土古图、古典、古文的同源性展开，进而论述先天、后天"三易"之纲，将体一位三的造物主作为万有之本原，详细解释一三造物主造宇宙万有之本旨及其过程。在此基础上，结合《易经》的"三易"，对先天易简《连山》之元吉、先天变易《归藏》之否凶、先天人性变易损坏后，人祖后天复开再生新民之真福等进行说明。在文后（43 页）还附有"此论系易学七节八节"（一明凡有角边之数象皆生于天尊地卑之图，一解此图内含有开诸方之本），即为《易学外篇》的第七节、八节所讲《天尊地卑图》。在 10°《易学外篇》以及 Borgia·Cinese,316 的 6°《易学外篇原稿》中重复出现。

8°《易学总说》（约 18700 字）开篇第一篇《易学总说》与 3°《易经总说》的开头之语大致相同，都是对《易经》的性质进行说明，将《易经》作为文字之本、经学之原，承载圣人之道：

> 至哉易乎，经书之本。万学之原，德福之引也，精微广大。其道至大

---

① ［法］白晋：《易引原稿》，梵蒂冈图书馆，Borgia·Cinese,317-6°，第 39 页。

而无不包。其用至神而无不存。其理散之则万殊。统之则一致。远之则弥六合,近知则在一身,妙乎阴阳。行乎鬼神。显于日用,至矣尽矣,蔑以加矣。①

大哉易乎,其文字之祖,义理之宗,"五经"之本,万学之原,德行之根,真福之门矣乎。天地之始终,人物之生死,古今之世变,皆不外乎此,其体广大而无不包,其用精微而无不存,远弥六合,近在一身,至矣尽矣,谬以加矣。②

这不仅对考据各部分材料的作者归属问题(即为白晋)提供了新的依据,也可以看出对《易经》的充分认可。随后是不同的行文内容,3°《易经总说》是探讨理、数、象的关系进而言"三易",而8°《易学总说》中是进献皇帝之言:

我皇上天纵聪明。学贯古今内外,五十余载,日专务道之本,躬著述经书,格物穷理,洞彻历数律吕之原,理学文章悉备。而天下惟一人,亲教臣工,考较易学之原。详究奥秘之旨,而全体大用,无不明矣。允有帝天之深意存焉。谨遵圣教,竭尽鄙诚。是以分为易学内外二篇。将先天未变、先天已变、《周易》不变之旨谨释之以备较阅之便。兹先以外篇言之,嗣以内篇言之。③

在 Borgia·Cinese,317 中,进献之语还出现在 2°《易钥》、4°《易考》中,所言大旨相同,分别如下:

当今我皇上体上主弘仁之圣心以子民,恩及遐迩,天纵聪明,洞澈大本,学贯古今、内外,著述经书古文,亲率迪传学儒臣,纂修典籍,盖有上主之深意存焉,天道循环,无往不复,上主眷佑四方,不绝中华,大易之圣学,

---

① [法]白晋:《易学总说》,梵蒂冈图书馆,Borgia·Cinese,317-8°,第1页。
② [法]白晋:《易经总说》,梵蒂冈图书馆,Borgia·Cinese,317-3°,第1页。
③ [法]白晋:《易学总说》,梵蒂冈图书馆,Borgia·Cinese,317-8°,第1页。

复明之日，想不远矣。①

　　幸今盛朝我皇上天纵聪明，远迈前代，学贯上古，五十载，日专务道之本，洞彻格物穷理，历数律吕之精，躬教臣工，实可复明易学内外之正，而阐奥秘之微旨也。②

从进献之文可以更进一步确定白晋在华的官方身份及具体工作职责，特别是此本与4°《易考》的行文极为相似，从其进献之语可以看出：其一，康熙已从政五十余年（1661年登基），故8°《易学总说》的成书时应该是1711年以后。其二，康熙自己很看重《易经》，经常亲自与白晋讨论，以考究易学之原。其三，白晋著书分易学内、外二篇，论先天《连山》未变、先天《归藏》已变、后天《周易》不变之旨。

其后即《易学外编》的内容，重点研究《易经》的数据与西方传统的和谐性问题，分"易数象图总说"和"易学外篇首卷"阐释。"易数象图总说"从理、数、象、图的关系出发，认为言理不如数，明数不如象，数象所不及图。故先师倚数列象画卦而成易学中的方、圆二图。其中六十四卦三百八十四爻，以穷天地万物始终之情。随后是"释易分先天后天二函三义之略"，将《易经》分先天、后天，且从易简、变易、不易"三易"归纳出"先天未变"、"先天已变"、"后天不变"三义。结合天道、地道、人道三道，生天、地、人三太极图，并对"先天未变"、"先天已变"、"后天不变"进行了分析。

紧接着的"易学外篇首卷"，与4°《易考》中的《易学外篇》形式有所不同的是，它并非分节论述，而是以"释"作为引语，分十四个小段进行论述。

　　1.释先天未变之原义。

　　2.释《河洛合一天尊地卑图》，为先天未变易数象图之原。

　　3.释《天尊地卑图》，为诸地形立方，诸天象类于《洛书》方圆之元原。

　　4.释《天尊地卑图》，有先天未变数象图之太极。

---

① ［法］白晋：《易钥》，梵蒂冈图书馆，Borgia·Cinese，317-2°，第1页。
② ［法］白晋：《易考》，梵蒂冈图书馆，Borgia·Cinese，317-4°，第17页。

5.释太极函三,三才巳衍,外未显于形象之图。

6.释混沌太极。

7.释始于一成于三终于十之图,中华与西土大概不相异也。

8.释《天尊地卑图》,浑合阴阳刚柔生生变化,通易天圆地方二图,为乾坤三奇三偶六爻三极一道之原。

9.释《圆方二图》,八卦各三爻为小成,由天尊地卑图衍出之所以然。

10.释《先天易圆方二图》,六十四卦各六爻为大成。由《天尊地卑图》衍出之所以然。

11.释《先天易大成圆方二图》,六十四卦对待之序俱系《天尊地卑图》贵贱位矣自然之正。

12.释《天尊地卑图》之数为天历地律之根本。

13.释《天尊地卑图》为音乐律吕之本。

14.释易卦爻之数由《天尊地卑图》所衍而出。

附:易数象图总说

具体言之,释1先天未变之原义。即太古天尊地卑,上下定位之势,为易简元吉之状。释2将《天尊地卑图》作为先天未变易数象图之原,合《河图》《洛书》为一,《天尊地卑图》之数同于易数,皆分天地奇偶共五十五①,此为先天未变数象生生之原。由三极(一、二、三径一而围三,△)而衍生的天象之方数(从1连积55)以及地形之方数(从1自乘到81),乃为数之生生表现。释3介绍《天尊地卑大衍图》,此《大衍图》容方之积数,成天地全数之方象方形,和之则成3025(即天数25,地数30,共55,自乘之方数)。此图(△)三极天象之全数1596(函三个532,即月之19与日之28相乘)。总言凡类于《洛书》方数图,其次第积数之序,皆见于《天尊地卑图》。释4根据"易有太极"得出太极为《易》数、象、图之本,而《天尊地卑图》为先天未变数象图之原,故亦有太极。中华论太极有三说:"无极而太极"、"太极含三"以及"混沌太极",实为一太

---

① "观天尊地卑图之式,即洛书始于一,终于九,五奇四偶,为四十五。乃地缺不足之数。河洛之始于一,终于十,五奇五偶,为五十五。乃天地均平之全数。"([法]白晋:《易学总说》,梵蒂冈图书馆,Borgia·Cinese,317-8°,第9页。)

极,在此文中以天数万象和地形几何而言,太极为一本二元三才,即天象地形未衍之始。释 5 阐释太极函三之理。《天尊地卑图》始于一而衍于三,并且内涵四方,以圆动天象为数之理,方静地形为几何之理,天六地四共十为天地之全数。太极三才已衍之理,浑合乾坤,三奇三偶,六爻所定,成乾坤函三已衍之图。释 6 解释"混沌太极"即《河图》十位,《洛书》九位,合之十九,对应日月合齐之数。此时天地阴阳二气;天地人三才;火气水土四行皆浑合,生生之神机与造物主皆于其中,万物之料,浑天圆地方之图。释 7 中华河洛合一之图即为《天尊地卑图》,与西方大秦国的据《圣经》所画秘学根源之图同一,"其数其序其道其理其用实相同无异"①,二图同出一阴一阳之道,同函天干地支之合,同通于大衍之数五十,同为先天河洛合一之式,故复得东西方古传之原旨,中华与大秦同系一祖一州。释 8 主要是将《天尊地卑图》圆、方二图,分内外而论,内中外三层、上中下三界故形成三爻、三道,三阳三阴,三奇三偶,乾坤六爻成,故天九地六、叁天两地即《天尊地卑图》生生变化之原。释 9 阐释《天尊地卑图》函两仪、四象、八卦自然之序,根据三极六爻之式,从"混沌太极"分内层阴阳、乾坤两仪,推至中层分刚柔四象,进而分外层天之三阴三阳,地之三刚三柔,故《乾》、《坤》二卦、天圆地方八卦之小成。文后引用邵雍之《伏羲先天八卦》与《天尊地卑图》所出之理相同。释 10 在上一节的基础上,阐释六十四卦之大成。由《易》之小成重卦而形成先天六十四卦,为大成天尊地卑已衍之图。释 11 解释大成六十四卦图的对待顺序,乃分天地方位次第,正尊卑贵贱,明方位为先天自然之序。释 12 具体解释《天尊地卑图》之数为天历地律之本,从五奇五偶开始,二三相加为天之五音,二三相乘为地之六律。天历之数,天地、阴阳、日月之数,天地之数,五十有五合阴阳常规之数或者闰法之数,而成太阳、少阳、太阴、少阴四象不同年岁之数。释 13 将《天尊地卑图》作为音乐律吕之本。《天尊地卑图》自然之理为始于一成于三终于十,音乐律吕始于二与一之比例,与地二与天一之比例同;然不能相得而合,在阴阳之中立平方与立方之序,成二与三之比例,有感中和之德,故阴阳律吕之道同《天尊地卑图》之理。释 14 为最后一节,讲述《易》卦爻之数由《天尊地卑图》所衍而出,

---

①　[法]白晋:《易学总说》,梵蒂冈图书馆,Borgia·Cinese,317-8°,第 25 页。

卦爻之数,有大成、小成之数,天地之数大小不等,太阳为10,少阳为20,太阴为10,少阴为20,不均不平故成变爻,阴阳二卦六爻合数为360为周天当期之日。四个360为1440即《易》圆、方二图八卦小成之数,八个1440为11520即《易》圆、方二图八卦大成之数。总而言之,8°《易学总说》大旨是对《天尊地卑图》的详细阐述,将其作为先天未变易数象图之原,天下诸地形天象皆出于此,并阐释太极函三极之才,衍而成八卦小成、六十四卦大成之象,在此基础上,对《天尊地卑图》的所衍之卦爻象数以及天历地律进行论说。

10°《易学外篇》(26700字)包括《易引》(共七篇)和《易学外篇》(共九节),基本囊括 Borgia·Cinese,317 中的《易引》和《易学外篇》的内容。《易引》和《易学外篇》的内容对比如下(见表五):

表五 《易引》和《易学外篇》的内容对比表

内容 章节	《易引》	《易学外篇》(此篇发明易数象图)
一	此篇集中华与西土之古传相考印符而成。(第2—5页)	此节求先天后天三易,各数象图之本源。(第7页)
二	此节分论先天后天三易之纲。(第5—7页)	此节发明先天数象本原之概。(第24—27页)
三	此节发明先天万有之本原。(第8—15页)	此节详论易数象图之本原而明先天太极之图,达于天地之心。(第44—46页)
四	此节明一三何以为万有之本。(第15—24页)	此节发明易数象太极之图,由何原何本而出。(第47—51页)
五	此节明一三造物主初造万有何时何由何序。(第28—33页)	此节释系前易数象本原太极之疑。(第51—55页)
六	此节明一三主造宇宙之原旨。(第33—38页)	此节发明系先天易数象原本诸图。何以相次递贯,尽于河洛二图,而同《乾》、《坤》三爻之总数。(第55—59页)
七	此节略详三易之第一乃先天易简连山之元吉。(第38—42页)	此节发明天尊地卑之图,何以浑天圆地方,而为阴阳刚柔,诸数象生生变化,成律吕之宗。(第59—63页)
八		此节详明始于一,终于十。微圆函三角微容之图。何以为天圆地方,数象生生变化所由之宗。(第63—66页)

续表

内容章节	《易引》	《易学外篇》（此篇发明易数象图）
九		此节发明先天《天尊地卑图》，阴阳方圆之根，寔为天地律吕之宗由。（第 66—69 页）

在文章中，《易引》（共七节）与 6°《易引原稿》的前七节（共九节）的内容相重合，将论述重点放置到一三造物主，即三位一体的思想上详细解释一三造物主造宇宙万有之本旨、原因、时间及其过程，并结合《易经》的"三易"（易简、变易、不易或者《连山》《归藏》《周易》）之纲对中西古图、古典、古文的同源性进行展开论说。而关于《易学外篇》（共九节），是将河洛未分之《天尊地卑图》与先天、后天"三易"之图等同，作为数、象、图之本，诸数象、律吕之宗，并对《天尊地卑图》与《河图》《洛书》《先天太极图》等的关系，它自身的性质，特点及其功能做了具体的介绍。这里的《易学外篇》九节内容（在 316—6° 中已作解释）即为 Borgia·Cinese，361 的 6°《易学外篇原稿》的前九节内容，且与 4°《易考》、8°《易学总说》中的《易学外篇》内容多有相合之处。集中论述了先天、后天之"三易"，认为几何图像之理皆始于一而成于三，即一本二元之所发，为诸天地形象之本。后引中华古传《淮南子》《闵尹子》《抱一子》《庄子》《文子》《六书正伪》《六书精微》《品字笺解》等传统经典以相印证。简而论之，《易引》更多的是阐释先天、后天"三易"之纲和一三之旨，是对易学之元义进行探索；而《易学外篇》是对《天尊地卑图》本源、性质和作用进行论述。二者之间，《易引》可视为《易学外篇》的理论基础，而《易学外篇》是对《易引》的理论开展及图像表示。

这里需要提及的是，关于 11°*I'Y King*（约 5200 字）的论文，虽无标题、无作者署名，但亦是对《易经》的研究。其中包含两篇文章，第一篇《释先天未变，始终之数由天尊地卑图而生》，与 8°《易学总说》中的"释《河洛合一天尊地卑图》。为先天未变易数象图之原"部分相似。第二篇《释类洛书之数咸出于天尊地卑图》与 3°《易经总说稿》"释易卦爻之数由《天尊地卑图》所衍而出"部分说明相同，可见皆为《易学外篇》的选录和摘抄内容。

除了梵蒂冈图书馆 Borgia·Cinese,317 的 3°《易经总说稿》、4°《易考》、6°《易引原稿》、8°《易学总说》、10°《易学外篇》以及 11°*I'Y King* 这几篇涉及《易学外篇》的内容,在 Borgia·Cinese,361 的 5°《易学外篇》(9—12 节)和 6°《易学外篇原稿》(1—12 节)皆为《易学外篇》。其中 5°《易学外篇》(9—12 节)与 6°《易学外篇原稿》的(9—12 节)内容相同,故 Borgia·Cinese,361 的 6°《易学外篇原稿》是迄今为止发现关于《易学外篇》最为完整的版本。

1. 此节求先天后天三易,各数象图之本原。
2. 此节发明先天数象之本原。
3. 此节详论易数象图之原本而明先天太极之图,达于天地之心。
4. 此节发明易数象太极之图,由何原何本而出。
5. 此节释系前易数象本原太极之疑。
6. 此节发明系先天易数象原本图,诸何以相次递贯尽于河洛二图,而同乾坤三爻之总数。
7. 此节发明天尊地卑之图,何以浑天圆地方,而为阴阳刚柔,诸数象生生变化,成律吕之宗。
8. 此节略明诸天圆地方,阴阳刚柔之数所生变化何以由《天尊地卑图》始于一,终于十而出。
9. 此节发明先天天尊地卑图,阴阳方圆之根,实在为天地律吕之宗由。
10. 此节发明,天地律吕音乐之道总归于一本二元,不外于天尊地卑之图。
11. 此节发明先师,天尊地卑之图与每瑟秘学之图,所以相同之概。
12. 此节发明,始于一,终于十之图,为天地阴阳诸数,合齐之宗,尽归于中五中六,乃先天后天,宗会之原。

此十二节由标题即可知其主要论及的内容。具体言之,第一节主要结合《圣经》,从奇偶、阴阳、吉凶的对待关系上对先天、后天"三易"进行划分,为先天和合之元吉、先天不合之凶及后天中和之元吉三阶段,并以此作为数象图之本原。第二节将一、二、三之一本二元作为先天数象之本，无论是先天易数之精，还是易象之大，皆始于一成于三。第三节主要介绍天地方圆数象《三极三角图》的形成过程，将数与象相比而论，由一、二、三开始，成三极，以此衍发，形成《乾圆三极图》（见图十六）。进而二三各自乘，二二为四，三三为九，相结而为奇偶正方几何之类，为地之象，形成《地方三角图》（见图十七）。而先师合圆方天地阴阳，将此二图配合为一，故形成《三极三角图》（见图十八）。

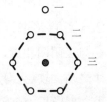　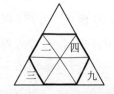　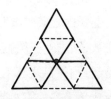

图十六　《乾圆三极图》　　图十七　《地方三角图》　　图十八　《三极三角图》

此《三极三角图》由《乾圆三极》，《地方三角》二图相合而成，为《易》之数象本图，若置于太极内，虚其中一，其余为阳九，外包三极，内合阴六，则成《天圆微圈三极图》（见图十九）。而《地方微容三角图》（见图二十），阳三自乘为九之方数，为阳刚之元；内包合阴阳二三相乘之六，为阴柔之元。从而天圆合《河图》之数，为十；地方合《洛书》之数，为九，合之则成十九，则为太极之图，以象天地之心。

　　　　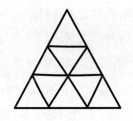

图十九　《天圆微圈三极图》　　图二十　《地方微容三角图》

第四节阐明太极图，虽综天地河洛之数，然非数象图之本，函三之一大，⚊象阳，⚋象阴，太一浑二三乃天地阴阳奇偶诸数象之始，而为《太极图》之本。以此衍发天地之数，乾坤之象，天为三奇函九如（☰），坤地乃三偶函六（☷）；天包于外之数位六（⚬），地容于内之数则为四（△）。其图之全数尽于天九地四,二三比例合为中六,达上达下,而成上下中律吕之乐,太和心乐之美也。第五节通过问答的形式对易、数、象本于太极的疑惑进行解答,从天圆地方之数(天九地四)与内外参合之数(六)形成天地中三界和合律吕之纲数。并且论述先天《连山》易(天六地四)为先天元吉和先天《归藏》易(天九地四)为先天元大凶,二《易》数象之原。第六节以《天圆地方图》(△)为数象原图,以此《衍太极图》(△),《天尊地卑图》十层乃《河图》始于一终于十,共五十五;九层乃《洛书》始于一,终于九,共四十五,合河洛二图全数,浑天地而为阴阳方圆,成为诸数之宗。第七节从圆方《天尊地卑图》,为阴阳诸圆,奇偶诸方,生生变化之宗图出发,以平方和立方分论《河图》(五十五)《洛书》(四十五)之数,其内外三层乾坤阴阳各相损益,叁天两地即二与三阴阳相感,不仅为《易经》内律吕之总纲,而且是万数万象生生变化成律之理。故《天尊地卑图》为数学之宗。第八节证明诸天圆地方数象生生变化之理皆是由《天尊地卑图》而出,故从《天尊地卑图》的阴阳奇偶之序(一、二、三、四、五、六、七、八、九、十)出发,分别形成天圆、地方、奇偶之方数,明天地六合之序。由正方到立方,立方又变为三极各自乘之方即为吉凶转变之过程。第九节主要是从《天尊地卑图》出发,将正方与立方之数两两相合,以此为律吕之则。天三、地二乃自乘,天九、地四相乘定六,为中和比例之数;自乘立方为天二十七、地八,其间定十二,于十八,为其两中和。自一(一乃正方之本也)到百,两两间俱如此加一中和。此节附论太阳、太阴之历数,兼合《天尊地卑图》。第十节将天地律吕、阴阳调和之道皆归于一本二元,以二弦音乐之高低相得而合。故《天尊地卑图》为律吕之宗,且与《每瑟秘学图》同始于一,继于二,成于三,乃三才造化。故一本二元之数,兼河洛先天之正,通先天连山《易》,后天《周易》,和合极妙之数。第十一节强调先师《天尊地卑图》与《每瑟秘学图》的数序相同。具体而言:首先,二图同始于一,继于二,成于三,又同终于天九地十,乃兼天圆地方,为先天河洛全数。其次,二图皆应天干(十)地支(十二)之数,为天地之全数(二十二)。再次,二图上下和合之极数皆为十层,共五十五,即天尊地卑之数。最后,二图所属四至十层自乘为四十九,皆为七日来复之数。第十二节此节结合《易传》奇偶、阴阳中和之数,以天地四象阴、阳、太、少,计算日月历法闰法,四象合于天圆三极、地方三角六合图。并且大月、小月之分为先天太初易简之景的体现,为三极六合之数及先天之一本二元。后天《周易》以天三地二合为五,为后天之一本二元。第十三节主要论《先天原正图》中一、六居上,六为天主三位一体六合万有本原之象;二、七居下,七为天文日月、五星、七政生生变化之象,且为七日来复之期;三、八居右,八为四立、二至、二分、周岁、八节之数;四、九居左,九乃天下九州,同献其力共为天主卑贱万民之象;五、十居中,参五之数,即圣人唯一德配天地恒居中正,能通上下而为合神人于上主乃天地之中心,各得其正。《河图》乃龙马负图其下一六,上二七,左三八,右四九,中五十;《洛书》乃神龟戴九履一,左三右七,二四为肩,六八为足。在白晋看来,二图并非先天天地定位之图,而是为人祖获罪于天,天地倒置的先天易变万物《归藏》之象(见图二十一)。

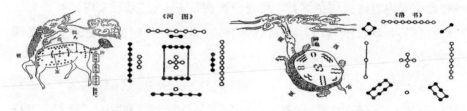

图二十一　《河图》(马图)、《洛书》(龟书)①

以神言之,即人祖为叛逆之首,其象为负《河图》乖戾之龙马;以人言之,即人祖获罪于天,其象为背《洛书》之龟,故《河》、《洛》二图皆为先天大变之凶象。古传所存《河》、《洛》二图,虽函先天变易、天下失道、上下不合之象,其实因河一出图,洛一出书,圣人则之,开后天再生新民复先天之正,故先百世万方期望圣人来复,先天之元吉。

综而论之,《易学外篇》的内容出现于不同的篇名中,各篇所取用的内容有多寡之分,然而各节标题大致是相同的,叙述顺序也是相符的。皆是从各数象图之本原(先天后天三易之纲)出发,合中华西土上古遗存之经文原旨,引中华经典诸文解读《圣经》故事,以论述《先天太极图》非数象之原本,从而引出《天尊地卑图》尽于河洛二图,通《乾》、《坤》三爻之总数,浑天圆地方,为先

---

①　其《马图》、《龟书图》为明代易图,存于来知德《周易采图》、胡居仁《易象钞》等书。(参见于徐芹庭:《易图源流——中国易经图书学史》,中国书店 2008 年版,第 427 页。)

天万有之本,数象生生变化之宗,天地律吕之由。透过《易学外篇》可以窥见白晋的易学研究路向和侧重点。

(三)关于《易稿》和《大易原义内篇》的解说

在 Borgia·Cinese,317 中,其 7°《易稿》和 9°《大易原义内篇》在其行文风格上,采取同样的模式,皆对《易经》中具体卦采取"经文"和"内意"两部分进行论述。"经文"即《易经》本经,"内意"一词本多用于文学诗歌,指称思想内容与文辞描绘的"外意"相对,如"圣俞《金针诗格》云:'有内外意:内意欲尽其理,外意欲尽其象,内外含蓄,方入诗格'"①。在"内意"中,一些卦特别是《乾》卦和《坤》卦又分"内意纲"和"内意目","纲"、"目"分别指概要和细则,即是对内容进行详细解释。可见白晋在行文上,注重经文内容与思想诠释的区别,并且有纲、有目,达到略详有节,进而对特定的卦爻辞进行义理阐释。

编号 7°《易稿》(约 41000 字)是对《易经》中《屯》、《蒙》、《需》、《讼》、《师》、《比》、《小畜》、《履》、《泰》、《否》这十卦分"经文"和"内意"两部分进行逐文解释。这里"经文"即《易经》原文,包括每卦的卦爻、《彖》辞、《大象》、《小象》以及《文言》部分;而"内意"则是利用《圣经》里故事对每一卦的详细解释,白晋的经学思想主要包含在"内意"之中。具体言之:

在《屯》(䷂)卦中,白晋认为正是亚当、夏娃的原罪得罪了造物主,故普世万民困陷在万险之中的状态为《坎》(䷜)卦,而造物主降下耶稣以拯救万民的行为为《震》(䷲)卦。然而还没有到救世的时机,不宜妄动,故"勿用有攸往",故将《圣经》中的先知等待耶稣降世作为《屯》的体现。初九爻,白晋将耶稣比喻为坚贞自守的阳刚之龙,他的降世救民是乎合造物主的旨意的,故"利建侯"。六二爻,白晋把造物主前往人间拣选圣母玛利亚的行为视为"御龙临下",造物主又定下神婚之期,降下耶稣,且以"十年乃字"来形容玛利亚的至贞程度。六三爻,将亚当、夏娃所居的伊甸园称为"福地",获罪于天后被驱逐

---

① (宋)胡仔纂集,廖明德点校:《张天觉》,《苕溪渔隐丛话》后卷三十四,人民文学出版社1962 年版,第 259 页。

至的荒野称为"洪荒之林",后代子孙如同受了惊吓的鹿,而地狱群魔、恶鸟作为异类不断惊吓后代子孙,造物主命耶稣拯救万民,使其诞生为"虞人",与万民共处,等待时机使万民重拾天主信仰,就好像猎鹿返归平安的状态。在六四爻中,白晋将耶稣与造物主的仁爱之心皆作为阴柔之性,故为阴爻,从而将与初九阳爻中耶稣与造物主纯刚、纯阳形象相对应,以此比喻圣母玛利亚为生耶稣而形成的婚媾之象,以此暗指耶稣救赎万民而降至世间的事情,故"往吉,无不利"。到了九五爻,尽管耶稣居在九五爻的至尊地位,心有救济天下之心,然后只能为"小贞"之吉。因为六四爻和上六爻都是阴爻,象征万民没有识得耶稣的苦心,故"大贞凶,施未光也"。在上六爻中,白晋继续强调耶稣虽然受命于造物主,以"乘马班如"的势气来到人间,但是万民并无德性,辜负了造物主拣选圣母玛利亚,以神婚的形式降下圣子的"吉",从而导致恶魔的强势,招至最后的审判,从而耶稣"泣血涟如"。此外,白晋认为大秦国后世子孙的流散到了各地,其中有一支子孙流落至中国,俗称桃筋教(又称挑筋教、一赐乐业教,即犹太教 Judaism),在河南有其后裔,这就拉近了中国与《圣经》的距离。

在《蒙》(☶☵)卦中,白晋一方面将亚当、夏娃的最初元吉德性称为"童蒙";另一方面将后世子孙因原罪而具有的蒙昧状态称为"童蒙"。此"童蒙"正如《蒙》卦的卦象"山下有险",象征人间失德的现象。造物主不忍拒绝"童蒙求我",故定下启蒙的时间,降下耶稣,让他处于蒙昧的世间,行启蒙之道。在初六爻中,亚当、夏娃忘记了造物主的警告,连累后世子孙处于蒙昧之中。耶稣成为万世万方赎罪的"刑人",使造物主宽赦万世子孙的罪行,让万民解除受造物主惩罚的牢狱桎梏,这就是启蒙天下的极至德行。九二爻,尽管亚当、夏娃导致造物主愤怒,但是造物主秉着仁爱之心,包容蒙昧,试图通过神婚"纳妇"、诞下耶稣重新开启"先天元吉"的状态,使耶稣担负发蒙的重任。六三爻,对应上九阳爻,耶稣对应"金夫",造物主对应"金夫之主"。蒙昧的亚当、夏娃与造物主断绝关系,夏娃的不贞正如世人对待耶稣的愚蒙态度,辜负了耶稣躬行启蒙的事业,终"无攸利"。六四爻,上下都是阴爻,象征受困于蒙昧之中,暗示亚当、夏娃的原罪使得万世子孙无不"困蒙"。而耶稣为君、为师,亲自启蒙民众,以打通先天、后天的阻隔,恢复先天元吉的状态。到了六五爻,耶稣以谦卑的态度教化,使得万民重新恢复亚当、夏娃最初的天真童蒙状态,故为"吉"。然而到了上九爻,因为阳在阴位,为不当位,形势紧张,象征耶稣奋起抵御恶魔,试图改变万世深陷蒙昧的境况。

在《需》(䷄)卦中,白晋主要是以先知等待救世主为基调,贯穿于六爻之中。初九爻,由于《乾》(☰)卦处于下卦,象征亚当、夏娃所犯原罪导致天下处于危险中。故造物主命令历朝历代、各邦各国用牺牲祭祀,"需于郊",坚贞地等待救世主的降生。而救世主为了救赎人类,成为了牺牲,最后死于郊外。九二爻,白晋认为先儒"需于沙"不如初九"需于郊"那样坚定,但仍然是在等待救世主,故"以吉终之"。九三爻,由于接近上卦的《坎》(☵)卦,恶魔将至,非常危险。这时万民"需于泥",只有克业敬慎才能转危为安,远离灾祸。六四爻,救世主为了拯救万民,牺牲自己,被葬于穴中,故世人"需于血"。而救世主又于第三日后复活,"出地穴",祈求造物主在最后的审判中不要将万民全部置于地狱之中。到了九五爻,依然强调亚当、夏娃的原罪导致万世子孙受苦,救世主将自己的血肉作为酒食,成为祭祀大礼,使万民"需于酒食",等待救赎的时机。最后上六爻,将"三位一体"比喻为"不速之客三人",救世主来到世间为万民赎罪而死,埋入地穴,凸显他的救世大功。

《讼》(䷅)卦之"讼",在白晋这里主要有三层意思:其一为"开讼之道",指代亚当、夏娃的原罪导致造物主的愤怒,并且造成万世子孙的罪恶,上卦的《乾》(☰)卦与下卦《坎》(☵)卦成为至讼之象。其二为"绝讼之源",救世主为了拯救天下,使自己成为最后审判的诉讼对象,成为绝讼之源。其三为"讼之审判",即在最后审判中,由于万民辜负了救世主的苦心,故在审判的公正下,终有吉凶之别。具体而言,初六爻,白晋认为正是由于万民不理解救世主的自讼苦心,所以也必将遭受最后审判的惩罚。如果能够体谅救世主,秉着畏惕之心悔改,就会免遭审判。九二爻以圣子诞生之地为"邑",以最后审判时听讼的人为"三百户者"。而救世主通过自讼而救赎万民,使得万民免除灾眚。六三爻,白晋继续讲亚当、夏娃的原罪和救世主的德行做比较,强调先天元吉、元贞的丧失只有靠救世主而重新拾得,故"食旧德",成元德之贞。而在九四爻中,白晋从"道心"、"人心"的层面重申亚当、夏娃的得失和救世主的功劳,亚当、夏娃不谨慎道心的精微,不警惕危险的人心,连累后世子孙。而耶稣能够正后天的道心,通过承受诉讼使得万民重返至贞之吉,故"安贞吉"。九五爻,白晋继续强调耶稣的功劳,正是由于他甘愿替万民受诉讼之苦,重回"元吉"状态。到了上九爻,白晋用"美服"、"鞶带"比喻先天元吉状态,而亚当、夏娃的原罪转吉为凶。耶稣通过"三体一位",终止诉讼之凶,然而世人并不为此改过,从而招至最后审判的大凶之象。可以看到,白晋认为"讼"所导致的吉凶变化为亚当、夏娃导致的原罪传元吉为凶;耶稣免除诉讼之罚,复为吉;然而世人再犯,导致最后审判的至凶状态。

《师》(䷆)卦中所言之"师"亦含多义。一是指亚当、夏娃本为先天众民之"师";二是指耶稣为后天新民之"师"。亚当、夏娃的原罪让万民困于危险中,如同下卦的坎(䷜)卦;而耶稣顺应造物主之名,作为后天君师,如上卦的坤(䷁)卦,坤中藏坎水,生命获得永存。初六爻将造物主的命令作为"天律",亚当、夏娃违背规定,导致先天之凶。九二爻无解释(可能遗忘,全篇仅此卦未作解释)。六三爻,白晋认为正是亚当、夏娃的错失让后世子孙散乱于恶魔随便入侵的地方,恶魔"舆尸"故"凶"。耶稣作为后天万民的"元帅",与恶魔相斗,不忘造物主安排的使命,消除恶魔所带来的凶险。六四爻,白晋言称耶稣深知救世的困难,故一直在世间行走三十余年,前三十年夙夜操习,"师左次"谨守救世主的律令。后三年拣选徒弟,以"亲示之以神兵之事"。正是由于他一直谨慎从事,故"无咎"。在六五爻中,白晋将"田有禽"的"田"描述为先天国家谷神美之田(指伊甸园),"禽"为恶禽(指魔鬼撒旦)。而恶魔诱惑亚当、夏娃犯下原罪被造物主逐出伊甸园,后世子孙只有企望耶稣来打败恶魔,重返"神田"。"长子帅师,弟子舆尸"即比喻双方战争的残酷,故为"贞凶"。而上六爻白晋引用《商书》中"王拜手稽首曰予小子,不明于德"[①]为例,以伊尹迎接太甲回到亳都以后对太甲的教导之事,告诫人祖自己造成灾祸,不可逃脱,希望能够通过圣子匡教的恩德,谋求好的结局。

在《比》(䷇)卦中,白晋将"亲比"象征为对天下正道的追随。而造物主与亚当、夏娃最初的关系为"先天亲比",为"吉"。造物主与耶稣之间相互辅

---

① (汉)孔安国传,(唐)孔颖达疏:《太甲中》第六,《尚书正义》卷第八,李学勤主编:《十三经注释》标点本,北京大学出版社1999年版,第211页。

助的关系为后天"上下互相亲比",亦为"吉"。初六爻,白晋认为如果亚当、夏娃若没有犯下原罪,那么恒贞元善,不会失去造物主对他们的信任,故"无咎"。然而他们自动放弃与造物主的信任关系,这是无法挽回的。唯有救世主耶稣,能够甘愿受苦,"有孚盈缶",使得万民复得造物主的恩宠,化凶为吉。六二爻,耶稣来到世间以后,将世人作为"自内"之人,恩泽四方,试图恢复先天元吉状态。六三爻,白晋反思亚当、夏娃的错失,认为他们是亲近"匪人"(暗指恶魔),从而陷入阴柔,连累后世子孙共陷于罪恶当中。六四爻,白晋强调耶稣为后天新民的元首,亲自率领后世子孙共同信奉造物主,好比造物主的贤臣、股肱,故"外比之,贞吉"。九五爻,重申耶稣在世间的功绩,他亲比天下大道,试图擒获所有"神田"中的恶魔,由于他重礼贤明,"邑人不诫",万民归附。当时有景星预兆耶稣的诞生,所以天下各地呈现吉兆,皆归属于造物主。而到了上六爻,白晋又痛心于亚当、夏娃的原罪,从而叛离造物主,失去了造物主的宠爱,故"比之无首,凶"。

在《小畜》(䷈)卦中,白晋将造物主的恩泽象征为先天的"霖雨",如果亚当、夏娃能够一直遵循造物主的规则,就好像"美羊羔永享养牧之庆"(暗指二人在伊甸园的生活)。然而他们的原罪使得"霖雨"无法继续。造物主将耶稣视为牧羊人,命令他来前往世间拯救万民,将他降生于大秦国的西郊,故"自我西郊",虽"密云不雨",但是离获得拯救之期已经不远,故为"亨"。初九爻,白晋认为耶稣在后天试图复先天之道,更改亚当、夏娃所导致的先天之凶,故为"复自道",恢复先天元吉。九二爻,白晋认为还没有到耶稣成功救世的时机,所以与九五爻形成"牵复"之象,因为耶稣甘愿顺从造物主,所以为"吉"。九三爻,亚当、夏娃犹"舆说辐",不听造物主的命令,以刚对刚,逆如"夫妻反目",从而导致先天失去正道。六四爻,其爻象为一阴畜五阳,势不相敌,但是幸好有九五、上九二阳的信任,故"血去惕出"。而耶稣为了救赎万民,在人生生活了33年,得到了造物主的信任,故享受"无咎"之恩。九五爻,白晋用"邻居"的关系一方面比喻造物主与亚当、夏娃的关系,造物主本想依靠信任,"有孚挛如",对其宠爱有加,然后亚当、夏娃自绝信任,不在获得造物主的恩宠。另一方面比喻耶稣与万民的关系,救世主将万民视为同类邻居,不仅且替万民赎罪,而且使万民富裕,最极致的信任关系不过如此。上九爻,白晋认为亚当、夏娃成积不善小人之家,断绝与造物主的关系。而救世主"尚载德",对万民已经到了信任的极致了。他盼望天地再次交合如同甘霖润泽,从而拯救普世人心。白晋又结合大秦国,认为尽管耶稣为了救赎万民而于月望之期(即满月之时,指旧历每月十五日)牺牲,但正是由于他的牺牲使得造物主恩施四方。

在《履》(☰)卦的卦辞中,白晋将恶魔比喻为"九尾虎"(将《山海经》中"其狐四足九尾"①类比为"九尾乖戾之物"),亚当、夏娃"履虎尾",为恶魔所咥,一起背叛造物主,故为"凶"。而救世主耶稣"履虎尾",再三驱赶恶魔,故为"亨"。初九爻,白晋以亚当、夏娃的最初元善之性为"素履",如果能够一直谨守造物主戒命,则"往无咎"。九二爻,白晋论述亚当、夏娃却不能遵从天命,失去了先天大道。耶稣降世治理天下,亲履天道,隐忍如同"幽人",试图恢复先天元吉,故"贞吉"。六三爻,白晋继续惋惜亚当、夏娃的遭遇,认为如果他们能够一直追随造物主,不仅"眇能视,跛能履",而且永保作为人类先祖的地位。然而他们去僭越造物主的地位,以下抗上,因不当位,所以就好像踩着老虎的尾巴,导致被咬的结果,其结果为"凶"。九四爻,白晋转而论耶稣的美德,认为耶稣能够谦卑行事,甘愿与恶魔相斗争,尽管"愬愬",但是"终吉"。九五爻,白晋认为恶魔在邪道上"夬履",与造物主相抗衡,引诱人祖亚当、夏娃犯下原罪,背叛造物主,导致天下大乱,形成"贞厉"之象。上九爻,白晋赞言耶稣亲履之功,他与恶魔不懈战争,试图行先天之道,故在最后审判后,耶稣居于造物主的右边,享受先天元吉。

在《泰》(☷)卦的卦辞中,白晋主要以"君子之道"与"小人之道"来分先天、后天之吉凶。人祖亚当、夏娃本可以顺着造物主的"君子之道",享先天元吉。然而却禁不住诱惑,使得"小人之道"长,犹如下卦的三阳爻以下抗上,形成《否》(☰)卦。而耶稣虽然身为卑下的凡人,实为造物主指定的救世主,象征卦爻上方三阴爻,能够开启后天之泰,形成《泰》(☷)卦。初九爻,白晋将造物主在伊甸园生人祖亚当、夏娃及后世万民比作"农夫播善种于厥田而成苗裔之众",但是亚当、夏娃犯下原罪,本为禾谷,但是却成为了茅草,遭受地狱

---

① (东晋)郭璞:《海外东经》第九,《山海经》二,中华书局1985年版,第21页。

"永火之薪"的惩罚。而救世主耶稣作为后天教化民众稼穑的主人,"拔茅茹以其汇",救赎万民,恢复先天元吉。九二爻,白晋将耶稣作为后天新民的父亲,行走在四夷荒野之中,以中道行事,跋山涉水,拯救大众,故"得尚于中行"。九三爻,此爻正值天地"泰"象复为"否"象的交际之时,白晋将亚当、夏娃所导致的天地不平称"陂",将亚当、夏娃失去的先天元吉看作是"往而不复"。而耶稣能够坚守贞正,亲自临世替万民赎罪,让造物主息怒,从而恢复天人关系,形成天地交泰的状态,故"无咎",使得万民能够享受造物主所赐赏的食物,故得"福"。此六四爻白晋分"内意纲"和"内意目"解释(后面六五爻、上六爻亦如此划分)。其"纲"阐明人心的脆弱,很容易被魔鬼诱惑,尽管被救世主救赎,但是如果不谨慎行事,依然可能再次陷于危险之中。其"目"将先天纯三阳(☰)定为君子之道,纯三阴(☷)定为小人之道,先天亚当、夏娃正是受到诱惑,立小人之道。而后世耶稣能够做到至尊至谦,诞世为"邻人"(比喻与万世万民同居之人),小往大来,恢复君子之道。六五爻,其"内意纲"将造物主比喻为"帝乙",将耶稣视为"归人",等同于"归妹",二者结合归于上天的元吉之祉。其"内意目"分无始之儿、之兄与有始之女、之妹。亚当、夏娃本来为造物主宠爱的儿女,但是犯下原罪,丢失"妹"的尊称。而耶稣降世为人,如同出嫁的女子,顺服造物之的旨意,故"以祉元吉"。上六爻,其"内意纲"将救世主拯救万世的日期定为"大庆之期",当时天地相交,造物主与四方万民皆普天同庆。"内意目"则划分亚当、夏娃所立的先天国家和耶稣所立的后天国家,先天国家遭受恶魔侵袭,国都城隍颓圮,"城复于隍"。而后天国家将城隍定于南、北、东、西四方之中,为大秦国所在处。由于大秦国不一意孤行,能够归服造物主,所以不至于否。

而《否》(☶)卦的卦辞采取与《泰》(☷)卦对应的方式,《泰》(☷)卦本来为天地相交、上下相通的先天元吉状态,正是由于人祖亚当、夏娃的原罪,导致天地不交,万物不同,变为《否》(☶)卦。在初六爻,由于亚当、夏娃和后世万民都出自于造物主,就如同大树周围的茅草,因为原罪,所以如同"拔茅茹以其汇",万世子孙都受到殃及。幸好救世主耶稣能够坚持不懈地拯救万民,故"贞吉,亨"。六二爻,白晋强调造物主无所不包,"包承"万有。亚当、夏娃本与造物主同心同体,但因原罪而成《否》(☶)卦。救世主耶稣甘愿在万民之中,做一个至卑至谦的"小人",行君子之道,故曰"小人吉,大人否,亨"。六三爻,由于位于下卦之极,故三阴(☷)之凶相积累,就好像大秦"积不善之家"①。但幸好恶魔处于不当位,故还没有完全获胜,预定救世主耶稣还没有被谋害,暂时包蓄在心,等待救赎万民的时机,故言"包羞"。到了九四爻,当《否》(䷋)卦三阴(☷)已过中,有转《泰》(䷊)之机。而三阳(☰)象征耶稣诞生为人,为万民赎罪,转《否》(䷋)为《泰》(䷊),成"无咎"之象,后世子孙分散各地生存,以"畴离祉"。九五爻,白晋从"人心惟危,道心惟微"②论及亚当、夏娃与耶稣的区别,将万世子孙比作"苞桑"的枝叶。亚当、夏娃导致《否》(䷋)象,耶稣拨乱反正,将万世万方子孙"系于包桑",从而能够转凶为吉。上九爻,白晋认为在《否》(䷋)卦之极,即是亚当、夏娃已经犯下原罪,先天正道崩塌,此时造物主诞下耶稣,拯救万世,成为"倾否"大人,成就"先否后喜"之象。

9°《大易原义内篇》(约 24000 字)第一部分是用《圣经》的造物主体一位三的思想来对"三易原义之异"作解释,从先天、后天的吉凶之象等证明"三易"所包含的不同含义。第二部分是对《易经》中的前两卦《乾》、《坤》二卦分"经文"、"内意纲"、"内意目"进行了详细解释。其内意分"纲"与"目","纲"是对解释主旨作梗概介绍,"目"是对卦爻进行详细解释。通过引用《圣经》(以《旧约》中上帝创世和《新约》中耶稣的故事为主)的故事,并用中华典籍作为旁证来对每一卦爻进行分析。针对一些卦爻具有多义,便采取另加一"内意","易中卦爻之文深奥,不可拘观于一面,故兹特于《乾》卦各爻内意之外,又加一解"③,故在"内意目"中又分"内意"与"又内意"。具体言之:

《乾》(䷀)卦的卦辞之纲是以乾体统天而言"元亨,利贞",重点以救世主体先天圣父,补人祖原罪而成就"元"仁之大圣、"亨"通乾体之善、"利"万世蒸民之德及"贞"坚万世之心,为后天万世生新民之元首。在"内意目"中具体

---

① (魏)王弼注,(唐)孔颖达疏:《周易正义》,李学勤主编:《十三经注释》标点本,北京大学出版社 1999 年版,第 31 页。
② (汉)孔安国传,(唐)孔颖达疏:《大禹谟》第三,《尚书正义》,李学勤主编:《十三经注释》标点本,北京大学出版社 1999 年版,第 93 页。
③ [法]白晋:《大易原义内篇》,梵蒂冈图书馆,Borgia·Cinese,317-9°,第 7 页。

诠释圣子耶稣元、亨、利、贞四德之才："元"体现先天全能、元善元明,合亨、利、贞之天德;"亨"为耶稣应造物主的命令通亨全善,降世为人后,能够施以甘霖而润泽世人的旱心。"利"与"贞"是耶稣以乾道感化人心,使后天上下各得其宜,四方万民各得其利,开后天之吉。对于《易传·乾卦·文言》中所言"六位时成"、"六爻发挥"、"时乘六龙以御天也"等经文,白晋在"内意纲"中将其作为时间描述,即救世主从造物主任命到降生为人皆为历代世人耐心等待。而在"内意目"中,白晋将先天、后天造世、救世之功时间等同,皆为六日而成。后天即六千年(一千年为一日);而《易经》乾道据六龙运行之六位象征天运六千年,故宇宙之初,天地、日月、君臣二道,皆不失其正,自然之常。对于《乾·象》中"天行健,君子以自强不息"一语,白晋以圣子耶稣作为"君子",以体会圣父造物主的纯乾至健的德性为"内意纲"。在"内意目"中白晋引来知德(1526—1604)之易象逆数("错综说")①,将造物主作为圣人,立易象之逆数;人祖亚当、夏娃迷于象,从而失去先天元吉;圣子耶稣复其象,开后天成新民之功。而河洛卦爻与天象皆为天地造化之秘,故"天行健",《乾》卦象征圣子与圣父至健、纯乾、纯阳的德性相配,"君子以自强不息",乘龙以造化救世。故圣子的德性如天道乾乾不息,从而复元善之吉。

初九爻"潜龙,勿用",在"内意纲"中白晋将耶稣视为"潜龙",其德为"龙德"。在出震之初,他妆敛自己,不敢急用,只有等待圣父所定的救世之期到来时,降生为人以成救世大功。"内意目一"解释为圣子耶稣于救世之始,由于时机未到,故潜藏于六爻初位,安于遁世,故称"勿用"。"内意目二"解释为耶稣降生后的前三十年一直隐藏于人间遁世,一方面居住在陋室之中等待圣父的命令,并没有彰显自己的天德之光;另一方面又为圣母玛利亚尽作为儿子的孝道,尚未显世成名,故出于潜世的状态。

在九二爻中,"内意纲"定为圣子耶稣虽离成功之期尚远,但是已经逐渐显示出他的德行。"内意目一"将他称为"大人",其龙德已经离潜出隐,见于世间的有田、有道之地,天下先知都在等待他的降临,故"利见大人"。"内意

---

① "错综说"以错综其数以论象,即合义理与象数于一体,阴阳相对为错,上下颠倒为综,流行变化之道皆在其中。参见(明)来知德撰:《周易集注原序》,《景印文渊阁四库全书》经部二六,台湾商务印书馆1986年版,第3页。

目二"将其"田"具体到大秦国,且为造物主降生圣子的地方。由此造物主将大秦国的荒野变为良田,大利于大秦国,然而造物主还没有为四方赎罪,故暂未得其位,仍需要等待救世的时机,以成君子之功。

九三爻,"内意纲"认为圣子耶稣降生救世的时机(三爻象征三千年)已经到来,圣教开始在人间流行。在"内意目一"中白晋赋予了卦爻物象性和时间性。以《乾》卦的上三、下三总共六爻为圣子从天上到人间所乘的六条龙;而先甲三日,后甲三日为六运的时位,故共六千年。先甲三日的初爻为第一千年终,象征古代先师(先知)的出现,在东方为包犠氏(即伏羲),在西方为额诺各(又名赫诺格,Enoch,即以诺)。第二爻为第二千年终,先师出现以后即是圣教显现流行于世间的时候。第三爻为第三千年终,正值救世主耶稣履行救世这危险而艰巨的任务,拯救四方万民,此时上不在天,下不在田,所以"终日乾乾"。白晋在此处以先师亚把郎(Abraham,即亚伯拉罕)在大秦国选降生之祖为例子。"内意目二"将九三爻作为后天开端的开始,特别是救世主耶稣能够在最危险的时候亲自诞生为人,"终日乾乾"而行救世之功,故天下"无咎"。

九四爻的"内意纲"白晋总结为救世主耶稣为了万民而赎罪,立下临世的志向。"内意目一"讲述后天第四千年,先师亚把郎寻找唯一的真主,而圣人每瑟记录《圣经》,以期望救世主的到来。而救世主降世的时候,并没有安身之所,所以很难取得成效,但是他上应上主,下亲万民,"或跃在渊"体现出耶稣的乾乾之道,故"无咎"。"内意目二"从圣子耶稣所处的境遇出发,认为耶稣诞下为人就离开了天国,而万民却依然行恶,无视耶稣的苦心,故耶稣上不在天,下不在田,中不在人,不得其所。尽管如此,耶稣依然能够甘心受苦,背负万世万民的罪过,所以万世"无咎"。

到了九五爻,其"内意纲"以大秦国作为圣子耶稣诞生之地,尽管还没有到救世成功的时候,但是他坚持传教,感化世人。"内意目一"解释九五爻为第五千年,当时大秦国作为救世主诞生地,其子民皆为造物主所选子民,故立太牢、少牢之礼,以企望救世主耶稣的降生。白晋以中华河南开封府清真寺中清代太子太保、户部尚书、工部尚书刘昌所撰的纪念碑文为依据,他将此也称为《大秦景教碑》,以此论述了开封府中景教的发展情况。而造物主乘乾九五,如同"飞龙在天",以预祝救世主在世间的成功;而万方贤士先知企望救世主的到来,仰观天象,故"利见大人"。"内意目二"解释九五爻即对应救世主,如《圣经》所预示,救世主耶稣乘苦悬十字,内外乾乾,合上主、下人二性,正如"飞龙在天"而下世救人,故天下利见之大人。

上九爻,作为为六千年之终,乾乾天道之刚到此时已经穷极。其"内意纲"白晋解释为由于受到亢龙叛神之首(暗喻魔鬼撒旦)的诱惑,后世子孙皆罪恶盈满,救世主受命甘受万苦,舍弃自己的生命来救赎万民,力图对上使造物主息怒,终止乾道过分刚硬;对下使得万民悔过,以正人心。其"内意目"强调"亢龙悍魔"即恶魔对万民的诱惑,使得万民背叛上主,且亲弑救世主耶稣,导致普世的灾难。亢龙知进而不知退;知存而不知亡;知得而不知丧。救世主却与其相反,能够知进退、存亡,兼天人二性以辅佐造物主治理天下,他对造物主的衷心使得万民"有悔",其纯仁之心也开启了坤道的开始。

《易经》六十四卦,每卦六爻,只有《乾》、《坤》二卦多出两爻,《乾》卦称为"用九",《坤》卦称为"用六",以此来调整天地日月之道的大数规律,特别是在历法中以此调整岁差。天阳(九)、地阴(六)的大衍之数为五十,其用四十有九。《乾》卦的用九,即龙经历了潜、惕、跃、飞等阶段以及亢之战斗以后,出现了"群龙无首"的情况。其"内意纲"为叛神(恶魔)获罪于天,且引诱人祖亚当、夏娃一同背叛造物主,导致宇宙上下天下大乱。天下的治理只有靠圣子耶稣以谦征傲,不仅要除叛神群龙之首(魔鬼撒旦),而且能够感化四方人心,重新确立宇宙治理的原则。其"内意目"进一步阐释九部天神之首(指亚当、夏娃)由于亢上,获罪于天,不足以为万民首领,故称"群龙无首"。唯有救世主耶稣甘心顺命,诞生为人,成就乾德,天下得"吉"。白晋并且用数来进行阐释,三一为唯一造物主,参其三为九、为二十七、为八十一,皆为纯刚,指代亢龙悍魔(恶魔)过分刚硬,形成亢上之象。若两其三为六,合阴、阳坤地所用之数;乾之诸九,尽于爻六,其刚而柔。故用九不仅能体天道,而且降生为人,是救世主之象。

《坤》(䷁)卦中卦辞所言"元亨,利牝马之贞。君子有攸往,先迷后得主,利西南得朋,东北丧朋,安贞吉"。其"内意纲"白晋解释为若人祖亚当、夏娃能够一直像良马安顺造物的命令,则会长期保持元善,则"有攸往"。但是二人却犯下原罪,使得后世子孙同迷失道。但是因为救世主耶稣能够在人间重新确立忠、孝、信三道,故最终获得吉利。其"内意目"详细解释亚当、夏娃本来为夫妇,二心结朋,能够顺应造物主,属于纯阳圣三之命。但是二人却受到恶魔引诱,如同骄马放纵,与恶魔一起迷失正道,犯下莫大之罪。幸好耶稣能够顺应造物主圣三之心,重新以人事之功获得安贞之吉,先天之道重新流行。由此《否》(䷋)卦之象本丧朋于东北(六十四卦方图之《否》䷋卦),幸好后天救世主转为泰之象,得朋于西南(六十四卦圆图之《泰》䷊卦)。关于《坤》卦的《彖》辞和《象》辞,白晋将其"内意纲"定为耶稣如同大地般广厚以开后天再造生民的大志,以贞德之心敷教万方子民。"内意目"主要称赞耶稣能够顺承天道而效法地道,具备忠、孝、信三顺纯坤之表,重点强调坤元的顺承厚德之性,就好像牝马顺应乾元的生民之意,"德合无疆"。白晋还将西方先师每瑟与东方圣人孔子进行类比,二人皆亲传圣教,每瑟圣门宗徒 12 人,弟子 72 人顺造物主的命令,辅佐耶稣成就救世之功;而孔子门人 10 人,弟子 72 人,均试图能够在天下行道,孔子叹道不行,故等待弘道之人,白晋认为数百年后,即降下救世主耶稣。

初六爻,"内意纲"将世人弑杀耶稣的原因归结于人祖夏娃受"黑龙老阴"(指魔鬼撒旦的化身蛇)的诱惑,导致亚当犯下原罪,连累万世子孙渐积不善之恶,凝结于人心,就好像冬天不可化解的坚冰,从而使得国家招至不可拯救的洪殃,故称"积不善之家,必有余殃"[1]。救世主耶稣尽管为天下积善,但是如同"履霜",遭遇"坚冰"。其"内意目"主要将初六爻履霜坚冰的状态暗指人祖亚当、夏娃的原罪,这样的罪导致"阴"的萌发,因循渐积,至于极盛,从而必然导致万恶凝结坚冰的危险,并且殃及子孙无穷。白晋进一步用臣弑君,子弑父的例子来暗示救世主被世人所杀的命运,其根本原因在于亚当、夏娃的原罪。尽管如此,耶稣依然不忍心让普世忍受寒冰的灾殃,故亲自在冬至日(农历十一月中,即暗指阳历十二月二十五日)诞世为人,甘愿履于恶世之霜,造福世人,故"积善之家,必有余庆"[2]。此外,在白晋看来,《坤》卦的初六爻相

---

① (魏)王弼注,(唐)孔颖达疏:《周易正义》,李学勤主编:《十三经注释》标点本,北京大学出版社 1999 年版,第 31 页。

② (魏)王弼注,(唐)孔颖达疏:《周易正义》,李学勤主编:《十三经注释》标点本,北京大学出版社 1999 年版,第 31 页。

应于《乾》卦的初九爻,后天再造成功前六千年,在六位时中的第一位之内,离后天救世主诞生的时间还很远,天下依然是霜冰隆冬之状,故四方人心无德,圣人未出,处于洪荒之中。其相应之期,乃《乾》卦东、西方先师出生之时。

六二爻,其"内意纲"将人祖亚当、夏娃获罪以后,如同失去父母的孤儿,没有立足之地,且连累子孙流散四处。而救世主耶稣能够依靠柔顺中正的美德,重新使得万民有了归宿,万世普宁。其"内意目"将地视为方形,比喻宇宙唯一一处正直安宁的地方,承载着天地的广大,故"无不利"且"德不孤"。耶稣诞生于地,化身凡人,尽合于《坤》卦的纯德之象。且此爻与《乾》卦九二爻相应,在六位时中的第二位之内,时间为企望救世主来世间的先师出生的时候,大致为洪水前的256年。

六三爻,"内意纲"主要言称救世主耶稣上类比上主,下类比世人,以德配天地,如同"含章",他顺应造物主的命令,至谦至顺,终于完成补救万世万民之功。"内意目"具体描述耶稣兼具上主、下人的二性,即为后人再造化的阴阳二性,内含成功章美的才华,但是却不外露,明白"地道也,妻道也,臣道也"的道理,通过顺承本性以等待造物主规定的时机才行动,所以耶稣是造物主在人间的代言。此爻相应于《乾》卦九三爻,在六位时中的第三位之内,此时先师皆仰观天象,以等待救世主的到来,但是当时世间异端洪流大湮普世,对应于中华,应处于唐尧洪水之期。四方之中,仅仅存有圣亚把郎(亚伯拉罕)一家等待救世主的到来,故其时为"含章可贞",天主圣教即将恢复光明,至于万民,终于等到了拯救的时机。

六四爻,"内意纲"称耶稣已决定以自己身体的血来赎世代万民的罪恶,但是由于造物主所规定的世间没有到,故暂时隐藏起来,静候其时。"内意目"详细阐述耶稣诞生为人后,化身凡人,用自己的圣血偿还万世子民的血债。此爻为上卦之初,象征后天变化,圣道始行,而天上的景星为先兆,明确指出救世主出生的时间、地点,外邦的三贤王因为观察到了天象而前来朝拜。尽管随着救世主的到来,圣血之躯已经临世,但是当时大秦国的人心蒙塞,不仅没有察觉到,反而对救世主加以谋害,加上时间未到,所以救世主只有以顺德听命为宜,"无咎无誉",谨慎处世。此爻相应于《乾》卦九四爻,后天再造成功,在六位时中的第四位之内,即亚把郎坚定地等候救世主的到来,并且跟随每瑟圣人奉造物主的命令,能够在人间宣扬天主圣教,从而赎罪,又因为并没有完全使得万民信奉圣教,故尚无可以称道的美誉。

六五爻,其"内意纲"将人祖亚当、夏娃所受造物主的宠爱比喻身穿先天诸德饰的美裳,即"黄裳",然而由于原罪不仅全坏其"黄裳",而且连累后世子孙,没有衣服的身体遭受到恶魔的迫害。救世主耶稣诞生为人,在地上传天、地、人诸德,教化万民,犹如为万民裁制至美的衣裳,复先天元吉。而"内意目"具体而言,造物主喜欢玄黄之美,因为地为黄土,所有衣服有黄裳,其中具备仁、义、礼、智、信至顺五德,并且有谦逊之美。但是亚当、夏娃忘记至卑的身份,玷污了德性黄裳。幸好造物主垂怜万民在荒野中没有衣裳,命令救世主来亲自为万民缝制美服,故"元吉"。在此卦中,白晋以尧舜垂衣裳而天下治为例。此爻相应于《乾》卦九五爻,在六位时中的第五位之内,即每瑟圣人率子民在荒野中生存,得到造物主所赐的美地,成为大秦唯一有道之邦,此为圣教的元吉之时。

上六爻,其"内意纲"定为黑龙傲鬼邪魔(恶魔)引诱人祖亚当、夏娃犯下原罪,导致万民共同背叛造物主,弑杀救世主耶稣,善恶、阴阳二道,势均力敌。天地、上下二龙,象征元圣(造物主)、元恶(恶魔),相互战斗导致伤害,恶魔终于被打败,坠入地狱。在"内意目"中以《坤》卦的上六爻与《乾》卦的上九爻同比相应,"亢龙,有悔"与"龙战于野,其血玄黄"皆为凶象。第六千年的第六位时,人心罪恶盈满,积不善之家,故恶魔与造物主相斗争,以下亢上,阴道盛极。而救世主再造人事的时候与恶魔相战于普世野外,二龙一升一降、一亢一谦、一刚一顺、一虐一仁、一纯善一纯恶,两龙互相攻战,都受到伤害,二体"其血玄黄"。但是尊卑定位,贵贱定分,救世主最终为万民赎罪,败除恶龙(恶魔),使其坠入渊谷(地狱)。

《坤》卦的用六爻是对整个《坤》卦的总结说明。"利永贞"即适宜恒久而不变。此爻无内意纲,仅存内意目从正、反两个方面证明坚守贞固的意义。人祖亚当、夏娃正是由于不守阴柔之性,成为造物主义怒的小人,连累后世子孙,不利坚贞。而救世主耶稣能够心怀卑柔人性,听顺造物主的命令,唯体坤之道,虽然看似柔弱,性格却很刚硬,所以虽"始于小者",却"以大终也"。在这里,坤与乾合,德配天地,重新恢复先天元吉,这是造物主对万民的宠爱。白晋最后总结《坤》卦用六爻的利永贞者,实际上就是指代救世主耶稣,他能够以六浑天三地二,合上主与下人的中和之数,上通造物主,下化人心,从而对后天万民而言属于利永贞之德。

可见 7°《易稿》中《屯》、《蒙》、《需》、《讼》、《师》、《比》、《小畜》、《履》、《泰》、《否》及 9°《大易原义内篇》中《乾》、《坤》共十二卦,其每一卦都按照卦辞、《彖》、《象》、初爻到上爻的次序进行解释。除了《师》卦的九二爻无解释以外,其他皆按此顺序。白晋正式通过以西方《圣经》故事作为经学参考文,通过"以耶解《易》",将《圣经》中圣父天主、人祖夏娃、圣子耶稣等主要人物几乎贯穿于每卦之中,化生出于《易经》相应的各类形象以符合卦爻之所需,从而对《易经》前十二卦的卦爻辞作合理性的义理诠释,不仅重视每一卦爻的具体阐释,还关注卦爻中的联系。特别是对《乾》、《坤》二卦,白晋诠释得最为详细,《乾》卦更加重视圣子的象征意义,将圣子作为乾龙的化身,从他隐而不显到最后的诞生于世,体现出圣子的意义。《坤》卦更加注重人祖之原罪与圣子之大功的对应关系,以此说明坤阴之正反多元特性(如魔鬼之阴恶与阴柔之贞性的对立等等),从中可以看到白晋的诠释重点,但是也注意到,梵蒂冈图书馆中白晋对具体卦爻的诠释也仅仅是涉及前十二卦的具体内容,并没有对《易经》六十四卦的完整诠释。

(四)关于《天学本义》的概述

关于 15°《天学本义》(约 9200 字)一文,由于成文以后白晋不断地对其进行修改和完善,故多次付印出版,叫法众多,有《古今敬天鉴》①、《古今敬天鉴天学本义》②、《敬天鉴引发明天学本义》③等之称,此外还有对应的拉丁文本,名为《古今华人对天之敬拜》(*De Cultucoelesti Sinarum Veterum et Modernorum*)④。柯兰霓一书中言《天学本义》的最早版本可能形成于 1699 年之前,且

---

① 《古今敬天鉴 *Gu jin jing tian jian*》(*Catholicisme apologétique et controverse*)藏于法国国家图书馆,共两本,古郎(Maurice Courant)编目为 Chinois 7161 号、7162 号。
② [法]白晋:《古今敬天鉴天学本义》,梵蒂冈图书馆,Borgia·Cinese,316–14°。
③ [法]白晋:《敬天鉴引——发明天学本义》,梵蒂冈图书馆,Borgia·Cinese,357-9°-d。
④ [德]柯兰霓:《耶稣会士白晋生平及其著作》,大象出版社 2009 年版,第 57 页。

在白晋给郭弼恩的信中提及,主要是呈现中华古代典籍中涉及天主的观点①。梵蒂冈图书馆所藏的版本有礼部尚书韩琰于 1703 年所著的《序》以及白晋的《自序》,此版本首次获得了翰林院的认可,或许可以说这是白晋来华以后第一本获得了官方认可的中文著作。

文章主要分上、下两卷,上卷是择集经书天学之纲,总共有十八个标题,皆是围绕着天所展开,乃为称赞上天之文。主要对中华语境中天的地位、权力、作用以及与天人关系进行解释,标题如下:

1.帝,帝者,天之主宰。

2.天有主宰,至尊无对。

3.上天全能,为天地人物之本。

4.上天极大,极明,无所不知,无所不在。

5.上天无形,其视听闻吉之神,无所不在。

6.上天为君、父、师,掌握命令之权。

7.世上君、父、师之权,由上天之命。

8.敬畏上天,修身勿欺人,嘉善除恶,宜也,否,则悖天道,灭天理。

9.钦敬上天之明,时时事事,向一无二,身代众罪,动天惟圣,德知之能人。

10.君民皆当敬事上天,惟圣德郊祀燔柴,用牺牲谷酒,乐以祭之。

11.上天本爱人,不恶人,而有喜矜人善,怒厌人恶之情。

12.上天怜人,容改认罪洗心,斋戒沐浴,哀号吁天。

13.上天为百禄万恩之主祷求宜也。

14.上天降灾警恶,不可不畏。

15.生死贫富成败皆在上天。

16.人善由天佑,恶由自为,上天降祥降殃因之。

17.上天知人心善恶,赏罚至公无私。

18.善生顺天命圣德者,终后升天永远纯福无疆。

---

① [德]柯兰霓:《耶稣会士白晋生平及其著作》,大象出版社 2009 年版,第 55 页。

可以看到,其语多取中华典籍《易经》、《诗经》、《尚书》、《孟子》、《中庸》等中华诸经之文,对照天主教的思想主张,目的是复明上古敬天之原旨与天学原意,证明中西宗教的同源性,认识上天即认识天主,"即明知经文论上天之旨而如见造物主神容之妙也"①。下卷是择集中华俗语以符合经书天学之纲,这里的中华俗语大抵是除了《四书五经》以外的著作和民俗文本作为论证,其中包括经文、士俗、民俗、印符等四十一个标题②(见表六),具体如下:

表六 《天学本义》下卷中的四十一个命题

1.称呼上天	2.天有主宰	3.天无二尊	4.上天生万物
5.上天生人	6.上天为民立君	7.人人皆敬上天	8.人人皆当服事上天
9.上天命人爱人(只有这个本有)	10.上天无所不在	11.上天无所不知	12.上天至公
13.上天无目而视	14.上天无耳而听极聪	15.上天所看最真(毫厘无差)	16.瞒不得上天(至明何能哄之)
17.上天有赏(同自掌赏罚善恶之权)	18.上天本爱人	19.上天厌人恶(人不善,其宰严其恶)	20.上天恶傲
21.上天养人	22.谢上天之恩	23.人莫能报上天	24.人若归于上天(凡苦皆由其命)
25.遇若当顺上天之命	26.仰天安慰人心(兹怜之本不负苦人之望)	27.仰天警惕人心(不容人恶,不可不畏)	28.仰天明白己心(人无过失,何以畏之)
29.皇祈上天垂怜	30.贫富在上天	31.上天之命难测(其意深奥难知)	32.上天之命不差(其算无穷)

① [法]白晋:《天学本义》,梵蒂冈图书馆,Borgia·Cinese,317-15°,第3页。
② 卷下对照藏于法国国家图书馆 Chinois 7161 的《古今敬天鉴 Gu jin jing tian jian》(*Catholicisme apologétique et controverse*),其标题依次为:称呼上天、天有主宰、天无二尊、上天生万物、上天生人、上天为民立君、人人皆敬上天、人人皆当服事上天、上天命人爱人(只有这个本有)、上天无所不在、上天无所不知、上天至公、上天无目而视、上天无耳而听极聪、上天所看最真(毫厘无差)、瞒不得上天(至明何能哄之)、上天有赏(同自掌赏罚善恶之权)、上天本爱人、上天厌人恶(人不善,其宰严其恶)、上天恶傲、上天养人、谢上天之恩、人莫能报上天、人若归于上天(凡苦皆由其命)、遇若当顺上天之命、仰天安慰人心(兹怜之本不负苦人之望)、仰天警惕人心(不容人恶,不可不畏)、仰天明白己心(人无过失,何以畏之)、皇祈上天垂怜、贫富在上天、上天之命难测(其意深奥难知)、上天之命不差(其算无穷)、成败在上天(非主宰之佑,事事不成)、生死在上天(人之生死,俱属主宰之命)祷告于上天(真宰者乃众人之赖,事事告之)、求雨于上天、求粮于上天、敬天牌位、敬天之礼(敬主礼仪)、求福于上天(真宰福善之所,不外于天)求寿于上天(真宰乃长生之根,求之可寿无疆)等41个。

33.成败在上天(非主宰之佑,事事不成)	34.生死在上天(人之生死,俱属主宰之命)	35.祷告于上天(真宰者乃众人之赖,事事告之)	36.求雨于上天
37.求粮于上天	38.敬天牌位	39.敬天之礼(敬主礼仪)	40.求福于上天(真宰福善之所,不外于天)
41.求寿于上天(真宰乃长生之根,求之可寿无疆)			

　　下篇以这 41 个命题来对照天主教的言论,证明无论古今、雅俗,天主教的教义都贯穿其中。在《天学本义》中,不难看出白晋对《易经》的重视和引用。不仅在此文的自序中,将《易经》作为天学之根,"大易失传,天孝尽熄"①,《易经》承载着天学原旨。而且在文中也多次引用《易经》原文来对照天主教的教义,从而试图恢复天学之原旨。在文后白晋再次明确提出天学本义"存于篇篇经文,句句俗语中"②,故欲明天学本义之原旨,不仅要达士俗文语之旨,而且更要明经文上古之义,通过后天之学而复明先天之学。

　　从以上白晋的这些易学著作可以看到,白晋的易学研究涵盖内容丰富,涉及易学研究的诸多方面。从内容而言,主要涵盖对易学之源的探讨,对"三易"的理解,对前十二卦的具体诠释以及对易学主旨的探索。从研究进路而言,不仅有义理诠释,也有象数分析,《易经》的言、意、象等各方面都予以关注。从对应文本而言,西方《圣经》是其最主要的参照,加上中华古代的其他典籍,《易经》俨然成为了中西经典互证的平台,体现出白晋特有的易学特色。

---

① ［法］白晋:《易钥》,梵蒂冈图书馆,Borgia·Cinese,317–15°,第 2 页。
② ［法］白晋:《天学本义》,梵蒂冈图书馆,Borgia·Cinese,317–15°,第 14 页。

第三章　白晋易学思想方法

经学以文献学为基础,但又不仅仅是文献本身。经典文本一旦产生,其所存在的价值与意义就已经付诸于后世语言符号的诠释,并在后世的不断诠释中赢得自己的生命。不同历史境遇中的不同诠释,又应以经典文本诠释空间的敞开为前提。而从经典诠释的角度,古代易学研究多为注释,以传解经;后来发展到训诂、象数、义理等形式皆有之,以此"达圣人之渊奥,知圣人之行事"①,故理解圣人所要表达的道理,知晓圣人行事的规则,乃为诠释易学之目的。在中国传统文化中,人们长期所形成的对本土文化的强烈认同感及对异质文化的天然排斥感,使得作为外来文化的传教士在进行传教抑或文化交流时显得举步维艰。首先悠久的中华历史足以让每一个中国人感到自豪,"中国就是自认为具有这种古老历史的自命不凡者"②,从而衍生了中国人对文化的自满情绪。比如沙守信神父提及"中国人瞧不起其他民族是最大的障碍之一,甚至在下层群众中也有这种情绪。他们十分执着于他们的国家、他们的道德、他们的风俗习惯和他们的学说信条,他们相信只有中国才配引起人们的注意"③,尤其是论及宗教信仰、思想文化层面的时候,中国人只信本土圣人,"如果中国以外真有什么好东西,真有什么真实的东西,我们的圣人学者们会不知

①　张汝金:《解经与弘道——〈易传〉之形而上学研究》,齐鲁学社 2007 年版,第 87 页。
②　参见[法]维吉尔·毕诺:《中国哲学对法国哲学思想形成的影响》,商务印书馆 2000 年版,第 214 页。
③　"1703 年 2 月 10 日沙守信神父给郭弼恩神父的信"。[法]杜赫德编:《耶稣会士中国书简集》(中国回忆录)I,大象出版社 2001 年版,第 242 页。

道"①？特别是在康熙的奏折中亦得以体现：

> 中国人说，既然中国经书，与你们西洋经书相同，又且先于你们，是高过你们了，则你们该请教于我们，不该传教于我们，——当随我们中国经书之解，从我们论帝王论理气之言。比方万岁要画个像，必定不肯用小孩子的黄巴巴，说巴巴是好黄颜色，也必不用，如今这书，都是人的秽浊，驴粪马粪，如何用来比说天主。②

其次，对传教士而言，传教意味着必然受苦。而学习语言是必要之事，无法定避免，"使自己忍受进入这些不同经验和条件的训练，以便精通他们的语言"③。但是汉语对他们而言，确非易事，就连利玛窦亦感叹汉学之艰，"对一个外国人而言，没有哪种语言像中文那样难学"④。在沙守信神父致郭弼恩神父的信中亦提及："就这个国家的语言而言，我向你保证，要不是为了天主，我们是决不会自讨苦吃去学它的"⑤。然而白晋具有学习中文的天赋，不仅娴熟地掌握了满文和汉文，而且能够熟读中华典籍，连康熙都认为来华传教士中"唯白晋一人稍知中国书义"⑥。白晋借鉴以往传教士在华的经验和教训，秉着强烈的使命感在传教的道路艰难地行进。他对《易经》的研究，不仅为他的索隐派思想寻求到诸多的诠说依据，而且形成了独特的易学索隐方法论。

在面对中国礼仪问题与传教理念的冲突下，白晋试图以西方基督宗教经典《圣经》来诠释中华儒家经典的《易经》，通过文本诠释在东西文化世界中做一次话语权威的转换，努力在中国的语言文字中寻索天主的原始启示和弥赛

---

① ［法］杜赫德编：《耶稣会士中国书简集》（中国回忆录）I，大象出版社2001年版，第242页。

② 康熙诏书梵蒂冈图书馆，Borgia・Cinese，439-C(c)。

③ ［美］南乐山：《在上地面具的背后——儒道与基督宗教》，辛岩、李然译，社会科学文献出版社1997年版，第27页。

④ Matthew Ricci, *China in the 16th Century*: *the Journals of Matthew Ricci*, 1583—1610, New York：Random House, 1953. p. 28.

⑤ ［法］杜赫德编：《耶稣会士中国书简集》（中国回忆录）I，大象出版社2001年版，第243页。

⑥ 罗光：《教廷与中国使节史》，台湾光启社1961年版，第173页。

亚救世主的形象。可以说是对索隐派"Figurists"（形象学派，《旧约》象征派）的一个延伸，亦通过对《易经》的研究，从而开创了广为人知的"索隐主义"①。如柯兰霓专门做白晋的个案研究，认为"索隐派成为白晋毕生的事业"②。白晋通过西方传统的神学方法，试图将《易经》也作为索隐《圣经》的媒介，从而在中国文化中依然能够看到天主的光。魏若望认为索隐主义即是白晋、傅圣泽、郭中传以及马若瑟四名耶稣会士想从中国经典中发现《旧约》人物的一种尝试。③ 孟德卫认为在索隐派的成员中至少有两位是极其富有创造性的思想家，"他们就是白晋和马若瑟"④，且"白晋关注的焦点是《易经》"⑤，从而将《易经》与白晋的索隐派思想联系了起来。龙伯格则认为白晋乃中国索隐学派的创立者⑥。司马富言及白晋为中国索隐派的发起者和领导者⑦。由此可见，索隐法为白晋及其弟子进行易学研究的工具，白晋将《易经》不仅作为诸经典的主旨，而且将其放置到理解圣人之大旨的至高地位，从而将《易经》与白晋的索隐派思想联系了起来，试图以《易经》为主，以《圣经》为客进行思想交流。特别是他在《易稿》和《大易原义内篇》中，以"内意"（"内意纲"、"内意

---

①　关于中国索隐学派的总体情况，参见 Claudia von Collani，*Die figuristen in der Chinamission*，Frank furt am Main，1981.pp.81-108。另外，荣振华将白晋的索隐派称为"即中国的固有传统和圣经协调起来者"。（参见[法]荣振华等：《16—20世纪入华天主教传教士列传》，广西师范大学出版社2010年版，第80页。）黄保罗将白晋的思想称为"汉语索隐神学"。（参见[芬兰]黄保罗：《汉语索隐神学——对法国耶稣会士续讲利玛窦之后文明对话的研究》，载《深圳大学学报人文社科》2011年第2期。）

②　[德]柯兰霓：《耶稣会士白晋的生平与著作》，大象出版社2009年版，第30页。

③　参见[美]魏若望：《耶稣会士傅圣泽神甫传：索隐派思想在中国及欧洲》，大象出版社2006年版，第135页。关于索隐主义的研究，参见 Paul A.Rule，*K'ung-tzu or Confucius?：the Jesuit interpretation of Confucianism* Allen & Unwin，Sydney，London，Boston.1986.pp.9-13、16-21、23-24、29-31。

④　[美]孟德卫：《奇异的国度：耶稣会士适应政策及汉学的起源》，大象出版社2010年版，第343页。

⑤　[美]孟德卫：《奇异的国度：耶稣会士适应政策及汉学的起源》，大象出版社2010年版，第346页。

⑥　[丹麦]龙伯格：《清代来华传教士马若瑟研究》，大象出版社2009年版，第146页。

⑦　Richard J.Smith，"*Jesuit Interpretations of the Yijing*（*Classics of Changes*）*in Historical and Comparative Perspective*".article based on the conference "Matteo Ricci and After：Four centuries of Cultural Interactionsbetween China and the West"，sponsored by the City University of Hong Kong and Beijing University，October13-16,2001.p.30.

目")的方式对《易经》中《乾》至《否》这十二卦的卦爻辞通过引用《圣经》里面的故事进行了逐文解释,内容详尽,思想完整,注重《易经》与《圣经》这两本不同的经传文本之间的通观,纲举目张,层次井然,构成了一个旁贯互通的整体。故《易经》不仅为白晋提供了索隐派的思想数据,也为他进行思想创造建立提供了有效的研究思路和方法。

一、同源追溯——《易经》与《圣经》的"碰头"

白晋通过长时间的刻苦阅读,对《易经》的地位有深刻的体认。首先,《易经》在中华传统学术研究上,被公认为是"群经之首"、"五经之首",总体上说是"宝训圣学"①,承载着诸经典籍之道。"所兼包数天文律吕格物,修身齐家治国等世学之理"②,蕴含着"天地鬼神之奥"③。其次,《易经》又具有强大的普适性。无论官方和民间,文人还是白丁,对《易经》的古老性和神秘性都望文兴叹。再次,《易经》文本内容和思维方式均具有灵活性和发挥性,适合进行自我诠释和解读。故白晋结合自己的知识结构和研究旨趣,试图通过《圣经》故事来解读《易经》,并且认为这是文本本有的自然体现,而非自己所做的比附。由此白晋更加坚定将基督宗教教义纳入到《易经》的思想内容之中的决心,试图通过对二者历史源头的追溯,把时间倒退到宗教起源的开端,将中国历史与《圣经》体系契合,从而追寻天学心学的本源。在他看来,二者皆为圣道古传,蕴含着圣学真理,虽分属东西方,却同含一理。《易经》自孔子没后,两千余年,不明于世,而西土的天主《圣经》,却载天学心学,传古传之真,其圣文之大义实为易学之大旨,"天主圣经先天后天之大旨,乃因幸略悟易学等经之大旨,而若可见,古学之原意也"④。在此基础上,白晋将天主《圣经》真义与《易经》所论精微道理相结合,以期通晓天学之本意。

---

① [法]白晋:《易钥》,梵蒂冈图书馆,Borgia·Cinese,317-2°,第1页。
② [法]白晋:《易钥》,梵蒂冈图书馆,Borgia·Cinese,317-2°,第1页。
③ [法]傅圣泽:《易经诸家详说》,梵蒂冈图书馆,Borgia·Cinese,361-3°,第15页。
④ [法]白晋:《易钥》,梵蒂冈图书馆,Borgia·Cinese,317-2°,第15页。

首先,白晋结合《乾》卦中的六龙运行,六位时成,对《圣经》中先天造物主创造万有以及后天救世主降生为人的时间进行了估算。在当时欧洲,认为《旧约》是关于人类最初历史的唯一可靠来源,关于中国上古编年史与欧洲《圣经》编年史的关系,在白晋之前,在华耶稣会士以《七十子译本圣经》作为权威论证,大多对中国的大洪水、伏羲、尧等历史关键因素作了阐释,但莫衷一是。其一,关于洪水,卫匡国认为尧帝时代的洪水是诺亚洪水的余波;而柏应理(Philippe Couplet,1623—1693)对其观点进行否定,认为诺亚洪水早于帝尧洪水。① 其次关于伏羲,阳玛诺(Emmanuel Diaz Junior,1574—1659)认为伏羲为中国历史的开始,大洪水时期与伏羲即位时间相似。而利类思(Ludovic Bugli,1606—1682)②则认为尧时代为中国信史的开端等。在白晋看来,造物主造先天万物之功六日而成;天主圣子降生为人以后,造后天救世之功,亦六日而成;千年为一日,均为六千年,并且造物主创世纪与救世主降临亦是六千年之远。③ 六千年不仅象征《圣经》中的创世纪之六日,第七日为休息日,"古必每七日罢工,报本反始之礼"④,亦刚好对应《乾》卦之六爻以及《复卦》中所讲"反复其道,七日来复,天行也",即为"七日来复"之年⑤。可以看到,在《圣经》的时间观念里面,"六"被当作时间的象征,亦是完美数字之体现。其一,从数字上说,为一、二、三之和,且仅由此三部分构成,无其他分数部分。其二,从时间上说,以天为单位,为天主创世纪的时间,以千年为单位,在《圣经》中

---

① 参见张国刚、吴莉苇:《启蒙时代欧洲的中国观——一个历史的巡礼与反思》,上海古籍出版社 2006 年版,第 81 页。

② 利类思来自意大利西西里岛的巴勒莫,在华传教 46 年,1655 年在北京创建了东堂住院以及 1662 年修建东堂,1664 年教案期间被捕,1669 年由康熙释放。1682 年 10 月 7 日逝世于北京,享年 76 岁,在会 60 年。葬于滕公栅栏墓地,他的葬礼由朝廷出资,康熙亲自作墓志铭,彰显其功,万世铭记。"上谕:'谕南怀仁等:今闻赵昌来奏,利类思年老久病,甚是危笃。朕念利类思自世祖章皇帝时至于如今,效力多年,老成质朴,素知文翰,况尔等俱系海外之人。利类思卧病京邸,绝无亲朋资助,深为可悯。故特赐银二百两、缎十匹,以示朕优念远臣之意,特谕。'康熙二十一年九月初七日。"(参见 *Beijing Administrative College:Appendices · History recorded on Stone-The cemetery of Matteo Ricci and other Missionaries during four turbulent centuries.*Beijing:Beijing Publishing Group LTD.Beijing Publish House.2013,pp.13—14。)

③ 参见[法]白晋:《大易原义内篇》,梵蒂冈图书馆,Borgia·Cinese,317-9°,第 6 页。

④ [法]白晋:《易学外篇》,梵蒂冈图书馆,Borgia·Cinese,317-10°,第 32 页。

⑤ [法]白晋:《易钥》,梵蒂冈图书馆,Borgia·Cinese,317-2°,第 12 页。

总可以找到显著事件作为转折点。参照奥古斯丁的说法,第一个时期是从人祖亚当到圣贤诺亚;第二时期是从诺亚到先知亚伯拉罕;第三时期是从亚伯拉罕到君王大卫;第四个时期是大卫到巴比伦之囚;第五个时期是巴比伦之囚到圣母玛丽分娩;第六个时期始于主的诞生,一直到现在依然延续着。[①] 而与此对应,白晋从《旧约》对《新约》的预示开始,其一是重点阐释先师的预言作用,以《旧约》先知亚伯拉罕对应《新约》先知每瑟;其二是将西方以诺和东方伏羲两位圣人相对应,从而论证东西方历史的重合。具体言之,白晋通过结合《乾》、《坤》卦之六卦爻相对,亦以一千年为单位,将《圣经》故事蕴含到每一卦爻之中。《乾》卦初九为时运之首位,为六千年第一千之终,对于古先师,东为伏羲,西以诺,二者实为一人。《坤》卦初六爻相应于乾初九爻之所指,后天再造成功,世人离救世主到来之时甚远,普世霜冰隆冬之状,万民等待先师的降临。《乾》卦九二爻为六千年第二千之终,对于先师以后,天教以天道文象示人。《坤》卦六二爻相应,即先师以诺与伏羲二人,分处东西,仰观俯察,等待百世所望之圣人的到来,大开广行之期。《乾》卦九三爻时运之三位,先三甲之中,为六千年第三千年之中,正对天主降生前古时之中。《坤》卦六三爻相应,后天时四方之中,以亚把郎为人之高祖,后天万方,圣教后复光明。《乾》卦九四爻为第四千年之终时,亚把郎成唯一认拜真主先师;而天主命圣人每瑟作之师,牧之于野。《坤》卦六四爻相应择亚把郎为后天子民之宗之时,需待降生大圣。随每瑟圣人,奉上主之命,履于野而行圣教。《乾》卦九五爻天主子未降成功之先,六千年之第五千将终,时上主选大秦国为四方之中唯一拜真主名邦。《坤》卦六五爻相应每瑟率牧子民于野,得上主所赐之美地,成大秦国唯一有道之邑邦。《乾》卦上九爻穷尽六时位始终,明系应于帝天圣子,出乎震,时为亢龙悍魔与地天君父决战于野。《坤》卦上六相应,人祖子孙,积不善之家,从九部叛神之首,黑龙与帝天角,亢老阴之道。可见白晋通过《易经》对《圣经》故事进行了时间上的历史回溯和义理上的梳理,从而统合中西宗教义文化的起源时间,使得文化源头趋于一致。

---

① 参见[古罗马]奥古斯丁:《论三位一体·序》,周伟驰译,上海人民出版社 2005 年版,第133 页。

其次,白晋非常重视《易经》中的先天、后天的天、地、人三才之道。第一,他在中华文化的内部,先将三才之道与三易之道等同,"先天未变,先天易变,后天不变,三易之道,一分各兼三才,而为三才之道,各本于函三一太极也"①。第二,又将三才之道与三皇联系起来②。天道、人道、地道统合日、月、星三辰,上、中、下三界,赤、黄、白三道,"先师以三皇尊号之文名之"③,"天道"对应"天皇","地道"对应"地皇",人道对应"人皇",三皇之秘数由八卦上、中、下爻分别象之。根据《河图》所示,天皇之数乃《河图》西方之四与九,相配为十三,地皇之数乃东方之三与八,相配为十一,人皇之数乃南方之二与七,相配为九。第三,北方之一与六合七之数,乃天地人,天历三道之总规。中央之五与十合十五之数,乃参伍以变,遂成天地之文,定天下之象。第四,白晋多处引用李光地的奏折:

> 康熙五十一年七月初九日 李光地奏折
>
> 臣 恭绎图像,九者天数也,并四成十三,为天皇之数。八者地数也,并三成十一,为地皇之数。七者人数也,并二成九,为人皇之数。配合皆极自然。由此观之,古所谓三皇者,即皇极之皇也。天皇云者犹言天之帝耳;地皇云犹言地之祇耳;人皇云则正谓继天地统万类之主,《洪范》所谓为天下王者是也,其所著人,数几。岁,数不过推元、会以见三才并立之原。殆表历数,以示皇极配天之无疆。古书多隐语,故神奇其说如此耳。岂真有兄弟迭与汤汤穆穆于羲皇尧舜之前者哉?我皇上既以三皇之号,尽归之理数,悉统之人皇,足以破邃古之荒唐,启河洛之秘要。皇上之膺道统,而衍心传者,于是在矣。臣 幸荷圣教,略有开悟。④

---

① [法]白晋:《易考》,梵蒂冈图书馆,Borgia·Cinese,317–4°,第16页。

② 在中国,由"三一"到三皇的转变,是由于纬书的更改,在西汉时,方士曾上书请以太老祠"三一",所谓的"三一"便是天一、地一、泰一,"古者天子三年一用太牢具祠神三一:天一、地一、泰一"。(参见司马迁撰:《孝武帝本纪》第十二,《史记》卷一二,中华书局1959年版,第456页。)所谓"三位大神",是天皇、地皇、泰皇,而到了东汉的纬书,如《春秋纬》、《遁甲开山图》、《尚书璇玑钤》、《甄耀度》等书中,已经改为天皇、地皇、人皇三皇。(参见刘惠萍:《伏羲神话传说与信仰研究》,陕西师范大学出总社有限公司2013年版,第19页。)

③ [法]白晋:I'Y King(无中文标题),梵蒂冈图书馆,Borgia·Cinese,317–11°,第4页。

④ [法]白晋:《易引原稿》,梵蒂冈图书馆,Borgia Chinese,317—6°,第2页。

李光地于 1712 年所呈上的这份奏折，主要即是通过中华帝王之说对天皇、地皇、人皇之数进行分析，王天下者即并立三皇，且统合于人皇。白晋将"三易"与"三皇"联系，称"天皇、地皇、人皇，《连山》、《归藏》、《周易》、是也"①，从而以天、地、人三才之道作为文化的根本，且为揭示远古河洛秘要之钥。

在此基础上，结合《圣经》，白晋一方面以三易之纲作为划分人类历史的标准，将人类历史划为先天未变（人类堕落之前），先天已变（元祖犯下犯罪，人类堕落之后），后天不变（救世主诞生以后）三个历史时期②，《易经》中的天、地、人三才即为天主三位，天主合三才于一体，即为造物主圣三。天主造万物之初，天下无恶而吉为易简《连山》先天之景（天皇），人祖自绝于天之时，天下无善而凶为变易《归藏》先天之因（地皇），救世圣子诞生之期天地不变，分乎阴阳，作为不易《周易》后天之始（人皇）。《易经》中的先天、后天之分即《圣经》中《旧约》和《新约》的内容。其中《旧约》主要集中在《创世纪》部分，重点讲述天主（耶和华）创造万物以及人祖（亚当、夏娃）的故事来对应先天易学。而《新约》中主要讲述圣子（救世主耶稣）的降生、显现神迹以及受难、复活的历史来对照后天易学。另一方面，白晋论述三皇之数（天皇之十三，地皇之十一，人皇之九）与天尊地卑之数的关系，由天皇所成乾之策（十三节气，一百九十五），地皇所成坤之策（十一节气，一百六十五），以节气、历数、天文演之，天地世岁之合数（合之为二十四节，凡三百六十当期之日，为一岁之数），为《天尊地卑图》之全数，上、中、下三道相得合一之数。通过此将《易经》的发展脉络视为《圣经》的历史发展轨迹。

最后，正如比诺所言："索隐派并非在中国的古代编年史中寻找中国历史，而是在寻找一部人类起源史，与大家在《摩西五经》中发现的那种历史颇为相似……"③。白晋对《易经》和《圣经》进行同源性溯源，探寻经典文献有着相同的性质和起源，二者皆为圣道古传，亦是对天学心学的阐释。"观自然

---

① ［法］白晋：《易引原稿》，梵蒂冈图书馆，Borgia·Cinese，317-6°，第 2 页。
② 参见［法］白晋：《易考》，梵蒂冈图书馆，Borgia·Cinese，317-4°，第 16 页。
③ ［法］维吉尔·毕诺：《中国哲学对法国哲学思想形成的影响》，商务印书馆 2000 年版，第 269 页。

归于大《易》天学心学之大,即合于天主《圣经》之道者,则可决之为真传"①。在此基础上,按照中国传统的观念对《圣经》进行了中国式的阐述。《圣经》有先天、后天大旨之分。在先天大旨中,白晋以天主"体一位三"为核心,将天主造万物作为仁爱之本,正义之神米歇尔战胜地狱撒旦势力而作为忠义之始,人祖亚当、夏娃始为夫妇之礼,人祖天主圣子则合三纲五常,先天五伦之大道,且用"人心惟危,道心惟微"②来诠释《创世纪》中人祖的所犯下原罪和天主的宽恕与仁爱。在后天大旨中,他以赫诺格(Enoch)作为后代万民先师,立诸学,教七十二弟子,制文字,开文明之先风;以诺亚一家八人三子三媳象征《易经》八卦,以示天主仁慈以留人种;摧毁巴别塔(Babel)而成七十二样语言以分东西诸国;以中华汉哀帝元寿二年(公元前1年)为救世圣子降临之期;而后天圣子耶稣的一生尽忠尽孝,至仁至义,爱主爱人,体圣教之纲,为万世之元祖;等等。

此外,白晋从《圣经》的传续历史来梳理圣教之旨本在中华。按照地理位置,中华与大秦国同系一祖一州,而东土本为诺厄(诺亚)长子之裔,中华乃东土之大方,故本遗留圣学典籍。③ 后经战争焚书消失殆尽,然而大秦国每瑟圣人奉命撰天主古《圣经》,且画秘学图即《三极三才之图》,"领在始于一终于十之图。其图之冒,则始于一成于三,为三极三才之图"④,明白一三深奥难测之道,通过德亚国72贤士翻译文字,游学而至中华,以复圣教之旨,启示易学圣学。其中,每瑟所传的《三极三才图》,虽然形式上异于《天尊地卑图》,但是"其数、其序、其道、其理、其用,实相同无异"⑤,均由一阴一阳之为道,半白半黑为其象,起于一而成于三,同为一本二元而终于十,其数为五奇五偶,共五十五,为《河图》《洛书》乾坤天地相合之全数。

故此,白晋通过以《易经》为依据,对《圣经》的发展阶段重新进行划分,以

①　[法]维吉尔·毕诺:《中国哲学对法国哲学思想形成的影响》,商务印书馆2000年版,第269页。

②　(汉)孔安国传,(唐)孔颖达疏:《大禹谟》第三,《尚书正义》,北京大学出版社1999年版,第93页。

③　参见[法]白晋:《易钥》,梵蒂冈图书馆,Borgia·Cinese,317-2°,第10页。

④　[法]白晋:《易引原稿》,梵蒂冈图书馆,Borgia·Cinese,317-6°,第6页。

⑤　[法]白晋:《易学总说》,梵蒂冈图书馆,Borgia·Cinese,317-8°,第25页。

先天、后天大旨统合中西经典的时间脉络,并结合《圣经》的传续历史将圣学之旨合于中华文明之发生,进而探索中西宗教文化的源头。

二、文字拆分——借耶文以释字义

由于汉字从一开始作为象形文字,本然蕴含着强烈的象征意义,故对中国文字进行语义学的拆分,从利玛窦开始便已经存在。在利玛窦那儿,文字拆分主要是和对汉字的学习以及方便记忆联系在一起的,在利玛窦的"记忆之宫"中,他利用几个汉字的形象展开了他的汉字认知之旅。第一个记忆形象是"武",他将"武(wu)"从左上方到右下方的对角线将其分开,这样上面的"戈"表示长戈,寓意一个武士正刺向对手;下面的"止"表示防止、停止,寓意另外一个人的防御,两个武士一攻一守,即为武斗。在利玛窦看来,有助于人类记忆的形象法则,应该是"生动活泼的而不应当太死气沉沉"①,所以汉字在具体的形象故事中有着更丰富的内涵,它所呈现的是一个时空中的具体故事。利玛窦所引用的第二个例子是"要"字。他将其水平分割,上面是"西",意为来自西方,加上字音 Xī 为"西夏"的前个字的字音,象征西夏王国;下面为"女",两个独立的表意字合起来便是一位从来自西夏国的女子,而西夏多信回回教,所以这个"要"字与穆斯林的宗教信仰关系密切,蕴含着教徒的基本义务,故"利玛窦用'要'来表达'基础(Fundamental)'一字的意思"②。更进一步,利玛窦对汉字的认知不仅仅只是形象的表意文字,更是具有深刻的文化和宗教内涵的,甚至是与《圣经》中的某些教义联系在一起。他举例"利"字,将这个字从中间垂直分开,左边为"禾",表示"禾苗",右边为"刂",表示"刀"或者"刃",两边合起来的记忆图像便是一个农民,拿着镰刀,收割田里的庄稼。而在《圣经》中也多次提及"收割麦子"、"打麦子"的相似形象。如"他们种的是

---

① ［美］史景迁:《利玛窦的记忆之宫——当西方遇到东方》,陈恒、梅义征译,上海远东出版社 2005 年版,第 40 页。

② ［美］史景迁:《利玛窦的记忆之宫——当西方遇到东方》,上海远东出版社 2005 年版,第 135 页。

麦子,收的是荆棘。劳劳苦苦,却毫无益处"①;"伯示麦人正在平原收割麦子,举目看见约柜,就欢喜了"②;"那时阿珥楠正打麦子,回头看见天使,就和他四个儿子都藏起来了"③;等等。而这样的收获、获利、益处等与《圣经》中所提到的益处(大约 61 次)、利益(约 8 次)相对应,多与信仰的虔诚、生命的价值、道德道义有关,益处多指诚实、公义、勤劳、智慧、自律等美德。可见,"利"字在利玛窦这里与《圣经》中所称颂的益处不仅有象征意义,也有丰富的道德内涵。并且他还将"利"的罗马音标体系中的"ly"发音作为自己的姓名。④ 继续深入记忆之宫,利玛窦以其文字形象蕴含具体的宗教人物(比如圣母与圣子)。他用"好"字举例,从中间垂直分开,左边的"女"代表"女人",右边的"子"代表"孩子",合起来便是一个女人抱着一个孩子,这样的形象很容易让人联想到基督宗教中圣母与圣子的形象。而"好"的寓意即是象征"美好",圣母怀抱圣子便是"欢喜",预示着救世主的到来,利玛窦结合字形和字义,赋予汉字基督宗教的神圣含义。

白晋年轻时就精于语言和数学,并且研究了埃及象形文字、喀巴拉哲学、毕达哥拉斯派的数字神秘论、新柏拉图主义等学问,这为他后来的汉字学习并对其进行义理思考奠定了基础。他通过对汉字的学习,认为这种象形文字并非仅仅是对真实历史的反映,更多的是具有象征和预言的意义。他一方面吸收《圣经》类型学(Typology)的诠释理念,将《旧约》和《新约》对照解释,即"《新约》隐匿于《旧约》之中,《旧约》借助《新约》得以显现"⑤。另一方面他将这种方法扩大,借用西方神学诠释法,研究异教文本的秘义及其与基督宗教的关系,并将之运用到中国经典中,特别是《易经》上,力图从《易经》中索隐

---

① 《圣经·耶利米书 12:13》(中英对照),中文和合本,英文新国际版,中国基督教三自爱国运动委员会、中国基督教协会 2007 年版,第 1246 页。

② 《圣经·撒母耳记上 6:13》(中英对照),中文和合本,英文新国际版,中国基督教三自爱国运动委员会、中国基督教协会 2007 年版,第 449 页。

③ 《圣经历代志上 21:20》(中英对照),中文和合本,英文新国际版,中国基督教三自爱国运动委员会、中国基督教协会 2007 年版,第 978—979 页。

④ [美]史景迁:《利玛窦的记忆之宫——当西方遇到东方》,上海远东出版社 2005 年版,第 231 页。

⑤ [古罗马]奥古斯提尼:《教会圣师著作研究》第 34 卷,第 623 页。转引自[加拿大]诺斯洛普·弗莱:《伟大的代码》,北京大学出版社 1998 年版,第 112 页。

《圣经》的遗迹。他试图通过文本比较探求古籍的深层含义、分析汉字结构背后的内涵，从中国儒家文化中寻找基督宗教的影子，找到弥赛亚和末日审判的寓言，对三位一体的展现，人类堕落的经过以及对救赎的喻指等。白晋在对《易经》的解释上，更是重视从文字学的角度，对特定文字援引《圣经》的故事进行解读，将汉字按照偏旁或笔画构成分解为几个独立的字义群，通过对中国汉字的分解和义理分析，解读其象征意义。在白晋看来，由字察文，由文察意。"大易乃真为文字之祖"①，故对《易经》研读便是对中华文字的研究。

首先，白晋试图通过文字拆分来对《易经》的作者伏羲做了大胆的推测。而在对伏羲的西方形象研究上，柏应理、门泽尔（Christian Mentzel, 1622—1701）、巴耶尔（Gottlieb Siegfried Bayer, 1694—1738）等人都将伏羲等同于亚当，而约翰·韦伯（John Webb, 1611—1672）认为中国人是诺亚的直系子孙。此外，还有人提出伏羲是诺亚、是诺亚次子子含，或者是以诺等。② 作为一个索隐派的代表，白晋将中华古代圣人与《圣经·旧约》中的人物进行对比③，认为作《易经》的作者伏羲不是别人，正是赫诺格（Enoch），伏羲乃赫诺格（以诺）的化身，通过神奇的卦象和象形文字索隐基督宗教的真理。"白晋认为《易经》的作者为伏羲，伏羲是该隐的后代以诺（Henoch，亦称艾诺克），其事迹在《圣经外传（Apocrypha 或 Pseudepigrapha）》的《以诺书》（*The Book of Enoch*）中亦有记述。伏羲知道天主创造世界的自然律法及和谐规则，并且曾将之记录下来，以求在华得以传递延续。"④从字义上讲，"伏"为"人"合"犬"，即是人身狗头的智慧之人；从历史演进上讲，伏羲乃"犬首人身"，神农乃"牛首人身"，皇帝乃"人面人身"⑤。白晋将"伏羲"拆分成两部分，"jen" or "git" 意思

① ［法］白晋：《易钥》，梵蒂冈图书馆，Borgia·Cinese, 317-2°，第 1 页。

② 参见张国刚、吴莉苇：《启蒙时代欧洲的中国观——一个历史的巡礼与反思》，上海古籍出版社 2006 年版，第 85 页。

③ 参见 Albert Chan, S.J., *Chinese Books and Documents in the Jesuit Archives in Rome*, Armonk, N.Y.: M.E.Sharpe, 2002. p.550。

④ 卓新平：《索隐派与中西文化认同》，参见王晓朝、杨熙楠主编：《沟通中国文化》，广西师范大学出版社 2006 年版，第 8 页。

⑤ 罗马耶稣会档案馆，Japonica·Sinica, IV5，第 50 页。

是"man"and"kou",合为"man-dog"①。他进一步比较卫匡国、伯里耶(Paul Berurrier,1608—1696)及基歇尔(Athanasius Kircher,1602—1680)等人对伏羲的研究,认为伏羲即西方神话人物赫梅斯(Hermes)或赫诺格②,不仅二人形象相似,"他的姓名之两个象形字深知已为某种必然的关联留下一些空间;因为第一个象形字'伏'乃由另外两个文字符号所组成:'人'和'犬'……正如特利斯墨吉斯忒斯一样,这位象形文字的发明者被形象地描述为狗头人身者。第二个文字符号'羲'意指献祭,这一表述指明伏羲乃主持献祭的祭司或大祭司,而且他也是那献祭秩序及宗教崇拜之规定者。对此……人们在经籍中给他以'太皞'之称,意即极大和三倍之大,或称特利斯墨吉斯忒斯"③。而且二人的历史功绩也颇为相似。伏羲的功劳,《易经·系辞下传》讲:"古者包羲氏之王天下也,……近取诸身,远取诸物,于是始作八卦";在《尚书序》中言:"古者伏羲氏之王天下也,始画八卦、造书契,以代结绳之政,由是文籍生焉"④;《帝王世纪》中言:"伏羲氏……于是造书契以代结绳之政,画八卦以通神明之德"⑤。可见,伏羲不仅是《易经》的作者,而且对汉字也有造举之功。而赫诺格亦是先师圣人,通晓天地奥秘,修百宫、制文字,开启文明之风。"生一大德圣贤,名赫诺格,为后代蒸民之先师,赋之以大聪明,通数典乐之微妙,洞天运之玄奥,修百工之作用器具,极精极详,立诸学,教弟子,制文字,明知历代天文之序,万物之列,一一所像之吉"⑥。参考中华传统文化中所出现的圣人以及《圣经》中的人物,白晋对中西历代圣人做了一个对比(见表七)⑦。

---

① Richard M. Swiderski:*Bouvet and Leibniz:A Scholarly Correspondence*,Eighteenth-Century Studies,Vol.14,No.2(Winter,1980—1981).p.145.

② "赫梅斯即赫诺格"。关于伏羲即赫诺格的证明详见[德]柯兰霓:《耶稣会士白晋的生平与著作》,大象出版社2009年版,第194页。

③ 白晋1701年11月4日写给莱布尼茨(G.W.Lbeibniz,1646—1716)信中,参见H.J. Zacher,Die Haupstschriften Zur Dyadik von G.W.Leibniz,Frankfurt,1973.p.272。

④ (汉)孔安国传,(唐)孔颖达疏:《尚书序》第一,《尚书正义》,李学勤主编:《十三经注释》标点本,北京大学出版社1999年版,第1—2页。

⑤ (晋)皇甫谧撰:《帝王世纪》,中华书局1985年版,第2页。

⑥ [法]白晋:《易钥》,梵蒂冈图书馆,Borgia·Cinese,317-2°,第8页。

⑦ 参见罗马耶稣会档案馆,Japonica·Sinica,IV5,第43页。

表七　白晋所做中西历代圣人比较表

对应序号	《圣经》人物	中华圣人
1	亚当(Adamus)Adam	盘古(Pan cu)Pan gu
2	塞特(Serh)Seth,Sheth	天皇(Tien hoam)Tian huang
3	以诺(Enos)Enoch	地皇(Ti hoam)Di huang
4	该隐(Caïnan)Cain	人皇(Gin hoam)Ren huang
5	玛勒列(Malaléël)Mahalalel	有巢(Yeu chao)You chao
6	撒拉(Sared)Sarah	燧人(Sui gin)Sui ren
7	赫诺格(Enoch)	伏羲(Fo hi)Fu xi
8	马太(Mathusale)Mattaniah	神农(Xin num)Sheng nong
9	拉麦(Lamech)Lamech	黄帝(Hoam ti)Huang di
10	诺亚(Noé)Noah	帝尧(Ti yao)Di yao

　　由上表可知,白晋将赫诺格(Enoch)与伏羲等同,二者同为古先师,"在东传为包犠氏,在西传为赫诺格"[1],二者实为一人。这里的赫诺格(Enoch)为亚当第三个儿子赛特的子孙,即雅列之子、诺亚的曾祖父。而与地皇所对应的以诺(Enos)为亚当孙子,该隐的儿子。其英文拼写与赫诺格(Enoch)相同,实为二人,白晋所重点所指的乃为赫诺格(Enoch)[2]。白晋言及"有一出类拔萃,聪明睿智之圣人出焉,名赫诺格,号再三大之先师,一如中国之太昊伏羲也"[3]。天主圣道"凡所作道,道德礼仪之典籍,数乐天文格物等,诸学之书之器,祭祀之神器,百工之用具"[4]之所以能够延续,亦是得功于赫诺格。且赫诺格(Enoch)与伏羲二人同工同劳,均俯仰天地,撰写经文,开东西文明之风。"朔立天文律吕,诸格物之学术,而作奥秘比喻曲传之辞,谓之铭刻圣文"[5]。由此伏羲成为了白晋研究中国神话人物中最重要的一个,"将伏羲等同于赫

---

①　[法]白晋:《大易原义内篇》,梵蒂冈图书馆,Borgia·Cinese,317-9°,第9页。
②　有学者言"伏羲被不同地当作是亚当、诺亚或以诺(Enoch)——该隐之子",此有误。(参见[美]方岚生:《互照——莱布尼茨与中国》,曾小五译,王蓉蓉校,北京大学出版社2013年版,第30页。)
③　[法]马若瑟:《周易理数》,梵蒂冈图书馆,Borgia·Cinese,361-4°-I,第41页。
④　[法]白晋:《易钥》,梵蒂冈图书馆,Borgia·Cinese,317-2°,第9页。
⑤　[法]马若瑟:《周易理数》,梵蒂冈图书馆,Borgia·Cinese,361-4°-I,第41页。

诺克(Henochum)"①。由此可见,对伏羲身份的认定是白晋进行文字拆分的一大"成就",从而将东西方圣人进行了统合,打开了经典在中西方传承的可能性。

其次,通过《圣经》中的具体事件对汉字进行解释,最具有代表性的是白晋对"船"字的解释,即是取用《旧约·创世纪》中"诺亚方舟"(Noah's Ark)的故事。他认为诺亚一家八口人乘一舟,"乃天下第一之船(船字从八口舟原本于此)"②,从而以由"舟"、"八"、"口"所形成的"船"字暗示在天主因人之罪而造的大洪水灾难中唯一避难所,从而存留人类之根。③ 更进一步,白晋认为诺亚一家八人(父母三男三女)即八卦乾坤(父、母)生三男(震、坎、艮)三女(巽、离、兑)以示天主仁慈以留人种,并且传续古传《圣经》,为千古不刊之典。反过来,他又用《易经》中的特定字义来形容《圣经》中的人物形象,比如解释《屯》卦六二"婚媾"之事,乃由于人祖获罪于天,连累万世子孙,上主仁爱,不忍绝人,故在人间选至贞圣女为母,定神婚之期以降下圣子,作为婚媾之事。而"女子贞不字,十年乃字"的"十",白晋引用《易学外篇》中的"至于十年,数穷理极"④和《周易正义》中孔颖达所疏"十者数之极,数极则变,故云'十年'也"⑤来说明"十"为数之极,以此形容圣母的至贞程度,暗示了圣母玛利亚的受孕和救世主的到来。

再次,关于具有形而上意义的词汇,白晋做了字义上的强调。比如"天",白晋则认为其中蕴含了体一位三的思想,天由"二"与"人"构成,"二"乃代表"圣三一"思想中的第二位,即为圣子。圣子降生为人,则是天之表现。而古

---

① [德]柯兰霓:《耶稣会士白晋的生平与著作》,大象出版社 2009 年版,第 197 页。

② [法]白晋:《易钥》,梵蒂冈图书馆,Borgia·Cinese,317-2°,第 9 页。另参见罗马耶稣会档案馆,Japonica·Sinica,IV5,第 51 页。

③ 在钟鸣旦一书中,亦涉及索隐派对文字的分析,除了将船字拆分为"八"、"口"、"舟"而预示诺亚一家八人在洪水中获得拯救以外,还有三(象征三位一体思想)、言(分"口"、"二",象征第二位圣子出圣父之口)、天(分"二"、"人",象征三位一体的第二位)、娄(两个"母"、"女",象征所犯原罪之夏娃)、古(分"十"、"口",象征旧约中圣父借诺亚之口所定教义)等字。(参见 Standaert, Nicolas. *Handbook of Christianity in China*, Volume one:635—1800. Leiden, Boston, Köln:Brill,2001.p.675.)

④ [法]白晋:《易稿》,梵蒂冈图书馆,Borgia·Cinese,317-7°,第 2 页。

⑤ (魏)王弼注,(唐)孔颖达疏:《屯》,《周易正义》卷一,李学勤主编:《十三经注释》标点本,北京大学出版社 1999 年版,第 36 页。

主字"丶"，一方面有独立的意义，为文字之始"丶"者主也，为一、二、三未分之一（三位一体之一），"丶，丶丶，丶丶丶也者，一、二、三者也，一、二、三者也，一本两元者也，一本两元也者，易所由函三位一之太极者也"①。另一方面也构成其他的字。比如"太"字，由"大"与"丶"构成，据文字本义"大"为至大，"丶"一者，三一也，故"太"为先天根本主宰。以此形容圣子耶稣甘愿从至尊之位降生为人，至谦而小为罪人跪乞后天再造之能德，从而太一含三（圣父、圣子、圣灵），合一而为圣三一大主。

最后，在具体的卦爻辞解释中，白晋亦对关键词汇进行解读。如前提及，在《需》卦中，白晋认为"需"字是与"儒"字相连，"言"字与"信"字相连，以需其人为儒者（等待救世主），故需人为儒字；听其言而信之（信造物主、救世主之言），皆为信者，故人言为信字。在这里，所言"后百世之人，凡听其言而信之，皆为信者"②，正如在《圣经》中，"言"首先为出天主之口所言的圣约、圣律、典章等法规和诫命；其次指代救世主耶稣诞世以后对天主的代言。在奥古斯丁看来，"圣子之被称为'圣言'（Logos），就意味着'说'出来，而'说'话总有'说'的对象，那就是圣子'言成了肉身'"③。对于"人"字，分大小二者，大者为至尊上主，帝天君父"一人为大，一大为天，尊无二上之号"④。小者又分二，皆为与大人相对之人，一为居傲亢上之小人，以此象征人祖，由于获罪于天，废其元初大人之性；二为谦卑顺从之小人，以此代表救世主耶稣，受命于主而降生成人，"以复得先天大人之元良"⑤。在"人"的基础上，白晋以"木"作为耶稣的代表。其一，"木"乃春生，万物萌生，仁德之象。而耶稣正是立洪仁之德，尽赎前后万民之罪，故"木"，木以此来形容十字架上的耶稣，成救世再造之功："耶稣顺圣父之命，乘十字……耶稣钉十字架时，正午春分既望，大岁

---

① ［法］白晋：《易稿》，梵蒂冈图书馆，Borgia·Chinese，317—7°，第 41 页。
② ［法］白晋：《易稿》，梵蒂冈图书馆，Borgia·Cinese，317-7°，第 8 页。另外参见罗马耶稣会档案馆，Japonica·Sinica，IV 5，第 143 页。
③ ［古罗马］奥古斯丁：《论三位一体·序》，周伟驰译，上海人民出版社 2005 年版，第 15 页。
④ ［法］白晋：《大易原义内篇》，梵蒂冈图书馆，Borgia·Cinese，317-9°，第 8 页。
⑤ ［法］白晋：《大易原义内篇》，梵蒂冈图书馆，Borgia·Cinese，317-9°，第 8 页。

之秋,时乃权衡天平复得其正,元吉之象。"①其二,"木"由"大"加"十"而成,人(救世主)如大人,乘十字以至仁之木德王,故其"木"为耶稣受难之象征,以此赎万民之罪。白晋在《乾》卦九五爻中言及"时乃救世大圣,乘苦悬十字,再造化之枢纽"②,以此形容耶稣内外乾乾,上息帝天圣父义怒,开洗世罪之泽;下而人悔已过,神化为善,成就后天再造之功。此外,在《益》卦中,其象为震下巽上,风雷激荡,如同圣子耶稣受命圣父开后天之道,再开人心受统治的根本法则,如日轮自北斗而开,开明规矩人心之象,以示告之。这里北斗之"斗"字,白晋解释为以"二"配"十",象征着天主第二位圣子乘十字以立至义至仁之后天之道,率人趋正反本复其正向,开万善之方。在《否》卦中,解释"否","口人也,不口,即非人"③,"口",象征人的口形,指代人;不口,即对非人。而"否之匪人"之"匪"乃象征"非人破国",即暗指人祖获罪于天,不遵循人子之道,破先天国家之元吉,导致天下无邦。

由此可见,白晋对中国汉字的解读,一方面是需要遵循卦爻的本义;另一方面,结合《圣经》赋予了汉字基督宗教的宗教象征意义。

三、数理图像——以《天尊地卑图》为基础

从白晋的书稿可以看到,白晋之所以可以利用数学知识(算术、图像、天文、音乐等)来对《易经》做解释,一方面是由于白晋在耶稣会士学校里接受了严格而系统的数学学习,算术、几何、天文、音乐在传统教会学校皆为数学学科。而白晋本人对数学知识又具有浓厚的兴趣和高超的研究水平,故能够出类拔萃。他以"国王数学家"的身份到华,经过考察留在宫中,不仅作为帝师,使用法国耶稣会士巴蒂(I.G.Pardies,1636—1673)的《实用理论几何学》(又称《几何原本》Elements of Geometrie)作为教材给康熙教授几何学,以至于"康熙皇帝精通了几何学原理"以及"比例规的全部操作法、主要数学仪器的用法和

---

① [法]白晋:《易钥》,梵蒂冈图书馆,Borgia·Cinese,317-2°,第13页。
② [法]白晋:《大易原义内篇》,梵蒂冈图书馆,Borgia·Cinese,317-9°,第13页。
③ [法]白晋:《易钥》,梵蒂冈图书馆,Borgia·Cinese,317-2°,第18页。

几种几何学和算术的应用法"①。关于此事的记录,还可参见《康熙自画像》一书所称:"我传旨耶稣教士徐日升、张诚、白晋也学习满文,用书面语写一篇有关西方算术和欧几里得几何的论文。1690 年初,我常常一天与他们一起工作好几个小时"②。另一方面是由于《易经》本身含有"图书之学",其内容多以符号、图形、数理、文字的形式表达,蕴含着大量的哲学、算术、几何、音乐、天文等重要理论。在《周易今注今译》一书中将易学概括为"两派十宗","两派"即是象数易学和义理易学,"十宗"则为"占卜"、"灾祥"、"谶纬"、"老庄"、"儒理"、"史事"、"医药"、"丹道"、"堪舆"、"星相"③。可见,《易经》涉及范围之广。另外,后世在诠释《周易》经传时,也多习惯用象数之学来作为非文字工具,王弼曾提出"得意忘象"论,认为卦象和语言符号通过人文解读,则不再是冷冰冰的记号、无任何意义的线条或者涂鸦,而是能够体现其中所蕴含的意,不仅能够"寻言以观象"、"寻象以观意"④,而且"得意在忘象,得象在忘言"⑤。易学象学具有代表的如周敦颐的《太极图》,易学数学如邵雍的"先天之学",而在刘牧所著的《易数钩隐图》可算是更"彻彻底底的'数学'了"⑥。故可以看到,白晋将数学运用到《易经》当中一是自己的特长;二亦是符合《易经》的诠释规律。所以,他利用数理图像解释《易经》受到认可。"白晋研究《易经》的日程表及康熙读白晋研究论文后的御批,主要内容就是交流《易经》所包含的数学问题"⑦。在数理方面,白晋"相信数学是反映天主设计意图的宗教科学"⑧,他特别看重二进制的使用,将伏羲的六十四卦与二进制进行统

---

① [法]白晋:《康熙皇帝》,赵晨译,黑龙江人民出版社 1981 年版,第 34 页。

② [美]石景迁:《中国皇帝:康熙自画像》,吴根友译,上海远东出版社 2001 年版,第 111 页。

③ 参见南怀瑾、徐芹庭注译:《周易今注今译》,重庆出版社 2009 年版,第 9—10 页。

④ (魏)王弼撰,楼宇烈校释:《周易略例·明象》,《周易注校释》,中华书局 2012 年版,第 284 页。

⑤ (魏)王弼撰,楼宇烈校释:《周易略例·明象》,《周易注校释》,中华书局 2012 年版,第 285 页。

⑥ 郑吉雄:《易图像与易诠释》,华东师范大学出版社 2008 年版,第 92 页。

⑦ [德]柯兰霓:《耶稣会士白晋的生平与著作中文序》,大象出版社 2009 年版,第 10—11 页。

⑧ 转引自张国刚、吴莉苇:《礼仪之争对中国经籍西传的影响》,《中国社会科学》2003 年第 4 期。

合,他的观点也获得了莱布尼茨的认可与支持。① 在他给莱布尼茨的信中,白晋认为中国古老的哲学即使体现在《易》图之中,一方面,白晋认为莱布尼茨所言的自然规律,如物质和推力等,这与《易经》中的阴阳、动静变化相同②;另一方面,白晋将邵雍的《先天图》卦序与莱布尼茨的二进制算术顺序联系起来以此证明二者的相似性,在信后附上了《伏羲六十四卦次序图》和《伏羲六十四卦方位图》。莱布尼茨根据白晋所寄来的图,于1703年向巴黎科学院呈送了《二进位算术的阐述——关于只用0与1兼论其用处及伏羲氏所用数字的意义》(*Explication de l'arithmique Binaire, qui se sert des seuls caracteres 0 et 1, avec des remarques sur son utilit? et sur ce quelle donne le sens des anciennes figures Chinois de FOHY*)③一文,对二进制算术与中国八卦图之间的关系做了阐释。④在图像方面,从最基础的天、人、地三极三才图开始,他不仅对《河图》、《洛书》二图的起源(《河图密法》、《洛书密法》)、周敦颐的《太极图》以及《天尊地卑图》做了详细的解释,对《伏羲八卦方位图》、《文王八卦方位图》、《伏羲六十四卦次序图》、《伏羲六十四卦方图》、《伏羲六十四卦圆图》、《文王六十四卦原图》等都做了研究。其原稿存于耶稣会档案馆,根据初步抄录,有如下图⑤:

A《天尊地卑图》

A1《唐日月铁鉴》(《唐十二辰铁鉴》、《唐二十八宿铁鉴》、《隋十六符铁鉴》)

A2《灵龟负图书 汉龟蛇砚滴一》、《龙马负图书 汉龟蛇砚滴一》

---

① 参见[德]柯兰霓:《耶稣会士白晋的生平与著作》,大象出版社2009年版,第42页。

② 胡阳、李长铎:《莱布尼茨二进制与伏羲八卦图考》,上海人民出版社2006年版,第2页。

③ 此文发表在法国《皇家科学院院刊》(*Histoire deScademie Royale des Sciences*)1703年(Ann MDCCIII.)上,收稿日期为1703年5月5日,出版日期为1705年。

④ 参见 Hellmut Wilhelm:*Heaven, Earth, and Man in the Book of Changes*, Seattle and London: University of Washington Press, 1977. p.8。

⑤ 此处所提及的图见于罗马耶稣会档案馆,Japonica·Sinica, IV25-4, E-M。另参见 Albert Chan, S.J., *Chinese Books and Documents in the Jesuit Archives in Rome*, Armonk, N.Y.: M.E.Sharpe, 2002. p.554。关于胡阳、李长铎言"白晋向莱布尼茨所示的《伏羲六十四卦次序图》在现有文献中无原稿出示",恐有误。(参见胡阳、李长铎:《莱布尼茨二进制与伏羲八卦图考》,上海人民出版社2006年版,第30页。)

A3《河图》、《洛书》、《乾坤》(七个图)

A4《河图》、《洛书》、《阴阳图》(七个图)

A5《河图》、《洛书图》(四个)

B1《太极图》、《河图》、《洛书》(五个)

B2 周濂溪《太极图》、《天干地支表》(四个)

C1《河图 八卦 爻》

C2 *Figura Tai-kie finensis*《太极图》

E《伏羲六十四卦方圆二图》、《河图》、《洛书》、《文王八卦方位图》
《伏羲八卦方位图》

F《伏羲六十四卦圆图》、《伏羲六十四卦方图》

G《几何三位图》

H《河图密法》(*Ho-t'u mi fa*)

I《洛书密法》(*Lo-xu mi fa*)

J《天尊地卑图》

K《伏羲六十四卦次序图》(*Fu-hsi liu-shih-ssu kua tz'u-hsu t'u*)

L《伏羲六十四卦方圆二图》(*Fu-hsi liu-shih-ssu kua fang yuan erh t'u*)

M《文王六十四卦原图》(*Wen-wang liu-shih-ssu kua yuan t'u*)

除了耶稣会档案馆中所存白晋对照《钦定日讲易经讲义》所载诸图之外①,白晋对李光地所撰《周易折中》(两卷)以及章潢(1527—1608)所编撰《图书编》(七卷)②引用最为多,其图皆有借鉴。比如他在《易引》、《易学外篇》中多次引用《图书编》的《三才图》③,还借鉴《周易折中》的《加倍变法图》、《大衍勾

---

① 参见《奉旨刊行日讲易经解义》书后附图,罗马耶稣会档案馆,Japonica·Sinica,I-18。

② 《奉旨刊行日讲易经解义》,见梵蒂冈图书馆 Rac·Gen·Or.II,1138 和罗马耶稣会档案馆,Japonica·Sinica,I-18;《周易折中》,见于梵蒂冈图书馆 Borgia·Cinese,69-70;《图书编》,见于梵蒂冈图书馆 Borgia·Cinese 103-107。

③ (明)章潢编:卷七,《图书编》一二七卷,成文出版社有限公司印行1971年版,第872—873页。"前易引首节引《图书编》《三才图》"。([法]白晋:《易学外篇》,梵蒂冈图书馆,Borgia·Cinese,317-10°,第52—53页。)"《图书编》尚存《天地人三才古图》"。([法]白晋:《易经总说稿》,梵蒂冈图书馆,Borgia·Cinese,317-3°,第4页。)"《图书编》《三才图》乃天地人三才各一太极也"。([法]白晋:《易考》,梵蒂冈图书馆,Borgia·Cinese,317-4°,第3页。)

股之原》①等。可见在对《易经》的研究中,白晋非常乐于利用图像的方法来解释《易经》,从而理解《易经》的深意。其中《天尊地卑图》是他以数学研究易学的典型。

《天尊地卑图》(*T'ien-tsun ti pei t'u*)②,其中文题目取自《易传》"天尊地卑,乾坤定矣。卑高以陈,贵贱位矣"中"天尊地卑"一语,含天、地、人三才之道于一体。通过查阅易学古图,唯有元代张理(生卒年不详)的《大易象数钩深图》中列有《天尊地卑图》(见图二十二):

> 解说:自一至十,天尊于上,地卑于下。尊者乾之位,故乾之君,为父,为夫;卑者坤之位,为坤为臣,为母,为妇,皆出于天尊地卑之义也。故曰:天尊地卑,乾坤定矣。③

图二十二　张理的《天尊地卑图》

---

① 参见(清)李光地等撰:《御纂周易折中》,上海古籍出版社1990年版,第552、546页。[法]白晋:《易经总说稿》,梵蒂冈图书馆,Borgia·Cinese,317-3°,第12页。

② 关于其英文说明,详见《天尊地卑图》T'ien-tsun ti pei t'u(All Illustration showing God's dignity above allcreatures on earth)By Joachim Bouve.「The top triangle has at its side the character t'ien 天(heaven),which is surrounded by a black circle.the lower triangle has at its side the character ti 地(earth),also surrounded by a black circle with light dark color painted inside.The middle triangle has at its side the character jen 人(man),which is surrounded by a circle,half of the inside is painted black,to denote that man is standing between heaven and earth.」参见 Albert Chan,S.J.,*Chinese Books and Documents in the Jesuit Archives in Rome*,Armonk,N.Y.:M.E.Sharpe,2002.p.549。

③ 施维主编:《周易八卦图解》,巴蜀书社2005年版,第337页。

暂未发现白晋对张理的《大易象数钩深图》有所借鉴。但是值得肯定的是,白晋对《天尊地卑图》的研究非常上心,一方面,《天尊地卑图》不仅单独出现在他的作品中(分别出现于梵蒂冈图书馆 Borgia・Cinese,361-1°(C)IV 和耶稣会档案馆 Japonica・Sinica,IV25-1),而且是梵蒂冈图书馆所存白晋中文易学著作的重头戏——《易学外篇》的核心内容。另一方面,《天尊地卑图》亦是他给康熙进献的《易经》成果的体现,在康熙的御批中多次提及《天尊地卑图》①(共四次)。在白晋的著作中,《天尊地卑图》为万数象之宗②,《易经》的卦爻之数皆有其所出:"伏羲画卦作《易》,其先天数象图,尽于六十四卦,圆方天地之二图,其圆方二图之数象,俱备于天尊地卑图"③。以伏羲作为作者,从《天尊地卑图》衍发乾坤三奇三偶,六爻三极之道,生八卦小成、六十四卦大成之图,成先天六十四卦方、圆二图,由此以分天地阴阳,成尊卑万方之位,定天历地律,为音乐律吕之本。

首先,《天尊地卑图》的理论基础乃是《周易・系辞下》所言"有天道焉,有地道焉,有人道焉"④之三才之道,这不仅是人寓于天地之间的空间蕴含,"有天地,然后万物生焉"⑤亦是世界万物创生、发展、整合的逻辑次序,天覆地载,天易地简,人分男女,物分万殊,而得天地之和,从而造成生生天地。而《天尊地卑图》的图像基础为《三才之图》。章潢的《图书编》尚存天地人《三才古图》以指其象⑥。在徐芹庭《易图源流》一书中列举到此《三才之图》(见图二十三),在元代张理《易象图说》、来知德的《周易采图》⑦、章潢的《图书编》等书中皆有之。

---

① ［法］白晋:《易考》,梵蒂冈图书馆,Borgia・Cinese,317-4°,第 22 页。
② 参见[法]白晋:《易钥》,梵蒂冈图书馆,Borgia・Cinese,317-2°,第 7 页。
③ ［法］白晋:《易考》,梵蒂冈图书馆,Borgia・Cinese,317-4°,第 6 页。
④ (魏)王弼注,(唐)孔颖达疏:《周易正义・系辞下》,李学勤主编:《十二经注疏》标点本,北京大学出版社 1999 年版,第 375 页。
⑤ (魏)王弼注,(唐)孔颖达疏:《周易正义・系辞下》,李学勤主编:《十三经注疏》标点本,北京大学出版社 1999 年版,第 394 页。
⑥ ［法］白晋:《易经总说稿》,梵蒂冈图书馆,Borgia・Cinese,317-3°,第 4 页。
⑦ 参见高雪君:《易经来注图解》,巴蜀书社 1988 年影印本。

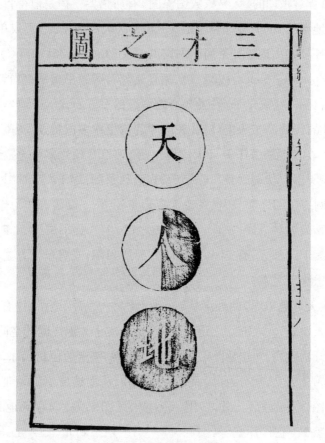

图二十三 《三才之图》①

　　章潢的《图书编》⑩中的第一段与张理的《易学图说外篇》③完全相同,皆引邵雍的"天开于子,地辟于丑,人生于寅。夏以建寅之月为正月,谓之人统。《易》曰:《连山》以艮者为首,艮者人也";韩愈的"形而上者谓之天,形而下者谓之地,命于其两间者谓之人";二程的"天地交,而万物生于中,然后三才备。人为最灵,故为万物之首。凡生天地之中者,皆人道也"等语为开头,阐明天、

---

①　徐芹庭:《易图源流——中国易经图书学史》,中国书店 2008 年版,第 520 页。

②　罗马耶稣会档案馆,Japonica·Sinica,IV5。

③　(明)章潢编:《图书编》卷七,一二七卷,台湾成文出版社有限公司印行 1974 年版,第872—873 页。

图二十四　白晋所画《天尊地卑图》①

地、人三才各一太极。在白晋所画《天尊地卑图》(见图二十四)中,基本理论为八卦三爻中的下画象征"地",中画象征"人",上画象征"天",合天、地、人三才之义;而在六十四卦六爻中,初、二两爻象征"地",三、四两爻象征"人",五、上两爻象征"天"。天道主天,地道主地,合于人道,三合于一,乃天地人之全体,此一乃自本自根的太一;亦为万数万象的造物主;一衍而为二,共为三,此三点不仅为一本二元之三,亦为三位一体(圣父、圣子、圣神)之三,"考之于

---

① 施维主编:《周易八卦图解》,巴蜀书社 2005 年版,第 319—320 页。

天主《圣经》,乃普天下圣学之根本,三易之原义,复可明矣"①。在此基础上,从数理上说,《天尊地卑图》为先天未变自然之象,其数始于一,终于十,天数五,地数五,得始终自然之全,天地之十位数,次第相乘,终所得者,即为先天未变始终之数。② 从图像上而言,《天尊地卑图》从万数万象之本一进而分为二,成《三一之图》,容太极之象,万物之奥,进而一本二元发外为六,进而衍生为四方之十。以此推衍,三位一体之造物主创生天地万物,发衍至于十,总数乃五十五,为三角三边数象之总数,径一围三为天之象,此为《三角三边数像总图》(见图二十五)。四方形共浑刚柔,而象地。"得斯二图则火气水土四行之象具焉"③。故为数之平方,发衍至于十,总数乃一百,为四角四边数象之总数,径一围四为地之象,此为《四角四边数像总图》(见图二十六)。《五角五边数象总图》(见图二十七)为三角三边数象之图与四角四边数象之图之总和,将三角三边之一,与四角四边之四,相联为五,为第一个五角无边之数,隔两层而并之,终于十,总数为一百四十五为五角五边数象总数,为径一围五以圣人之数五合天地之象,此为《五角五边数象总图》(见图二十七)。④

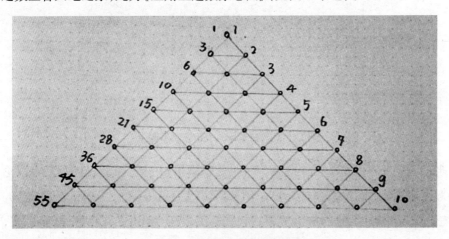

图二十五 《三角三边数象总图》

---

① 《三易原义之异》,[法]白晋:《大易原义内篇》,梵蒂冈图书馆,Borgia·Cinese,317-9°,第1页。

② 参见《天尊地卑图》,梵蒂冈图书馆,Borgia·Cinese,361-1°(C)Ⅳ。

③ [法]白晋:《易学外篇(九节)》,梵蒂冈图书馆,Borgia·Cinese,361-5,第5页。

④ 《天尊地卑之图》,梵蒂冈图书馆,Borgia·Cinese,361-4°,第7页,Ⅱ与Ⅲ同。

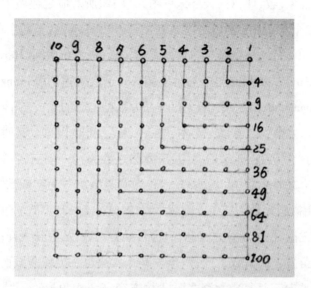

图二十六　《四角四边数象总图》

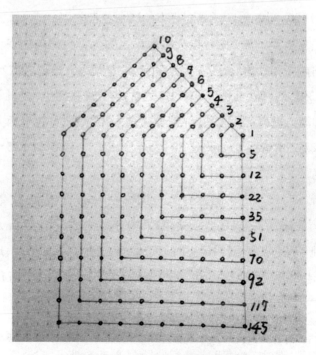

图二十七　《五角五边数象总图》

　　白晋结合象、数、理,对《天尊地卑图》之图像所对应之数做了一个详尽的推算(见图二十八)[1],分别以数学几何图形和微圆示范,子数字(laterafigura-rum)从 1 到 10 之数,取微圆有三角微圆(Trigoni)、六角微圆(Hexagoni)、五角微圆(Pentagoni)以及几何图形三角形(Triangul)、六边形(Sexangulares)和五边形(Quinquangulares)为例。此处,以三为基础,三角形与三角微圆之三,分别为阴阳九六之数。二者以三为本,"三三为九,奇也阳也。又两其本。二三为六,偶也阴也"[2]。在此基础上,三角微圆之数为径一围三,各数叠加之和,同于三角三边数象之数,从 1 到 55;六角微圆之数为三角微圆数之六倍,从 6 到 330。五角微圆之数为三角微圆数之六倍,从 5 到 275。而三角形象征最初的一本二元三位,三极三才之本图,故为自乘方之数,从一到一百;六角形乃为三角形之三角损之,"其数二三,六也。其式六角也。为偶为柔而象水"[3],并且为《易经》八卦三爻复成六爻之原,"故方容三角六角形,各六层,次第九六之数序比例,亦与易方圆乾坤六爻诸九六之数序比例同"[4]。故为三角形数之六倍,从 6 到 600;五角形,乃合天之三极,与地之四方,为合天地之象,为三角形数之五倍,从 5 到 500。图皆以天尊地卑之图为万数之象之宗。在此基础上,推衍三角微圆和三角形,随着子数字到 245 结束,三角形之数 60025,三角微圆之数为 39135。而《河图》、《洛书》之数亦在演算之中,《河图》为 3025,《洛书》为 2025。更为巧妙的是,《河图》、《洛书》之数刚好符合西方的卡普利加数规则(又称"雷劈数",如此处 $30+25=55,55^2=3025$;$20+25=45,45^2=2025$)。

　　由此白晋将《天尊地卑图》与《太极图》、《河图》、《洛书》之数相联系起来[5]。在白晋看来,《易经》的卦爻之象、八卦小成之数、六十四卦大成属皆是出于《天尊地卑图》。由于《易经》中的天地之数五十有五,"天一,地二;天三,地四;天五,地六;天七,地八;天九,地十";"天数五。地数五。五位相得而各

---

① 参见罗马耶稣会档案馆,Japonica·Sinica,Ⅳ5。
② [法]白晋:《易学外篇(九节)》,梵蒂冈图书馆,Borgia·Cinese,361-5,第 5 页。
③ [法]白晋:《易学外篇(九节)》,梵蒂冈图书馆,Borgia·Cinese,361-5,第 5 页。
④ [法]白晋:《易考》,梵蒂冈图书馆,Borgia·Cinese,317-4°,第 15 页。
⑤ 此原图在罗马耶稣会档案馆,Japonica·Sinica,Ⅳ5,C。

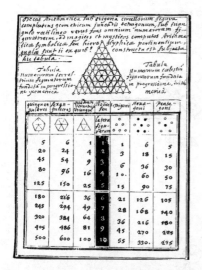

图二十八　白晋利用数字解释《天尊地卑图》

有合。天数二十有五。地数三十。凡天地之数五十有五。此所以成变化而行鬼神也"[1]。即《天尊地卑图》与《河图》之数[2]等始于一,终于十之图,为数学之宗。中西数学根方演算虽图之外式不同,然比例和用法皆同,结合中华数学经典明代程大位所著的《算法统宗》(全称《新编直指算法统宗》)中所载"开方求廉率作法本源图"[3],白晋对照《天尊地卑图》以求其本[4]。

如《开方求廉原图》(见图二十九)所示,未分之一乃为至一,象征造物主以生万物,至上无始,始终不变。然一分为二,分居左右,成为二层各自之一,且相合得三层之二。二不能包裹面形,三层即二层二之平面方四;四层即二层之二之三乘方为八;五层为二之四乘方为十六;六层为二之四乘方为十六;七层为二之五乘方为三十二、六十四;以此推之,至于无穷。无穷自然之序,即易

① (魏)王弼注,(唐)孔颖达注:《周易正义·系辞上》,李学勤主编:《十三经注疏》标点本,北京大学出版社1999年版,第330—331页。
② [法]白晋:《易经总说稿》,梵蒂冈图书馆,Borgia·Cinese,317-3°,第15页。
③ 《宋史·艺文志》录有贾宪《黄帝九章算法细草》九卷、书已无存。1261年,我国南宋数学家杨辉在他的著作《详解九章算法》中记载著一张珍贵的图形——《开方作法本源图》。根据杨辉自注,此图"出《释锁算书》,贾宪用此术",就是说这张图是贾宪(11世纪)创造的,贾宪制作这张表进行开方运算,因其似三角形,因此我们称之为"贾宪三角形",又称"杨辉三角"。
④ 参见[法]白晋:《易考》,梵蒂冈图书馆,Borgia·Cinese,317-4°,第10—12页。

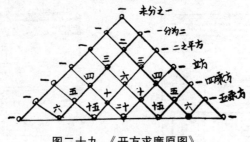

图二十九 《开方求廉原图》

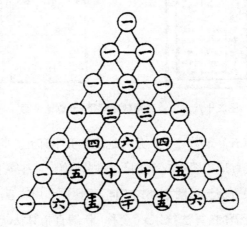

图三十 《加倍变法图》

中生卦之法。此图与李光地《周易折中》一书中的《加倍变法图》(见图三十)相同。其图说明"此图用加一倍法,出于数学中谓之开方求廉率其法以左一为方,右一为隅而中间之数则其廉法也"[1]。

若将此法放置方面之内,试观一分为二之方根,甲合乙之方,即为古图二有乘之方。今甲合乙之总方,明含有四格,一小方,两廉,一偶是也。甲甲,即是甲之小方。乙乙,即是乙之隅。两甲乙,即是甲合乙相乘之两廉,此为《甲合乙方》(见图三十一)。而开立方之法,无不相同。盖天尊地卑之图,第四层右边之一,指此处暗有一小立方。右边之一,指彼处暗有一隅;右边之三,指右一之根方;合左一之根,三次相乘所生之三面。右边之三,又指右边之根方;合左一之根。三次相乘所生之三面,共八件。开立方之时,以此为据,此为《开

―――――――――――

① [法]李光地等撰:《御纂周易折中》,上海古籍出版社1990年版,第552页。

方求廉图》(见图三十二)。此可知在演《算法统宗》中载有天尊地卑之图,以为开方求廉之本。

图三十一　甲合乙方

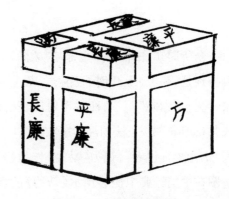

图三十二　《开方求廉图》

此外,结合《圣经》故事,白晋解释伏羲六十四卦方、圆二图的形成。首先《周易》之图,为数理几何所示,"《易》形象之列别非他,即数之多寡,与几何大小之异耳"①,故先师以数之多寡,立天圆诸阴阳之象,以几何之大小,立地方诸刚柔之象。其次,伏羲画卦作《易》,其先天数象图,尽于六十四卦,在对《坤》卦②进行解析时,白晋认为由于先天人祖污纯坤☷良善之性,坤☷(夏娃)引诱乾☰(亚当),坏天地人三纲,获罪于天,同迷失道,从而坤☷冒乾☰而成《否》䷋卦,其象下人绝于上主,天地不交,坤阴道盛而上,乾阳道衰而下,先天之位倒置,成上南下北,右东左西。故为六十四卦方图,成先天大变之凶象。因后天圣子以顺德承乾,诞世成人,后乾☰(后天元子)降生为人,顺坤☷(忠、孝、信三义),以乾☰冒坤☷而复《泰》䷊卦,下人复合上主,天地复交,阳道盛而上,阴道衰而下,为后天不易之吉,其象天地复其正,为六十卦圆图。故白晋言"其圆、方二图之数象,俱备于《天尊地卑图》"③。由此可见,对数理图像的运用在白晋的易学思想体系中占很重要的位置。

---

①　[法]白晋:《易考》,梵蒂冈图书馆,Borgia·Cinese,317-4°,第6页。

②　参见[法]白晋:《大易原义内篇》,梵蒂冈图书馆,Borgia·Cinese,317-9°,第15页。

③　[法]白晋:《易考》,梵蒂冈图书馆,Borgia·Cinese,317-4°,第6页。

四、义理诠释——中西文本的交融

众所周知,白晋的一生都与"索隐"二字密不可分。他不仅在研究传统经典特别是《易经》上开创了索隐学,而且还建立了专业的学术团队——索隐学派。关于"索隐"二字,西方可对应《圣经·旧约》里的"Figura"("Figurisme"或"Figurism")①。法国汉学家戴密微(Paul Demiéville,1894—1979)将白晋称为"旧约象征说者",认为《易经》作为《圣经》的文本载体通过"象征"的形式试图在中国经典中能够预示《新约》的教义,其实是一种"老掉牙"的方法②。从基督宗教本身来看,这是《圣经》学研究的传统路数,最早可追溯到犹太人寓意象征经义的释经传统。在中国宗教史上亦有相仿的例子——"化胡"理论(Conersion des Bar-bare)③即是将道家老子化为佛教圣人,这是佛道之争的集中体现。荣振华神父将"索隐派"的定义为:"由白晋、马若瑟和傅圣泽等司铎于18世纪初叶设想出的一种传教方法,以向中国人说明他们的经典著作是原始默启的反响,在基督宗教中得到了实现"④。澳大利亚学者鲁保禄认为帕斯卡在《思想录》中"摩西"(Moses)和"中国"(China)⑤的关系想法提供了一

---

① 参见[德]柯兰霓:《耶稣会士白晋的生平与著作》,大象出版社2009年版,第1页。

② 参见[法]戴密微:《法国汉学研究概述》(上),《中国文化研究》1993年第2期。

③ 参见[法]戴密微:《法国汉学研究概述》(上),《中国文化研究》1993年第2期。"老子化胡"主要参见晋代王浮所著的《老子化胡经》,其基本内容即是讲述老子携尹喜出函谷关以后,进入天竺化为佛陀,为佛教之始主。在《续修四库全书·子部·道家类·藏外》中有《老子化胡经残存二卷》(22—80)、《老子化胡经残本二卷·附录一卷》(1—139)、《老子化胡经考证附补考一卷》(22—72)、《老子化胡说考证一卷》(22—81)等。在《藏外道书》中亦藏有737《老子化胡经》(21—4)、738,《太上灵宝老子化胡经》(21—29)等。关于其考证,参见王利器:《〈化胡经〉考》,《宗教学研究》1988年第1期。此外,关于老子化胡的历史钩沉,参见张雪松:《唐前中国佛教史论稿》,中国财富出版社2013年版,第93—102页。

④ [法]荣振华等:《16—20世纪入华天主教传教士列传》,广西师范大学出版社2010年版,第491页。

⑤ "中国的历史——我仅仅相信其他那见证就扼杀了它本身的各种历史。〔两者之中,哪一个才是更可相信的呢?是摩西呢,还是中国?〕这不是一个可以笼统看待的问题。我要告诉你们,其中有些是蒙蔽人的,又有些是照亮人的。"([法]帕斯卡著,何兆武译:《思想录——论宗教和其他主题的思想》,商务印书馆1986年版,第266页。)

个有效的思想进路去理解法国耶稣会索隐派的做法①,其中以代表儒家传统的早期中国历史和宗教来调和《圣经》的做法,成为了索隐派的主要标志。比利时汉学家钟鸣旦认为索隐派的方法主要来源于类型学(Typological exegesis)、古代神学(Ancient theology)、犹太—基督宗教神秘教义(The Judaeo-Christian cabala)三种方法。② 其中"类型学"的基础就是对应文本的比照,《旧约》隐含着《新约》,《新约》显现着《旧约》,《旧约》和《新约》的对立形成先前模型(Type)和对应的原型(Antitype),其核心即是预定和象征。这种类型学从《圣经》本身开始,继而发展为《圣经》以外的文本寻求天主的语言,特别是关于弥赛亚和末日审判的语言。而"古代神学"是试图创立一种具有普世性(Universal)的神学,对照各国古老的权威文籍为诠释文本(异教徒亦有先知引导和获得天主拯救的权利),以比较研究和语言修辞(Allegory③)为进路,对《旧约》中族长谱系之外的教义进行探索,从而呈现天主的面孔,使基督宗教义被更多的人所接纳。而"犹太—基督宗教神秘教义"又可称为"喀巴拉"(Cabala),它是一种兴起于12世纪的神秘主义体系,"为了表明真正的犹太教徒与真正的基督宗教徒只能有同一个宗教"④。如此将基督宗教的圣教历史涵寓在犹太教之中,《旧约》中所涵寓的天主创世说、人类原罪说、"一神"观念以及摩西的启示等教义为神秘主义的核心内容,具有重要的象征意义,被正统犹太教视为异教及泛神论。随着神学和圣经学的不断发展,这种"喀巴拉"的思维模式已经不仅仅局限在理解犹太文化,而是扩展到学习各国不同的宗教经典之中。来华传教士们特别是耶稣会士深谙此术,将其学习心得诉诸文字,使得《圣经》以近似于本土文化的面孔显现,白晋"在古代中国至高无上的主

---

① 参见 Paul A.Rule,*K'ung-tzu or Confucius?:the Jesuit interpretation of Confucianism*,Allen & Unwin,Sydney,London,Boston.1986.p.150。

② 参见 Standaert,Nicolas.,*Handbook of Christianity in China*,Volume one:635—1800,p.668。

③ 寓言(比喻)修辞 Allegory 是一种文学修饰方法,拉丁文是 Allegoria,希腊语是 αλληγορία(allegoria,表示一种隐含的、图像式的语言,最普遍被认为是一种被扩展的比喻,在哲学上最出名的例子即是柏拉图的"洞穴比喻"(Allegory of the Cave)。

④ [法]帕斯卡:《思想录——论宗教和其它主题的思想》,何兆武译,商务印书馆1986年版,第272页。

宰天主中找到了与犹太一神教中一样的天主"①的做法,即是《圣经》在异域国度索隐研究的体现。

在中华文化中,《周易·系辞上》中有"探赜索隐,钩深致远"②一语,故"探赜索隐"本身即为一种方法论探讨,意为探求经典之中所蕴藏的幽深莫测、隐秘难见之道理。其内涵是在学理层次上的愈研愈微,精益求精,穷究其极之不断探索之精神,即对微观研究方向的拓展和深入。早在唐代司马贞即对《史记》进行"索隐",此与撰文、集解、正义等方式不同,且著有《史记索隐》一书。③ 此外,清末民初亦出现"红楼梦索隐"④,为一种政治红学,更多的是以大量史料作为支撑,通过详细论证,用历史真人去暗指史实,试图在历史真实性的基础上来呈现小说人物。而白晋在对"索隐"进行解释时,结合经典言义,认为古代经典的根本之道都在《易经》之中,"诗书等经,并诸古典籍,其道其学,俱既本于大易,其章、其文、其字之隐藏深奥与《易》亦必一揆而无不同,此乃折中经书正义之权衡,通达其奥文之灵机,探取其深意之神钩"⑤。他将《易经》不仅作为诸经典的主旨,而且将其放置到理解圣人之大旨的至高地位,以此对应西方的《圣经》,从而对《易经》的意义进行追索,以探寻中华宗教文化根源。

特别注意的是,在本书中,白晋的易学索隐法即为他的易学方法论,他将西方神学史上早已存在的索隐方法运用到中国《易经》的研究当中,通过《易经》索隐出天主的面孔。而白晋的易学特色最显要的即为"以耶解《易》",它体现出在进行《易经》研究过程中以《易》为客、耶为主的关系,同儒《易》、道《易》、佛《易》一样,都是站在学派本位的立场对《易》进行诠释,从而化为自己的思想来源。给《易》加上定语,从而说明其所属,所体现出来的一方面是中西文化的交融,而另一方面则是为《易经》研究开拓了一个新的领域,在基督神学的信仰下开展《易经》研究,呈现出别具风格的经学特色。因此,易学

---

① [法]戴密微:《法国汉学研究概述》(上),《中国文化研究》1993 年第 2 期。
② (魏)王弼注,(唐)孔颖达疏:《周易正义·系辞上》,李学勤主编:《十三经注疏》标点本,北京大学出版社 1999 年版,第 289 页。
③ 参见(唐)司马贞撰:《史记索隐》四册,中华书局 1991 年版。
④ 王梦阮、沈瓶庵合:《红楼梦索隐》,北京大学出版社 2011 年版。
⑤ [法]白晋:《易钥》,梵蒂冈图书馆,Borgia·Cinese,317-2°,第 1 页。

索隐法是其易学研究的具体方法展开,而"以耶解《易》"是整个易学研究特色的概括,二者共同构成了耶《易》经学研究的路数。所以,本书在研究方法上,不仅要以经典诠释的方法为指导,而且要对白晋及其弟子的索隐派的方法进行分析,从而为其研究提供了思考的路向和理解"以耶释《易》"的契机,即为研究方法的思考维度。

首先,以象解《易》,注重象征意义。《易经》本身就注重象的运用,主张利用"象"来作为卦爻义理的载体,"观天、地、鸟、兽、人身等对象,取对象的'象'、'法'、'文'、'宜',而作八卦,以通神明,这是唯象的直觉思维的表现"①。因此"立象以尽意"②而尽圣人之意,明天地人之道。"象"为圣人而做,并以卦函之,"八卦成列,象在其中矣"③。关于象的分类,种类繁多,"有卦情之象,有卦画之象,有大象之象,有中爻之象,有错卦之象,有综卦之象,有爻变之象,有占中之象"④。大而化之,易之象有四种:一为卦爻自有之象,"奇画象阳,耦画象阴"⑤,即以奇偶分阴阳,取实物之本象。比如"两仪生四象",取金、木、水、火之象则主天之时,而八卦《乾》、《坤》、《震》、《巽》、《坎》、《离》、《艮》、《兑》分别取天、地、雷、风、水、火、山、泽为其象,此为象之本。二为直接取与卦名等同之形象。比如《师》之象曰"地中有水",以此象"坎下坤上",说明君子以容民畜众之美德;《井》卦之《象》曰"木上有水",以对应"巽下坎上",说明君子以劳民劝相之行为等。三为取自然天地、社会器物之象,此类用之最泛,涉及天、地、人、物等范畴。参照《说卦》对八卦各自对应的象做了详细的罗列,仅《乾》之象"乾为天、为圜、为君、为父、为玉、为金、为寒、为冰、为大赤、为良马、为瘠马、为驳马、为木果"。可窥其广,在此不赘述。四为人与人、人与物作用关系。比如《革》卦的"二女同居,其志不相得",从人际关系处理来象征其卦义;《屯》卦六三爻的"即鹿无虞,惟入于林中",即以人猎动

---

①　张立文:《〈周易〉对中国社会的影响》,《周易研究》2005 年第 3 期,第 7 页。

②　(魏)王弼注,(唐)孔颖达疏:《周易正义·系辞上》,李学勤主编:《十三经注疏》标点本,北京大学出版社 1999 年版,第 343 页。

③　(魏)王弼注,(唐)孔颖达疏:《周易正义·系辞下》,李学勤主编:《十三经注疏》标点本,北京大学出版社 1999 年版,第 346 页。

④　(明)来知德撰:《周易集注》,上海古籍出版社 1990 年版,第 7 页。

⑤　(清)李光地:《御纂周易折中》,上海古籍出版社 1990 年版,第 27 页。

物之法来说明其爻。

白晋注重对卦象的把握,并且在中华传统取象原则基础上赋予象新的意义。首先,他遵循象的本然状态,如《屯》卦即"下震雷动,上坎雨未降之象"①,《蒙》卦乃"坎下艮上,山下有险,内险外止之状"②,《讼》卦即"天刚在上,水柔就下,下险上健,乾坎相违,至讼之象"等。其次,他结合《圣经》,以人物作为象之体现,从而运用到卦爻之中。比如在《比》卦中,以一人居上(上九一阳爻),象征天主圣父;以下比上,群仰一人,群乃南北东西中五方万国之众(下面五阴爻),上下互相亲比,乃其润和之象。而白晋所宣扬的最重要的人物即救世主耶稣,他在《易经》中有诸多形象和事迹,其中圣子的形象最为丰富而生动,可以分为三类:第一类是《圣经》中的传统象征形象。一如传统基督神学中的"天主的羔羊"形象,"看哪,天主的羔羊,除去世人罪孽的"③。白晋在文中多次表达圣子是"上主最爱之羊羔"④;"乃圣父亲宠爱畜牧美善之羊羔"⑤。并将救世主为万民牺牲视为心甘情愿,如用"羊羔少牢之血,不鸣不逆"⑥来解释《小畜》卦六四爻中的"无咎"之象。二如摩西杖上铜蛇之形象。"摩西便制造一条铜蛇,挂在杆子上"⑦;"摩西在旷野怎样举蛇,人子也照样被举起来"⑧。这里的"蛇"便预示着基督的到来与命运。白晋引用其形象,转铜蛇为铜金蛇,设杖为水杆、木,以金、木、水、血为德配天地救世大圣之像,一方面形容圣子为拯救万民而与邪魔相抗,以解释《泰》卦上六的"龙战于野,其血玄黄"之寓意,"据天主《圣经》:古者立铜金蛇蟠于水杆,以为天主子降生,乘十字之木致命"⑨。另一方面用其解释《乾》卦九五"飞龙在天,利见大

---

① [法]白晋:《易稿》,梵蒂冈图书馆,Borgia·Cinese,317-7°,第1页。

② [法]白晋:《易稿》,梵蒂冈图书馆,Borgia·Cinese,317-7°,第4页。

③ 《圣经·约翰福音1:29》(中英对照),中文和合本,英文新国际版,中国基督教三自爱国运动委员会、中国基督教协会2007年版,第161页。

④ [法]白晋:《易钥》,梵蒂冈图书馆,Borgia·Cinese,317-2°,第7页。

⑤ [法]白晋:《易稿》,梵蒂冈图书馆,Borgia·Cinese,317-7°,第22页。

⑥ [法]白晋:《易稿》,梵蒂冈图书馆,Borgia·Cinese,317-7°,第24页。

⑦ 《圣经·民数记21:9》(中英对照),中文和合本,英文新国际版,中国基督教三自爱国运动委员会、中国基督教协会2007年版,第257页。

⑧ 《圣经·民数记21:9》(中英对照),中文和合本,英文新国际版,中国基督教三自爱国运动委员会、中国基督教协会2007年版,第164页。

⑨ [法]白晋:《易钥》,梵蒂冈图书馆,Borgia·Cinese,317-2°,第22页。

人"之爻意,万世子民居于野外受毒蛇迫害。作为先师的摩西(每瑟)"奉主命举立刚金之铜蛇,乘十字木,利子民见,而救之"①,预示救世主的到来。第二类为《易经》中的"新形象"。首先是"龙"的形象,如《乾》卦初九的勿用之"潜龙"、九二的在田之"见龙"、九三的"终日乾乾"之龙、九四"或跃在渊"之龙以及九五的天之"飞龙",即为耶稣从预备诞世到诞生人间的"开后天自出乎帝庭之始,至于诞世成功之终日"②之经历。关于耶稣"龙"之形象的还有《屯》卦初九中的"阳刚之龙"等。除了"龙"的形象,还有具体的人物形象,如圣人先师的形象,《需》卦中的"百世万方可望需救之君师"和《师》卦中的"后天新民之师"等等。还有《屯》卦六三中猎鹿之"虞人"、《蒙》卦初六中救赎万世之"刑人"和《蒙》卦六三可配上主之启蒙"金夫",等等。第三类是将《圣经》原有的比喻和《易经》所描绘之物相联系的形象。最典型的是将《圣经》所象征救世基督的饼食、用基督身体所化的饼、用基督之血所盛的酒来说明《易经》中的物象:"我们所祝福的杯,岂不是同领基督的血吗? 我们所擘开的饼,岂不是同领基督的身体吗?"③"你们每逢吃这饼,喝这杯,是表明主的死,直等到他来"④。在解释《需》九五爻中白晋将所言"酒食"即"酒饼二味",需望于酒食,则视为救世基督亲降于世,"化之为其体血之实,以为后世万方新民,所需望为保养厥永命饮食之须"⑤,救世主因行救赎之功、救赎之期而使万民获得复生,故"食贞吉"。

除了救世主圣子的形象外,关于圣父形象,主要是至高无上的造物主。如在《小畜》卦中将圣父恩泽比拟为先天之"霖雨",《泰》卦六五爻中将上主定为"帝乙",从而选"归妹"诞下"归人"圣子,以复于天家元吉之祉。人祖的形象主要是象征"童蒙"(《蒙》)之两意:一为初元良明德之性、初生心纯不杂之天真"童蒙";二为旁听幽魔之言,昏其明德,连累后世子孙"困蒙"之"童蒙"。

---

① [法]白晋:《大易原义内篇》,梵蒂冈图书馆,Borgia·Cinese,317-9°,第13页。

② [法]白晋:《大易原义内篇》,梵蒂冈图书馆,Borgia·Cinese,317-9°,第4页。

③ 《圣经·哥林多前书10:16》(中英对照),中文和合本,英文新国际版,中国基督教三自爱国运动委员会、中国基督教协会2007年版,第303页。

④ 《圣经·哥林多前书10:26》(中英对照),中文和合本,英文新国际版,中国基督教三自爱国运动委员会、中国基督教协会2007年版,第305页。

⑤ [法]白晋:《大易原义内篇》,梵蒂冈图书馆,Borgia·Cinese,317-9°,第9页。

关于圣母玛利亚的形象,主要出现在《屯》卦六二爻"女子不字"之"女子"和《蒙》卦九二爻中临下"纳妇"之"妇"。关于反面人物,《圣经》恶魔撒旦形象主要为诱惑人祖犯罪之"毒蛇"("特借蛇形以己邪魔之毒气吐染上主所禁之果以耽人祖"、"诱元祖母生傲念,遂食之继而引其夫元祖同食之")①,《乾》卦上九爻有悔之旱魔"亢龙",《坤》卦初六爻中的"黑龙老阴"以及上六爻的"黑龙傲鬼邪魔",而在《履》卦中将九部傲神恶魔视为"九尾虎",等等。这些形象都是结合不同的卦爻,而将《圣经》故事赋予其中,以寻求合理的解释元素,从而显现《易经》中的内涵启示。

其次,变动主易,强调爻位变化。变易之易,为易三义之一。《易纬·乾凿度》云:"易一名而含三义。"郑玄云:"易简一也。变易二也。不易三也"(《易赞》)②。《周礼·春官宗伯下》言大卜"掌三易之法。一曰连山。二曰归藏。三曰周易"③;且为"易"之最显著和最基本的特征,"一阖一辟谓之变,往来不穷谓之通,见乃谓之象,形乃谓之器,制而用之谓之法,利用出入,民咸用之谓之神"④。从变到通,而成其象,因而有器、法之说,为民所用而显其神。由此可见,变易在《易经》中的基础地位。西方世界对《易经》的公认版本为1924 年由荣格作序的德文版本,其翻译之名为"*The Book of Changes*"(《变化之书》)。从筮法上看,"是故四营而成易,十有八变而成卦"⑤,"四营"即分二、挂一、揲四、归奇的演算过程。四营成一变,三变成一爻,十八变成六爻,从而组成一卦,每爻变与不变,则一卦可演绎出六十四卦。各爻奇偶相交,阴阳相对,爻之变动导致卦之变化,"爻者,言乎变者也"⑥。可见"变"不仅伴随着卜筮演算的每一步,也实现着卜筮以变为占的可能。从易理来说,无论是爻还

① [法]白晋:《易钥》,梵蒂冈图书馆,Borgia·Cinese,317-2°,第 5 页。

② 转引自钱钟书:《管锥篇》,中华书局 1986 年版,第 1 页。

③ (汉)郑玄注,(唐)贾公彦疏:《周礼注疏》(上)卷二十四,李学勤主编:《十三经注释》标点本,北京大学出版社 1999 年版,第 637 页。

④ (魏)王弼注,(唐)孔颖达疏:《周易正义·系辞上》,李学勤主编:《十三经注释》标点本,北京大学出版社 1999 年版,第 288 页。

⑤ (魏)王弼注,(唐)孔颖达疏:《周易正义·系辞上》,李学勤主编:《十三经注疏》标点本,北京大学出版社 1999 年版,第 282 页。

⑥ (魏)王弼注,(唐)孔颖达疏:《周易正义·系辞上》,李学勤主编:《十三经注疏》标点本,北京大学出版社 1999 年版,第 264 页。

是象都是"唯变所适"，变随时，"消息盈虚谓之时"①，时又同于位，"贵贱上下之谓位"②，所以时、位的变化，是卦爻变化的表现，而变化的基础是阴与阳二元力量的强弱更替。孔颖达在对"生生之谓易"进行解释时将"阴阳变转，后生次于前生"③，以此作为万物恒生的原因，从而证明阴阳转易，以成化生。阴阳互相对立，而又互相转化，阴阳的升降、消息、强弱形成卦爻之间的变化以及卦内部的力量强弱转变，爻象之间的浮沉与升降、动静与屈伸，才有万物的各得其所又生生不息。

　　白晋在对卦爻的理解上，也非常注重变易之则。其一，他对卦爻的性质比如福祸吉凶进行定位，然后在此基础上讨论变易之因果。他通常以先天人祖犯下原罪作为凶险的开始，从而坏先天之元吉。比如《蒙》卦中的"山下有险"之"险"；或者《需》卦中"乾旱之地"和"人心之刚"；等等。继而以救世主的降世为人，拯救万民，成后天救世之功作为复先天元吉的转变。如在《蒙》卦中以天主仁慈降圣子作为启蒙之师，行启蒙之道，故险而止之；《需》卦中救世主为百世万方可望需救之君师，故旱之甘霖，需待之吉象。其二，卦与卦之间进行着吉凶转变，典型的两卦即是《泰》、《否》二卦。白晋通常以先天元祖之元善作为先天之《泰》，然而人祖受傲魔诱惑，内小人而外君子，从而先天变《否》道。幸而圣子诞世为人，复得其正，变为《泰》之吉。《泰》卦和《否》卦相互转变，体现有三：一是体现在《坤》卦的卦辞中，将人祖亢上之刚作为坤对乾的冒犯，"以己私心三司之臆，为乾为上为主，即（☷坤）冒（☰乾）成（《否》☶卦六爻）为否"④。又以救世君子以顺德承乾，诞世成人，"以乾（乾三爻）冒坤（坤三爻），泰（六爻）"⑤，幸复得避万恶趋万善之道。二是《小畜》初九中以天地是否相交来判别《泰》、《否》，"成天地不交，坤上冒三健之乾为《否》"⑥，"天

---

①　（清）李光地：《御纂周易折中》，上海古籍出版社 1990 年版，第 35 页。

②　（清）李光地：《御纂周易折中》，上海古籍出版社 1990 年版，第 35 页。

③　（魏）王弼注，（唐）孔颖达疏：《周易正义·系辞上》，李学勤主编：《十三经注疏》标点本，北京大学出版社 1999 年版，第 271 页。

④　[法]白晋：《易稿》，梵蒂冈图书馆，Borgia·Cinese，317-7°，第 15 页。

⑤　[法]白晋：《易稿》，梵蒂冈图书馆，Borgia·Cinese，317-7°，第 15 页。

⑥　[法]白晋：《易稿》，梵蒂冈图书馆，Borgia·Cinese，317-7°，第 23 页。

地复交,天人复合之《泰》"①。三是在《泰》卦的卦辞中,将人祖原初之性定位泰,为君子道长之象,"如上☰下☷尊卑健顺对待,原正"②。而由于获罪于天,故变为否,为小人道长之象。"坤上脱己君子至顺三偶之冠,代冒至尊三奇之冕而成否,如☷乃先天失其原正。"③幸而救世君子德配天地,兼上主之大、下人之小,从而成开后天之泰。"如下乾脱厥上主至尊三奇之冕,代冠下人至卑三偶之帽,而成☰乃后天德配天地元吉之象"④,以此完成从泰—否—泰的转变。其三,在卦爻之内,六爻之中也进行着变易,从而形成一个变动的过程。比如《乾》卦,从初九"潜龙"(位置为渊,象征圣子出震之初,还未诞世)到九二"见龙"(位置在田,象征先师在人间预示圣子的到来)、九五"飞龙"(位置在天),是一个不断上升的过程,而九五"飞龙"(吉利之象)到上九"亢龙"(有悔之象)又是一个形势下降的过程,其中阳由始而盛,到九五达到极致,物极必反,故渐显衰弱。而《需》卦的下乾三爻,从初九"远上坎之险"、九二"近于上坎之险"到九三"切近上坎"的渐变,形容所处境遇的慢慢变化。

再次,以故事诠易,思想拟人化。以古代传统故事来诠释《易经》,是为了更加准确地理解卦爻辞的含义。这种用历史故事来辅佐理解经文本身意义的做法,自宋代以来已经被公认为可行之法。《四库全书总目提要》中论述到诠释易学进路,从先秦前的卜筮之法,经汉儒的象数、魏晋的老庄诠《易》,继而发展到宋儒的儒理解《易》,"再变而李光、杨万里,又参证史事"⑤,用史实来辅证经义为易学诠释的发展路向。《易经》"每爻解其辞义复引历代史事以实之"⑥;"书中于卦爻之词皆即君臣立言,证以史事"⑦,可见征引历史来诠释《易经》多为平常。这与《易经》本身含有诸多史学资料、诠释卦义方式以及经

---

① [法]白晋:《易稿》,梵蒂冈图书馆,Borgia·Cinese,317-7°,第23页。
② [法]白晋:《易稿》,梵蒂冈图书馆,Borgia·Cinese,317-7°,第23页。
③ [法]白晋:《易稿》,梵蒂冈图书馆,Borgia·Cinese,317-7°,第23页。
④ [法]白晋:《易稿》,梵蒂冈图书馆,Borgia·Cinese,317-7°,第30页。
⑤ 《易类一·序》,(清)纪昀等总纂:《钦定四库全书总目》,中华书局1997年版,第3页。
⑥ 《用易详解提要》,(清)纪昀等总纂:《钦定四库全书总目》经部三,中华书局1997年版,第30页。
⑦ 参见《读易详说提要》,(清)纪昀等总纂:《钦定四库全书总目》经部二,中华书局1997年版,第14页。

史的互证关系等密切相连,早已成为解《易》路数。①

　　在白晋的解释之中,引用中华故事的主要集中在《蒙》、《比》、《小畜》、《履》、《泰》等卦爻辞中。比如在《蒙》卦中,九二爻"昔伊尹负鼎俎之才,成汤尊为元圣,宠以阿衡,传说具塩(通"盐")梅之望,高宗梦寐旁求,爰立作相,化被当时,声施后世,皆其象也"②。其中便蕴含了两个故事:一是引用《史记》中"伊尹负鼎俎,以滋味说汤"③的故事,讲述伊尹如何获得帝王赏识,被成汤尊称伊尹为元圣;二是《尚书》中"若作和羹,尔作盐梅"④之语,言称殷高宗命傅说作相之事,将良才比作和羹之调味,为国家不可缺之栋梁,强调良臣对国家治理的重要性。两个故事结合《圣经》故事,圣子本包上主之性与人之性,甘作下臣,相济刚柔,调和阴阳,以息上主之义怒,化人心之无知顽蒙,复上下相交,包蒙之吉象。继而在六四爻中又引用《尚书·商书》中"仲虺之诰"而求启蒙之主为例,说明君主、求贤、政权存亡三者的关系,君主不能孤陋自处,困于神蒙之中,应该寻求贤明相助,并事之为师。"昔仲虺诰成汤曰:能自得师者,王谓人莫己若者亡,此之谓也"⑤。结合《圣经》中由于人祖获罪于天,昏先天明德,从而连累后世天下子孙,无不困蒙,幸而上主慈仁,降下圣子耶稣,作启蒙之师,开先天之闭,启后天之蒙,而复于先天之明,以此强调六四爻上下所亲近之爻,皆为阴爻,如同君主与万民皆困于深蒙,必须有贤明之师(贤臣、圣子)来作启蒙之师,否则无法摆脱困境,从而"困蒙而吝"。又比如在《比》卦初六爻中用《史记》中所记载的"舜耕历山,渔雷泽,陶河滨,作什器于寿丘"⑥为例,赞颂舜辛勤劳作,遵守孝道,兴起礼让之风尚。如同耶稣能够上主损己躯而诞于世,履万苦,信乎上主,诚心事之,从而赎万民之罪,感动上主,复施恩

---

　　① 陈欣雨:《李贽以史观〈易〉思想探微》,《福建论坛》2012 年第 7 期。

　　② [法]白晋:《易稿》,梵蒂冈图书馆 Borgia·Cinese,317-7°,第 6 页。

　　③ (汉)司马迁撰:《殷本纪》第三,《史记》卷三,中华书局 1959 年版,第 94 页。

　　④ (汉)孔安国传,(唐)孔颖达疏:《说命下》第十四,《尚书正义》卷十,李学勤主编:《十三经注释》标点本,北京大学出版社 1999 年版,第 253 页。

　　⑤ (汉)孔安国传,(唐)孔颖达疏:《说命下》第十四,《尚书正义》卷十,李学勤主编:《十三经注释》标点本,北京大学出版社 1999 年版,第 253 页。

　　⑥ (汉)司马迁撰:《五帝本纪》第一,《史记》卷一,中华书局 1959 年版,第 32 页。

宠。在六四爻中,又以《尚书》中皋陶之赓歌曰"元首明哉,股肱良哉,庶事康哉"①为例,以称颂君明臣良,诸事安宁,天下太平之象。以此对应圣子率百世前后之众,辅助亲比上主,复先天外比元首之吉,因而上下天人之庶事皆康吉。随后在六五爻中引用《史记》中成汤见野张网四面便"乃去其三面"②的故事。商汤出游对狩猎之网去三存一,布德施惠,以"网三面曰:欲左者左,欲右者右,惟不用命者乃入吾网,乃其象也"③,体现其仁爱之心,深得民心,从而建立了商朝。白晋用成汤之仁德对应耶稣之爱,圣子耶稣降生显比于景星,象征拯救万世万民之主诞世之时已到,并且能够行于大秦之国,远衍宠比之恩,于万方普世之三州,归合而比,统合天下。除此之外,《小畜》卦辞中引用《史记》中文王演《易》于羑里,"盖益《易》之八卦为六十四卦"④,从而"详厥诸天文象之序"⑤为例,相应等待救世主来临救世之机等等。可以看到,所引用的多集中《尚书》、《史记》等典籍中所记载的帝王、先师故事,如商汤、伊尹、舜等,还有《乾》卦《文言》中"帝尧"("帝尧乃其象"⑥)、《需》卦九五爻中"后稷"("《诗》云:帝命率育,後稷乃其象也⑦")、《履》卦九四中"文王"与"周公"("文王小心翼翼,周公赤鸟几几,乃其象也"⑧)等。

而在《圣经》故事的选择上,白晋多以救世主耶稣基督一生的故事来解释卦义。在《易稿》和《大易原义内篇》中所涉及的这十二卦的解释中,卦卦出现圣子的顺命诞世,拯救万民的说法。如在《师》卦中讲述了耶稣在各地显现神迹的故事;在《小畜》卦中,圣子甘愿自比为圣父畜养之羊羔,为万民赎罪,敢为牺牲致命于邑国都之西郊,以息圣父义怒;在《蒙》卦六四爻中的"需于血,出自穴",讲述了耶稣基督的被捕以及受难的故事,以耶稣之血象征"牺牲之血"乃救世主宝血之象;将"最后的审判"故事在《讼》卦中得以体现,救世君子

① (汉)孔安国传,(唐)孔颖达疏:《益稷》第五,《尚书正义》卷五,李学勤主编:《十三经注释》标点本,北京大学出版社1999年版,第130页。
② (汉)司马迁撰:《史记》卷三,《殷本记》第三,中华书局1959年版,第95页。
③ [法]白晋:《易钥》,梵蒂冈图书馆,Borgia·Cinese,317-7°,第21页。
④ (汉)司马迁撰:《周本记》第四,《史记》卷四,中华书局1959年版,第119页。
⑤ [法]白晋:《易稿》,梵蒂冈图书馆,Borgia·Cinese,317-7°,第22页。
⑥ [法]白晋:《大易原义内篇》,梵蒂冈图书馆,Borgia·Cinese,317-9°,第5页。
⑦ [法]白晋:《易稿》,梵蒂冈图书馆,Borgia·Cinese,317-7°,第10页。
⑧ [法]白晋:《易稿》,梵蒂冈图书馆,Borgia·Cinese,317-7°,第28页。

全善至义,端坐中正至尊之位,进行审判听讼,从而成至讼之象;等等。白晋以《圣经》为蓝本,且多以先天人祖和救世主耶稣基督做对比,试图通过《圣经》故事与《易经》爻象结合,来完成耶稣存在的真实性,其所呈现的出来的更像是相片,而非绘画作品,以真实感增强感染力,透过在故事虚实之间的转换可以看到白晋虔诚的宗教情感。

最后,引经据典,赋予释经权威。耶稣会档案馆里藏有白晋的一些书信,在编号为(Japonica·Sinica,IV,5 A)中主要是白晋针对一些反对他的法国传教士对他关于中国古老经典诠释问题所进行辩驳以及他所进行的索隐思想研究。在陈纶绪神父所著的摘要目录中,提及白晋和傅圣泽开始萌生在中华古籍中寻求基督踪迹的想法(finding traces of Christianity in ancient Chinese monuments and writing),故此他们被称为"索隐派"(figurists)或者"索隐主义"(figurism)。在白晋的研究过程中,所涉及的中华典籍(The Chinese books quoted in Bouvet's manuscript)依次如下①:

> 《资治通鉴》;《诸经考异》;《图书编》;《周易传》;《大学衍义补》;《荀子》;《史记》;《春秋左传》;《墨子》;《淮南子》;《春秋大全》;《礼记》;《董子》;《老子翼》;《老子》;《庄子》;《御制周易折中》;《列子》;《鹖冠子》;《说文字原》;《易惑》;《书经》;《吕氏春秋》;严遵的《道德经指归》;《性理正蒙集释》;《佩文韵府》;《周易图说》;《六经图》;《南华副墨》;《路史》;《说苑》;《六书精蕴》;《通鉴纲目原始》;《纲目前编辨疑》;《李光地奏折》;《字汇》;《淮南鸿烈解》;《路史后记》;《公羊传》;《榖梁传》;《四书考》;《贾谊新书》;《金匮》;《朱子》;《通志》;《山海经》;《中庸》;《西原约言》;《易正义》;《易纬乾凿度》;《桂岩子》;《风俗通》;《大学》;《周易图说述》;《像象管见》;《晏子》;《潜确类书》;《抱朴子》;《说文》;《玄中记》;《楚辞外国图》;《论语》;《邵子》;《二程遗书》;《扬子注》;《鬼谷子》;《孟子》;《性理会通》;《王弼易解》;《白虎通》;《太平御览》;《说

---

① Albert Chan,S.J.,*Chinese Books and Documents in the Jesuit Archives in Rome*,Armonk,N.Y.: M.E.Sharpe,2002.pp.518−522.

郭》;《论衡》;《老子苏注》;《不得已辩》;《快书》;《韩诗外传》;《一统
志》;《事文类聚》;《周易古本》;《大戴礼内经》;《易来知德注》;《关尹
子》;《汉书艺文志序》;《御批古文渊鉴》;《文献通考》;《盐铁论》;《事物
原始》;《月令广义》;《瑞应图》;《正字通》;《春秋运斗枢》;《孔丛子》;
《春秋感精符》;《事物绀珠》;《星经》;《埤雅》;《礼含文嘉》;《汉书天文
志》;《隋书天文志》;《尔雅翼》;《占书》;《春秋孔演图》;《后汉书》。

由此可以看到白晋对中华经典的涉猎之广泛,经、史、子、集皆有所涉及。而在
梵蒂冈图书馆中关于白晋的易学著作,对中华典籍的引用多集中在对经、
史类。

首先,通过引用儒家权威经典以增强其理论说服力,以重申所阐释观点的
真实性和权威性。白晋非常重视对中华经典的引用,比如在《易钥》中称"兹
故特先将天主《圣经》真传之大纲,与天主圣教大道之目,约列之为上卷,后择
中华典籍所载古传之文,与《易》等经所论理道精微之文,约列之为下卷"①;
对《易引》的说明"易引:此引集中华典西土古传相引考证"②;《天学本义》则
是"择某经文论上天奥妙之大要,各分其目而立其纲,为天孝本义上卷,如数
面之清镜,然人一睹之即明知经文论上天之旨而如见造物主神容之妙也"③;
"故今择集士民论上天公俗之语为天孝本义下卷,亦如经文分列其目,则得古
传真正之道,既而天学由此愈明可复于上古"④;等等。之所以如此重视,是由
于在白晋看来,"是知诸经典籍之道,既全具于《易》,皆实惟言天学心学而
已"⑤,通过对中华典籍的研究,即可了解《圣经》之真意。《易经》作为研究的
本经,《易传》引用最多,而关于《易经》其他一些研究著作,如官方的《钦定日
讲易经讲义》;李光地的《御纂易经折中》;胡广的《周易传义大全》、来知德
《周易集注》、章潢的《图书编》等引用亦为广泛。《诗经》是白晋除了《易经》

---

① [法]白晋:《易钥》,梵蒂冈图书馆,Borgia·Cinese,317-2°,第1页。
② [法]白晋:《易考》,梵蒂冈图书馆,Borgia·Cinese,317-4°,第1页。
③ [法]白晋:《天学本义》,梵蒂冈图书馆,Borgia·Cinese,317-15°,第3页。
④ [法]白晋:《天学本义》,梵蒂冈图书馆,Borgia·Cinese,317-15°,第4页。
⑤ [法]白晋:《易钥》,梵蒂冈图书馆,Borgia·Cinese,317-2°,第1页。

以外最为重点研究之五经著作①。比如引用《诗经》中对文王、后稷的称颂以对应圣子耶稣之德，"《诗经》：'帝谓文王予怀明德'，'不识不知，顺帝之则'，文王乃其象也"②，"《诗》云：'帝命率育'，后稷乃其象也"③。而《书经》的引用多言君臣关系，以对应圣父与人祖、圣子乃至万民的关系。比如《师》卦上六爻中引《尚书·太甲中》伊尹迎接太甲回到亳都以后对太甲的教导，"王拜手稽首，曰：予小子不明于德，自底不类"④为例，告诫人祖自己造成灾祸，不可逃脱，望能依圣父降下圣子以匡教之恩德，谋求好的结局。⑤ 对《礼记》中的祭祀礼节多有引用，如"《礼》云：郊之祭大报本反始也"⑥。此外，《论语》、《孟子》、《中庸》、《尔雅》以及阮元校刻的《十三经注疏》、董仲舒的《春秋繁露》、郑玄注的《易纬乾凿度》、冯应京的《月令广义》等，还有关于历史书籍，如司马迁的《史记》、左丘明的《春秋左传》、马端临的《文献通考》，南宋罗沁的《路史》皆有引用。在文中尊称为"子"的儒家人物之言有孔子、孟子、荀子、晏子、邵子、程子、朱子等，可见对儒家思想的认同。

　　在白晋的易学研究中，关于道家作品如《道德经》、《庄子》、《淮南子》等经典，多引用于对《易经》的一三之纲、三一之理的解释。他以老子的"道生一，一生二，二生三，三生万物"和庄子的"一与言为二，二与一为三"为基础，从而探讨一本二元三才之理，"一本二元，三才合一之礼，尽备乎此"⑦。针对老子一、二、三生之道，一方面用此对应基督宗教的"三位一体"（圣父、圣子、圣神）思想，"愚按此数子之言，其尚存天主'三位一体'之迹昭昭矣"；反过来，"若考之于《圣经》，所载造物主三位一体之真理，即知老子传之"⑧。另一方

---

①　"To begin his studies, Bouvet took up what he considered as the most ancient documents from the Classics, namely, the Yijing 易经（Book of Changes）and the Shijing 诗经（Book of Songs）"参见 Albert Chan, S.J., *Chinese Books and Documents in the Jesuit Archives in Rome*, Armonk, N.Y.: M.E. Sharpe, 2002.p.518.

②　[法]白晋：《易稿》，梵蒂冈图书馆，Borgia·Cinese，317-7°，第 27 页。

③　[法]白晋：《易引原稿》，梵蒂冈图书馆，Borgia·Cinese，317-6°，第 10 页。

④　（汉）孔安国传，（唐）孔颖达疏：《太甲中》第六，《尚书正义》卷八，李学勤主编：《十三经注释》标点本，北京大学出版社 1999 年版，第 211 页。

⑤　参见[法]白晋：《易稿》，梵蒂冈图书馆，Borgia·Cinese，317-7°，第 16 页。

⑥　[法]白晋：《易引原稿》，梵蒂冈图书馆，Borgia·Cinese，317-6°，第 21 页。

⑦　[法]白晋：《易稿》，梵蒂冈图书馆，Borgia·Cinese，317-7°，第 47 页。

⑧　[法]白晋：《易钥》，梵蒂冈图书馆，Borgia·Cinese，317-16°，第 10 页。

面,又认为二者有所区别,老子道之生成各为独立,其"生"字有"生如己"之意:一为自生,无始无原;二为阴阳,独立存在且与一不同位;三生万物,则天地各物各函己意,"曰四个生字各自是一意"①。但是,天主"三位一体"不仅是"均然浑然自有",而且有授受顺序,"同等之三位,未有三位,先有圣性,未有圣子,先有圣父,未有圣神,先有圣父与圣子,而亦必有授受之序"②。圣父与圣子之先有圣性,圣父与圣子是彼此相照的,而圣神为圣父、圣子二位所共发,"天地神人万物皆是三位所共造所"③。在此基础上,白晋对二者理论进行了综合。首先,老子以一、二、三皆造物主三位,是用"数"而非"形"代表超绝万象的造物主,一、二、三作为数之原,故为造物主之所显,"故老子借之以比以旨超绝万象造物主三位之精,最合于理也"④。其次,以老子一、二、三相生之理说明造物主的生发之功,造物主如一,生圣子乃二,一与二相合,乃生圣神三。再次,老子之三者比照造物主三位,"三"合老子生之原理,诸物之生,同归于一本二元,衍万物生生之理;亦合造物主之本,三位一体,共体万物真原之微。而庄子的"一与言为二"象征第二位的圣子为第一位的圣父在人间之言,"据天经实义之秘造物主圣三之第二位乃第一位之内言,庄子云一与言为二者,此之谓也"⑤。可见庄子之"一"为三位一体中之圣父,"言",为圣父之己语,圣子在人间所言皆为圣父之言。故圣父之言在人间的体现即为圣子。而庄子认为道在太极先,"夫道有情有信……在太极之先,而不为高,在六极之下而不为深"(《庄子·大宗师》)。白晋将造物主至能、至神、至明之三位视为万有之原本,"庄子之太极为其象也"⑥。进而探讨道之先天属性,"大道废有仁义",后天之人文引出先天之道。以道而分阴阳,阴阳相合故而生万物。《淮南子》云:"道曰:规始于一,一而不生故分而为阴阳,阴阳合和而万物生,

---

① [法]白晋:《易稿》,梵蒂冈图书馆,Borgia·Cinese,317-7°,第48页。
② [法]白晋:《易稿》,梵蒂冈图书馆,Borgia·Cinese,317-7°,第48页。
③ [法]白晋:《易稿》,梵蒂冈图书馆,Borgia·Cinese,317-7°,第48—49页。
④ [法]白晋:《易钥》,梵蒂冈图书馆,Borgia·Cinese,317-16°,第10—11页。
⑤ [法]白晋:《易学外篇》,梵蒂冈图书馆,Borgia·Cinese,317-10°,第11页。又见[法]白晋:《易引原稿》,梵蒂冈图书馆,Borgia·Cinese,317-6°,第8页。
⑥ [法]白晋:*I'Y King*(无中文标题),梵蒂冈图书馆,Borgia·Cinese,317-11°,第12页。

故曰一生二,二生三,三生万物。"①可以看到,在白晋这里,对道家思想的引用是《圣经》思想除了与儒家思想相合以外的另一种文化契合体现。

此外,白晋通过引用中华典籍,对《圣经》里所固有的事物、人物形象进行对比界定。比如关于《圣经》中伊甸园中的"生命之树"与《山海经》中的长生不死生命之树做对应②;《圣经》里的"九尾魔神"与《山海经》中"其神状虎身而九尾,人面而虎爪,是神也"③相对应,由于九尾魔神以亢上主,从而危机重重,"山海危险天下之状,为以刚居刚,九尾魔神所王,乃其象也"④。在《泰》卦六四爻中又提及《山海经》一部之文图,凡所录三首三角三日,三三九尾等,乖戾之物,皆其象也"⑤,等等。最后白晋对自己著作的《易学外篇》进行了引用,相互对照诠释。特别是在具体卦爻解释中,比如《屯》卦六二爻的"十年之数",《讼》卦九二爻的"三百户",《泰》卦中对乾坤(天干地支)合数"二十二"等,皆参考《易学外篇》中的内容进行论述。

由此可见,白晋结合《易经》的文本经义以及具体语境,通过对经典的历史同源追溯、汉字的字义拆分分析、数理图像的比较解读以及文本的义理互释等方法,将《圣经》思想与中华传统经典有机融合,从而实现思想上的理解创新,建构自己的索隐派思想体系。《易经》不仅成为白晋学术研究的主攻方向,亦是他借此传教的文本载体。他用中国人熟知的文字语言和表达方式来承载基督宗教的教义,对《易经》进行阐发,援引中国古代经典作为证据证实所引故事和人物在传统文化中的同源性、相似性,从而寻求基督宗教在传统文化的踪迹,并且成为他索隐思想得以确立的重要参考文本。白晋借用《易经》本身的特点,比如含有很多形而上词汇如太极、帝、天的称谓,卦爻具有形象学的意义,内容和义理多可以演绎发挥,具有强大的变通性等,从而将《圣经》里造物主创世纪、三位一体思想、人类的堕落、弥赛亚和审判日等最能够体现天主教教义思想的《圣经》故事赋予其中,一方面利用传统文化本身的力量注入

---

①　[法]白晋:《易引原稿》,梵蒂冈图书馆,Borgia・Cinese,317-6°,第8页。
②　[法]白晋:《易引原稿》,梵蒂冈图书馆,Borgia・Cinese,317-6°,第21页。
③　(东晋)郭璞:《西山经》第二,《山海经》一,中华书局1985年版,第21页。
④　[法]白晋:《易稿》,梵蒂冈图书馆,Borgia・Cinese,317-7°,第26页。
⑤　[法]白晋:《易稿》,梵蒂冈图书馆,Borgia・Cinese,317-7°,第32页。

基督宗教文化的内涵,为他的索隐派建立提供了可靠的文本资源;另一方面也体现出中西方两大异质文明在碰撞交流中可融通之处,通过中西经典文化的学理交融,从而不仅为天主教的传教事业开拓了新的方式,而且也对《易经》的研究另辟蹊径,有了全新维度的解读。

第四章 白晋易学思想特色

不可否认,中国人已然形成的世界观(注重实用和现世)、传统神秘文化(特别是巫魅、鬼神观念等)以及周围人文环境的影响(如儒、释、道信徒众多),导致天主教徒的传教进程一次又一次的失败,如唐代的景教和元代的也里可温教都"流产"于历史当中。而白晋来华所处的良好时机,是自1583年利玛窦抵达广州肇庆开始到汤若望、南怀仁等人已经在宫廷建立良好的信用机制基础之上延续的。无论是朝廷、儒生士大夫阶层还是平民,都对天主教有不同程度的认知和认可,其中不乏还有对天主教感兴趣或者最终皈依受洗信教之人。因此,白晋的理想是通过对《易经》的研究,在中西文化的齿轮上寻求到适合的契合点,掌握到中华文化的脉搏,能够获得中国人对天主教的宗教认同。这种深层次的宗教认同不仅仅停留在认知上,还需要带动情感上的依赖,使得更多中国人对天主进行接纳和皈依,从而在中华大地上播撒主的荣耀。

一、以耶解《易》,以《易》载耶

白晋试图使用"以耶解《易》"的方式来将《圣经》故事中赋予到《易经》中来。他除了运用传统的释《易》方法,即以八卦的取象意义、卦位的当与不当、卦时的中与不中、卦爻性质的元、亨、利、贞或悔、惕、性、恒、愁、惠、忧、思、憧憧等,以及本卦、变卦、错卦等易例之外,白晋对《易经》和《圣经》的源头进行追溯,致力于将东西方经典同归于造物主名下;通过对《易经》中的关键字词进行拆分,赋予其天主教寓意,内化到《易经》的行文中;在数学图像的运用中,更加生动而具体地阐释了中西方文化的契合之处;以义理诠释的方法,进行易学索隐法,从而匠心独运地推动了易学的又一次"新经学"尝试。

首先,对《圣经》人物关系的易学处理。在白晋的易学思想中,所涉及的《圣经》人物诸多,综合其称谓,列表如下:

表八　《圣经》人物的东方称谓表

《圣经》中人物	东方对应称谓
天主	圣父;天;上主;造物主;主宰;神;一;太一;神明;十;《易》之太阳;君父;帝天君父;圣三上主;一三之主;农夫;帝天神农;大人;皇天皇父;颛顼(《归藏》)。
圣子耶稣	圣子;天子;天主子;元子;太子;君子;救世君子;长子、真子救世主;后天新民之元首;后天教民稼穑之主;邻人;皇天太子天子。
圣灵	圣神;皇天神天天神。
亚当、夏娃	人祖;元祖。
圣母	至贞童女;圣女。
夏娃	"勿用取女"之无德之女、不贞之女(《蒙》)。
魔鬼撒旦	黑龙老阴(蛇);共工(人面蛇身);九部傲神恶魔视为"九尾虎"虎魔(《履》)。
路西法 Lucifer	露即拂尔(译言带光)又译"炽天使";共工氏(《纲鉴》、《史记》);蚩尤(《书经》、《史记》)。
米伽勒 Michael	弥额尔(译言何敢比拟上主)又译"正义天使";祝融(《纲鉴》、《史记》);轩辕(《书经》、《史记》)。

其中白晋最为重视圣父与人祖、圣父与圣子、圣父与圣母关系以及人祖与圣子的比较关系,他们的关系即是白晋易学思想的发展脉络。人祖、圣子、圣母均由圣父出,然圣父与人祖,在先天元吉的背景下,由于人祖(被邪魔所诱,同叛获罪)的原罪,从而自绝于圣父,将先天元吉之象变为先天变易之凶象。而圣子作为后天之主,受命拯救万民,成后天不易之象,从而恢复先天之元吉。如在《比》卦中,圣父与人祖先初关系为"先天亲比之吉",然而人祖自绝其亲。而圣父诞下圣子,圣子自比为"为圣父之股肱",为后天"上下互相亲比",复先天外比元首之吉。圣母为圣父所选,定神婚之期,诞下圣子,为万世之母。人祖与圣子的关系,一凶一吉,一破一立,成为对应的力量。比如《蒙》卦中人祖的先天"童蒙"被蒙,导致万世子孙"困蒙",而圣子处蒙昧之世,启普世之蒙,

行启蒙之道,复先天之命。又比如在《泰》卦中,将人祖之道视为先天小人之道,将圣子之道视为后天君子之道。在《否》卦中继续分人祖之小人、圣子之大人而定先天、后天之吉凶。而关于圣父与恶魔的关系,主要体现在《乾》、《坤》二卦的上爻中,恶魔诱人祖之心,从而坏先天之元吉,导致先天之凶。无论是"亢龙,有悔",还是"龙战于野,其血玄黄"都是用来解释善恶阴阳二道之间的角逐,阴阳一升一降,两龙一亢一谦,从而善恶分,吉凶定。

其次,化"天主之爱"为"仁爱"。简而言之,《圣经》的主旨分《旧约》和《新约》,《旧约》为天主(天主)爱人以及预备救世主的到来;《新约》即救世主诞世。在基督宗教文化中,天主的爱是一种神圣之爱,是基督徒诸德之源,一切德行全包括在爱中。这种爱是至高无上的绝对之爱,区别于世俗之爱。"爱天主"和"爱人如己"为基督信仰"最大的诫命"①;"爱天主"是基督徒一生的追求,"愿主引导你们的心,叫你们爱神"②,"爱人如己"则是将这种爱落实到人间,"并不分犹太人,希腊人,自主的,为奴的,或男或女,因为你们在基督耶稣里,都成为一了"③。无论是爱邻人,还是爱仇人,都是天主之爱在现实生活和人际交往中的具体展现,都是平等施爱。这与儒家所提倡的"仁爱"本质是不同的,儒家的"仁爱",尽管也提倡"泛爱众",但是推己及人,由亲及疏的等差之爱,它是建立在伦常纲理秩序之上的一种非平等的爱。君君臣臣、父父子子、君仁臣忠、父慈子孝等仁爱之所施与,皆是依礼法角色而定。而白晋通过人物形象的植入,将《圣经》的主旨融入《易经》之中,他为了亲近中国传统文化,将"仁爱"归于天主之名下,作为天主爱之体现,多次提及"天主圣父乃仁爱之本"④。一方面正是由于天主仁爱,故不忍独富。如《小畜》九五爻所讲"全有福生人之主,本心仁爱,不忍独富,欲通厥全有之富,于先天国家之

---

① 《圣经·马可福音 12:28—31》(中英对照),中文和合本,英文新国际版,中国基督教三自爱国运动委员会、中国基督教协会 2007 年版,第 257 页。
② 《圣经·贴撒罗尼迦后书 3:5》(中英对照),中文和合本,英文新国际版,中国基督教三自爱国运动委员会、中国基督教协会 2007 年版,第 365 页。
③ 《圣经·加拉太书 3:28》(中英对照),中文和合本,英文新国际版,中国基督教三自爱国运动委员会、中国基督教协会 2007 年版,第 333 页。
④ [法]白晋:《易钥》,梵蒂冈图书馆,Borgia·Cinese,317-2°,第 6 页。

众"①,故造人祖,至于福地,永享天福。另一方面也正是由于天主的仁爱之心,面对人祖的背叛,连累万世子孙,天主仍然不忍弃绝人类,选至贞圣女,诞下圣子,以救万民。"幸蒙上天好生仁爱,不忍绝其人也,开后天之道"②。此外,圣父的"仁爱"决定了"三位一体"之三位皆为仁爱,"造物主第一位圣父全善仁爱之心"③,而使"圣子乃仁爱","惟圣神乃仁爱至动至神之德"④,"上主圣三穷尽仁爱至柔如此"⑤。并且在具体的卦爻解释当中,多次提及上主之仁爱,如《乾》卦九四爻中上主的"仁爱义怒"⑥;《坤》卦六三爻"上主本心仁爱"⑦;《屯》卦辞中的"帝天君父全知本心仁爱"⑧;《蒙》卦初六爻"蒙全知本心仁爱之大父大君"⑨;《比》卦卦辞中"本心仁爱造物主,先天之初,生人祖赋以元善恒贞"⑩;《小畜》卦九三爻"蒙本心仁爱之主,不忍天人上下夫妻反目之凶"⑪;等等。正因为上主有仁爱之心,从而预示着救世主的到来。

最后,阐释《易经》中救世主的一生。救世主是先天与后天的区分标志,亦是先天之凶转后天之吉的原因。其一,耶稣诞生象征着福音的到来,"耶稣基督降生的事,记在下面"⑫。在《屯》卦中将救世主出于震解释"帝出乎震","逆之救世主出乎震,以理普世之乱,立厥圣座于太阳之墟"⑬,从而天下万物万民皆沾救世主降生甘霖之恩。其二,白晋进一步对救世主的美德进行描述,他不仅具有"爱人之大德"⑭,而且有"至灵至明之德"⑮。其三,"全知至明至

---

① [法]白晋:《易稿》,梵蒂冈图书馆,Borgia·Cinese,317-7°,第25页。
② [法]白晋:《易考》,梵蒂冈图书馆,Borgia·Cinese,317-4°,第24页。
③ [法]白晋:《易考》,梵蒂冈图书馆,Borgia·Cinese,317-4°,第17页。
④ [法]白晋:《易钥》,梵蒂冈图书馆,Borgia·Cinese,317-2°,第6页。
⑤ [法]白晋:《易钥》,梵蒂冈图书馆,Borgia·Cinese,317-2°,第6页。
⑥ [法]白晋:《大易原义内篇》,梵蒂冈图书馆,Borgia·Cinese,317-9°,第10页。
⑦ [法]白晋:《大易原义内篇》,梵蒂冈图书馆,Borgia·Cinese,317-9°,第19页。
⑧ [法]白晋:《易稿》,梵蒂冈图书馆,Borgia·Cinese,317-7°,第1页。
⑨ [法]白晋:《易稿》,梵蒂冈图书馆,Borgia·Cinese,317-7°,第5页。
⑩ [法]白晋:《易稿》,梵蒂冈图书馆,Borgia·Cinese,317-7°,第17页。
⑪ [法]白晋:《易稿》,梵蒂冈图书馆,Borgia·Cinese,317-7°,第23页。
⑫ 《圣经·马太福音1:18》(中英对照),中文和合本,英文新国际版,中国基督教三自爱国运动委员会、中国基督教协会2007年版,第2页。
⑬ [法]白晋:《易稿》,梵蒂冈图书馆,Borgia·Cinese,317-7°,第1页。
⑭ [法]白晋:《易钥》,梵蒂冈图书馆,Borgia·Cinese,317-2°,第6页。
⑮ [法]白晋:《易钥》,梵蒂冈图书馆,Borgia·Cinese,317-2°,第3页。

静之才"①,其中最重要的是谦卑顺上,听从上主之命,具有至顺之德。"启蒙之由,原本与谦,谦本于救世主,乃帝天君父,惟一聪明,全知无始之天子"②。正是由于他的恭谦,所以得以胜任启蒙之道,为人之君师,传上主之言,行后天之道,"救世主已降生为人君师"③,以拯救万民之功。其四,白晋探讨了耶稣之死。由于万民不知其恩,反叛其德,在《屯》卦上六爻预示了救世主的遇难,下人无德,故辜负救世主之恩,"辜负天恩,凶悔无益,真可泣血涟如"④,并且将此弑杀救世主之罪定为大秦国先民之罪,"夫大秦士民,弑救世主莫大之罪"⑤,白晋将此视为导致千余年来万民流亡散落四处的原因。其五,白晋讲述了耶稣的复活。耶稣复活是基督宗教信仰的基石,这不仅是耶稣自己的语言,即"从此,耶稣才指示门徒,他必须上耶路撒冷去,受长老、祭司长、文士许多的苦,并且被杀,第三日复活"⑥,而且被信徒所信,也成了基督传教的理念。所谓"若基督没有复活,我们所传的便是枉然,你们所信的也是枉然"⑦;"基督若没有复活,你们的信便是徒然,你们仍在罪里"⑧。这在基督信仰中至为重要。白晋巧妙的在《需》卦六四爻中以"需于血"和"出自穴"隐喻将救世主的牺牲和复活,这里的"血"是耶稣生命的血,为基督圣血之象征,"因血里有生命,所以能赎罪"⑨,救世主降生于万险之中,为万民赎罪,赎罪暗示着基督现世生命的消失。而他被钉于十字架上,献上了血中的生命。缘由赎罪,"血"完成了从生命到死亡的过渡。然三日以后复活,"身灵复结而活,出地中

---

① [法]白晋:《易稿》,梵蒂冈图书馆,Borgia·Cinese,317-7°,第27页。

② [法]白晋:《易稿》,梵蒂冈图书馆,Borgia·Cinese,317-7°,第5页。

③ [法]白晋:《易稿》,梵蒂冈图书馆,Borgia·Cinese,317-7°,第9页。

④ [法]白晋:《易稿》,梵蒂冈图书馆,Borgia·Cinese,317-7°,第3页。

⑤ [法]白晋:《易稿》,梵蒂冈图书馆,Borgia·Cinese,317-7°,第4页。

⑥ 《圣经·马太福音16:21》(中英对照),中文和合本,英文新国际版,中国基督教三自爱国运动委员会、中国基督教协会2007年版,第257页。

⑦ 《圣经·哥林多前书15:14》(中英对照),中文和合本,英文新国际版,中国基督教三自爱国运动委员会、中国基督教协会2007年版,第310页。

⑧ 《圣经·哥林多前书15:17》(中英对照),中文和合本,英文新国际版,中国基督教三自爱国运动委员会、中国基督教协会2007年版,第310页。

⑨ 《圣经·利未记17:11》(中英对照),中文和合本,英文新国际版,中国基督教三自爱国运动委员会、中国基督教协会2007年版,第193页。

之穴,终免上主义怒,而出地狱永苦之穴"①。从而象征耶稣基督的救赎获得了上主的认可,这是对耶稣死亡意义的最佳诠释。此外,白晋还涉及《圣经》中"最后的审判"(Last Judgement),他用《讼》卦中之"讼"形容"最后的审判",一是上主赋予救世主的权利,"因为他来,要审判遍地,他要按公义审判世界,按公正审判万民"②。二是救世主所要在人间完成的义务,对于弃绝救世主的人,"在末日要审判他"③,以善恶而分天堂、地狱,救世主甘愿陷己于人世,自讼负赎万方罪之勇德。三是救世主作为"公明之大人"④,中正端坐,审判听讼。可见在白晋的易学思想中,贯穿着救世主耶稣从出生到复活的人生经历。

由此可见,白晋的易学研究,它既不同于道教有道家理论的支撑,走向儒道融合玄学《易》之境,体现出以老解《易》,融合仁义礼法与自然无为的特点,且发展为诠释易学之正统支派。亦不同于佛教,合儒、道二家,引禅释《易》,禅《易》互证,不论在佛教史还是易学史上都得到认可。而白晋的"以耶释《易》",是对易学的另一个宗教维度诠释,他的"以耶释《易》"在其弟子如傅圣泽、马若瑟等人的思想中得到体现,且为索隐派思想的重要组成部分,但是由于其著作皆流于国外,目前仍有待研究。

二、乾坤对偶,共生和合

《乾》、《坤》二卦是进入《周易》文本世界的门户。"以乾坤为众卦之门户,众卦皆由其变成故也。"⑤《乾》、《坤》之所用,广大悉备,两卦的地位,广被

---

① [法]白晋:《易稿》,梵蒂冈图书馆,Borgia·Cinese,317-7°,第9页。
② 《圣经·诗篇98:9》(中英对照),中文和合本,英文新国际版,中国基督教三自爱国运动委员会、中国基督教协会2007年版,第978—979页。
③ 《圣经·约翰福音12:48》(中英对照),中文和合本,英文新国际版,中国基督教三自爱国运动委员会、中国基督教协会2007年版,第189页。
④ [法]白晋:《易稿》,梵蒂冈图书馆,Borgia·Cinese,317-7°,第11页。
⑤ 胡居仁的《易象钞》中采录《乾坤易之门图》,亦为《卦变图》,参见徐芹庭:《易图源流》,中国书店2008年版,第495页。

哲人所认知。如张载以"乾称父,坤称母";由乾、坤而生天地万物大同之性,
"民吾同胞,物吾与也"①。二程认为古代并无乾、坤二字,而为《易》中特有,
"以此形容天地间事"②,并且"乾是圣人道理,坤是贤人道理"③。朱熹则认为
乾、坤之性质决定了天道之运行以及人之性情,"至健者惟天,至顺者惟地,多
以后来取象,乾便为天,坤便为地"④,从而将健、顺之理赋予人文气息。到了
王守仁,亦是从乾、坤之易中悟得心性之思,曾诗云:"乾坤是易原非画,心性
何形得有尘"⑤。清代的王夫之称:"乾、坤并建以为首,《易》之体也。"⑥李光
地亦言"乾坤纵而六子横,《易》之本也"⑦。诸如此类,都体现着乾道法天,坤
道法地,二者转变,参赞化育的生命特色。

　　首先,《乾》《坤》二卦为整个易学基准,统领着全部卦爻之数。在白晋的
易学思想中,白晋非常重视《乾》《坤》二卦,具体表现为以下几个方面:

　　1.单独著文诠释《乾》《坤》。梵蒂冈图书馆 Borgia·Cinese,317-9°《周
易原义内篇》一文,即单独对《乾》《坤》二卦进行详细的解释,经文内意,有纲
有目,并一爻多解,从而以《圣经》为诠释依据文本,凭借诸多中华典籍,从而
对《乾》《坤》二卦的爻辞、文言、象传等进行解释。

　　2.以《乾》《坤》之位分先天、后天之象。在白晋看来,正是由于乾坤定
位,形成天地对待,各得其正,定吉凶关系,故行先天之道。"《易》云:'天地定
位,卦图乾坤对待之正即其象也,乃伏羲先天八卦相交之位,各得其正,而先天
之道行矣。'"⑧结合《圣经》,《乾》即先天简易元吉之天,由于人祖之罪,致先
天大变之灾,又因圣子之德,复天地之正,为《坤》后天不易之吉。

　　3.《乾》《坤》拟人化。将《圣经》里的人物赋予其上,从而索隐天主教义。

---

①　(宋)张载:《张载集》,《正蒙·乾称篇》第十七,中华书局 1978 年版,第 62—63 页。
②　(宋)二程:《河南程序遗书》卷五,载《二程集》第一册,中华书局 2004 年版,第 78 页。
③　(宋)二程:《河南程序遗书》卷五,载《二程集》第一册,中华书局 2004 年版,第 79 页。
④　(宋)黎靖德编,王星贤点校:《朱子语类》卷第六十八,中华书局 1986 年版,第 1683 页。
参见张克宾:《朱熹理学视域中的"乾坤"》,《周易研究》2010 年第 4 期。
⑤　(明)王守仁:《外集二·居越诗三十四首·示诸生三首》,《王阳明全集》卷二十,上海古
籍出版社 1992 年版,第 790 页。
⑥　(明)王夫之:《船山全书》第一册,《天论》(下),中华书局 1981 年版,第 542 页。
⑦　(清)李光地:《御纂周易折中》,上海古籍出版社 1990 年版,第 486 页。
⑧　[法]白晋:《易钥》,梵蒂冈图书馆,Borgia·Cinese,317-2°,第 18 页。

首先是人祖亚当、夏娃为人之父母,亚当为乾,夏娃为坤,乾、坤本正,元亨利贞,然夏娃引诱亚当,共同获罪于天,如坤犯于乾,导致先天大变,元灾元凶始成。其次帝天君父为乾,"先天国家定矣,时乃帝天君父,惟一乾德统天"①。而以圣母玛利亚为坤,"以童贞天德之圣女为母"②,诞下无始所生之圣子,降生救世之功。

4.将《乾》、《坤》的关系贯穿到其他卦之中。比如《屯》之象即为震下坎上,为"乾坤始交,雷雨交作,盈满于地天天地之间"③,象征着圣子诞生于世,以造后天救世之功。而在《小畜》卦初九爻中,即是以乾、坤二者关系转变来说明"复自道"④,先天乾下坤上之泰道由于元祖之原罪而成乾上坤下,天地不交之否道;而圣子之功即是获先天元良之义,成上主之义子,复天人交合之先天元吉之泰道,故名"复自道"。而在《泰》卦、《否》卦中更是以乾、坤关系来言先天、后天之吉凶转变。总而言之,《泰》道有二:一为先天之《泰》道,即元善之初,乾坤正位,尊卑健顺相应对待,为君子道长之象,定先天之吉。其二为后天之《泰》道,即救世君子降世,天地复交,兼上主之大,下人之小,而成开后天之泰,为后天新民之元吉。《否》道乃坏先天之泰,即人祖之原罪体现。

5.白晋对《乾》、《坤》二卦的卦象"大哉乾元,万物资始"、"至哉坤元,万物资生"做了特别的重申⑤。并结合《河图》,对《乾》卦和《坤》卦之数做了计算,除去5、10、20、25,乾为奇,故1、3、7、9、11、13、17、19、21、23、27、29,合为180,乘以七,为1260,即为一年之数(一月三十天,共四十二周);坤为偶,故2、4、6、8、12、14、16、18、22、24、26、28,合亦为180,乘以七,为1260,即为一年之数(一月三十天,共四十二周)⑥,紧接着,对乾爻和坤爻于三角七层幂数进行了计算(见表九)。

---

① [法]白晋:《易稿》,梵蒂冈图书馆,Borgia·Cinese,317-7°,第1页。
② [法]白晋:《大易原义内篇》,梵蒂冈图书馆,Borgia·Cinese,317-9°,第2页。
③ [法]白晋:《易稿》,梵蒂冈图书馆,Borgia·Cinese,317-7°,第1页。
④ [法]白晋:《易稿》,梵蒂冈图书馆,Borgia·Cinese,317-7°,第23页。
⑤ 罗马耶稣会档案馆,Japonica·Sinica,Ⅳ 25-3,第8页。
⑥ 罗马耶稣会档案馆,Japonica·Sinica,Ⅳ 25-3,第27页。

表九 三角七层幂数计算《乾》、《坤》爻数表

1	1	《坤》爻	20	40	20	《乾》爻	1
2	2		40	80	40		2
3	4		80	160	80		4
4	8		160	320	160		8
5	16		320	640	320		16
6	32		640	1280	640		32
7	63		1260	2520	1260		63

此表表示了《乾》、《坤》两卦从初爻到上爻以及用爻之爻层数七,从初爻到上爻,数分《阴》、《阳》,《乾》、《坤》等同,其进位原则由低位向高位"逢二进一",初爻为 2^0 即为 1,一为数之本,二爻为 2^1 即 2;三爻为 2^2 即 4,四爻 2^3 即 8,五爻为 2^4 即 16,上爻为 2^5 即 32,用爻为六爻之合数,和合而成天地之数,为 63。若《乾》、《坤》之数以二十为基数,依次乘以进位数,2^0、2^1、2^2、2^3、2^4、2^5 得之合数分别为 40、80、160、320、640,其用爻合数各为 1260,合数为 2520,从数学上说,2520 乃 1、2、3、4、5、6、7、8、9、10 的最小公倍数,亦是一个高度合成数。白晋结合数学知识来对《易经》中《乾》、《坤》两卦爻数进行了计算,《易经》卦爻的周期即完成了 2^n 卦(n:0-5)过程,从而证明《乾》、《坤》爻数为数之基础。

其次,《乾》、《坤》两卦之主要特色,在于"和合"。"和合"二字,自春秋战国时期便根植于中华民族文化,它并非某家某派的思想或主张,而内化成了一种涵摄诸子、历经各代的人文精神。它的源头活水是"五经",并伴随着子学百花齐放,在诸多经典中均有所见。它最早见于《国语》[1],"商契能和合五教,以保于百姓者也"[2],即是从人际关系的角度来探讨"和合",便是制定了最初人伦之基础,和父之义、母之慈、兄之友、弟之恭、子之孝,从而"立家"进而"立国"。《国语·郑语》中又记载了西周末年,史伯论和同关系的事情,他言及:"夫和实生物,同则不继。以他平他谓之和,故能丰长而物生之"[3]。着

---

[1] 关于对《国语》中的"和合"考释。参见博士毕业论文张永路:《〈国语〉和合思想研究》,中国人民大学博士毕业论文,2012 年,第 53 页。

[2] (清)徐元诰撰,王树民、沈长云点校:《国语集解》,中华书局 2002 年版,第 466 页。

[3] (清)徐元诰撰,王树民、沈长云点校:《国语集解》,中华书局 2002 年版,第 470 页。

重证明了"和"是人们在日常生活、社会政治、养生卫体等中所起到的作用。如在家庭关系中,《墨子》将"和"、"合"连用,形成"和合","内者父子兄弟作怨恶,离散不能相和合"①。在社会关系中,《管子》一书亦将"和"、"合"并举,提及对民要养之以德,"和合故能习,习故能谐,谐习以悉,莫之能伤也"②等等。此外,关于"和"、"合"、"和合"、"合和"等词汇在在古代经典中多有所见,通过电子检索,在文渊阁《四库全书》里,"和合"二字连用共了 2123 处,经部里出现了 550 处;史部 290 处;子部 1017 处;集部 263 处;附录 3 处③。"和合"二字着重出现于以下诸经:《礼》(《礼记》、《周礼》、《仪礼》),《易》(《周易》、《易传》、《易纬》),《诗》(《毛诗》、《韩诗》),《尚书》,《尔雅》,《春秋》(《春秋左传》),《孟子》,《论语》。此外,还有训诂类如《唐韵》、《音韵》、《古音》、《字类》、《字诂》、《方言》、《乐律》、《古乐》、《钟律》、"六书",以及④《考工记》、《急就篇》等,特别是关于"五经"、"七经"、"九经"、"十三经"、"四书"等综合性的经典书目。其中,"和合"二字又以对《周易》解释成书中所出现的最多。而出现"和合"二字的典籍成书年代及作者所处朝代主要分布于西汉(5 次)、东汉(6 次)、魏(4 次)、东晋(2 次)、南朝(2 次)、唐(19 次)、北宋(9 次)、南宋(27 次)、元(25 次)、明(29 次)、清(66 次)等。这说明"和合"二字自先秦以来,一直被历代儒士文人所接受,成为一个具有通识性、基础性、公认性的词语,为经、史、子、集各渊源流派的共享资源。其中清代所著著作中"和合"二字出现的最多,这不仅体现出清代学术的集成整理的总结性地位,也再次验证了"和合"二字的广被认同。

关于白晋易学中所出现的"和合"二字,体现于多个方面。第一,"和合"在白晋的易学思想中,所形容最多的便是对"三易"之中的"先天易简《连山》天皇易道"之景的论述。这里的"先天易简《连山》天皇易道"将"三易"第一易"易简"、"连山易"、"天皇"等多种界定合在一起,"如一连相通无间之山,

---

① (清)孙诒让撰,孙启治点校:《墨子间诂》,中华书局 2001 年版,第 74 页。
② 郭沫若、闻一多、许维遹:《管子集校》,中华书局 2001 年版,第 137 页。
③ 陈欣雨:《文渊阁〈四库全书·经部〉之和合思想研究》,《鹅湖月刊》(台湾)2012 年第 447 期。
④ "六书"是指汉字的造字方法,即象形、指事、会意、形声、转注、假借。

先天之境如此,易简《连山》之易成,天皇之易行焉"①,以指代先天之境,并在《易学外篇》中专门对其"和合"特色进行了解说:

> 三易之第一,既有顺柔和合之吉,则其数象图之本原。必当为奇偶相配,天地相交,阴阳调和,感应而成,律吕诸数自然之本原。②

对照《圣经》,"和合"为先天元景,即造物主创世纪所造人之初时的状态。一方面体现造物主和合天地,以生万物之功,另一方面四时四方皆定,天地万物皆合造物主仁爱之圣心,从而呈现出"上下和合,天道平平"③之"宇宙和合效天体地纯吉之法象"④。故"和合"是合至元、至亨、至利、至贞的"天地和合极美之吉象"⑤的描述。第二,"和合"为造物主所生元祖(人祖)之初性。在元祖未犯原罪之先,他的性情乃为"和合顺命"⑥,仰观天道天象之序,俯察地道万物之则,由于他的"和合顺命",故上、中、下三界太和保和,从而才能够使"易简之易连山之易天皇之易行"⑦,保先天国家永宁之元吉。第三,"和合"为救世主圣子耶稣诞生之原因。"三位一体"(圣父、圣子、圣神)之间和而不同,亲密无间,合而为一,"三位一体是天主和他自己的关系,是最和谐完美的关系"⑧。正是由于"造物主圣三宠爱和合神配之庆"⑨,选圣母玛利亚而将圣子临下诞世,和合"三位一体"(圣父、圣子、圣神)于一位(圣子),为配天地兼天人,神人添合相亲,而使"上、中、下三界,太和保和"⑩,故救世主耶稣乃三一之大圣。第四,"和合"为耶稣降世拯救万民所试图要达到的状态和目标。由于

① [法]白晋:《易学外篇》,梵蒂冈图书馆,Borgia·Cinese,317-10°,第5页。
② [法]白晋:《易学外篇》,梵蒂冈图书馆,Borgia·Cinese,317-10°,第7页。
③ [法]白晋:《易引原稿》,梵蒂冈图书馆,Borgia·Cinese,317-6°,第4页。
④ [法]白晋:《易引原稿》,梵蒂冈图书馆,Borgia·Cinese,317-6°,第27页。
⑤ [法]白晋:《易学外篇》,梵蒂冈图书馆,Borgia·Cinese,317-10°,第38页。
⑥ [法]白晋:《易引原稿》,梵蒂冈图书馆,Borgia·Cinese,317-6°,第27页。另参见[法]白晋:《易学外篇》,梵蒂冈图书馆,Borgia·Cinese,317-10°,第39页。
⑦ [法]白晋:《易引原稿》,梵蒂冈图书馆,Borgia·Cinese,317-6°,第28页。
⑧ [美]华理克:《标杆人生——建造目的导向的人生》,杨高俐理译,基督使者协会2004年版,第131页。
⑨ [法]白晋:《易稿》,梵蒂冈图书馆,Borgia·Cinese,317-7°,第10页。
⑩ [法]白晋:《易学外篇》,梵蒂冈图书馆,Borgia·Cinese,317-10°,第40页。

先天元吉随着元祖之罪已变,并连累万世子孙,后世要依奉上主,"至仁至义,和合上下,而复其元吉"①,恢复到先天元吉之"和合"之景,这亦是对"三易"之第三易"后天不变周易人皇之易"的状态说明。白晋在《易学外篇》中指出:

> 三易之第三。既由亢逆不合之凶,赖配天地中和之德,化为柔顺,复获先天和合之元吉,则其数象图之本原。必当为上、中、下,天、地、人三道诸数,相感而成中和,最美最善,格天人,和上下之乐,诸数之本原②。

由此可见,先天已变之凶到后天不变之吉,关键是要看"人皇"圣子之功,顺上化下,和合天地,从而恢复其元吉之象。圣子基督所要做到的,是"要人与神和好,人与人也和好"③,从而达到《圣经》中所言,"要按照所安排的,在日期满足的时候,使天上地上一切所有的,都在基督里面同归于一"④。第五,"和合"乃天地诸象二元阴、阳的最完美体现。无论是易、数、象之本,还是天历律吕之数,其可合之比例,天圆地方,皆归于阴、阳,叁天两地,乃天、地、人三界和合。一方面天九地四为天地数象之本。一为纯奇纯阳,一为纯偶纯阴,"相配而合之,则成天地和合极妙之图"⑤。另一方面,"和合律吕"⑥。天九地四得中六,乃与天九地四同二三之比例,则立音乐,定阴阳,调天地,"上下中相感和合,成律吕之美"⑦,诸数相感之则,从而"甚和美听,成天地之律"⑧。第六,"和合"的反面乃为失和之象。在白晋这儿,与之对应的一乃为"先天易变《归藏》地皇易道",对其的描述如下:

> 三易之第二,既由先顺平和,后变亢逆不合之凶。则其数象图之本

---

① [法]白晋:《易考》,梵蒂冈图书馆,Borgia·Cinese,317-4°,第4页。

② [法]白晋:《易学外篇》,梵蒂冈图书馆,Borgia·Cinese,317-10°,第7页。

③ 丁光训:《丁光训文集》,译林出版社1998年版,第234页。

④ 《圣经·以弗所书1:10》(中英对照),中文和合本,英文新国际版,中国基督教三自爱国运动委员会、中国基督教协会2007年版,第338页。

⑤ [法]白晋:《易学外篇》,梵蒂冈图书馆,Borgia·Cinese,317-10°,第51页。

⑥ [法]白晋:《易学外篇》,梵蒂冈图书馆,Borgia·Cinese,317-10°,第66页。

⑦ [法]白晋:《易学外篇》,梵蒂冈图书馆,Borgia·Cinese,317-10°,第66页。

⑧ [法]白晋:《易学外篇》,梵蒂冈图书馆,Borgia·Cinese,317-10°,第51页。

源。必当为诸奇偶不合,天地不交,阴阳不调,不成律吕,乃诸方形方象,
诸刚数之本原①。

先天易变,因元祖昏其明德,犯下原罪,从而上下失和,天地不交,为大凶之根。
当人犯罪以后,夫妻之间彼此怪罪,互相指责,正如亚当认为正是夏娃"把那
树上的果子给我,我就吃了"②。兄弟之间因为嫉妒而互相残杀,正如该隐与
亚伯之间的争斗,"该隐起来打他兄弟亚伯,把他杀了"③。正是由于天象大
变,故《河图》《洛书》出,以待圣人出,重振天地。

　　再次,乾坤对偶,共生和合。乾坤之对偶,万物之和合,在白晋这儿得到了
统和。其一,"和合"预设了乾坤天地万物共生的前提。在白晋这儿,由于造
物主创世纪时便创天地乾坤及世间所有,故万物有异,万类有别,这才有"和
合"的可能性,先天之和合由造物主所主导,人类元祖所依从,天下万物被事
先预设,物虽异而理本同,即为"参"。故荀子言"天有其时,地有其财,人有其
治,夫是之谓能参"④,这样天、地、人三才各尽其职,各显其能,相互协同,相互
和合,形成了有序互补的整体和合结构。其二,"和合"钩沉了乾坤天地阴阳
之变。白晋以"和合"作为先天后天之状态标志,从先天元吉和合——先天失
之和合——后天复之和合,从而确定"三易"(先天简易《连山》、先天变易《归
藏》及后天不变《周易》)之区别,且钩沉了乾坤之二元阴、阳之变。先天元吉
之和合,阴阳当位,阳居阳位,阴居阴位,造物主、元祖各处其位。而先天失和,
元祖获罪于天,自绝于造物主,即阴背叛于阳,阴与阳相争,从而先天元吉不复
存在。反过来,正是由于阴阳之间相互对待、相互藏寓又是交感合和、相互作
用,从而使"和合"的生命力得以体现。其三,"和合"规范着乾坤救世君子的
处世之道。圣子耶稣临下诞世,以救世君子的身份重振乾坤。在传统对《易
经》的诠释中,君子与"和合"连用的有:

────────

　　① ［法］白晋:《易学外篇》,梵蒂冈图书馆,Borgia·Cinese,317-10°,第 7 页。
　　② 《圣经·创世纪 3:12》(中英对照),中文和合本,英文新国际版,中国基督教三自爱国运
动委员会、中国基督教协会 2007 年版,第 5 页。
　　③ 《圣经·创世纪 4:8》(中英对照),中文和合本,英文新国际版,中国基督教三自爱国运
动委员会、中国基督教协会 2007 年版,第 6 页。
　　④ 安小兰译注:《天论》,《荀子》,中华书局 2007 年版,第 109 页。

伊川程子曰：夫上下交通，刚柔和合，君子之道也。①

火本丽空而炎上，水本行地而润下，各安其位无有交错，不相和合，未济之象也，君子体物而得其性。②

伊川曰：阴阳和合，故云：遇雨。又曰：唯君子处斯时则能央央……此则无过咎也。③

在这里所言的"君子之道"即为白晋眼里的"圣子之道"，君子为圣子的化身，"君子体物"以促万物以和合。对白晋而言，即是救世主临世之使命，拯救万民，复万物和合之象。这里的"圣子"已经"穷极万物之象，人事之义理，以成变化之道者也"④，救世主根据圣父的旨意，重复乾坤天地之正，和合上下，复先天元吉之象。其四，"和合"成就了乾坤先天、后天和合之境。在白晋看来，无论是先天元吉和合之境，还是后天复为和合之境，一为造物主初始和合万物之能，乾与天道为一，坤与地道为一，乾坤之道，体天地之道；二为救世主诞生复以和合天地之功，即白晋所言的人之道，乾坤主导、人以参的和合之境乃天、地、人共生和合的状态。

与此相应，张立文先生于1998年所提出来的"和合学"，作为研究自然、社会、人际、人自身心灵以及不同文明中存在的和合现象，并以和合的义理为依归，以及既涵摄又超越冲突、融合的学问。⑤ 由此和合学不仅有自身的核心范畴、主导概念和范畴系统，自身的内涵和品格以及自身依以诠释的经典文本，而且有自身的方法和表述这种方法的相应概念及形式。"和合学"是同易学紧密相连的，表现为：其一，"和合世界的结构模型，绍承易学结构模型；其

---

① （清）程廷祚：《否卦》，《大易择言》卷七，《景印文渊阁四库全书》经部五二，台湾商务印书馆1986年版，第581页。

② （清）黄宗炎：《未济卦》，《周易象辞》卷十七，《景印文渊阁四库全书》经部三四，台湾商务印书馆1986年版，第604页。

③ ［南宋］方实孙：《央卦》，《淙山读周易》卷十二，《景印文渊阁四库全书》经部一九，台湾商务印书馆1986年版，第722页。

④ （北宋）胡瑗撰，（北宋）倪天隐述：《说卦》，《周易口义》卷七，《景印文渊阁四库全书》经部八，台湾商务印书馆1986年版，第547页。

⑤ 参见张立文：《和合学概论———21世纪文化战略的构想》，人民出版社2005年版，第71页。

结构方式,亦与易学相互对应"①,可以看到易学为和合学的建构提供了关于思维模型的启发。其二,和合学的三界、四隅、六相、八维等皆是源自于《易经》的灵感,从而构建起和合学的整个逻辑世界结构。② 其三,"和合学"的整个构想的切入点乃是《易经》中的"生生"。这样的"生生"是和合哲学的创造主旨,以及对和合哲学性质的规范,和合学即"生生哲学"③。故"和合学"实际上即是倡导"生生哲学",如白晋所提及的乾坤天地生生之本质。此外,张立文先生还提出"和生"、"和处"、"和立"、"和达"、"和爱"五大原则,从而规范天地自然与人事活动"并育而不相害"、"并行而不相悖",共生共达④。而在此基础上,他参照《易经》将"健道达和"与"顺道求和"归结为和合可能世界的转化机制,以实现和合理想境界。"'内健'是指乾卦的本质是刚健,'外顺'是指坤卦的本质是柔顺"⑤,故健顺是天地万物存在状态的特质表现。而天地道之健顺,关乎"和"之实现,而道、和又能够中和相融,从而架起从人的主体思维到和合可能世界的桥梁,这便与白晋易学中乾坤先天后天和合之境异曲同工,这里的和合已不是动词,不单单是状态,而是具有形上学的性格,由方法论层次、天地万物生成论层次而提升为本体论层次,成为了作为主体的人对于存有世界、意义世界以及未来世界的认知和体验,它使天地万物之情相贯通,成就天之道与人之道的通感,从而达到天地万物和生、和合,天下和乐、和美之境。

三、对立之论,阐扬儒道

在《圣经》中,最根本的对立乃为造物主赐予生命、救世主保其生命与魔

---

① 杨庆中:《二十世纪中国易学史》,人民出版社 2000 年版,第 422 页。

② 参见杨庆中:《二十世纪中国易学史》,人民出版社 2000 年版,第 422 页。

③ 参见张立文:《和合学概论——21 世纪文化战略的构想》,人民出版社 2005 年版,第477—481 页。

④ 参见张立文:《和合学概论——21 世纪文化战略的构想》,人民出版社 2005 年版,第490—480 页。

⑤ 张立文:《和合学概论——21 世纪文化战略的构想》,人民出版社 2005 年版,第 284 页。

鬼的诱骗人祖、制造死亡的对立,"魔鬼是因自高而坠落,并将赞同他的人一起拉下水;基督则是因自卑升高,并将相信他的人抬高"①,从而形成天堂和地域、正义与邪恶、光明和黑暗的两极。

首先,白晋分"先天"与"后天",定易学主线。在传统易学中,"先天"和"后天"之分缘由北宋,"先天之学"以邵雍的先天象数学为肇始,其说发端于陈抟,经过种放、穆修、李之才等人迭相传授,至邵雍而集大成,并随之形成"后天之学",形成"先天立本,后天致用"的概念②。邵雍言"心为太极"、"道为太极"③,重先天之学,衍生出《伏羲先天八卦图》和《文王后天八卦图》。而在白晋的易学思想中,最为普遍的一个对立范畴即为"先天"与"后天"。第一,他将《圣经》中《旧约》故事称为"先天",《新约》故事称为"后天"。先天故事包含造物主造天下万有,成"三位一体"(圣父、圣子、圣神)到元祖原罪的故事,故有从元初之吉象到先天之凶象的转变;后天故事主要是讲述上主降下救世主,耶稣从出生、死亡到复活的过程,显示他亲负万方之罪,拯救万民,成复先天之吉象。第二,白晋进而将对《圣经》先天、后天之大旨的追寻放置到《易经》之中,从奇偶、阴阳、吉凶的对待关系上对先天、后天"三易"进行划分,分为"先天简易连山之元吉"、"先天变易归藏之大凶"及"后天不变周易复之元吉",此"三易"之道各为三才,各本于函三一太极,其理始于一而成于三,贯穿在易学思想之中。其三,《天尊地卑图》定先天之源,成后天之象。《天尊地卑图》为天地阴阳万数万物所生之本,亦为《易经》数、象、图之本,明先天、后天万事万物之总原,无论是易数之精,还是易象之大,皆始于它,故《天尊地卑图》是先天转到后天的图像标志。其四,分"先天"、"后天"是白晋易学著作的写作顺序。白晋的著作《易学外篇》、《易引》等主要皆分先天、后天进行论述,特别是《易学外篇》,"分易学内外两篇,载先天未变、先天已变、周易不变之旨。兹先以外篇言之,嗣以内篇言之"④。由此可见,在白晋的易学思想中,

---

① 〔古罗马〕奥古斯丁:《论三位一体》,周伟驰译,上海人民出版社 2005 年版,"序"第138 页。

② 张善文:《周易辞典》,中国大百科全书出版社 2005 年版,第 266 页。

③ (宋)邵雍撰:《观物外篇》上,《皇极经世书》,《景印文渊阁四库全书》子部一〇九,台湾商务印书馆 1986 年版,第 1075 页。

④ 〔法〕白晋:《易学总说》,梵蒂冈图书馆,Borgia·Cinese,317-8°,第 1 页。

"先天"与"后天"之分不仅标识了东西经典的特色,而且在易学中得到了统合。从义理上讲,合"先天"、"后天"与"三易之道";从图像上说,以《天尊地卑图》为"先天"、"后天"之图像标识。二者在一阴一阳的对待之中,先天之学为体,后天之学为用,不仅具有历史上的发展性,亦有逻辑上的承接性。

其次,分"道心"与"人心",阐明心性。白晋通过对"道心"、"人心"的区分,从而探寻心性之学。关于"道心"与"人心",最早出于《尚书》的"十六字心决"("人心惟危,道心惟微;惟精惟一,允执厥中"①)。在白晋的易学思想中,多次提到"人心"与"道心",且明确提出对此的引用。他认为中华古典藏有天学之本义,与西土《圣经》所载无异,然而儒生却难发其真意,除了"失其正传之外,另有二故,一系天学天道之精微,一系于人心所蔽之危。二者尽于《书》所云"②,白晋明确指出引自于《尚书》。在此基础上,白晋展开了对"道心"和"人心"的解释。其一,白晋解释"天道精微如何"和"人心所蔽之危如何"。在他看来,天道精微,乃无声无臭,超绝诸身诸物,独贯人心之灵,从而引出敬畏上主的至神之令。故需要人修己诸德之明,而获得去世后天国永命之精。人心所蔽之危则从人类元首亚当、夏娃获罪于天,流毒于下世开始,四方万民皆蔽于五官之形,不敬不畏,失其本向。③ 其二,白晋以"道心"作为造物主第一位圣父全善仁爱之心,故"道心主宰,其中普流恩泽"④,并且"道心"统为"三位一体"之心,故圣子"自见道心明天理"⑤。其三,他以"人心惟危,道心惟微"来说明原罪之由来,形容人祖亚当、夏娃二人心性之改变。人祖二人本来"人性初界,极为纯善,备有原义诸德"⑥,但是人祖二人受到邪魔之蒙蔽,失性之元善,其原性之损,殃及子孙后世,此为宗首之罪,故为"原罪",即"私欲与诸罪之根苗也"⑦。在人祖犯下原罪后,白晋进而将先天之变、变易之

----

① （汉）孔安国传,（唐）孔颖达疏:《大禹谟》第三,《尚书正义》,李学勤主编:《十三经注释》标点本,北京大学出版社 1999 年版,第 93 页。

② ［法］白晋:《易钥》,梵蒂冈图书馆,Borgia·Cinese,317-16°,第 2 页。

③ 参见［法］白晋:《易钥》,梵蒂冈图书馆,Borgia·Cinese,317-16°,第 3 页。

④ ［法］白晋:《易引原稿》,梵蒂冈图书馆,Borgia·Cinese,317-6°,第 27 页。

⑤ ［法］白晋:《易钥》,梵蒂冈图书馆,Borgia·Cinese,317-2°,第 17 页。

⑥ ［法］白晋:《易钥》,梵蒂冈图书馆,Borgia·Cinese,317-2°,第 5 页。

⑦ ［法］白晋:《易钥》,梵蒂冈图书馆,Borgia·Cinese,317-2°,第 5 页。

凶归结于人心之危、道心之微,"嗟乎诚哉,人心惟危,道心惟微,烝民之心,不敬不畏"①,万民之心已与邪魔为伍,不顾上主之命,上下不辨,自绝上主之享祀,从此天国风俗大败,流于邪术,四方异端逢起,普世皆落入大凶之象。其四,白晋以伏羲画卦作《易》之图为基础,来规范"道心"之象。将奇偶阴阳数象所出之本,始于一,或以一点(、);或以一圆(○),作为数象图之本,"用以为天地始终,万有生生化化,道心之象"②。具体而言,天地之数象皆归于一、二、三之微与一、二、三之大而本于至一未分之一,至于文字,皆于一、二、三点与一、二、三长短不等之尽而皆本于一点之微,故先师始作文字以一点之微为古主字(、),"乃道心惟微,惟精惟一"③,万有原本自然之文。特别是在《混沌太极图》中,将三才合一精微之象视为天象地形之数,"实象道心惟微,无声无臭"④,将一三造物主至精至微之性作为道心的体现,从而自一而三,体现生生化化的神机。其五,将"人心"和"道心"的关系运用在具体的卦爻解释中。白晋在《讼》卦九四爻中,分人祖与圣子以论诉讼的因果吉凶,他以人祖先天元良之始将造物主的命令作为道心之正理,然而人心惟危,道心惟微,人祖不敬不畏,不谨道心之微,不惕人心之危,悖先天理自然之正,获罪于天,招终讼不能辩之凶,因此"不克讼"。然而天主仁爱,诞下圣子,为后天不可测道心之正,至义至仁,刚柔合德,自讼自承,悔过迁善,复顺上主,平息上主义怒之刚,从而"复即命,渝安,贞吉"⑤。从中可以看到"道心"和"人心"不单单仅存着神人之间的差别,也具有统合的可能性。

最后,分"君子"、"小人",观道之消长。在先秦儒家理想人格的塑造中,属于人格范畴的词有"圣人"、"仁者"、"贤者"、"善人"、"君子"、"智者"、"勇者"、"狂者"、"狷者"、"有恒者"、"志士"等。其中"圣人"是尽善尽美的、完美人格的体现,这样的"圣人"连尧舜"其犹病诸",一般人更是难以企及。故"君子"成为了具有操作性的理想人格,他外表仪态端庄,行为恭而有礼,居仁

① [法]白晋:《易钥》,梵蒂冈图书馆,Borgia·Cinese,317-2°,第8页。
② [法]白晋:《易钥》,梵蒂冈图书馆,Borgia·Cinese,317-2°,第18页。
③ [法]白晋:《易引原稿》,梵蒂冈图书馆,Borgia·Cinese,317-6°,第16页。
④ [法]白晋:《易学外篇(九节)》,梵蒂冈图书馆,Borgia·Cinese,361-5,第5页。
⑤ [法]白晋:《易稿》,梵蒂冈图书馆,Borgia·Cinese,317-7°,第13页。

由义、躬行忠信；独处能够"慎独"、"乐道"；在与人相处时，能够"和而不同"，"周而不党"；总之，君子能够依据自发性的自觉行为，独善其身，在"从心所欲不逾矩"中实现自我的价值。在《周易》中，特别是在《易传》中，除了"圣人"和"大人"，亦有对"君子"的阐释：一方面君子"进德"、"明德"、"崇德"，克己修身且广业安人；另一方面，君子常常与小人相对，"君子道长，小人道忧也"①。而这一点，在白晋的易学思想中，成为了重点阐释的对象。

在白晋的眼里，于《圣经》中，"君子"与"小人"的身份相待为"君子"对应救世主，"小人"对应人祖亚当、夏娃。更确切而言，人祖为"内小人而外君子"，此处的"小人"为获罪于天之"小人"。而救世主则"内君子外小人"，此处的"小人"乃为谦卑顺从之"小人"，他受命于主，降生成人，"以复得先天大人之元良"②，为美德之"小人"。其一，白晋认为君子、小人之道的消长强弱为先天、后天吉凶变易的状态体现。正是由于先天元祖受邪魔诱惑，沦入小人之道，小人之道日长，君子之道日消，从而导致天下大变大易，坏先天之元吉。而到了后天，由于上主仁爱，遣圣子为救世君子，救赎万民，则消小人之罪，小人之道消，君子之道长，故万世万民享受真福无疆之洪恩③，以此言"君子道消，小人道长，大易之道"，即象征先天变易之道，"消小人之道复先天君子之道，所言皆后天之道也"④。其二，白晋结合具体卦爻辞，特别是《泰》、《否》等卦，利用"君子"、"小人"的区别阐释卦爻之意义。他将先天纯三阳定为君子之道，纯三阴定为小人之道，并主要从《泰》、《否》卦的卦辞以"君子之道"与"小人之道"来分先天、后天之吉凶，认为三阳胜于三阴，则为泰卦，成君子之道；三阴胜于三阳，则为否卦，成小人之道。其三，白晋重点阐释救世君子的意义。圣子"代先天君父为后天之君子"，继先天立后天之拯救生为人，作之君，作之后，为后天成能再造新民之主⑤。一方面，作为启蒙之君师，圣子自甘出于

①　（魏）王弼注，（唐）孔颖达疏：《周易正义·系辞上》，李学勤主编：《十三经注疏》标点本，北京大学出版社 1999 年版，第 401 页。

②　［法］白晋：《大易原义内篇》，梵蒂冈图书馆，Borgia·Cinese，317-9°，第 8 页。

③　参见［法］白晋：《易钥》，梵蒂冈图书馆，Borgia·Cinese，317-2°，第 16 页。

④　［法］白晋：《易钥》，梵蒂冈图书馆，Borgia·Cinese，317-2°，第 22 页。

⑤　［法］白晋：《易稿》，梵蒂冈图书馆，Borgia·Cinese，317-7°，第 1 页。

蒙世,行启蒙之道,"后启蒙神化之流,遍达于四方,广育万方万世童蒙之德"①。另一方面,救世君子谋度济天下之险,自讼自告,成为最后审判之正义化身,"广开罪人信孚至诚识悔己罪,惕曲曲尽其超性自讼之圣道"②。由此可见,"君子"、"小人"之道在白晋这里指代具体的《圣经》人物,具有鲜明的人性特色。

四、女性形象,善恶之源

在白晋的易学思想中,不可忽视的是他对女性的重视。针对西方,他多次提到《圣经》中由人祖夏娃的原罪以及以此衍生的女人的罪恶、圣母玛利亚所体现出至贞美德;对照《圣经》,他在中华经典中挖掘出女娲之形象象征造物主抟黄土造人之功、帝乙之妹象征圣母玛利亚,用《蒙》卦的"勿用取女"中的无德之女、不贞之女象征女人之恶。

回溯历史,在基督宗教起源中,就有女性的存在。最先出现的女性即是夏娃——原罪的始作俑者。在《创世纪》中,亚当、夏娃为人类的元祖居住在伊甸园,夏娃由亚当的肋骨所化,故合为一体。然而夏娃却是人类堕落的原罪祸首,她在蛇的引诱下,不仅偷吃了耶和华所禁令的"知善恶"(Know good and evil)之树上的果实,"只是分别善恶树上的果子,你不可吃,因为你吃的日子必定死"③,而且还怂恿亚当吃下,所以她是罪恶之源,造就了人类的永世痛苦。本来"女人说,'那蛇诱惑我,我就吃了'"④,蛇作为诱因,夏娃作为被动"犯罪第一人",但是由于蛇(hivya)和夏娃(havva)的词源同构,加上历史的演进,伊甸园的故事从"夏娃被诱惑"变成了"夏娃诱惑亚当"⑤,从而夏娃成为了从至

---

① [法]白晋:《易稿》,梵蒂冈图书馆,Borgia·Cinese,317-7°,第5页。
② [法]白晋:《易稿》,梵蒂冈图书馆,Borgia·Cinese,317-7°,第12页。
③ 《圣经·创世纪2:17》(中英对照),中文和合本,英文新国际版,中国基督教三自爱国运动委员会、中国基督教协会2007年版,第4页。
④ 《圣经·创世纪3:13》(中英对照),中文和合本,英文新国际版,中国基督教三自爱国运动委员会、中国基督教协会2007年版,第57页。
⑤ 南宫梅芳:《圣经中的女性——〈创世纪〉的文本与潜文本》,社会科学文献出版社2012版,第65页。

善到分善恶的开端。在这样的《圣经》故事下，女人服从男人，且女人是罪过之因，成为了一种自然天成的观念。

但是与夏娃相反，《圣经》中圣母玛利亚的形象却是代表着至高的美善。玛利亚以其童贞女与圣母的形象示人，是基督宗教文化中仅次于天主与耶稣的重要人物，她是圣父所选的圣洁之女，是圣子耶稣的母亲，是拯救世人的圣母。她经历了一个由凡人转圣的过程，天使报喜让她童贞受孕，自中世纪开始，对玛利亚的歌颂和崇拜便已经开始普遍，称之为天主耶稣基督之母、永世贞女、万民之母，甚至为天主之门。由此可见，夏娃因背叛天主而遭到惩罚，她的原罪导致女人的"不洁净"，而玛利亚作为圣父所选圣子之母，为女人之至贞代表，因信仰和顺从天主而得到荣耀，一个象征灾难与死亡，一个象征救赎与希望。"死亡通过夏娃而降临，生命通过玛利亚而赐予"①，二者相对立，构成《圣经》的主旋律。

除了圣母玛利亚以外，"女人"的形象受夏娃原罪影响，在《圣经》中总是担任着负面的角色，如利百加导致以扫、雅各布兄弟的反目成仇，波提乏的妻子品行不端，毗尼拿充满嫉妒心，约伯的妻子背离神，罗德的妻子没有认真对待神的恩典，底拿因好奇心而导致罪恶和悲痛的女人，等等。女人被列入"不洁净"（Uncleanness）一类，为"不洁净的人"。洁净与不洁净，同圣与俗、好人（义人）与罪人一样，需要区别开来，"使你们可以将圣的、俗的、洁净的、不洁净的，分别出来"②。在食物、疾病、物品、行为等方面，比如死尸的肉、爬行动物、倒嚼不分蹄的动物、凡无翅无鳞的动物、有翅膀爬行的物等为不能吃之食物；大麻风、漏症等为不洁净之病，病人穿过的衣服、住过的房子、用过的物品如果没有进行清洁都为不洁净之物。此外，将遗精、与月经期间的女子同房视为不洁净之行为，等等。而希伯来人认为女人即为"不洁净的人"，在《利未记》中多处提及这样的"不洁净"。特别是在月经到来之时，更是污秽之期。而对于生育的女人来说，因为产血不洁，所以无论生男生女，需要满月以后

①　Emilie Amt: *Women's Lives in Medieval Europe: A Source Book*, Routledge: New York, 1993. p.24.

②　《圣经·利未记 10:10》（中英对照），中文和合本，英文新国际版，中国基督教三自爱国运动委员会、中国基督教协会 2007 年版，第 178 页。

（规定33天），才能够进行宗教活动，"她洁净的日子未满，不可摸圣物，也不可进入圣所"①。所以，《圣经》劝诫人们要极力杜绝不洁净之物，规定不洁净之物（包括女人）是不能进入圣所的，也不能作为献祭之物，不能进行任何宗教活动。当女性月经完时，或者生子满月以后，需要献上祭物如羊羔、雏鸽或者斑鸠等，祭祀在耶和华面前，为她赎罪，她的血源才能洁净。可见，由于恶之源，女人成为了"不洁净"的形象代言。

白晋对照《易经》和《圣经》，以中文记叙的方式将《圣经》中女性形象介绍到了中国。首先是夏娃的形象。《易传》有云："有天地然后有万物，有万物然后有男女"，在中国传统文化中，女性作为阴之体现，一直与男性（阳）对应出现，如同《圣经》中人祖亚当和夏娃的对应。白晋言"据天主《圣经》至真传，……生有灵有形，一男一女于下土"②，引出天主创造人类的故事，并且说明了创造来源，亚当为天主依照自己的形象捏黄土而造，夏娃为亚当之所生，为生之所生，故"生人类元祖男女二人，男名亚当（译言黄土造），女名厄娃（译言生生之母）"③。亚当和夏娃成为人类元祖，并且夫妇之礼始成，"其初受生人类之元祖，男名亚当，女名厄娃。……而夫妇之礼，以传万世，即肇于此矣"④。这里的"夫妇之礼"中西皆同，即女顺男命，妇从夫命。按《圣经》理解则为夏娃由亚当肋骨所生，应服从亚当；按中华儒家传统规范，妇从夫道，习三从四德，乃为天经地义。故夏娃为人之祖，生生之母，与亚当一起共成夫妇之礼。而夏娃之来源实为造物主，尽管万物虽皆由天地一阴一阳相结所造，万民虽由原祖一男一女配合所生，然人与物所以造生之功，实皆本于一三主，唯一握造化生生之权，所命所宰。⑤ 结合《淮南子》中"黄帝生阴阳"一语，将黄帝等同为古天神，始造人之时化生阴阳，"化生阴阳一男一女以为万民之元祖"⑥，从而可以看到夏娃虽由亚当化生，实出于造物主。

---

① 《圣经·利未记12:4》（中英对照），中文和合本，英文新国际版，中国基督教三自爱国运动委员会、中国基督教协会2007年版，第181页。

② ［法］白晋：《易钥》，梵蒂冈图书馆，Borgia·Cinese，317-2°，第3页。

③ ［法］白晋：《易引原稿》，梵蒂冈图书馆，Borgia·Cinese，317-6°，第19页。

④ ［法］白晋：《易钥》，梵蒂冈图书馆，Borgia·Cinese，317-2°，第4页。

⑤ 参见［法］白晋：《易学外篇》，梵蒂冈图书馆，Borgia·Cinese，317-10°，第30页。

⑥ ［法］白晋：《易引原稿》，梵蒂冈图书馆，Borgia·Cinese，317-6°，第19—20页。

　　其次,是圣母玛利亚的形象。在白晋之前,圣母玛利亚的生平事迹、神学意义等都有相关中文书籍介绍。在高一志(Alfonso Vagnoni,1566—1640)的《圣母行实》中,玛利亚一出场,就被定义为"中国人所熟知的'淑女'"①。艾儒略(Jules Aleni,1582—1649)在《天主降生言行纪略》中,圣母一为"躬备万德","女中尔为殊福"之童贞之女②;二为诞下救世主且护佑其长大,"抱耶稣同若瑟宵遁,潜居凡七年"、"抱耶稣避厄日多时"之慈母形象③。白晋通过《易经》展示了圣母玛利亚的诸多方面。其一,圣母玛利亚为圣父所选,其性质为"至洁至贞之童女"④、"至谦贞德童女"⑤、"至洁无原罪之污童女"⑥,等等,乃为至高纯洁坚贞之象征。其二,以《屯》卦六二爻的"婚媾"象征圣母玛利亚的神婚,上主选玛利亚为圣子之母,虽许配给若瑟,但是仍守童贞,"以童贞天德之圣女为母,非常之道诞世"⑦。若瑟亦于童贞矢志,"成后天之神婚,继先天之家,生后天之新人"⑧,由此说明圣母玛利亚聆听福音,受孕圣子的过程。其三,圣母玛利亚的使命是诞下圣子,成其后天救世之功。"所生之子,乃天主从无始所生之圣子,以永除天下之大害"⑨,并且白晋将玛利亚诞子之地定为南北东西之中方,即大秦唯一有道之国⑩。其四,白晋推测了圣母玛利亚诞生圣子的时间大概为公元前一年,即中华汉哀帝元寿二年,将东西方的时间进行了统和,"时天主遣大天神嘉陴尔朝拜于达未圣王之裔"⑪。这里的"圣王之裔",白晋即暗指中华地区的人民,从而将圣母诞圣子的故事放在了中华历史统绪中。其五,白晋将《泰》卦六五爻的"帝乙归妹"的帝尧之妹作为

　　①　代国庆:《〈圣母行实〉中玛利亚中国形象探析》,《福建师范大学学报》2010 年第 6 期。
　　②　参见[意]艾儒略:《天主降生言行纪略》,北京大学宗教研究所编:《明末清初耶稣会思想文献汇编》第一卷,郑安德译,北京大学出版社 2003 年版,第 656 页。
　　③　参见[意]艾儒略:《天主降生言行纪略》,北京大学宗教研究所编:《明末清初耶稣会思想文献汇编》第一卷,郑安德译,北京大学出版社 2003 年版,第 661 页。
　　④　[法]白晋:《易钥》,梵蒂冈图书馆,Borgia·Cinese,317-2°,第 6 页。
　　⑤　[法]白晋:《易钥》,梵蒂冈图书馆,Borgia·Cinese,317-2°,第 7 页。
　　⑥　[法]白晋:《易钥》,梵蒂冈图书馆,Borgia·Cinese,317-2°,第 19 页。
　　⑦　[法]白晋:《易稿》,梵蒂冈图书馆,Borgia·Cinese,317-7°,第 2 页。
　　⑧　[法]白晋:《易稿》,梵蒂冈图书馆,Borgia·Cinese,317-7°,第 2 页。
　　⑨　[法]白晋:《易钥》,梵蒂冈图书馆,Borgia·Cinese,317-2°,第 7 页。
　　⑩　[法]白晋:《易引原稿》,梵蒂冈图书馆,Borgia·Cinese,317-6°,第 34 页。
　　⑪　[法]白晋:《易钥》,梵蒂冈图书馆,Borgia·Cinese,317-2°,第 11 页。

圣母玛利亚的对应形象。"天主第二位圣子,降生所结亲人之美体,与己同父,所生于地属阴,如女如己之妹,然故《易》云:'帝乙归妹',乃天主降生之期象也。"①这样使得玛利亚在中华历史中的形象落实到具体人物上面。他还引用《日讲易经讲义》中关于"六五帝乙归妹,以祉元吉"的解释,将天主比作帝乙,帝乙至尊之象,归妹下贤之象,"帝乙即天主也,下贤乃天主临下同人,所归至尊富贵之妹,而成继天立极"②,且强调帝尧之妹的尊贵与德性,"此一爻是美女德之盛而能宜家也,君女君也"③。帝乙所嫁之女亦即圣母玛利亚之象,二人在白晋这儿得到了统合。白晋在此基础上结合"三位一体"的思想,将圣父、圣子、圣神与女性之女、之妹、之婚配结合"时幸为帝天君父,宠爱之女,帝天君子,宠爱之妹,帝天圣神,宠爱之配,乃上主圣三,所先同宠爱之于地"④,以归妹之婚象征后天复先天元吉之象。其六,将圣母玛利亚作为泰、否之象转变之标识。正是由于玛利亚诞下圣子,从而使乾坤复位,尊卑自正,改否为泰之象。"特亲降生为童女之小子,屈冒一坤三卑之笠,……以此虚柔三卑至神难测之美妙,治罪人三司蔽塞之实刚否卦对待之泰卦,☷乃其象也。"⑤由此可见,白晋在《易经》中赋予了圣母玛利亚以丰富的形象,使玛利亚"活"在经典文本中。

再次,白晋也提及关于女人的负面形象,他以"贞"或"不贞"作为区分关键词。与人祖夏娃相对应的女性,他称为"不贞之女"。特别是在《蒙》卦六三爻中,他根据卦爻之位进行解释,《蒙》之六三爻,本应上九爻(造物主),近下九二(救世主),六三爻阴柔之德居阳位,位不正,故有罪无德。白晋还以卦象来解释,六三爻如"无德之女",二心不贞,不顺不慎,故为金夫所恶,"无攸利"⑥。他将不贞之女、无德之女作为夏娃之原罪的衍生。

最后,针对中华历史中的本土女性形象,白晋提及最多的是女娲。关于女娲的形象,古籍多有记载。其形象从神话渐渐往宗教过渡,到了道教之"九皇

① [法]白晋:《易钥》,梵蒂冈图书馆,Borgia·Cinese,317-2°,第19—20页。
② [法]白晋:《易钥》,梵蒂冈图书馆,Borgia·Cinese,317-2°,第19页。
③ (清)牛纽编纂:《日讲易经讲义》卷十二,第十一册,台湾商务印书馆1986年版,第46页。
④ [法]白晋:《易稿》,梵蒂冈图书馆,Borgia·Cinese,317-7°,第33页。
⑤ [法]白晋:《易钥》,梵蒂冈图书馆,Borgia·Cinese,317-2°,第19页。
⑥ [法]白晋:《易稿》,梵蒂冈图书馆,Borgia·Cinese,317-7°,第7页。

图",其中将女娲定为九皇君之一,暗示着女娲形象在传播过程中已经初步具有了某种宗教文化的含义。① 白晋多次引用《史记》、《路史》、《风俗通义》中关于女娲的记载。其一,认为女娲实为造物主,"《路史》云:伏羲造天地。又云:女娲造天立极"②,仅仅是借女子之名,乃立生万物之功。因造物主亦是用黄土造人,故亚当之名"译言因黄土而成"③,"造物主,先天之大父,以黄土陶人祖之形,如缶器然"④,而女娲的功绩亦是抟黄土而造人,"《风俗通》曰:'俗说天地开辟,未有人民,女娲抟黄土为人。'此人之始也"⑤。白晋诠释造物主以女名示人,象征造人形躯之功属阴、属地,实为"一三造物主第二位主偶主阴之才测形"⑥,以体现"三位一体"的思想。其二,关于女娲补天的传说。女娲补天的传说,最早出现在《山海经·大荒西经》中,"有神十人,名曰女娲之肠,化为神,处栗广之野,横道而处"⑦。此外,《淮南子·览冥训》中亦提及"于是女娲炼五色石以补苍天"⑧。其三,关于女娲的地位。女娲位居三皇之高位,南宋罗泌(1131—1189)言"天地之初,有浑敦氏者,出为之治,继之以天皇氏,地皇氏,人皇氏,在《洞神部》又有所谓初三皇君,而以此为中三皇"⑨,分别对天皇氏、地皇氏、泰皇氏进行了论述。这里的"三皇"即伏羲、女娲、神农。白晋针对此"女娲功高,而充三皇乃炼五色石以补天"中的"三皇",认为乃"一三上皇"即"一三之主",她充三皇乃代替一三之主行造物之功。虽有别但实无异,"补天"乃象征后生子临下降世拯救万民,"成补天大功之全圣"⑩,从而将女娲的形象与造物主的形象联系在一起,跨越了性别的差异,而是以功绩言称其形象的对应。由此可见,在白晋的这些女性形象中,正反角色赫然呈

① 参见王子今、张经:《中国妇女通史·先秦》,杭州出版社 2010 年版,第 11 页。
② [法]白晋:《易引原稿》,梵蒂冈图书馆,Borgia·Cinese,317-6°,第 18 页。参见[法]白晋:《易学外篇》,梵蒂冈图书馆,Borgia·Cinese,317-10°,第 30 页。
③ [法]白晋:《易钥》,梵蒂冈图书馆,Borgia·Cinese,317-2°,第 4 页。
④ [法]白晋:《易稿》,梵蒂冈图书馆,Borgia·Cinese,317-7°,第 18 页。
⑤ 转引自刘琳:《华阳国志校注》,巴蜀书社 1984 年版,第 143 页。
⑥ [法]白晋:《易引原稿》,梵蒂冈图书馆,Borgia·Cinese,317-6°,第 19—20 页。
⑦ (东晋)郭璞:《大荒西经》第十六,《山海经》三,中华书局 1985 年版,第 127 页。
⑧ (西汉)刘安:《淮南子》,顾迁译注,中华书局 2009 年版,第 96 页。
⑨ (宋)罗泌撰:《路史》,中华书局 1985 年版,第 1 页。
⑩ [法]白晋:《易引原稿》,梵蒂冈图书馆,Borgia·Cinese,317-6°,第 31 页。

现,先天后天之善恶也随之改变。女娲形象等同于造物主,为先天至善之端。夏娃为原罪的始发者,成为先天至善中的恶之源。而圣母玛利亚作为圣子之母,万民之圣母,为后天万善之源,而不贞之女为先天恶在后天的体现,通过善恶将中西方女性进行了对比,联接了中西文化。

综上所述,白晋对《易经》的研究非一日之功,早年他所接受的耶稣会士专业学术训练为他后来在华的学习奠定了坚实的基础,而他如愿以偿的来华传教,实现自己的信仰诉求。此外,他在华期间受到中法两国皇帝的宠爱,成全了他与《易经》的"不解之缘"。从梵蒂冈图书馆所馆藏的中文易学资料可以看出,白晋的易学著做主要成书于1710年到1716年之间,这段时间也是他研究《易经》的最黄金阶段,不仅获得了康熙皇帝的支持,而且他也有得力的弟子帮助,所以易学成果颇丰,涉及易学研究的诸多方面。他在《易经》研究过程中,形成了自己的易学索隐法,以历史进路追溯中西经典的来源、从文字的角度去寻求经典人物的亲缘性、通过数理图像的借鉴为中西经典的相似性进行论证、以义理诠释的方式统和中西经典的思想内涵等,从而形成了白晋独有的易学特色。首先,以耶解《易》,阐发易学内容,以《易》载耶,体现耶《易》本质。其次,重视《乾》、《坤》二卦,将其定位易学基准,通过乾坤而生和合,体中西文化之本同。再次,分析出易学中重要的对立范畴"先天"与"后天"、"道心"与"人心"以及"君子"与"小人"等,以《圣经》中的历史演进、神人之性以及人之德性等相对应,使得易学范畴中有了《圣经》的内涵。最后,白晋别出心裁地以《圣经》和《易经》中女性形象相对应,这样的女性形象对比更加拉近了中西文化的距离,特别是基督宗教文化与传统经典文化之间的距离。白晋在易学研究过程中不仅形成了自己的诠说体系,开创了易学索隐学派,成为传教士研究《易经》的标志性人物;他也促生了耶《易》产生,为易学发展提供了全新路向,从基督宗教维度体现了《易》之生生特色。

第五章　白晋弟子傅圣泽易学思想研究

　　传教事业非一人之事、一时之业，这需要基督宗教团体的长期努力。令白晋欣慰的是，他在异国他乡所进行的学术研究并非孤军奋战，他遇到了志趣相投的人，并且愿意在他的带领下从事关于中国文化的研究，当然包括《易经》研究。其中包括众所周知的傅圣泽①、马若瑟和郭中传三人，他们"于1703年时就成为了白晋的弟子"②。白晋从1704年左右开始，就开始和傅圣泽、郭中传、赫苍璧、马若瑟等人"就索隐学派的理论通信"③，并且"傅圣泽、马若瑟、郭中传均为Figurism的代表"④。

　　然而关于郭中传的生平及著作记载甚少。荣振华所编《16—20世纪入华天主教传教士列传》一书中对其的记载算是最为详尽，言及他于1699年3月

---

　　①　其一，关于傅圣泽的出生日期，魏若望认为是1665年3月12日。（参见魏若望：《耶稣会士傅圣泽神甫传：索隐派思想在中国及欧洲》，大象出版社2006年版，第69—70页。）德国学者Christine Maria Grafinger认为是1663年3月12日。["Der am 12.März 1663"参见GRAFINGER, Christine Maria, *Die Handschriften des Chinamissionars Jean François Foucquet S.I.an der Vatikanischen Bibliothek*, Archivum historicum Societatis Iesu, 63 (1994). p.161.] 费赖之认为是1663年。（参见 [法]费赖之：《在华耶稣会士列传及书目》，中华书局1995年版，第556页。）其二，傅圣泽的名字是Foucquet而非Fouquet，教名全称为"Jean Françoise Foucquet"。在魏若望的书里亦做了说明。关于傅圣泽的生平简介，除了魏若望一书以外，还参见Aubin Françoise, *La visioncatholique de la religiosité chinoise et mongole. L'expérience des missionnaires de Scheut en Mongoliechinoise (XIXe-XXe siècles)*, Mélanges de l'Ecole française de Rome. Italie et Méditerranée, Année 1989, Volume 101, Numéro 2, pp.991-1035.另参见：Claudia von Collani: *Biography of Jean-François Foucquet SJ*, *China missionary*, 网站：http://encyclopedia.stochastikon.com/.

　　②　[德]柯兰霓：《耶稣会士白晋的生平与著作》，大象出版社2009年版，第58页。

　　③　[丹麦]龙伯格：《清代来华传教士马若瑟研究》，大象出版社2009年版，第148页。

　　④　韩琦：《再论白晋的〈易经〉研究——从梵蒂冈教廷图书馆所藏书稿分析其研究背景、目的及反响》，《中外关系史：新材料与新问题》，科学出版社2004年版，第319页。

启程,1700 年 8 月 17 日到达中国,先后在厦门、江西、宁波、杭州、凤阳等地待过,1725 年 2 月被流放广州以后,1732 年到达澳门,且在澳门逝世。书中提到"本人为'索隐派'成员"①。并且荣振华认为"最热衷于'索隐派'论者是郭中传司铎,他在仔细研究犹太人对《旧约全书》的解释中消磨了自己的时间"②。柯兰霓在《耶稣会士白晋的生平与著作》一书言仅知晓其来华的时间是 1700 年,"其他的情况就不是很清楚了"③。费赖之《在华耶稣会士列传及书目》一书中记载其来华之后,在江西、宁波等地传教,1707 年以后,"事迹未详"④,仅知 1727 年谪赴广州,后殁于澳门。故对郭中传在此暂不论及,本书仅涉及傅圣泽与马若瑟二人。

傅圣泽⑤,字方济,法国耶稣会士。出生于法国奥顿教区(Autun)的勃艮第小镇维孜莱(Vezelay),于 1681 年 9 月 17 日在巴黎进入初修院,成为一名耶稣会见习修士,1693 年 3 月 7 日被授予司铎圣职(Ordination to the Priesthood),直到 1698 年 2 月 21 日,他从洛里昂(Lorient)附近的路易港(Port Louis)出发,随同白晋来到中国传教。他于 1699 年 4 月 7 日到达福建厦门,在福建代牧颜珰那里暂居,后受耶稣会士住院会长的骆保禄(Giampaolo

---

① [法]荣振华等:《16—20 世纪入华天主教传教士列传》,广西师范大学出版社 2010 年版,第 170 页。

② [法]荣振华等:《16—20 世纪入华天主教传教士列传》,广西师范大学出版社 2010 年版,第 491 页。

③ [德]柯兰霓:《耶稣会士白晋的生平与著作》,大象出版社 2009 年版,第 58 页。

④ [法]费赖之:《在华耶稣会士列传及书目》,中华书局 1995 年版,第 562 页。

⑤ 其一,关于傅圣泽的出生日期,魏若望认为是 1665 年 3 月 12 日。(参见魏若望:《耶稣会士傅圣泽神甫传:索隐派思想在中国及欧洲》,第 69—70 页。)德国学者 Christine Maria Grafinger 认为是 1663 年 3 月 12 日。["Der am 12.März1663".参见 GRAFINGER, Christine Maria, *Die Handschriften des Chinamissionars Jean François Foucquet S.I.an der Vatikanischen Bibliothek*, Archivum historicum Societatis Iesu,63(1994).p.161.]费赖之认为是 1663 年。(参见[法]费赖之:《在华耶稣会士列传及书目》,中华书局 1995 年版,第 556 页。)其二,傅圣泽的名字是 Foucquet 而非 Fouquet,教名全称为"Jean Françoise Foucquet"。在魏若望的书里亦做了说明。关于傅圣泽的生平简介,除了魏若望一书以外,还参见 Aubin Françoise, *La visioncatholique de la religiosité chinoise et mongole.L'expérience des missionnaires de Scheut en Mongolie chinoise*(XIXe−XXe siècles), Mélanges de l'Ecole française de Rome.Italie et Méditerranée, Année 1989, Volume 101, Numéro 2, pp.991−1035.另参见 Claudia von Collani: *Biography of Jean-François Foucquet SJ, China missionary*,网站: http://encyclopedia.stochastikon.com/。

Gozani,1659—1732)的邀请到达福州,于 1699 年 3 月 7 日在那里郑重发了最后誓愿。① 但是由于在省会管理权限上,他与骆保禄起了争执,不可避免地卷入了耶稣会内部的法葡之争,当他重返厦门的时候,又面对教区所在地不确定的问题,几经周转,傅圣泽最后于 1700 年在江西抚州住院,建立教堂并开始传教。他所依据的教材是利玛窦的《天主实义》和艾儒略的《万物真原》等早期耶稣会士的中文著述。1706 年 12 月,康熙晓谕每位在华传教士必须领票传教,领票时要发誓永久居住中国并遵守"利玛窦规矩"②;"如从前利玛窦以来之理,倘有不肯遵行者,不许留住中国"③;"凡各省居住之西洋人俱令赴京引见,给赐印票,俾得安居,敷教境中"④。傅圣泽在阿什克伦主教白万乐的帮助下,于 1707 年 11 月 20 日领到票⑤。到了 1711 年,他被招至北京与白晋一起为康熙皇帝工作,主要从事《易经》的研究,直到 1720 年离开北京。最后傅圣泽于 1722 年返回欧洲,1725 年 3 月 25 日⑥被授任埃莱特罗波利斯主教(Bishop Titular of Eleutherpolis),1741 年 3 月 14 日逝世于罗马。

---

① 梵蒂冈图书馆,Borgia·Latin,523,42。具体时间参见［法］荣振华:《在华耶稣会士列传及书目补编》,中华书局 1995 年版,第 155 页。另参见[美]魏若望:《耶稣会士傅圣泽神甫传:索隐派思想在中国及欧洲》,大象出版社 2006 年版,第 90 页。

② "利玛窦规矩",其英文翻译"doctrine of Li Madou(Matteo Ricci)",或者是"the rules of Madou(Matteo Ricci)"(参见 Nicolas.Standaert,*Handbook of Christianity in China*,Volume one:635—1800,P.498。)"利玛窦规矩"为康熙对利玛窦策略之称谓,又称为"利玛窦以來行的事"、"利玛窦以來之理"。(参见康熙诏书梵蒂冈图书馆 Borgia-Cinese,439 A(a)"行教之事,尔众人公同答应中国行教具遵利玛窦规矩";参见陈垣编:《康熙与罗马教宗使节关系文书》,北平故宫博物院民国二十一年编,影印本;参见中国宗教历史文献集成编纂委员会编纂:《东传福音》第八册,黄山书社 2005 年版,第 130 页。)"'利玛窦规矩'实际上是以灵活的态度来处理在传教活动中如何对待非基督宗教文化及礼仪这一跨宗教文化的实际问题。"(参见孙尚扬、[比利时]钟鸣旦:《一八四〇年前的中国基督宗教》,学苑出版社 2004 年版,第 343 页。)

③ "康熙诏书",梵蒂冈图书馆,Borgia·Cinese,439 A(b)。

④ 韩琦、吴旻校注:《熙朝崇正集 熙朝定案(外三种)》,中华书局出版社 2006 年版,第 222 页。

⑤ 参见[美]魏若望:《耶稣会士傅圣泽神甫传:索隐派思想在中国及欧洲》,大象出版社 2006 年版,第 130 页。

⑥ [美]史景迁:《胡若望的困惑》,陈信宏译,广西师范大学 2014 年版,第 193 页。

一、傅圣泽与白晋的关系

傅圣泽作为白晋最得力的弟子，其索隐派的代表人物之一的身份已被公认，他与白晋之间一直保持着良好的关系，不仅同为教友、亲为师徒，而且在《易经》研究中为最亲密的合作伙伴。

首先，二者为教友关系。白晋于 1673 年加入耶稣会士，傅圣泽 1681 年成为耶稣会初学修士，二者都曾在法国巴黎大路易学院（Du Collège de *Clermont au Lycée Louis-le-Grand*）学习过。巧合的是傅圣泽后来还去白晋曾就读的耶稣会学院费莱彻（La Flèche）教过书。二人均选择了献身东方传教区为毕生使命，也最终选定了中国作为传教事业的落脚地。正是有这样的修会背景和自我动机的促使，二人才有相遇的契机。白晋第一次在中国的六年经历（1687—1693 年）大获成功，不仅成为了帝王之师，获得康熙皇帝的宠爱，拥有赐宅院府邸乃至修筑教堂等权利，还作为中国特使重返法国，其地位在传教士中迅速提升，"继利玛窦、汤若望、南怀仁之后，领导中国传教士团形成活动核心的就是白晋"①。1693 年的这一次返欧，一方面白晋需完成康熙所交代的外交事务；另一方面即为了招募更多的有识之士，挑选精通各门科学和艺术的传教士前往中国传教。而傅圣泽即是白晋挑选的 15 位耶稣会士之一，最终傅圣泽于 1699 年 7 月 24 日到达厦门，成功抵华。关于此事的记录，在白晋、巴多明、傅圣泽等人给康熙的请愿书中得以体现，"适值皇上差（臣白晋）至本国遂同（聂云龙、巴多明、雷孝思）等于康熙三十七年至广东，又有同时开船至中国者即（傅圣泽、樊纪训、罗德先）等因过小西洋于次年至福建"②。可以看到，此时的傅圣泽和白晋已经结识并成为了前往中国传教的教友。

其次，二者为师徒关系。在他们返回中国的途中，傅圣泽并未和白晋坐同一条船［白晋乘坐的是"安菲特利特"（Amphitrite）号，傅圣泽乘坐的是"拉泽

① ［日］后藤末雄：《白晋传略》，参见白晋：《康熙皇帝》，赵晨译，黑龙江人民出版社 1981 年版，第 69 页。

② 康熙诏书梵蒂冈图书馆，Borgia · Cinese，439 A(b)。

兰"（Razelan）号，后换"拉邦"（Labenne）号］。到了中国以后，白晋一直在京城朝廷工作，傅圣泽在来北京之前辗转于江西南昌、抚州、临江等地传教。但二人保持书信来往，傅圣泽的才华和学习中文能力为白晋所赏识，成为了他计划建立"学派"的最佳人选之一。到了1703年以后，二人以师徒相称，荣振华记载白晋"作为索隐派学者，他的弟子是傅圣泽"①，不仅白晋自己认为傅圣泽为唯一能够了解他的人，就连在马若瑟眼里，都认为傅圣泽是白晋最喜爱的学生。"天主不允许他（白晋）工作了，他一定会挑选傅圣泽神父来做他的接班人"②。由此可见傅圣泽和白晋保持着良好的师徒关系。

最后，二人为学术合作关系。在进行对中国传统经典的研究中，特别是在《易经》索隐研究上，傅圣泽成为了白晋最得力的助手。1711年白晋第二次坠马受伤后，在《易经》研究上耽误了进程，然而康熙依然想如期阅读他关于《易经》研究的作品，故康熙不仅免除了白晋的鞑靼之行，还打算找人来帮助他完成《易经》上的研究。在皇帝的多次询问下，白晋决定让傅圣泽前往北京帮助自己。其背后的原因非常复杂，一方面是顾及铎罗于1707年2月7日所颁布"南京训令"所衍生出来的对传教士学术活动的约束，包括严禁白晋运用中国知识诠释天主教教义，这一禁令的颁布"几乎所有以前曾经对白晋的理论感兴趣的耶稣会士都离开了他"③。另一方面也顾及到傅圣泽的安危以及对教会的解释问题，故白晋再三考虑，直到1711年才依照康熙的指令让傅圣泽进宫协助他研究《易经》。关于傅圣泽进京一事的安排和到京的时间④，在康熙的两封奏疏中得以体现：

> 臣傅圣泽在江西叩聆圣旨，命臣进京相助臣白晋同操《易经》稿，臣

---

① ［法］荣振华：《在华耶稣会士列传及书目补编》，中华书局1995年版，第80页。

② ［丹麦］龙伯格：《清代来华传教士马若瑟研究》，大象出版社2009年版，第152页。

③ ［丹麦］龙伯格：《清代来华传教士马若瑟研究》，大象出版社2009年版，第148页。

④ 德国学者 Christine Maria Grafinger 认为傅圣泽到北京的时间是1710年" im Jahre 1710 nach Peking"。（参见 GRAFINGER, Christine Maria, *Die Handschriften des Chinamissionars Jean François Foucquet S.I.an der Vatikanischen Bibliothek*, Archivum historicum Societatis Iesu, 63（1994）p. 161。）据罗丽达考证，为康熙五十年（1711）。（参见罗丽达：《白晋〈易经〉史事稽考》（"On Joachim Bouvet's Study of the Book of Change in China"），《汉学研究》1997年第15卷，第173—185页。）

自愧浅陋,感激无尽。因前病甚弱,不能陆路启程。抚院钦即备船只,诸凡供应,如陆路速行,于六月二十三日抵京。臣心即欲趋赴行宫,恭请皇上万安,奈受暑气,不能如愿。惟仰赖皇上洪福,望不日臣躯复旧,同臣白晋竭尽微力草《易经》稿数篇,候圣驾回京,恭呈御览。①

　　奏臣傅圣泽,系外国迁儒,不通中国文义。蒙我皇上洪恩,命臣纂修历法之根。去岁带至热河,躬亲教导,实开茅塞,《日躔》已完,今岁若再随驾,必大获益。奈自去口外之后,病体愈弱,前病复发,其头晕头痛,迷若不知,即无精力,去岁犹有止时,今春更甚,几无宁息,不可以见风日。若再至口外,恐病体难堪,抑且误事,惟仰赖我皇上洪恩,留臣在京,静养病躯。臣尝试过,在京则病发之时少而且轻,离京则病发之时多而且重,今求在京,望渐得愈。再尽微力,即连作历法之书,可以速完,草成月离,候驾回京恭呈。御览再求皇上教导仅此奏闻。康熙五十二年四月。②

第一封信言及傅圣泽预计于 6 月 23 日到达北京,透过傅圣泽写信的口气,可推测出他由于身体衰弱而很难如期到达。结合魏若望一书中论及傅圣泽奉皇帝之命上京,"最终于 8 月 7 日抵达北京"③,可知他延迟了近一个半月的时间抵达北京。第二封信写于康熙五十二年即 1713 年,傅圣泽言今岁(1713 年)春天不能随驾去热河,"去岁至过热河",即为 1712 年春天去过,故可推断傅圣泽 1711 年已经到达北京。在《康熙朝满文朱批奏折》中"康熙五十年六月初十日"(编号:1755)和"康熙五十年六月初十日"(编号:1768)中对傅圣泽自江西到北京辅助白晋一事做了记载。傅圣泽称"通览五经,其中《易经》甚为奥秘,倍加勤习之,故今略知其大概"④。傅圣泽到达北京以后,便投入与白晋一起工作,在《易经》研究旨趣上二人也多有重合,均试图在中国古典文献

---

① "康熙诏书",梵蒂冈图书馆,Borgia・Cinese,439 A e。
② "康熙诏书",梵蒂冈图书馆,Borgia・Cinese,439 A(f)。
③ [美]魏若望:《耶稣会士傅圣泽神甫传:索隐派思想在中国及欧洲》,大象出版社 2006年版,第 129 页。
④ 中国第一历史档案馆编:《康熙朝满文朱批奏折全译》,王小虹等编译,中国社会科学出版社 1996 年版,第 736 页。

中找到基督的痕迹,甚至将中国古代圣王纳入到《圣经》的族氏统绪之中。①
由此对中国古籍和历史研究,似乎中国已经拥有了整个基督宗教所要揭示的
真理。② 其实早在傅圣泽来京之前,已经成为了索隐学派的内部核心成员。③
前面已经提到,阎宗临曾撰写《白晋与傅圣华之学易》对傅圣泽随同白晋研究
《易经》情况和经过做备份④,而方豪在《十七八世纪来华西人对我国经籍之
研究》中"康熙帝命西士研究易经"一节中节录其文⑤,且在《中国天主教史》
一书中,将白晋和傅圣泽放在一起论述,可知二者的关系较为密切。⑥ 至为重
要的是,傅圣泽在白晋遭遇教内外责难的时候极力为白晋辩解。当时传教士
内部白晋上级汤尚贤(Pierre-Vincent de Tartre,1669—1724)和视察员纪理安
(Bernard-Kilian Stumpf,1655—1720)对白晋从事《易经》研究极力反对,认为
由于礼仪之争的争论不休,研究《易经》对教会是一个威胁。傅圣泽并没有选
择沉默,为了平衡上级和同事的关系,傅圣泽在 1711 年 9 月 30 日给赫苍璧
(Julien-Placide Herieu,1671—1748)的信中为白晋辩护,认为白晋用《易经》诠
释天主教教义,"是在教授基督宗教的基本真理"⑦,并非是在做对教会有害的
事情。此外他还写了大量的"忏悔书"(Apologias)⑧,以示对耶稣会教规的尊
重。而且傅圣泽似乎在这条索隐的路上走得更远,他被称之为一位一以贯之
的索隐派学者,他既不是跟随者白晋"遨游预言"(Prophetic flights)也不同于
马若瑟揭示"无果遗迹"(A fruitless search for vestiges)⑨,而是竭力在中国早

---

① 参见 Albert Chan,*Chinese Books and Documents in the Jesuit Archives in Rome*,Armonk,N.
Y.:M.E.Sharpe,2002.p.518。

② 参见 Claudia von Collani:*Biography of Jean-François Foucquet SJ*,*China missionary*,网站:
http://encyclopedia.stochastikon.com/。

③ 参见 Paul A.Rule,*K'ung-tzu or Confucius?:the Jesuit interpretation of Confucianism*,Allen &
Unwin,Sydney,London,Boston.1986.p.167.

④ 阎宗临:《中西交通史》,广西师范大学出版社 2007 年版,第 132—134 页。

⑤ 方豪:《十七八世纪来华西人对我国经籍之研究》,《方豪六十自定稿》上册,台湾学生书
局 1969 年版,第 196—197 页。

⑥ 参见方豪:《中国天主教史人物传》,中华书局 1988 年版,第 417—423 页。

⑦ [丹麦]龙伯格:《清代来华传教士马若瑟研究》,大象出版社 2009 年版,第 166 页。

⑧ Paul A. Rule,*K'ung-tzu or Confucius?:the Jesuit interpretation of Confucianism*,Allen &
Unwin,Sydney,London,Boston.1986.p.167.

⑨ Paul A.Rule,*K'ung-tzu or Confucius?:the Jesuit interpretation of Confucianism*,Allen & Un-
win,Sydney,London,Boston.1986.p.167。

期经典著作中寻找基督宗教的证据。故雷慕沙（Jean Pierre Abel Rémusat，1788—1832）有言："诸教师中最盼在中国文字中发现基督宗教之秘迹者，莫逾于圣泽，彼谓其眩惑之极至于迷乱。"①可以看到，傅圣泽对索隐主义"痴迷之深，以至于谁也不能对中国经典中被他视为神圣的人物有任何流露丝毫诋毁之情的声明"②。为此，他也受到了批责，沙守信认为傅圣泽"尽管才华横溢，但他在作出行动和支持某种思想与推论时总是特立独行，并且固执己见"③。他与白晋的友谊一直长存，二人共同在索隐派研究的路上前行，故魏若望言："在所有法国耶稣会士之中，傅圣泽将成为索隐主义最忠心不贰的拥护者"④。他在返回欧洲之前，一直跟随白晋从事《易经》研究，考虑到"即使是马若瑟也曾经有一段时间放弃了索隐学派的理论"⑤，加上郭中传的资料不全，可以认为傅圣泽是坚守索隐《易》学研究的不二人选。

二、梵蒂冈图书馆傅圣泽的易学资料概述

在梵蒂冈图书馆内，关于傅圣泽的中文资料众多，结合伯希和、高田时雄的书目记载以及笔者自我分析，涉及傅圣泽的相关中文书籍有如下：

1.Borgia·Cinese，154.*Wengong jiali*《文公家礼》：le jiali（《Rituel domestique》）de Sima Guang 司马光.Exemplaire interfolié et annoté en chinois et en latin；l'écriture latine paraît être celle de Foucquet.司马光的《家礼》。其中拉丁文注解笔记似出自傅圣泽之手。

---

① ［法］雷慕沙：《亚洲新杂纂》卷二，第 258、259 页。转引自［法］费赖之：《在华耶稣会士列传及书目》，中华书局 1995 年版，第 556 页。

② ［美］魏若望：《耶稣会士傅圣泽神甫传：索隐派思想在中国及欧洲》，大象出版社 2006年版，第 230 页。

③ 沙守信 1710 年 9 月 29 日在临江给坦布里尼书。参见罗马耶稣会档案馆，Japonica·Sinica，173，F252V。

④ ［美］魏若望：《耶稣会士傅圣泽神甫传：索隐派思想在中国及欧洲》，大象出版社 2006年版，第 133 页。

⑤ ［丹麦］龙伯格：《清代来华传教士马若瑟研究》，大象出版社 2009 年版，第 148 页。

2.Borgia·Cinese,321—323.Manuscrits.Notes chinoises(extraits d'ouvrages connus)et parfois latines de la main du P.Foucquet.手写本。汉语注释(著名作品的节选),某些地方有拉丁文注释,出自傅圣泽神父之手。

3.Borgia·Cinese,357.Dix-sept fascicules de formats varies.Une partie au moins des listes 1-7 doit se rapporter au P.Foucquet.17 种开本不等的书。其中至少清单1—7部分与傅圣泽有关。（一些汉籍书目清单,标题有法语译文）。

4.Borgia·Cinese,358.Manuscrits.Latin avec citations chinoises.4 cahiers.Papier chinois.En tête:*Dissertatio de vera origine doctrinae et monumentorum Sinensium contenta quatuor propositionibus*.Doit être de Foucquet 拉丁文语手写本,带汉语引文。对中国学说和文献真理起源的研究,包括四个论题。（*Dissertatio de vera origine doctrinae et monumentorum Sinensium contenta quatuor propoisitionibus*）似出自傅圣泽之手。①

5.Borgia·Cinese,371.Deux cahiers manuscrits sur papier chinois.321 pages en français.Interfolié de pages blanches contenant un grand nombre d'additions et de remarques en latin,parfois en français.Intitulé *Problème théologique*.Dissertation sur l'emploi de caractère Dao 道 pour signifier le Dieu qu'adorent les chrétiens.La note initiale,la note *In sequentis operis ideam* et toutes les notes des folios interfoliés sont de la main même de Foucquet,qui est l'auteur de ce *Problème théologique* ou *propylaeum*.法语,标题为《神学问题》。如何使用"道"字以表示教徒们尊崇天主的论文。两个抄本,第一个注释、后续作品的注释以及所有插页注释都出自傅圣泽之手。

6.Borgia·Cinese,376.Cahiers de comptes de dépenses,etc.,essentiellement de 1701 à 1706,mais couvert de toutes sortes d'additions ultérieures,de notes,etc.,qui descendent beaucoup plus bas.Le tout est de la main de Foucc-

---

① 罗马耶稣会档案馆:Japonica·Sinica,IV,4.1b,4.2e.*Dissertatio de vera origine doctrinae et monumentorum Sinensium contenta quatuor propoisitionibus*,part 1,part2 一样。

quet.1701—1706 年间的支出账册等,傅圣泽记录。

7.Borgia · Cinese,377.Registre analogue au Précédent.Toutes sortes de notes prises pour lui-même par Foucquet.类似 376 的登记薄,傅圣泽所著。

8.Borgia · Cinese,380 5°‐8°.Textes chinois et notes latines sur l'antiquité chinoise.Les texts latins sont de la main de Foucquet.关于中国的汉语文本和拉丁语注解。拉丁文出自傅圣泽之手。其中 1°为《朱熹晚年痛悔之据》;2°—4°为《经义精要》(一、二、三);5°《中国经本于天》;6°《据古经传考天象不均齐》(上);7°《据古经传考天象不均齐》(下);8°《后稷》。

9.Borgia · Cinese,439‐A‐b.Un long mémoire en chinois de Bouvet,Parrenin,Foucquet,Jartoux,Luo Dexian 罗德先 et Lu Baijia 路百佳 an sujet du Supérieur general des Jésuites de Chine Lu Baoluo 鲁保洛、白晋、巴多明、傅圣泽、杜德美、罗德先和路百佳致中国耶稣会会长鲁保洛主教的长篇意见书。

Les pieces marquees B. concernent surtout la manière don't le P. Foucquet fut appelé du Jiangxi 江西 pour seconder Bouvet dans ses recherché sur le *Yijing*《易经》.B 文献是说明傅圣泽神父如何从江西被邀请来协助白晋神父进行《易经》研究的。

10.Borgia · Cinese,437.Manuscrit-Dissertatio de vera origine et monumentorum sinensium,contenta quatuor propositionibus.Appareint à Foucquet. Copie de 171 pages sur papier européen.N'est pas de la main meme de Foucquet,mais l'œuvre est de lui(cfr.supra [358])对中国的学说和文献的真实起源的研究,包括四个论题。傅圣泽著。

11.Borgia · Cinese,462.Cahier de notes de Foucquet.傅圣泽的笔记本。

12.Borgia · Cinese,468‐2°.

Trois deissertations latines du P. de Prémare (copies),suivies (PP. 52‐71)des observations autographes de Foucquet.Puis correspondence entre Prémare et Foucquet.马若瑟的三篇拉丁文论文,附有傅圣泽写的意见书以及二人的通信。

13. Borgia · Cinese, 473. *Leizuan guwenzi kao* 类纂古文字考. Dictionnaire chinois-portugais range par ordre de clefs.Parît être entièrement

de la main de Foucquet pour la partie européenne. 手写本,《类纂古文字考》,西文部分似出自傅圣泽。①

14. Borgia · Cinese, 511 – 1°. Edit imperial de la 57ᵉ année Kangxi (1718). Note ancienne de la main de Foucquet. 康熙五十七年(1718)的皇帝诏书。傅圣泽手写古老笔记注解与康熙遗嘱一样。

15. Borgia · Cinese, 518 – 5° (b). Même tableau imprimé du Gua 卦,, mais rempli de chiffres. se rattache manifestement aux travaux de Bouvet et Foucquet sur le *Yijing*《易经》. Endommagé. 印着"卦"的同样的图表,写满了文字,显然是白晋和傅圣泽 Yijing(《易经》)研究工作的一部分。已损坏。

16. Borgia · Cinese, 535 Jean-François Foucquet. 傅圣泽 1° (ff. 1 – 3) Notes en defense de ses découvertes de verites chrétiennes dans les *jin g* 经. 在一些 Jing(《经》)里发现的为基督宗教真理辩护的(论据)记录。2° (ff. 9 – 11) Table pour la reduction des olimpiades aux années devant la naissance de Jésus-Christ, qui sont les pages 55, 56 du tome IV.–N.I. 从奥林匹克运动时代到耶稣诞生前年代列表。

17. 此外,根据对梵蒂冈文献考证阅读,Borgia · Cinese, 317 – 13°《据古经传考天象不均齐》Anonyme. Sur les irrégularités des mouvements célestes. 对天体运动中不规则现象的研究和 14°《天象不齐考古经籍解》。Autre manuscrit du même écrit 为傅圣泽所著。②

而在余东的《梵蒂冈图书馆馆藏早期传教士中文文献目录》③一书中将梵蒂冈图书馆中关于傅圣泽相关中文资料的书目和编号进行了罗列,总计 34

---

① 分析参见姚小平:《早期的汉外字典——梵蒂冈馆藏西士语文手稿十四种略述》,《当代语言学》2007 年第 2 期。Borgia · Cinese 473 书脊有拉丁文题识:"Dictionarium Sinoco Lusitanum"(汉语—《露西塔尼亚语字典》)。目录页的空白处,有汉学家蒙杜奇手记,称本字典分 214 部、收字 12,240,用露西塔尼亚语即葡萄牙语释义,并经柯恒儒修订。伯希和《目录》称,此稿的西义部分像是傅圣泽的手笔。

② 分析详见本书"白晋易学考证"一章。

③ 余东:《梵蒂冈图书馆馆藏早期传教士中文文献目录,十六至十八世纪》,梵蒂冈图书馆 1996 年版,第 37—43 页,其中 1—6 为第 37 页,7—11 为第 38 页,12—18 为第 39 页,奏稿、信函为第 40—43 页。

条,整理如下:

1.行里书单 Borgia·Cinese,357(3);

2.西何沿世业堂胡氏书铺书单 Borgia·Cinese,357(1);

3.十四夹板内书单 Borgia·Cinese,357(5);

4.五经目录 Borgia·Cinese,357(4);

5.书单 Borgia·Cinese,(2);

6.书名遍览 Borgia·Cinese,(6);

7.薄[i.e 傅]先生辨析儒理 Vat.Estr.Or.30;

8.中国经本于天 Borgia·Cinese,380(5);

9.[对数广运解] Borgia·Cinese,518(15);

10.类纂古文字考 五卷 Borgia·Cinese,437;

11.Probleme Thelogique(Dissertazione sul Carattere TAO 道 per signigi-care DIO.Ms.in Francese con citazioni Cinesi)《神学问题》(关于汉字"道"的论证以及是否等同于基督宗教之天主)。Borgia·Cinese,371(1-2);

12.Dissertazioni sull'istoria delle considette tre dinastie Fāng,yû,Hiá.三个朝代著名作品的汉语注释。Borgia·Cinese,323;

13.Dissertazioni sopra varie filosofiche sentenze dei cinesi.关于中国哲学的各种论断。Borgia·Cinese,321;

14.Dissertatio de vera origine doctrinae et monumentorum Sinensium, contenta quatuor propositionibus.对中国学说和文献的真实起源的研究,包括四个论题。Borgia·Cinese,358(1-4),437(Ms.senza citazioni cinesi);

15.[Discussione sul nome di Dio] 关于天主之名的讨论 Borgia·Cinese,322;

16.[Collezione deoi documenti missionari dall'anno 1701-1720] 1701—1720 年传教士文件搜集。Borgia·Cinese,376-377;

17.[Appunti sulla filosofia cinese] 中国哲学节选。Borgia·Cinese,374;

18.[Quaderno della ricerca sui libri classici cinesi]关于中国古典书籍的研究笔记。Borgia·Cinese,462;

19.奏稿 Borgia・Cinese,439 A(e)\(f)\(s)1\(i)\(q)\(l)\(o)2；

Borgia・Cinese,439 B(a)1\2\3,(i)1\2,(c)1\2,(f)1\2,(k)\(g)\(h)；

Borgia・Cinese,511(5)。

在魏若望所著的英文版 *Controversial Ideas in China and in Europe：A Biography of Jean-Francois Foucquet，S.J.1665—1741* 附属目录中，其中列出梵蒂冈图书馆内傅圣泽有关的中文易学资料众多①，大约有 14 本。在中文译本中并没有罗列出这些书籍。司马富在 *The Yijing(Classic of Changes)in global perspective：some reflections*《全球视角下的〈易经〉：一些反思》②一文中将《易稿》、《易学诸家解说》、《周易义例》三本作为傅圣泽的作品。结合在白晋易学著作考证中的分析，所提及的《易稿》，笔者推断为白晋所著。而《周易义例》的内容即为李光地的《周易折中》中的《义例》部分③以及卷二十一《启蒙附论》部分④，故为李光地著作。

除去傅圣泽所做注释的书籍，为傅圣泽所著的易学相关书籍主要是 Bor-

---

① 如《精义精要》（" Possession of Foucquet"为傅圣泽所拥有）；《周易义例》（" Probably owned by Foucquet"，可能为傅圣泽所有）；《周易理数》（" Autograph notes of Foucquet"，傅圣泽亲手笔记）；《据古经传考天象不均齐》、《中国经本于天》（" Chinese manuscript composed by Foucquet with latin autograph"，中文手稿由傅圣泽集成，拉丁文注释出自傅圣泽）；《周易本义》（" Aoutgraph notes of Foucquet in Chinese and European ink"，傅圣泽亲笔注释）；《周易全书论例 性理会通太极图》（" Autograph notes on some pages"）；《易经总说》（" Probably composed by Foucquet"，手稿可能由傅圣泽集成）；《易学诸家解说》（"Probably owned by Foucquet"，可能为傅圣泽所有）；《易学总说》（" Probably written by Foucquet?"可能为傅圣泽所写）；《易学外篇原稿》（" Probably copied for Foucquet's use"可能复制为傅圣泽所用）；《易稿》（" Arranged by Foucquet"，傅圣泽整理）；《易考》（" Probably copied by Foucquet's Chinese secretary"，可能为傅圣泽秘书复制）；《易原旨探目录》（" Probably owned by Foucquet"，可能为傅圣泽所有）等等。John Witek，*Controversial Ideas in China and in Europe：A Biography of Jean-Francois Foucquet，S.J.1665—1741* Institutum Historicum S.I.，Roma，1982，pp.454-457.

② Richard J.Smith，*The Yijing(Classic of Changes)in global perspective：some reflections*，Paper for the Boos of Changes World Conference，Taipei，Taiwan，September 28-October 2,2002.p.23.

③ 参见(清)李光地等撰：《义例》,《御纂周易折中》,上海古籍出版社 1990 年版,第 35—38 页。

④ 参见(清)李光地等撰：《启蒙附论》,《御纂周易折中》,上海古籍出版社 1990 年版,第 521—553 页。

gia·Cinese,317-13°《据古经传考天象不均齐》、Borgia·Cinese,317-14°《天象不齐考古经籍解》、Borgia·Cinese,361-3°的《易经诸家详说》、Borgia·Cinese,380 2°-4°为《经义精要》(一、二、三)、Borgia·Cinese,380-5°《中国经本于天》以及 Borgia·Cinese,439 对其《易经》研究情况的说明。

值得一提的是,傅圣泽返回欧洲时,所携带的汉籍甚多,光书目便令人叹为观止。梵蒂冈图书馆 Borgia·Cinese,357 的 1—7 中(Dix-sept fascicules de formats variés.Une partie au moins des listes 1-7 doit se rapporter au P.Foucquet.)均与傅圣泽有关,其中关于《易经》书籍众多,全为手抄本。初步抄录如下:

1.《西河沿世业堂胡氏书铺书单》(Cataloge de libri Cinesi);①

2.《书单》(Catalogue des livres portés à bord en différents caisses);②

3.《行李书单》(Liste d'ouvrgaes chinois,avec traduction française des titres);③

---

① 所含易学著作包括《粉㕵十三经》、《周易全书》、《古易汇编》、《苏氏易解》、《象像管见》、《孔易释文》、《周易程传》、《易学》、《说易》、《易经可说》、《易经能始》、《易经通论》、《易经直解》、《易经大全》、《易经备旨》、《易经辨疑》、《易经日讲》、《易经会解》、《易经说约》、《易经衷旨》、《易经体主》、《易经能解》、《易经本义》、《易经敷言》、《易经去疑》、《卜易全书》、《焦氏易林》、《增删卜易》、《易林遗补》、《易冒》、《卜筮易阴》、《易经蒙引》、《易经纂注》、《易经口义》、《易经广义》、《皇极经世书》、《易经来注》、《易经存疑》、《易经止解》、《易经说统》、《讲易约编》、《易经解义》、《历象本要》、《奎壁易经》、《六壬课经》、《六壬金口》、《六壬指南》、《抄写六壬》、《断易四要》、《遁甲兵书》、《姜太公神数》、《紫薇斗数》、《梅花易数》,共 53 本。

② 所含易学著作:《易经大全》六本一套;《易说》二本 一套;《易经杂解》四本一套;《易经来注》十本一套;《仇沧柱易》五本一套;《易经易说大全会解》四本一套;《诗书易》七本一套;《周易去疑》十本一套;《易冒》一套;《易经诗经》四本一套;《读易述》十二本 一套;《易经辨疑》六本一套;《周易正解》十本 一套;《易经详解》六本 一套;《易经存疑》十本一套;《易附录纂注》一套;《周易口义》七本一套;《周易广义》七本一套;《易解》六本一套;《古周易》、《易图说》、《易璇玑》、《易学》共八本一套;《易考东莱博议》、《易论》、《袖里璇玑》等共十四本一套;《易原》、《易义析解》共四本一套;《日讲易经解义》十本一套;《卜筮正宗》四本一套;《卜筮全书》六本一套;《易经大全》十二本 一套;《周易图说述》四本 一套;《易经蒙引》七本一套;《易或》十本一套;《五经精蕴图》一本;《古易汇编》八本一套;《易经》二本一套;《周易全书》二十本二套;《易经说统》共一套;《周易》四本一套;《易原象等义》、《易经诸家解说》等共八本一套;《白先生易稿》一套;《周易本义》四卷二本;朱熹《易书诗》古香斋小装四本。共 46 本。

③ 所含易学著作:《五经大全》(Commentaire general sur les Cing Kings)、《周易折中》(Commentaire imperial sur L'yë King)、《周易疏》(Commentaire sur L'yë King,fair sous les Han er sous les Tang);《算法统宗》一套(Receuil des debris de la science del nombres appelle' suon fa Tong Tcong)……共 63 本。

4.《五经目录》(Index librorum Confucii, quos Roman missit);①

5.《十四夹板内书单》(Liste des livres contenus dans une série de 14 caisses);②

6.《书名遍览》(Liste de livres chinois);③

7.《新刊经籍目录》(Titres de œuvres insérées dans la collection Tongzhi-tang jingjie 通志堂经解)。④

从每一个书单中所涉及的易学书籍,可以看到傅圣泽对《易经》的重视程

---

①　所含易学著作:《周易折中》二套;《周易全书》二十本;《易解》六本;《周易正解》十本;《易经辨疑》六本;《易义析解》二本;《易原》二本;《易经大全》一套二十本;《古易汇编》八本;《周易图说述》四本;《易经蒙引》七本;《读易述》十二本;《日讲易经》十本;《易经来注》一套十本;《周易广义》六本;《易或》一本;《困学记》五本;《易经详解》六本;《易荡》二本;《易经大全会解》二本;《易学》一本;《易璇玑》一本;《易附录纂注》四本;《易经集注》一本;《易经一见能解》六本;《周易口义》七本;《易经大全》六本;《易经存疑》十本;《周易去疑》十本;《易说》二本;《易冒》四本;《易图说》一本;《古周易》一本;《易经集解》二本;《易经备旨》五本;《周易义例写本》一本。共37本。

②　所含易学著作:《周易义例》一本;《易冒》五本;《周易图说述》四本;《周易全书》二十本;《易经存疑》十本;《易经集解》二本;《日讲易经》十本;《易经详解》六本;《读易述》十二本;《易荡》二本;《增补易经》六本;《易说》二本;《周易去疑》十本;《易经大全》六本;《易经来注》一套;《困学记》五本;《周易折中》二套;《周易正解》十本;《易经辨疑》六本;《易解》六本;《易说》二本;《易大全》二本《周易广义》六本;《周易口义》七本;《易附录》四本;《古周易》一本;《易学》一本;《易图说》一本;《易璇玑》一本;《古易汇编》八本;《易经大全》一套;《周易说统》一本;《卜筮全书》二套;《易或》十本;《仪象图》二本;《易诗类编》一本。共36本。

③　其中所含易学著作同于第一本《西河沿世业堂胡氏书铺书单》。

④　所含易学著作:《子夏易传》十一卷;(宋)刘牧:《易数钩隐图》三卷附《遗论九事》一卷;(宋)张载:《横渠易说》三卷;(宋)王湜:《易学》一卷;(宋)张浚:《紫严易传》十卷;(宋)朱震:《汉上易传》十一卷,附《卦图》三卷、《业说》一卷;(宋)吴沆:《易璇玑》三卷;(宋)李衡:《周易义海撮要》十二卷;(宋)沈该:《易小传》六卷;(宋)赵彦肃:《复斋易说》六卷;(宋)王宗传:《童溪易传》三十卷;(宋)林至:《周易裨传》二卷;(宋)吴仁杰:《易图说》三卷;(宋)胡方平:《易学启蒙通释》二卷;(宋)项安世:《周易玩辞》十六卷;(宋)赵汝谐:《东谷易翼传》二卷;(宋)朱元升:《三易备遗》十卷;(宋)李心传:《丙子学易编》一卷;(宋)税与权:《易学启蒙小传》一卷;(宋)林光世:《水村易镜》一卷;(宋)朱鉴:《文公易说》二十三卷;(宋)王申子:《周易辑说》十卷;(宋)赵汝楳:《周易辑闻》六卷附《易稚》一卷;(宋)赵汝楳:《筮宗》一卷;(宋)董楷:《周易传义·附录》十四卷;(元)李简:《易学记》九卷;(元)许衡:《读易私言》一卷;(元)俞琰:《大易集说》十卷;(元)胡一桂:《周易本义附录纂注》十五卷;(元)胡一桂:《周易启蒙翼传》三篇;(元)胡炳文:《周易本义通释》十二卷;(元)吴澄:《易纂言》十三卷;(元)熊良甫:《周易本义集成》十二卷;(元)董真卿:《周易会通》十四卷;(元)雷思齐:《易图通变》五卷;(元)张理:《易象图说》三卷;(元)张理:《大易象数钩深图》三卷;(元)梁寅:《周易参义》十二卷;(清)成德编:《合订删补大易集义粹言》八十卷。共38本。

度。并且在书单中,还可以看到傅圣泽自己的书籍和白晋的相关易学书籍。比如白晋的《天学本义》、《真宰明鉴》、《白先生易稿》等;傅圣泽自己的《经义精要》、《天象不均齐》、《中国经本于天》、《朱熹晚年痛悔》等;以及其他如《西字中文法》、《西字论道》、《易经诸家解说》、《论道天圣人天主稿》、《论天天主圣人三代杂记》等诸多传教士所著书籍。① 在罗马宗座传信大学(Pontificia Università Urbaniana)的历史档案馆(Archivio Storico)中的 *Indie Orientali cina Scritture Rifer nei Congressi* 1723(640—1252)中存有关于傅圣泽关于中国古代经典的介绍和书单的说明,认为"最能阐明真正宗教奥深意义的中国书籍"②。其中"五经"与"四书"所占比例最大。在中国经典中,"五经"自然是占有头等重要的位置,而"加上孔子的《论语》以及其他著作,一直是中国传统教育所用的基本教材"③,故傅圣泽在对汉籍选择上依然是秉承着传统的经典认知。他在返回欧洲时带了十多箱的中国书籍和笔记,其中有 4000 本为法国国王所征用④。除此之外,还剩下了一千二百卷书籍文件留在了北京,这些文件都是他匆匆记下的备忘录以及在书页空白处写有注释的书籍。虽然一部分由水路托运到广州,但是未能带走的笔记书籍依然足可堆一个小山包。⑤ 此外,傅圣泽在 1722 年他离开北京时,曾携带有广州教民名胡若翰(Jean Hou,又称胡若望⑥,1681—?)者返欧以协助他中文书籍的抄录工作,可见他对中国书籍的重视和热爱。

---

① 在书单中,关于傅圣泽、白晋以及其他传教士的著作皆见于 Borgia · Cinese,357(2),第 14 页。

② *Indie Orientali Cina Scritture Rifer nei Congressi* 1723(640—1252),Vols 16,ff 698—723V.

③ [美]史景迁:《胡若望的困惑之旅:18 世纪中国天主教徒法国蒙难记》,吕玉新译,上海远东出版社 2006 年版,第 15 页。

④ 参见 Paul A.Rule,*K'ung-tzu or Confucius?:the Jesuit interpretation of Confucianism*,Allen & Unwin,Sydney,London,Boston.1986.p.177。

⑤ 参见[美]史景迁:《胡若望的困惑之旅:18 世纪中国天主教徒法国蒙难记》,吕玉新译,上海远东出版社 2006 年版,第 14 页。

⑥ "胡若翰"即为"胡若望",生于 1681 年,卒年不详,籍贯江西。参见[美]史景迁:《胡若望的困惑》,陈信宏译,广西师范大学 2014 年版,第 40 页。

三、傅圣泽《易经》(初期)思想研究

关于傅圣泽的《易经》研究,大抵是从他到达北京协助白晋工作(1711年)以后开始的,而在梵蒂冈图书馆内所含他的易学著作有限,仅仅涉及他易学研究初期的作品,故只能言称为初期《易经》研究。

(一)关于傅圣泽奉康熙帝之命研究《易经》文献的相关情况说明

傅圣泽在北京对《易经》的研究情况多是和白晋一起被提及,奏折集中在梵蒂冈图书馆 Borgia・Cinese,439 中,方豪称关于二人的奏折"共十件"[①],其中涉及傅圣泽对《易经》、数学、天文学等方面的研究。在白晋回答康熙询问《易经》研究的情况中,也多有提及傅圣泽的《易经》研究:"臣白晋前进呈御览《易学总旨》,即《易经》之内意与天教大有相同,故臣前奉旨初作《易经稿》内有与天教相关之语,后臣傅圣泽一至即与臣同修前稿,又增几端"[②]。"有旨问臣白晋你的易经如何?……臣叩首谨奏臣先所备《易稿》粗粝浅陋……傅圣泽虽与臣所见畧同,然非我皇上天纵聪明,唯一实握大易正学之权,亲加考证。"[③]可以看到,白晋和傅圣泽一起研究《易经》,一方面提及根据他们所观易学总旨乃合于天主教《圣经》之教义,故他们将《易经》中所提及天主教义等处梳理出来并递呈皇帝御览;另一方面,白晋表明傅圣泽与他观点一致,且与他一起"同修前稿,又增几端",对他的工作起到重要辅助工作。可见傅圣泽到了北京以后花了大量的时间和精力在对《易经》的著书写作上。

---

① 方豪:《中国天主教史人物传》,中华书局 1988 年版,第 418—422 页。而参照梵蒂冈图书馆所馆藏《康熙诏书》,通过研读,方豪所列举十件的具体存目为第一件(未知)。第二件:梵蒂冈图书馆,Borgia・Cinese,439(A)e;第三件:梵蒂冈图书馆,Borgia・Cinese,439(A)C;第四件(未知);第五件:梵蒂冈图书馆,Borgia・Cinese,439 A h;第六件:梵蒂冈图书馆,Borgia・Cinese,439 B(k)和(f);第七件:梵蒂冈图书馆,Borgia・Cinese,439 B(c)1;第八件:梵蒂冈图书馆,Borgia・Cinese,439 B(c)2;第九件:梵蒂冈图书馆,Borgia・Cinese,439 A s(1)同 A(f)等;此外,第十件参见于罗马耶稣会档案馆,Japonica・Sinica,177,f.119。

② 《康熙诏书》,梵蒂冈图书馆,Borgia・Cinese,439 A(h)。

③ 参见"康熙诏书",梵蒂冈图书馆,Borgia・Cinese,439 A(k)。

（二）在《经义精要》中《易经》的引用

《经义精要》一共分三册,皆为傅圣泽对中华核心概念的梳理,他引用古典经文相对照解释,其中共涉及核心概念 176 个(其中册一 36 个、册二为 63 个、册三为 77 个),而以《易经》为参考文本的核心概念有 64 个(主要分布在一、二之中,如下表所示),其他的核心概念主要出自《尚书》、《诗经》、《礼记》等中华经典之中,在此不论,《经义精要》中易学核心核心念如下(见表十):

表十　《经义精要》中易学核心概念表

（一）1.圣人①	2.主②	3.救济③	4.象④	5.赏罚⑤	6.太极⑥	7.七日⑦	8.论道⑧
9.造物⑨	10.三一⑩	11.天主⑪	12.主宰⑫	13.人而神⑬	14.神⑭	15.论天⑮	16.一⑯

---

① 涉及易学著作,包括《读易述》、《易解》、《古易汇编》、《周易口义》、《易经日讲》、《十三经周易注疏》、《十三经尚书疏》。

② 涉及易学著作为《读易述》。

③ 涉及易学著作,包括《读易述》、《古易汇编》、《周易口义》、《易经日讲》。

④ 涉及易学著作,包括《读易述》、《易原会通》、《易解》、《周易口义》、《十三经周易注疏》。

⑤ 涉及易学著作,包括《读易述》、《古易汇编》、《周易口义》、《易经日讲》、《十三经周易注疏》、《十三经礼记嗣》。

⑥ 涉及易学著作包括,《读易述》、《易原》、《古易汇编》、《周易口义》、《周易折中》、《易经日讲》、《十三经周易注疏》。

⑦ 涉及易学著作,包括《读易述》、《易解》、《古易汇编》。

⑧ 涉及易学著作,包括《读易述》、《古易汇编》、《周易口义》、《周易折中》、《易经日讲》、《十三经周易注疏》、《十三经礼记嗣》。

⑨ 涉及易学著作,包括《读易述》、《古易汇编》、《周易折中》、《十三经周易注疏》、《十三经毛诗疏》。

⑩ 涉及易学著作,包括《读易述》、《易原》、《易解》。

⑪ 涉及易学著作,包括《读易述》、《易解》、《古易汇编》、《周易口义》。

⑫ 涉及易学著作,包括《读易述》、《周易折中》、《易经日讲》、《十三经周易注疏》。

⑬ 涉及易学著作,包括《读易述》。

⑭ 涉及易学著作,包括《读易述》、《古易汇编》、《周易口义》、《周易折中》、《易经日讲》、《十三经周易注疏》、《十三经礼记嗣》。

⑮ 涉及易学著作,包括《读易述》、《古易汇编》、《周易折中》、《易经日讲》、《十三经礼记嗣》。

⑯ 涉及易学著作,包括《读易述》、《易原》、《易解》、《古易汇编》、《易派》、《十三经周易注疏》。

续表

17. 易①	18. 神明②	19. 圣人在位一人③	20. 失传④	21. 造化⑤	22. 十⑥	23. 六经载道⑦	24. 祸福
25. 惟谦独吉	26. 善恶	27. 天主宠佑⑧	28. 有无	29. 身有两体	30. 天路大通	31. 善恶报应⑨	32. 阳三阴四⑩
33. 文王蒙大难	34. 周字解	35. 万国咸宁⑪	36. 死生⑫	（二）1. 易为"五经"之原⑬	2. 道心⑭	3. 先天⑮	4. 后天
5. 登山祭天	6. 因蛊而临	7. 易出于天	8. 天道	9. 秘传	10. 圣人之象	11. 理	12. 引《庄子》
13. 逆天	14. 四元形	15. 元善	16. 天救人罪	17. 除大恶	18. 险世	19. 事天⑯	20. 祭享天主⑰
21. 天帝⑱	22. 乾坤为本始⑲	23. 圣人是天⑳	24. 天道人事	25. 古学有传授	26. 三角形	27. 心	28. 化恶为善

---

① 涉及易学著作，包括《读易述》、《易原》、《古易汇编》、《周易口义》、《周易折中》、《易经日讲》、《十三经周易注疏》。

② 涉及易学著作，包括《古易汇编》、《周易折中》、《易经日讲》、《十三经尚书疏》、《十三经毛诗疏》、《十三经礼记嗣》。

③ 涉及易学著作，包括《周易折中》、《十三经尚书疏》、《十三经毛诗疏》、《十三经礼记嗣》。

④ 涉及易学著作，包括《古易汇编》、《周易口义》、《周易折中》、《十三经周易注疏》、《十三经尚书疏》。

⑤ 涉及易学著作，包括《读易述》、《古易汇编》、《易经日讲》、《十三经周易注疏》、《十三经毛诗疏》。

⑥ 涉及易学著作，包括《读易述》、《古易汇编》。

⑦ 涉及易学著作，包括《易经日讲》。

⑧ 涉及易学著作，包括《十三经周易注疏》。

⑨ 涉及易学著作，包括《十三经周易注疏》、《十三经尚书疏》。

⑩ 涉及易学著作，包括《十三经周易注疏》。

⑪ 涉及易学著作，包括《易经日讲》。

⑫ 涉及易学著作，包括《十三经周易注疏》。

⑬ 涉及易学著作，包括《周易折中》、《易经日讲》。

⑭ 涉及易学著作，包括《周易折中》。

⑮ 涉及易学著作，包括《周易折中》。

⑯ 涉及易学著作，包括《周易折中》、《易经日讲》、《十三经礼记嗣》。

⑰ 涉及易学著作：《周易折中》、《易经日讲》、《十三经周易注疏》、《十三经毛诗疏》、《十三经礼记嗣》。

⑱ 涉及易学著作：《周易折中》、《十三经周易注疏》、《十三经尚书疏》。

⑲ 涉及易学著作：《周易折中》、《易经日讲》。

⑳ 涉及易学著作：《周易折中》。

由上表可知,关于这六十四个核心概念,傅圣泽所引用的基本出于《易经》,且涉及文本较为集中,包括李光地的《周易折中》、潘士藻(生卒年不详)的《读易述》、程大昌(1123—1195)的《易原》、李本固(1559—1638)的《古易汇编》、胡瑗(993—1059)的《周易口义》、牛钮等人的《易经日讲》等书。这些书多是以讲求义理为主,比如胡瑗的《周易口义》"其说《易》以义理为宗"①;程大昌的《易原》,陈振孙称其"首论五十有五之数,参以图书大衍为《易》之原,而卦变揲法皆有图论,往往断以己见,出先儒之外"②;潘士藻的《读易述》又名《洗心斋读易述》,"每条皆先发己意,而采缀诸儒之说于后"③,"大旨多主于义理"④;等等。之所以选用这些书籍,大抵一是由于这些书籍都是官方承认的易学研究书籍,傅圣泽容易阅读及对其作相应研究,是获得朝廷支持的;二是由于这些易学书籍大都义理性很强,有很大的思想发挥空间,这样可为将《圣经》故事及教义赋予到《易经》之上寻求类似例法。而从这些书中,傅圣泽最为看重的即是关于"上帝"的概念,如"圣人"、"主"、"太极"、"道"、"三一"、"天主"、"主宰"、"神"、"天"、"一"、"道心"、"天道"、"理"、"天帝"等。对比白晋的《识根本真宰明鉴》⑤中根据天主《圣经》之旨,论中华经书中古今论天主真宰即"上帝"之文号所罗列的三十个概念⑥(见表十一):

表十一　白晋在《识根本真宰明鉴》中表示"上帝"的概念表

帝	上皇	天之主宰	造物主	无名	天帝
古帝	皇天	主宰	道理	神	、(古主字)

① (清)永瑢、纪昀主编:《周易口义》十二卷,《四库全书总目提要》经部二,河北人民出版社2000年版,第62页。
② (清)永瑢、纪昀主编:《易原》八卷,《四库全书总目提要》经部三,河北人民出版社2000年版,第78页。
③ (清)永瑢、纪昀主编:《洗心斋读易述》十七卷,《四库全书总目提要》经部五,河北人民出版社2000年版,第137页。
④ (清)永瑢、纪昀主编:《洗心斋读易述》十七卷,《四库全书总目提要》经部五,河北人民出版社2000年版,第137页。
⑤ 参见于罗马耶稣会档案馆,Japonica·Sinica,IV-5C;又见于[法]白晋:《真宰明鉴》,梵蒂冈图书馆,Borgia·Cinese 316-18°,《根本真宰明鉴》。
⑥ Albert Chan,SJ,*Chinese Books and Documents in the Jesuit Archives in Rome*,Armonk,N.Y.:M.E.Sharpe,2002.pp.523-524.

续表

天主	昊天	真宰	道	阴阳	惟一
天帝	上天	宰	理	乾坤	太极
帝天	天	主	自然	父母	三一

可以看到,傅圣泽和白晋所共同涉及的关于"上帝"的概念相同的有"天主"、"天帝"、"天"、"主宰"、"道"、"理"、"神"、"太极"等,这些概念均是涉及《圣经》中的"天主"在中国的称谓统和问题。这不仅是天主教进行传教时所首要规范的形而上概念,亦是融合中西文化、获得文化认知的关键词,并且此问题也因其重要性而成为了礼仪之争的核心问题。尽管早期在华形成了"利玛窦规矩"(允许中国教友继续祭天、祭祖、祭孔等旧俗),但由于不断遭到一些传教士的质疑和控告,罗马教廷的政策举棋不定(1645年发出命令,禁止称造物主为"天主"和祀孔、祭祖行为;1656年又赋予天主教徒有权自己决定是否参加祀孔祭祖活动)。随后1669年,礼仪之争似乎不再能激起耶稣会士们的激情,暂告一个段落。[1] 然而颜铛于1693年所颁布了禁令,明确指出应该用"天主"一词对至尊唯一真神名词统一,而欧人所用的音译"徒斯"(拉丁文Deus)以及中文里的"天"和"天主",一概应该除去,明确禁止"天"和"天主"以及禁止天主徒参加任何祭孔和祭奠死者之仪式。[2] 但是在傅圣泽和白晋的文章中,依然可以看到他们对"天"和"天主"以及其他中华形而上词汇的运用。在傅圣泽这儿,关于"上帝"概念有丰富的诠释方式,其一,有统而概之的,如"太极"是至极之本,且《易》始于太极,尊于太极。而"道"者,万化之本原,天人之枢纽。其二,有用具体卦来说明的,最普遍的是使用《乾》、《坤》二卦,如以《乾》之"纯乎乾而为主"、《坤》之"先迷后得主"来解释"主",证明"主"为《乾》,为拯救万世万民之主而得《坤》。《乾》之像为"圣人",《河图》、《洛书》以示圣人来,为三才之宗主,统乎万物万类。用《说卦》"帝若出万物,

---

[1] 参见 John D.Young:*Cofucianism and Chrisitanity:the First Encounter*,Hong Kong Universtiy Press,1983,p.109。

[2] 参见[美]魏若望:《耶稣会士傅圣泽神甫传:索隐派思想在中国及欧洲》,大象出版社2006年版,第129页。

则在乎震"来解释"天主",说明万物由帝所出,由他主宰万物,进而解释"主宰"之意,为天主所宰之象。以《坎》卦之水来言"道心",喻指道心惟微之象等等。其三,有赋予概念一字含多义的,如关于"神"有三义:一为"天神",乃为天之百神;二为阴阳不测之神,体现为万物流行之神化之功,变化之极妙;三为至诚如神,为精神境界之极致体现。而关于"天",首先为天之象,为伏羲所画,孔子所言之天;其次为道之原,易之卦爻所成之理;再次是天命之所在,为世人行事之原则。又如"易"从本义讲,乃为日月之轮,天地之化,故生生之谓易;而从文本讲,《易》为"五经"之原,三圣所作"三易"之文。其四,有统和类似概念的,关于"一"为唯一,万物皆始于一,唯一为大,万物归一。从卦言,《乾》为一。从数言,一为本,为数之始,且"一者之谓道,道为太极"①,从而将"一"、"道"、"太极"统一起来。其五,有合道家之《易》来解释的。如解释"三一",则引用李鼎祚的《周易集解》中所言"道生一、一生二、二生三,三才既备,以成乾象也"②。并且引用《庄子·齐物论》中的"大块噫气,其名为风"之语来言"引庄子"之题③。以陈抟的事迹来明"造化"之意,已达造化之本。"华山处士陈抟,赐号希夷先生,先生《易》尤精伏羲龙马先天图,达造化元本"④。可见傅圣泽对道家老庄思想的重视。此外,还涉及引用合佛、道二教及西学之语对"四元形"⑤的解释,以及李光地在《周易折中·启蒙附论》中言"道家言天地日月,释氏言地水火风,西人言水火土气可见,造化之不离乎四物也"⑥,从而主张造化之本乃为天、地、水、火、四元等。

除了形而上关于"天主"的称谓概念以外,有单独名词概念如"象"、"周"、"心"、"十"、"七日"、"四元形"、"三角形"、"圣人之象"等,有相对名词概念如"祸福"、"善恶"、"有无"、"死生"、"赏罚"、"先天后天"、"天道人事"、"阳三阴四"、"善恶报应"等。有动词(短语)概念如"救济"、"造物"、"失传"、"造化"、"秘传"、"除大恶"、"引《庄子》"、"为祖宗"、"事天"、"祭享天主"、"化恶为善"

---

① [法]傅圣泽:《经义精要(一)》,梵蒂冈图书馆,Borgia·Cinese,380-2°,第54页。
② [法]傅圣泽:《经义精要(一)》,梵蒂冈图书馆,Borgia·Cinese,380-2,第37页。
③ 参见[法]傅圣泽:《经义精要(二)》,梵蒂冈图书馆,Borgia·Cinese,380-3°,第23页。
④ [法]傅圣泽:《经义精要(一)》,梵蒂冈图书馆,Borgia·Cinese,380-2°,第71页。
⑤ [法]傅圣泽:《经义精要(二)》,梵蒂冈图书馆,Borgia·Cinese,380-3°,第27页。
⑥ (清)李光地等撰:《御制周易折中》,上海古籍出版社1990年版,第537页。

等。形容词短语概念如"险世"、"元善"、"逆天"等。此外,还有陈述式短语概念如"圣人在位一人"、"经载道"、"惟谦独吉"、"天主宠佑"、"身有两体"、"天路大通"、"人而神"、"万国咸宁"、"易为五经之原"、"登山祭天"、"因蛊而临"、"易出于天"、"天救人罪"、"乾坤为本始"、"圣人是天"、"古学有传授",等等。这些概念,傅圣泽全部运用历代传统易学著作来作为参照,试图在自然而然的文本引用中形成《圣经》核心故事的影子。比如用《复》卦的"七日来复"中的"七日",说明七为先天规定之数,为上主创造世界的时间,"七日者,数之所必不能越,乃天行一定之运也"①。引用《屯》、《蹇》卦来论"救济",为"万方有罪,在予一人"②,因一人犯罪而导致天下皆有罪,成难生之像,以此暗喻其救赎之功。继而用《比》卦"以一人而抚万邦,以四海而仰一人之象"③来形容救世主为万世万民之主,从而四海皆依赖他而获救,等等。此外,文中明确提及白晋,不仅言"白晋学尚玄言,学者无虑称老《易》,盖尊老子《易》也"④。认为白晋不仅将道家思想和《易经》研究联系起来,重视道家,而且还提及白晋最多论述的"天尊地卑"之理,一是将"天尊地卑"作为天地万象之理想次序,从而以定乾坤,"若天尊地卑,各得其所,则乾坤之义得定矣"⑤。二是将"天尊地卑"作为方位之准,从而以定天下四方。"故圆图艮位西北,地以东南为下,故方图坤位东南,所谓天尊地卑也"⑥。由此可见傅圣泽对白晋思想的引用和借鉴。

(三)关于《易经诸家详说》的写作

尽管此文作者并未署名,但可以推测为傅圣泽所作。首先,魏若望认为这些关于中国文本的摘抄为傅圣泽所有,缺少注解。⑦ 其次,从文章内容来看,

---

① [法]傅圣泽:《经义精要(一)》,梵蒂冈图书馆,Borgia·Cinese,380–2°,第27页。
② [法]傅圣泽:《经义精要(一)》,梵蒂冈图书馆,Borgia·Cinese,380–2°,第9页。
③ [法]傅圣泽:《经义精要(一)》,梵蒂冈图书馆,Borgia·Cinese,380–2°,第65页。
④ [法]傅圣泽:《经义精要(一)》,梵蒂冈图书馆,Borgia·Cinese,380–2°,第27页。
⑤ [法]傅圣泽:《经义精要(一)》,梵蒂冈图书馆,Borgia·Cinese,380–2°,第15页。
⑥ [法]傅圣泽:《经义精要(一)》,梵蒂冈图书馆,Borgia·Cinese,380–2°,第20页。
⑦ 参见"Extracts from Chinese texts, Unpaginated manuscript probably owned by Foucquet. Lacks annotations.BAV, Borgia·Cinese.361(5)." John Witek, *Controversial Ideas in China and in Europe:A Biography of Jean-Francois Foucquet, S.J.*1665—1741, Institutum Historicum S.I., Roma,1982, p.456。其实编号为梵蒂冈图书馆,Borgia· Cinese361(3),且题目并非《易学诸家解说》,而为《易经诸家解说》。

是通过罗列中华核心概念与摘抄相关的易学资料进行验证,皆包含于傅圣泽的《经义精要》之中,并与之核心概念相同,且刚好为《经义精要》的前22个概念,且排列顺序完全相同。再次,文章主要是对潘士藻的《读易述》、赵振芳的《易原》、李本固的《古易彙编》以及胡瑗的《周易口义》等四篇文章进行分类梳理,所用版本皆为《四库全书》本。最后,关于对天干、地支的运用,对照后面论及在傅圣泽数学研究中亦使用天干、地支来解说阿尔热巴达新法,可以看到傅圣泽对天干、地支历法的重视。而在白晋、马若瑟之中并无对天干、地支进行如此的易学对照。由此可推测,此文多为傅圣泽所著。在文章开始时,便列有一表,整理如下(见表十二):

表十二 《易经诸家详说》中天干、地支与圣人核心概念对照表

0	圣人		
天干	对应概念	地支	对应概念
甲	主	子	主宰
乙	救济	丑	人而神
丙	象	寅	神
丁	赏罚	卯	天
戊	太极	辰	一
己	七日	巳	易
庚	道	午	神明
辛	造物	未	一人
壬	三一	申	失传
癸	天主	酉	造化
		戌	十

这张表格即为此篇文章最为特别之处。首先分天干、地支与核心概念相对,其次论述其在易学著作中出现的位置,它与《经义精要》不同的是,《经义精要》是以每个核心概念囊括所出现的易学经典;《易经诸家详说》是以易学经典文本为基础,论述每一个文本中分别包含哪些核心概念。对照天干、地支与这22个核心概念,以"0"代表"圣人",十天干甲、乙、丙、丁、戊、己、庚、辛、

壬、癸分别对应"主"、"救济"、"象"、"赏罚"、"太极"、"七日"、"道"、"造物"、"三一"、"天主";十一地支分别对应"天主"、"主宰"、"人而神"、"神"、"天"、"一"、"易"、"神明"、"一人"、"失传"、"造化"、"十"。在文章的开头,先是对"O"进行解释,"O"为"圣人作而万物睹"①之象,即圣人一出,则天下皆见,"圣人者,三才之宗主,万物之天地,所谓出乎其类者,故统乎万物万类,睹圣人,即利见大人"②,且圣人知进退存亡之事,从而能够维持正统,"知进退存亡而不失其正者,其唯圣人乎!"③以"圣人"总揽全文。在此基础上,句式基本相同,即在所引用的每一个卦爻后面,先是天干地支,紧接着便是"O",然后再是对文本的引用。比如"甲:O 坤二十三页 先迷后得主,利言利得主,不利为主也。虞翻得主为句"④。此句即是论甲所对应的"主","O"为圣人,所引用的即是潘士藻《读易述》(《四库全书》本)的第23页内容,从而解释"主"。其文章所引用的易学内容与《经义精要》相同,只是排列方式有异。

(四)关于《中国经本于天》的编写

《中国经本于天》(*Sur L'origine des le livre chinoise*)即关于中国经典的神圣起源的论说。其中拉丁文部分出自于傅圣泽之手⑤,而中文部分基本上选于易学著作。除了《经义精要》、《易经诸家详说》中所提及的《易原》、《周易折中》、《古易汇编》、《读易述》等书以外,还涉及明代章潢的《图书编》、舒宏谔(生卒年不详)的《周易去疑》、蔡清的《易经蒙引》、方孝孺(1357—1402)的《西原约言》以及清代徐在汉(生卒年不详)的《易或》等书。其文主旨即是通过对易学著作内容的相关摘抄,论述"易"之地位、作者、作用及其影响,这正

---

① (清)纪昀等总纂:《读易述》卷一,《钦定四库全书总目》,中华书局1997年版,第22页。
② (清)纪昀等总纂:《读易述》卷一,《钦定四库全书总目》,中华书局1997年版,第22页。
③ 《读易述》卷一,(清)纪昀等总纂:《钦定四库仝书总目》,中华书局1997年版,第38页。
④ [法]傅圣泽:《易经诸家详说》,梵蒂冈图书馆,Borgia·Cinese,361-3°,第1页。
⑤ 梵蒂冈图书馆,Borgia·Cinese,380 5°-8°"Textes chinois et notes latines sur l'antiquité chinoise.Les texts latins sont de la main de Foucquet."关于中国的汉语文本和拉丁语注解。拉丁文出自傅圣泽之手。"(参见[法]伯希和编:《梵蒂冈图书馆所藏汉籍目录》,中华书局2006年版,第61页。)

应和了"傅圣泽对马若瑟承认他已花了很长时间去考虑'易'这个字为耶稣基督一个神秘化的名字"①。从所摘录的易学资料可以看出,他首先认为《易经》为天书,是"六经"之本,"学不归'六经',诞也,六经不归易,支也"②。六经亦为"五经",《易经》为"五经"之原。一方面因为"五经"皆言天道,而"经以易为最古"③,故易言天道。另一方面,伏羲为圣人,且为《易》之作者。在此基础上,对圣人之道统进行梳理,"由孔子而上,至于尧舜。由尧舜而上,至于伏羲,前圣传之,后圣承之"④。从而将易学的传承放置于圣人之上,圣人作《易》的目的即统天地万物而传真道心法,将易之道、天之道与圣人之道统和起来。接下来即是对《河图》、《洛书》进行介绍,将其二者作为天神言语的人间体现,由《河图》、《洛书》到八卦、六十四卦,便是天道的展现,由圣人而得以呈现。"皆是天地本然之妙元如此,但略假圣人手画出来"⑤,将上天旨意作为易学的源头,天生神物,圣人遵循并用图文记载,"此言易书源头一本于天意"⑥。最后总结为易学传承之法即是道统,"易之统系本于天,即为道统"⑦,以此阐明以《易》生道统,统和中华文化的主线。由此可见,在傅圣泽这里,中国的经典本于天,是通过《易》而得以体现的,即《易》为天之化身,为经典之源头。

(五)关于《据古经传考天象不均齐》⑧的论述。

《据古经传考天象不均齐》(又名《天象不齐考古经籍解》)一文,是合《易》与道家经典来论证先天、后天之旨的文章。魏若望认为可能成书于

---

① [美]魏若望:《耶稣会士傅圣泽神甫传:索隐派思想在中国及欧洲》,大象出版社 2006年版,第 145 页。
② [法]傅圣泽:《中国经本于天》,梵蒂冈图书馆,Borgia·Cinese,380-5°,第 13 页。
③ [法]傅圣泽:《中国经本于天》,梵蒂冈图书馆,Borgia·Cinese,380-5°,第 17 页。
④ [法]傅圣泽:《中国经本于天》,梵蒂冈图书馆,Borgia·Cinese,380-5°,第 13 页。
⑤ [法]傅圣泽:《中国经本于天》,梵蒂冈图书馆,Borgia·Cinese,380-5°,第 20 页。
⑥ [法]傅圣泽:《中国经本于天》,梵蒂冈图书馆,Borgia·Cinese,380-5°,第 38 页。
⑦ [法]傅圣泽:《中国经本于天》,梵蒂冈图书馆,Borgia·Cinese,380-5°,第 41 页。
⑧ [美]魏若望:《耶稣会士傅圣泽神甫传:索隐派思想在中国及欧洲》,大象出版社 2006年版,第 175 页。梵蒂冈图书馆,Borgia· Cinese 317-13 和 14;以及梵蒂冈图书馆,Borgia·Cinese,380 的 6 和 7。

1712—1715 年之间①。此文主要"以欧洲人与中国人进行天文学对话的形式"②,中国人问、欧洲人回答,根据《易经》和其他古经古传,从五纬(即太白、岁星、辰星、荧惑、填星五星)行度之不齐出发,解释诸天象何以为不均齐的原因,文章内容实质是通过对《易经》以及道家著作的引用来论先天、后天之旨,暗喻天主教的诸多教义。

　　文章第一部分根据《易经》和其他古经古传,从五纬(即太白、岁星、辰星、荧惑、填星五星)行度之不齐出发,解释诸天象何以为不均齐之原因。首先,傅圣泽通过五纬运行法则的繁复,认为寰宇天象皆杂乱变易。进而引用《周易·系辞》中的"法象莫大乎天地"、"悬象着明莫大乎日月"等语,说明天地日月之行度乃万物之则,虽隐现难测但皆遵变易的规则。其次,傅圣泽根据天象大变为据,分析先天、后天之别。主要以《易》因先天、后天之变而成先天、后天八卦之图像为例,说明先天八卦顺先天不变之境而相生,相对应的先天图之卦象亦对待不易;而后天八卦逆而相克,故后天图之卦象流行不定。③ 再次,傅圣泽认为先天、后天天象相异而不相杂。他认为先天天地已然定位,而后天天地易位,并以《淮南子》、《列子》、《史记》、《楚辞》等书中对"天柱折,地维绝"一语的记载④作为天地大变的凭据,又以《易》图之旨乃为阴阳二气的转变⑤。最后,傅圣泽以人为论明先天、后天之真旨。根据《易经》所言先天乾坤相合,人备易简之德,故"太初先天之时,天地万物,无一不安和美善"⑥,此为道家所言"至一"⑦;而后天水火相克相害且为变易之道,故人心好恶,灭天理而穷人欲,此大乱之道兴。傅圣泽将其原因回归到《圣经》

---

　　① "Probably completed between 1712—1715." John Witek, *Controversial Ideas in China and in Europe：A Biography of Jean-Francois Foucquet*, S. J. 1665—1741, Institutum Historicum S. I., Roma, 1982,p.454.

　　② [美]魏若望:《耶稣会士傅圣泽神甫传:索隐派思想在中国及欧洲》,大象出版社 2006 年版,第 175 页。

　　③ 参见[法]傅圣泽:《据古经传考天象不均齐》,梵蒂冈图书馆,Borgia·Cinese,317-13°,第 4 页。

　　④ [法]傅圣泽:《据古经传考天象不均齐》,梵蒂冈图书馆,Borgia·Cinese,317-13°,第 5 页。

　　⑤ [法]傅圣泽:《据古经传考天象不均齐》,梵蒂冈图书馆,Borgia·Cinese,317-13°,第 6 页。

　　⑥ [法]傅圣泽:《据古经传考天象不均齐》,梵蒂冈图书馆,Borgia·Cinese,317-13°,第 7 页。

　　⑦ [法]傅圣泽:《据古经传考天象不均齐》,梵蒂冈图书馆,Borgia·Cinese,317-13°,第 8 页。

中所言人祖之罪,"普世人类之万变,皆自出生人类先祖之所贻也"①。由此可见,本部分实质是通过《易经》来论先天、后天之旨,暗喻天主教的诸多教义。

文章第二部分是分析道家严君平《老子指归》②一书。主要是对严君平《老子指归》一书中的解释错讹之处(四端)进行辨析,从而对先祖(君王、祖考)的身份以及先祖宗庙进行界定。傅圣泽对此进行逐一分析。其一,先祖身份。他首先否定了严君平以及特定朝代君王所界定的先祖身份,"其一所云先祖者,断非严君平之先祖,亦非汉朝君王之先祖"③,再结合严君平所言"一人为之,伤败万国"④之语,认为先祖即普世统一之原祖,"必谓普世万代之原祖"⑤,唯有至元之祖,才能够获罪于天。这里将先祖等同于《圣经》中人祖(亚当)。其二,国君身份。傅圣泽认为国之君王"乃普天之君王也"⑥。一是根据先祖之人伦特性,作为族类之父监管如今天下分立万邦,故在先祖之初必合为一国一家一邦一统。二是通过拆分"国"字,从"王"从"口",暗指四方唯此一王。但由于战争,而各立为王,自称为国。三是引用严君平所言"宗庙崩弛、国为丘墟,族类离散"⑦为反例,以君王之罪作为国之破亡的原因,进而又引用《楚辞》中的"丹丘"、"不死之旧乡"形容先祖君王有德之时,所居华美之土(对应《圣经》中的伊甸园)即丘土之高地⑧,先天造物主与世人之三纲(对应《圣经》中的上帝与世人"立约"),从而宇内成太和之大顺,对应连山

---

① [法]傅圣泽:《据古经传考天象不均齐》,梵蒂冈图书馆,Borgia·Cinese,317-13°,第10页。

② 《老子指归》是沿着《老子》的思想引用《淮南子》的观点,初步勾勒了一个"以虚无为源、以气化为流"的宇宙演化的道家模式。(汉)严遵著,王德有译注:《老子指归译注》,中华书局1994年版,第5页。

③ [法]傅圣泽:《据古经传考天象不均齐》,梵蒂冈图书馆,Borgia·Cinese,317-13°,第10页。

④ (汉)严遵:《老子指归译注·名身孰亲篇》,王德有译注,中华书局1994年版,第68页。

⑤ (汉)严遵:《老子指归译注·名身孰亲篇》,王德有译注,中华书局1994年版。

⑥ [法]傅圣泽:《据古经传考天象不均齐》,梵蒂冈图书馆,Borgia·Cinese,317-13°,第11页。

⑦ (汉)严遵:《老子指归译注·用兵篇》,王德有译注,中华书局1994年版,第269页。

⑧ [法]傅圣泽:《据古经传考天象不均齐》,梵蒂冈图书馆,Borgia·Cinese,317-13°,第11页。

《易》。然而人祖(对应国君)失离大道,故天地易位,五星失度,对应归藏《易》,正如《易经·颐卦》六二爻中所言"颠颐拂经于丘颐,征凶"①。从而国君亦为《圣经》中人祖(亚当)。其三,先显祖考身份。傅圣泽认为先祖为万代万邦万民之始祖,而造物者为生先祖之本,故称之为祖考。并且引用《淮南子·原道训》中"无形者物之大祖,无音者声之大宗,所谓大父大母皆是也"②一言,将造物主视为天地之宗,大父大母。故此处先显祖考为《圣经》中的造物主(上帝)。其四,将所废太初之宗庙视为崇丘肃敬之地(对应《圣经》中的伊甸园)。万民先祖本居荣华中土,最高文明之丘。然而正是由于人之过,从而寰宇万象皆变为乖戾,乾坤失序。傅圣泽做了一个推测,认为即使有人并不将先天元吉转凶之责定于先祖一人身上,但是却"不得不认先天变为后天,由于人之故,是以妖灾兴而作……"③。进而引用《春秋穀梁传》序中"是以妖灾因衅而作,民俗染化而迁,阴阳为之愆度,七耀为之盈缩,川岳为之崩竭,鬼神为之疵厉"④来说明正是由于人之妖灾,从而坏民俗,乱阴阳,天文地理皆其失序。此外,傅圣泽对圣人进行了定义,圣人为人类之首,人伦之至,"即古经籍所在参天地致中和之大圣也"⑤,故"凡古经称为圣、为神、为后、为君、为师、为大人焉"皆指此救世圣人。再结合老子所言"大道废,有仁义"(《道德经·第十八章》),从而说明大圣诞世的原因,是由于天地无德,故有圣人出。这里的圣人即为救世主耶稣。

由此可见,《据古经传考天象不均齐》大量的运用道家学说,除了《道德经》、《庄子》、《淮南子》、《列子》以外,特别是对严君平《老子指归》中的先祖、君王、祖考、圣人等身份以及宗庙等地做了全新的诠释,以《圣经》中造物主上帝、人祖亚当、救世主耶稣等身份与之相对应,分析先天、后天之变,从而实现

---

① (宋)朱熹:《周易本义》,廖名春点校,中华书局2009年版,第118页。

② 刘康德:《淮南子直解》,复旦大学出版社2001年版,第25页。

③ 〔法〕傅圣泽:《据古经传考天象不均齐》,梵蒂冈图书馆,Borgia·Cinese,317-13°,第14页。

④ (晋)范宁集解,(唐)杨士勋疏:《春秋穀梁传注疏》,李学勤主编:《十三经注疏》标点本,北京大学1999年版,第4页。

⑤ (晋)范宁集解,(唐)杨士勋疏:《春秋穀梁传注疏》,李学勤主编:《十三经注疏》标点本,北京大学1999年版,第14页。

了"以耶解道"的文本诠释,展开了基督宗教和道家思想之间的对话。由于在白晋的易学理论中,并没有涉及以天文学为起点的理论探讨①,故对天文学的重视可视为傅圣泽的特色。

(六)在《傅先生辨析儒理》中的易学体现

《傅先生辨析儒理》(*La doctrine des lettrés discutée par le P. Foucquet*)②一文并没有同傅圣泽的其他著作收录在"Borgia·Cinese"(博尔吉亚·中国卷)中,而是单独放在"Fonds Vatican Extrême Orient(Vaticano Estr. Oriente 梵蒂冈远东文献收藏)"中,编号为30°。这篇文章亦涉及易学问题。

首先,整篇文章与傅圣泽的关系密切,书名为《薄[i.e 傅]先生辨析儒理》。一方面高田时雄(Tokio Takata, 1949—)将伯希和(Paul Pelliot, 1878—1945)所编的法文说明"*Est une œuvre chinoise de Foucquet*(*peut-être traduite du mémoire européen qu'il a écrit sur le même sujet*)傅圣泽在中国的一本著作(或许是翻译自关于一个议题的欧洲回忆)"转引为"*La doctrine des lettrés discutée par le P. Foucquet* 是傅圣泽的一部汉语作品"③;另一方面结合"先生"这个称谓在皇帝康熙的诸多谕旨中特指传教士④。而"傅先生"在很多谕旨中出现,比如"启傅、巴、杜 先生知二月二十五日三王爷传旨"(Borgia·Cinese, 439A[q]);"傅先生案王道化书"(Borgia·Cinese, 439B[c]1);"字典(纪 傅 杨 杜)四位先生知明日是发报的日子"(Borgia·Cinese, 439B[f]1);"字启傅先生知尔等所作的阿尔热巴拉,闻得已经完了"(Borgia·Cinese, 439B[g]);"启傅先生知今有西洋画册页一册"(Borgia·Cinese, 439B[h]);等等。这里

---

① Paul A. Rule, *K'ung-tzu or Confucius?: the Jesuit interpretation of Confucianism*, Allen & Unwin, Sydney, London, Boston. 1986. p.169.

② 记载于[日]高田时雄:《梵蒂冈所藏汉文写本和印本书籍简明目录》,京都大学人文科学研究所 1997 年版,第 66 页。此外,见余东:《梵蒂冈图书馆馆藏早期传教士中文文献目录》,梵蒂冈图书馆 1996 年版,第 38 页。

③ [法]伯希和编:《梵蒂冈图书馆所藏汉籍目录》,中华书局 2006 年版,第 90 页。

④ 《康熙诏书》,梵蒂冈图书馆,Borgia· Cinese, 439。

的"傅先生"均是指傅圣泽①。可知这个"薄[i.e 傅]先生"便是指傅圣泽。傅圣泽所回答的对象"颜主教",根据汉语名字的姓氏和教内职务,以及在文中他所持的观点(对儒学诸多义理进行怀疑、否定),可推断为颜珰。关于二人的关系。其一,傅圣泽属于耶稣会(Societas Iesu),天主教的主要男修会之一;而颜珰属于巴黎外方传教会(Societas Parisiensis missionum ad exteras gentes),为专门从事东亚海外传教的组织。其二,傅圣泽在华期间没有教内职务;而颜珰一直担任教职,当傅圣泽到华时,颜珰已经为福建宗座代牧。二人在华亦有过见面和交流,保有书信来往。其三,康熙对二者却持有不同态度,1705 年当安蒂奥克(Antioch)主教兼中国和东印度宗座视察员铎罗(Carlo Tommaso Maillard de Tournon,1668—1710)将颜珰推荐给康熙时,康熙对颜珰并不满意,认为颜珰不通文理,"阎当(颜珰)不仅对中国的学术一概无知,他甚至连简单的汉字都不认识"②,且妄诞议论,是"事端之人"、"不通小人"③。傅圣泽自 1711 年被宣进宫后④,为皇帝服务了近十年,且为康熙所重视。其四,关于《傅先生辨析儒理》的作者和成文时间。此文虽非傅圣泽亲笔所写,但却是对傅圣泽思想言论的整理,最有可能为傅圣泽某个助手所抄录。文章是何时整理成文不得而知,可能是在傅圣泽在北京期间(1711—1718 年)⑤,也可能是

---

① "先生"这个称谓,在皇帝康熙的诸多谕旨中,对传教士的称呼均为"先生"(Biblioteca Apostolica Vaticana 和梵蒂冈图书馆,Borgia · Cinese439.)且在很多谕旨中提及"傅先生",比如"启傅、巴、杜先生知二月二十五日三王爷传旨"(439A[q]);"傅先生案王道化书"(439B[c]1);"字典(纪 傅 杨 杜)四位先生知明日是发报的日子"(439B[f]1);"字启傅先生知尔等所作的阿尔热巴拉,闻得已经完了"(439B[g]);"启傅先生知今有西洋画册页一册"(439B[h]);等等。这里的"傅先生"均是指傅圣泽。

② [美]石景迁:《中国皇帝:康熙自画像》,吴根友译,上海远东出版社 2001 年版,第 120 页。

③ 方豪:《中国天主教史人物传》,中华书局 1988 年版,第 494 页。又见"颜珰等不通小人妄带书信,颠倒是非委屈"。(陈垣编:《康熙与罗马教宗使节关系文书》,北平故宫博物院民国二十一年编,影印本。参见中国宗教历史文献集成编纂委员会编纂:《东传福音》第八册,黄山书社 2005 年版,第 136 页。)

④ 关于傅圣泽进京时间,据罗丽达考证为康熙五十年(1711)。(参见罗丽达:《白晋〈易经〉史事稽考》(On Joachim Bouvet's Study of the Book of Change in China),(台湾)《汉学研究》,1997 年第 15 卷,第 173—185 页。)

⑤ 1718 年,由于有人控告傅圣泽使用中国助手违反了传教士甘于清贫生活的誓言,"傅圣泽的上司们一致决定禁止他再雇佣任何中国人"。(参见[美]史景迁:《胡若望的困惑之旅:8 世纪中国天主教徒法国蒙难记》,吕玉新译,上海远东出版社 2006 年,第 17 页。)

他1722年返回欧洲以后。根据问答中的第十五条傅圣泽的回答"请颜主教解其算法"①和第三十六条"恐颜主教想其亲解为己死之魂,不知其亲乃子孙亲爱之心也。颜主教学中国之字,学中国看书法,则其后不疑惑敬天、祭祖、祭孔子之礼"②,可知此为应景回答。当时二人均应在中国。鉴于二人的来华时间、在中国的居留时间(傅圣泽1699年来华,1722年返回欧洲;颜铛1683年来华,1706年被逐出大陆,1707年从澳门返回欧洲)可知,关于傅圣泽对颜铛疑问的回答内容大致形成在颜铛成为主教(1700年)以后,且在颜铛被逐出大陆之前(1706年)。通过索引肖清和所整编的《明清基督宗教汉语文献总书目》(Catalogue of Christian Texts in Chinese during Ming and Qing dynasties),可知仅在梵蒂冈图书馆有此藏书。

其次,关于文章主要内容大致可以分为两个部分,第一个部分主要是对以下七个问题进行阐释:儒理为何、天字何解、敬天不敬天何解、天主谓何、祭祖宗何义、祭孔子何义、若人不祭祖宗儒不祭孔子何义。

由小标题即可知其这七个问题所争论的依然是对礼仪之争中的核心问题,大致分为两类:第一类是对中华文化概念的诠释,如"儒理"、"天"、"天主"等;第二类是对中华传统习俗进行理解,如"敬天"、"祭祖宗"、"祭孔子"等。关于"儒理",傅圣泽将其与"儒文"分开。"儒理"存在于"四书五经"之中;"儒文"乃为后世儒生所作。且"儒理"为"儒文"的基础,并且作为"儒文"是否可信的依据。他通过历代名儒(欧阳修、王安石、朱熹、王阳明等)之言证明"信经不信传",认为"故儒理惟六经而已"③。关于"天",傅圣泽从字形上论,"天"即"一"、即"大",至高无上。继而引用《说文解字》、《正字通》、《尔雅》等,认为"天"之名并非一定之物,乃是相对称呼;而"天"之本身至高无上之一大乃是绝对的至尊无对,为唯一天主。关于"天主",傅圣泽继续征引古典,用《正字通》、《品字笺》中关于"帝"字的解释,认为"帝"乃天之主宰,并且对"殷高宗梦傅说"一事进行详解,以区分儒家和道家的区别。他还进一步否定了朱熹所言的有形之天与天理之说,从而确定"天主"为天地万物之主宰,

---

① [法]傅圣泽:《傅先生辨析儒理》,梵蒂冈图书馆,Estr · Oriente 30°,第13页。
② [法]傅圣泽:《傅先生辨析儒理》,梵蒂冈图书馆,Estr · Oriente 30°,第18页。
③ [法]傅圣泽:《傅先生辨析儒理》,梵蒂冈图书馆,Estr · Oriente 30°,第2页。

天地万物一定之理为天主所制定的制度,并且对应《易传·说卦传》中"帝出乎震"①一语,认为万物生成之序皆为天主所主宰,故性、理与形,皆为天主所定。关于中国传统习俗中的"敬天",傅圣泽对"天"进行了界定。他结合儒家五伦,认为"人之敬天若子之敬父、臣之敬君、妇之敬夫也"②。"祭天"便是敬天地万物之一大,故敬天、祭天皆可。关于对"祭祖宗"的解释,傅圣泽区分"祭之理"和"祭之礼";"祭之理"乃祭之义;"祭之礼"乃祭之文,虽然每一朝代的礼节仪式上有所损益增减,但是最基本的祭祀之原理没有更改。祭天主、祭山川等之理,有祈有祷,有相应的仪式;祭祖宗祭孔子之理,无祈无祷,所以应该区别对待。根据《中庸》、《论语》、《左传》、《朱文公家礼》、《性理大全》等进一步证明中国制度律法莫大于祭祖宗,祭祀祖宗的意义是感祖宗之恩,念祖宗之训,并非将祖宗作为偶像崇拜。而关于"祭孔子",傅圣泽认为是对孔子学说道理的认同和敬服,根据《大明会典》规定,为孔子封爵,将其引入文庙、孔庙。一方面将孔子之道理与佛家、道家之道理区分开来;另一方面也将敬拜孔子与祭祀古圣人及历代太祖配天主区分开来,否定了孔子之魂在牌位的说法。最后,傅圣泽针对如果人不祭祖宗,儒者不敬孔子,在中国被如何看待的问题作出了回答。他从儒生的角度去理解,不祭祖宗便是违祖宗之教训,非孝之道,不祭孔子便是违孔子之道理,非儒之人,不入儒门。可见,在第一部分中傅圣泽多参引中华传统经文古籍对这七条主题进行逐条解释,重点从儒学的角度强调了"信经不信传"经学传统。首先,他对中国文化概念进行了厘清,试图回归最初的经文本身,回归概念的本质,将儒之理、天之本质以及天主之义与后儒所衍发而成的儒之文、天之名以及性、理等概念区分开来。其次,更多是从风俗习惯、伦理纲常的角度去理解和阐释敬天、祭祖及祭孔等行为,而并非将其定义为宗教迷信的方式。最后,他还通过对天主的设定情形如"真有个天主"、"假天主"、"无天主"等,对儒家和道家、孔子与朱子的学说进行了区分。

第二部分为"薄(傅)先生解颜主教之疑惑"。傅圣泽针对颜铛主教关于儒家学说的诸多疑惑进行了解答,总共包含了三十六条。全文采取的"颜主教

---

①　(宋)朱熹撰,廖名春点校:《周易本义》,中华书局2009年版,第363页。

②　[法]傅圣泽:《傅先生辨析儒理》,梵蒂冈图书馆,Estr· Oriente 30°,第3页。

疑"、"薄(傅)先生答"的行文对话模式。这种模式广为使用,"耶稣会士与非基督徒相遇的风格是争论与对话"①,在二人的问答对话中,所涉及的书籍均为中华经典,包括《易经》、《礼记》、《书经》、《中庸》、《论语》以及朱熹的《周易本义》、《太极图说解》等书,而涉及易学的问答共有七条,如下(见表十三):

表十三　傅圣泽针对颜铛主教关于易学疑惑回答表

条目	颜铛主教的疑惑	傅圣泽的解答	相关文本
1	《河图》《洛书》筮义(仪)择地洁处为筮(蓍)室。	伏羲、文王、周公、孔子之《河图》、《洛书》非如周、程、张、朱、邵、陈等梦中说梦之《河图》、《洛书》。宋儒之筮义非孔子之筮义,不足信也。	《周易本义》卷首《筮仪》
2	一阴一阳之谓道。阴阳迭运者,气也。其理则所谓道。	《系辞》、《文言》是否为孔子之所作,其议论无定。	《周易本义》
3	继之者善也,成之者性也。	此言盛德大业。	《周易·系辞上》第五章
4	天一,地二;天三,地四。天数五,地数五云云。大衍之数五十,其用四十有九,云云。	此是卦爻之算,请颜主教解其算法。	《周易·系辞上》第九章
5	是故《易》有太极,是生两仪,两仪生四象,四象生八卦,八卦定吉凶云云。	吉凶生大业乃之国之道,吉凶善恶也,大业赏善罚恶也。	《周易·系辞上》第十一章
6	昔者圣人之作易,幽赞于神明而生蓍。	大道将行,则天兆文明,此蓍是天主之命,兆可见者。	《周易·说卦》第一章
7	性理,此所谓无极而太极也,所以动而阳、静而阴之本体也,未有天地万物,先有此理然。此理不是悬空在那里,逮有天地万物之理,便有天地万物之气,逮有天地万物之气,则此理全在天地万物之中。先儒皆以"太极"二字便为万化之原。太极只是极至更无去处也。或问 天帝之异曰以形体,谓之天以主宰,谓之帝以至妙,谓之神以功用,谓之鬼以性情,谓之乾,其实一而已。而所自而名之者,异也。夫天专言之,则道也。	此是周、程、张、朱梦中说梦,朱熹解书经云此亦不得。	朱熹:《太极图说解》

---

① [意]科毅霖:《晚明基督论》,王志成、思竹、汪建达译,四川人民出版社1999年版,第51页。

这里,主要涉及的易学问题是对《周易》卜筮性以及太极问题。对于《周易》中的筮义算法,傅圣泽强调孔子的权威性,区分后儒、宋儒与孔子的区别,并且把天主之德、天主之道、天主之命通过《周易》显现出来,强调孔子与今人占卜之不同,而对于朱熹之言,傅圣泽批评为宋儒梦中之言。针对太极问题,傅圣泽在回答中将其弱化,从太极所生之吉凶以及对宋儒言论的否定,来减弱太极的形而上性。可以看到,傅圣泽与颜铛二人的出发点都是为了宣扬天主教的信仰,目的是为了能够使天主教在中华大地上生根发芽,然而对待中华经典的态度迥异。颜铛所表现出来的是对中华传统经典的"疑惑",将《易经》的卜筮封建迷信和偶像崇拜以及对至高造物主的无知论作为主要问题源,带着一种对异教文化的排斥。而傅圣泽秉着文化适应的策略,以学术研究的眼光去对待中华传统经典,坚信中华经典中隐藏着自然神学的踪影,所以试图寻求与基督宗教相合的历史同源性和启示的普遍性,可视为一种新兴的经典诠释力量。在傅圣泽的回答中所体现出来的对先秦儒家和孔子的肯定,对汉儒、宋儒的批驳以及对待儒、道二家的思想区分,一方面是对儒家思想进行深入研究,另一方面也进行着学术传教的自我尝试,是对天主教教义和儒家思想进行同源性追溯。

四、傅圣泽的天文学和数学研究情况

历来在中国的天文事业仅为官方事业,属于皇家权威的重要标志,"古者,帝王治天下,律历为先"①,故没有民间的、私人的天文学传统。李约瑟曾就天文学家的身份问题比较了古希腊和古代中国的区别。在希腊,天文学家大多是私人职业,且多为哲学家或者真理爱好者,而在中国,总是和皇家天子的统治紧密联系在一起,均为朝廷官员。② 从古代沟通天地人神的巫觋(女巫曰巫,男巫曰觋)开始,天文学、星占学便有史料记载,天文学官员自周朝便存

① (元)脱脱:《律历一》,《宋史》卷六八,中华书局 1977 年版,第 1491 页。
② 参见 Joseph Needham,*Science and Civilisation in China*,Vol.III.Cambridge University Press,1959,p.171。

在。在《尚书·尧典》中便载有帝尧分命天文官员去四方之事,掌观察天象,推算节气,制定历法之职能。《周礼》中也有记载,对国家天象进行观察和计算的掌管者且一直得以延续。对其执掌官员的称谓,由最早三代(夏、商、周)时的"太史令"一直延续到隋朝设立"太史监";唐代改称"司天台";宋代时设置天文院,隶属翰林院,恢复"太史令"称谓;元代又设太史院,又设有"回回司天监";到了明代洪武三年(1370)正式改称为"钦天监"[①];清代循称钦天监,并设监正、监副等官。并且"钦天监监正"满一人、西洋一人,皆正五品;"监副"满、汉各一人,左右监副各西洋一人,皆正六品。[②] 随着西方科技的发展,西洋人在日食、月食预测、地球运动、行星观测、历法修订以及天文设备等多方面都占有优势[③],"明季西士,在历局供职,深为监官妒忌"[④]。徐光启、李之藻、杨廷筠等一批文化心态较为开放且才识不凡的士大夫对西学进行了汲取和运用,加之康熙个人爱好,请传教士讲解数学、几何、天文学知识,"几何、物理、天文、医学、解剖学渐次成为他(康熙)关注和学习的内容,正是他对科学的爱好才使传教士可以自由地接近他,而这种自由是帝国要员甚至皇亲国戚都得不到的"[⑤]。所以,康熙时代由于康熙的个人兴趣,从而使地质学和地图绘制学都得到很大的发展。[⑥] 加上康熙在即位之初就亲身经历了"历狱之争",较之于伊斯兰教天文学家杨光先(1597—1669)所倡导的《大统历》及《回回历》等屡有差错,他对汤若望、南怀仁、利类思、安文思等人为代表的西方天文学家水平更加信任。康熙不仅恢复了汤若望的名望,且御祭文一道,言及"尔汤若望,来自西域,晓习天文,特畀象历之司,爰锡'通微教

---

① (清)黄本骥编:《历代职官表》,上海古籍出版社1980年版,第162页。亦参见Joseph Needham, *Science and Civilisation in China*, Cambridge University Press, 1954. Vol.I.p.191。

② 参见(清)黄本骥编:《历代职官表》,上海古籍出版社1980年版,第162页。

③ 参见Joseph Needham, *Science and Civilisation in China*, Cambridge University Press, 1954. Vol.I.pp.437-438。

④ 黄保禄:《正教奉褒》,参见中国宗教历史文献集成编纂委员会编纂:《东传福音》第七册,黄山书社2005年版,第542页。

⑤ 马若瑟1699年2月17日给拉雪兹神父的信。参见[法]杜赫德编:《耶稣会士中国书简集》(中国回忆录)I,大象出版社2001年版,第27页。

⑥ 参见Joseph Needham, *Science and Civilisation in China*, Cambridge University Press, 1954. Vol.I.p.585。

师'之号"①，而且也促使此后的传教士们在华更加努力地从事天文研究，将中国的科技渐渐地融入整个近代科技洪流中②。他们在天文学、地质学乃至地图学等方面所做的贡献是公允的，即使是在主张禁教的人眼里，也无法否定他们在科技、学术方面的贡献。"欧洲人通晓天文和代数，陛下用之是有益的。"③而康熙自己也认为"新法推算，必无舛错之理"④，即使出现差错，都是"误写字画"或者"算者忽略"⑤，并非本来算理之错。自汤若望起，至康熙朝在钦天监供过职的人如下⑥：

1.汤若望⑦（Johann Adam Schall von Bell，1591—1666），德国人。1645—1664 年，任"钦天监监正"，加"太常寺少卿"衔⑧。1655 年，受封为"通政使"⑨，晋一品，封赠三代。

2.南怀仁（Ferdinand Verbiest，1623—1688），比利时人。1669—1688 年，任"钦天监监副"，官至二品，1682 年，任"工部右侍郎"⑩。

---

① "通微教师"，又称"通玄教师"（Preceptor of the young monarch）即是对汤若望的天文学功绩进行了肯定。[比利时]钟鸣旦编：《徐家汇藏书楼明清天主教文献》第二册，辅仁大学神学院 1996 年版，第 1021—1023 页。

② 参见 Joseph Needham，*Science and Civilisation in China*，Cambridge University Press，1959. Vol.Ⅲ.Preface.p.3。

③ 在耶稣会传教士殷弘绪神父在 1715 年 5 月 10 日于饶州致本会德布鲁瓦西亚神父的信中，提及 1711 年 12 月 23 日，帝国都察院御史樊绍祚公开攻击基督宗教，试图在全国禁教。（参见[法]杜赫德编：《耶稣会士中国书简集》（中国回忆录）Ⅱ，郑德弟、朱静译，大象出版社 2001 年版，第 155 页。）

④ （清）章梫纂，褚家伟、郑天一、刘明华校注：《康熙政要》，中共中央党校出版社 1994 年版，第 355 页。

⑤ （清）章梫纂，褚家伟、郑天一、刘明华校注：《康熙政要》，中共中央党校出版社 1994 年版，第 355 页。

⑥ 参见 Nicolas Standaert，*Handbook of Christianity in* China，Volume one：635—1800，Leiden，Boston，Köln：Brill，2001.p.721。另参见[法]荣振华等：《16—20 世纪入华天主教传教士列传》，广西师范大学出版社 2010 年版，第 385—386 页。

⑦ "汤若望乃欧洲与耶稣会有功于中国的诸大伟人之一。"（参见[法]费赖之：《在华耶稣会士列传及书目》，中华书局 1995 年版，第 168 页。）

⑧ "太常寺少卿"，满、汉各一人，正四品。（参见（清）黄本骥编：《历代职官表》卷三，上海古籍出版社 1980 年版，第 130 页。）

⑨ "通政使司"又叫"通政使司通政使"，满、汉各一人，正三品。（参见（清）黄本骥编：《历代职官表》卷二，上海古籍出版社 1980 年版，第 104 页。）

⑩ "左、右侍郎"满、汉各一人。（参见（清）黄本骥编：《历代职官表》卷二，上海古籍出版社 1980 年版，第 72 页。）

3.闵明我(Philippus Maria Grimaldi,1639—1712),意大利人。任钦天监监正出使俄国。

4.安多(Antoine Thomas,1644—1709),比利时人。1685 年左右,任钦天监监副;1686 年,任钦天监监正;1692—1703 年,任北京道长和副区长。

5.徐日升(Tomás Pereira,1645—1708),葡萄牙人。1688 年,任钦天监监副;1689 年,中俄尼布楚条约谈判时,他担任中方拉丁文翻译。1691 年,任耶稣会巡阅司铎。

6.李守谦①(1645—1704),泰西大尼亚国厄阿拉府。1679,李守谦由南怀仁引荐,奉召进卝京协助治历。

7.庞嘉宾(Kaspar Castner,1655—1709),德国人。1707—1709 年被任命为钦天监正和太辅②。

8.纪理安(Bernard-Kilian Stumpf,1655—1720),德国人。每次巡幸辄命之扈从,1710—1720 年间任钦天监监正;1705—1720 年兼为中国日本视察员。

9.戴进贤(Ignatius Kgler,1680—1746),德国人。1717—1746 年任钦天监监正;1731 年,为清廷礼部侍郎。供职 29 年之久。

从上可以看到,自顺治帝认命汤若望开始到康熙朝,此后的"钦天监"的"监正"和"监副"基本都是由传教士相继传续下去的,西洋历法确定了它在中国的合法官方地位。而关于传教士的天文学著作,虽然《四库全书》言称"外国之作,前史罕载。然既归王化,即属外臣,不必分疆绝界"③。可以看到在对西文书籍的选择上很少有宗教类西方书籍,但是在对西方著作的收录目录当中(34 本),其天文学著作占 12 本,可见比例之大。现罗列如下:

1.西洋人利玛窦的《乾坤体义》二卷④。

2.西洋人熊三拔撰的《表度说》一卷⑤,明万历甲寅(1614)。

---

① 《泰西天学修士守谦李公之墓》,参见韩琦、吴旻校注:《熙朝崇正集 熙朝定案(外三种)》,中华书局出版社 2006 年版,第 415 页。
② [法]荣振华:《16—20 世纪入华天主教传教士列传》,广西师范大学出版社 2010 年版,第 98 页。
③ (清)纪昀等总纂:《钦定四库全书总目·凡例》卷首三,中华书局 1997 年版,第 32 页。
④ (清)纪昀等总纂:《钦定四库全书总目·凡例》卷首三,中华书局 1997 年版,第 1390 页。
⑤ (清)纪昀等总纂:《钦定四库全书总目·凡例》卷首三,中华书局 1997 年版,第 1391 页。

3.西洋人熊三拔撰的《简平仪说》一卷①,据卷首徐光启序,盖尝参证于利玛窦者也。

4.西洋人阳玛诺撰《天问略》一卷②,明万历乙卯(1615)。

5.(明)大学士徐光启、太仆寺少卿李之藻、光禄卿李天经及西洋人龙华民、邓玉函、罗雅谷、汤若望等所修西洋新历,《新法算书》一百卷③。

6.(明)李之藻撰,《浑盖通宪图说》二卷④,是书出自西洋简平仪法。

7.(明)李之藻撰,《圜容较义》一卷⑤,亦利玛窦之所授也。

8.《御定仪象考成》四十二卷⑥,康熙五十二年(1713)圣祖仁皇帝《御定律历渊源》之第一部也。由传教士戴进贤、刘松龄、鲍友管和中国学者何国宗、明安图等人所撰,成书于乾隆十七年(1752)。

9.《御定历象考成后编》十卷⑦,乾隆二年(1737)奉敕撰。《新法算书》推步法数,皆仍西史第谷之旧。由传教士戴进贤、徐懋德和中国学者明安图等人所撰,成书于乾隆七年(1742)。

10.《御定仪象考成》三十二卷⑧,乾隆九年(1744)。

11.(清)薛凤祚撰,《天步真原》一卷⑨,所译西洋穆尼阁法也。

12.(清)薛凤祚撰,《天学会通》一卷⑩,是书本穆尼阁《天步真原》而作,所言皆推算交食之法。

在梅文鼎《勿庵历算笔记》一卷中提及历来西法约有九家,其中将利玛窦以后的西法称为"新历法":"一为唐《九执历》,二为元扎马鲁鼎《万年历》,三为明玛沙伊赫《回回历》,四为陈环、袁黄所述《历法新书》,五为唐顺之,周述学所撰《历宗通议》、《历宗中经》,皆旧西法也。六曰利玛窦《天学初函》,汤

① (清)纪昀等总纂:《钦定四库全书总目·凡例》卷首三,中华书局1997年版,第1391页。
② (清)纪昀等总纂:《钦定四库全书总目·凡例》卷首三,中华书局1997年版,第1391页。
③ (清)纪昀等总纂:《钦定四库全书总目·凡例》卷首三,中华书局1997年版,第1392页。
④ (清)纪昀等总纂:《钦定四库全书总目·凡例》卷首三,中华书局1997年版,第1393页。
⑤ (清)纪昀等总纂:《钦定四库全书总目·凡例》卷首三,中华书局1997年版,第1393页。
⑥ (清)纪昀等总纂:《钦定四库全书总目·凡例》卷首三,中华书局1997年版,第1394页。
⑦ (清)纪昀等总纂:《钦定四库全书总目·凡例》卷首三,中华书局1997年版,第1395页。
⑧ (清)纪昀等总纂:《钦定四库全书总目·凡例》卷首三,中华书局1997年版,第1395页。
⑨ (清)纪昀等总纂:《钦定四库全书总目》卷首三,中华书局1997年版,第1397页。
⑩ (清)纪昀等总纂:《钦定四库全书总目》卷首三,中华书局1997年版,第1398页。

若望《崇祯历书》,南怀仁《仪象志》、《永年历》,七曰穆尼阁《天步真原》、薛凤祚《天学会通》,八曰王锡阐《晓庵新法》,九曰揭暄《写天新语》,方中通《揭方问答》,皆西法也。"①可以看到,从利玛窦开始,传教士所著的天文学著作已渐渐广被认可,纳入了官方的学术体系之中。南怀仁更深刻地体会到"在这个国家,用天文学装饰起来的基督宗教易于接近高官们"②,因此,对以后来华传教士的要求中,将天文学作为一个参考系。

傅圣泽虽没有在钦天监供职,但是在欧洲时便曾在耶稣会学院教授天文学,具备着丰实的天文学知识基础。自 1711 年开始,他开始投入中国天文学的研究之中,首先他修改了汤若望和南怀仁历法中"有意"错误[为了维护利玛窦的教义,依然遵循第谷·布拉赫(Tycho Brahe,1546—1601)的天文学体系]。尽管当时纪理安主张对汤若望和南怀仁的著作仍然保持原貌,然而傅圣泽并没有遵循此道,他尝试引进哥白尼学说,从而摆脱李约瑟所言的"活的科学服务固定的教条"③模式。1712 年他受康熙之命,将欧洲天文学和数学理论翻译成中文,在这些理论里面,包括开普勒定律(Keplerian Laws)、哥白尼(Nicolaus Copernicus,1473—1543)的日心说(the heliocentric theory of Copernicus)、木星卫星理论(the theory of Jupiter's satellites)、哈雷理论(the observations made by the famous English astronomer Edmond Halley)、彗星学说(the theory of comets)④。在预测日月食、春秋纷、经纬度问题上进行改革,傅圣泽陆续写出《天文回答》(1712)、《历法问答》(1715)、《历象考成》(1723)等,其中的《天文回答》纠正了当时存在的对冬至、夏至的预测失误,《历法问答》通过对天文学体系的比较(托勒密体系、第谷体系、开普勒体系以及"新法"体系⑤),用假设的

---

① (清)纪昀等总纂:《钦定四库全书总目》卷首三,中华书局 1997 年版,第 1399 页。

② 转引自樊洪业:《耶稣会士与科学》,中国人民大学出版社 1992 年版,第 155 页。

③ Joseph Needham, *Science and Civilisation in China*, Vol.III. Cambridge University Press, 1959. p.450.

④ Han Qi: *Sino-French Scientific Realtions Through the French Jesuits and the Académie Royale Eighteenth Centuries*. in China and Christianity: Burdened Past, Hopeful Future, eds. Stephen Uhalley, Jr. and Xiaoxin Wu, Armonk, London, 2001. p.146.

⑤ 马兹洛夫:《南怀仁之后一段历史时期的概览:傅圣泽的〈历法问答〉和中国天文学的现代化或乌拉尼亚双脚的松绑》,[美]魏若望编:《传教士·科学家·工程师·外交家南怀仁(1623—1688)——鲁汶国际学术研讨会论文集》,社会科学文献出版社 2001 年版,第 606 页。

方式引进了哥白尼学说,并设计了预测日月食的方法。而《历象考成》是他回欧洲以后所著,故未知其下落。尽管傅圣泽的很多书并未出版过,但是至少当时康熙的三皇子胤祉(1667—1732)就阅读过他的数学方法论,"所有的西洋字的阿尔热巴拉书查明一并速送三阿哥处"①,还有天文历法表,"(傅圣泽的手稿)现在已到了三皇子的手里"②。

参照梵蒂冈图书馆里面傅圣泽和王道化之间的书信,可知由于康熙对西洋历法一方面持肯定态度,另一方面也对钦天监的推算失误感到不满意,所以对历法的订正完善一直很上心,"天文历法,朕素留心,西洋历大端不误,但分刻度数之间,久而不能无差"③;"算法显明易见,不容毫厘有差,试之于事,皆可立验"④,所以王道化对傅圣泽的身体状况(傅圣泽"患头病"⑤;"据弟之病,虚弱已极"⑥)和研究进程都非常关心。认为傅圣泽既然要走学术传教的道路,"原欲发明素学以彰教义"⑦,而适逢康熙对其研究深感兴趣,"尽幸上问及所学则献策有门"⑧,所以劝傅圣泽能够抓紧时间进行学术研究,特别是对傅圣所著的《日躔》,并且提及傅圣泽所研究的"《日躔》三节俱已看完,看过之书交存于白晋处"⑨等。傅圣泽回复到:"弟所作《日躔》,共二十节,前十七节《易经台览》,尚有三节,存于相公处,还求昭鉴。论《日躔》之工,不过数月当完,因弟多病,竟迟至一年,抚心愧甚。"⑩在谕旨中所提及的《日躔》一书乃为傅圣泽所著,不同于罗雅各(Giacomo Rho,1593—1638)的《日躔历指》、《日躔考昼夜刻分》、《日躔表》、《日躔增五星

---

① 《康熙诏书》,梵蒂冈图书馆,Borgia · Cinese,439 Aq。

② 罗马耶稣会档案馆,Japonica · Sinica,182,f.398。

③ (清)章梫纂,褚家伟、郑天一、刘明华校注:《康熙政要》,中共中央党校出版社 1994 年版,第 356 页。

④ (清)章梫纂,褚家伟、郑天一、刘明华校注:《康熙政要》,中共中央党校出版社 1994 年版,第 357 页。

⑤ 《康熙诏书》,梵蒂冈图书馆,Borgia · Cinese,439 B(c),第 1 页。

⑥ 《康熙诏书》,梵蒂冈图书馆,Borgia · Cinese,439 B(c),第 2 页。

⑦ 《康熙诏书》,梵蒂冈图书馆,Borgia · Cinese,439 B(c),第 1 页。

⑧ 《康熙诏书》,梵蒂冈图书馆,Borgia · Cinese,439 B(c),第 1 页。

⑨ 《康熙诏书》,梵蒂冈图书馆,Borgia · Cinese,439 B(c),第 1 页。

⑩ 《康熙诏书》,梵蒂冈图书馆,Borgia · Cinese,439 B(k)。

图》等①，此书为傅圣泽所著。除了《日躔》以外，傅圣泽还有对南怀仁《交食历书》一书的修正工作，"字启王老爷先传旨命弟修《交食历书》八月内上卷艹（草）稿已完"②，言针对王道化所传旨命，傅圣泽修《交食历书》，但是由于抄书之人的耽误，而"弟傅圣泽具抄写岂不迟乎"？所以迟迟无法完成。此外，傅圣泽针对测验七政皇历、日食、月食等的旧算法，献上了测验七政的仪器图表，为"七政之仪器"③，且"较观之于七政历，更为便易也"④，并且对此图进行了详细的说明。首先将1662年定为康熙元年，"如图中之一千六百六十二年，为今上康熙之元年"⑤，进而按比例描述五星之圈（木、土、火、金、水五星），从而改进测量之法。可见傅圣泽在北京一直从事着天文学的研究。

而关于傅圣泽在华的数学研究情况，参考梵蒂冈图书馆的资料，目前可考的是他针对阿尔热巴达法（algebra）即《借根算法节要》，试图向康熙介绍一种新的代数方法，称为《阿尔热巴拉新法》（代数新法）⑥。在康熙看来，阿尔热巴达法其实为中国算法，来源于《易经》，康熙在1711年和直隶巡抚赵宏燮（1656—1722）论数时便谈到"夫算法之理，皆出于《易经》，即西洋算法亦善，原系中国算法，被称为阿尔朱巴尔，传自东方之谓也"⑦。后来按照康熙的指示，梅毂成将其编入《数理精蕴》的下编三十一到三十六卷，名为《借根方比例》，介绍当时传入中国的代数学知识，"圣祖仁皇帝授以借根方法，且谕曰：'西洋人名此书为阿尔热八达，译言东来法也'"⑧。而《阿尔热巴新法》是傅

---

① （清）胡璜：《道学家传》，［比利时］钟鸣旦编：《徐家汇藏书楼明清天主教文献》第三册，辅仁大学神学院1996年版，第1177页。

② 《康熙诏书》，梵蒂冈图书馆，Borgia·Cinese，439 A（1）。

③ 魏若望称之为"七政之仪器"，参见 John Witek, *Controversial Ideas in China and in Europe: A Biography of Jean-Francois Foucquet, S. J. 1665—1741*, Institutum Historicum S.I., Roma, 1982, p.453。

④ 《康熙诏书》，梵蒂冈图书馆，Borgia·Cinese，439 B（e）。

⑤ 《康熙诏书》，梵蒂冈图书馆，Borgia·Cinese，439 B（e）。

⑥ Catherine Jami, *The conditions of transmission of European mathematics at the time of Kangxi: J.F.Foucquet's unsuccessful attempt to introduce symbolic algebra*, 5th ICHCS, 1988.中文参见文詹嘉玲：《欧洲数学在康熙年间的传播情况——傅圣泽介绍符号代数尝试的失败》，李迪主编：《数学史研究文集》第一辑，内蒙古大学出版社1991年版，第117—122页。

⑦ 《清圣祖实录》第245卷，中华书局1985年影印版，第431页。

⑧ （清）梅毂成：《天元一即借根方解》，《梅氏丛书辑要》卷六十一。转引自《中国数学史》，《李俨、钱宝琮科学史全集》第5卷，辽宁教育出版社1998年版，第309页。

圣泽想要介绍的代数新法。关于康熙询问傅圣泽对数学的研究,记载如下:

> 字启:傅先生知尔等所作的阿尔热巴拉,闻得已经完了,乞立刻送来以便平订,明日封报莫误。二月初四　和素 李国屏 传。①

> 启傅、巴、杜 先生知二月二十五日三王爷传旨,去年哨鹿报上发回来的阿尔热巴拉书载西洋人们处,所有的西洋字的阿尔热巴拉书查明一并速送三阿哥处,勿误,钦此。帖到可将报上,发回来的阿尔热巴拉书并三堂众位先生们,所有的西洋字的阿尔热巴拉书查明即到送武英殿来,莫误。二月二十五日,和素、李国屏 传。②

> 六月二十二日二更,报到奉旨,朕在这里都算得了,虽然仍教他们算完。启奏钦此。③

> 字典(纪、傅、杨、杜)四位先生知明日是发报的日子,有数表问答,无数表问答书。四位先生一早进来,有商议事,为此特字。六月二十五日,和素、李国屏 具。④

> 传三堂众西洋人明日黑早俱到武英殿来奉旨教的事不可遗漏一人,傅圣泽更要先到。八月初四日(和李:和素、李国屏)传。⑤

> 十月十八日奉上谕 新阿尔热巴拉,朕在热河发来上谕,原著众西洋人公同改正,为何只着傅圣泽一人? 自作可传与众西洋人,着他们众人公同算了,不过着傅圣泽说中国话罢了,务要速完。钦此。王道化传,纪先生知。⑥

由此可推测,傅圣泽自 1711 年八月到达北京以后⑦,一直从事着《阿尔热巴拉

---

① 《康熙诏书》,梵蒂冈图书馆,Borgia · Cinese,439 B(g)。
② 《康熙诏书》,梵蒂冈图书馆,Borgia · Cinese,439 A(q)。
③ 《康熙诏书》,梵蒂冈图书馆,Borgia · Cinese,439 A(0)1。
④ 《康熙诏书》,梵蒂冈图书馆,Borgia · Cinese,439 B(f)1 同梵蒂冈图书馆,Borgia · Cinese,439 B(f)2。
⑤ 《康熙诏书》,梵蒂冈图书馆,Borgia · Cinese,439 A(0)2。
⑥ 《康熙诏书》,梵蒂冈图书馆,Borgia · Cinese,439 A(i)。
⑦ [美]魏若望:《耶稣会士傅圣泽神甫传:索隐派思想在中国及欧洲》,大象出版社 2006 年版,第 9 页。

新法》的研究。到了 1722 年,正式开始向康熙传授,教导康熙皇帝学习新代数。当时由传教士杜德美(Pierre Jartoux,1668—1720)翻译和解释给康熙听,但是后来由于杜德美生病,傅圣泽的文章在将要涉及二次方程的时候被迫中断。尽管康熙后来与其他一些皇子打算学习此法,"谕王道化朕自起身以来每日同阿哥等察《阿尔热巴拉新法》"①。然而最终由于对符号代数的不理解,认为其法晦涩难懂,"最难明白",且"比旧法愈难,错处亦甚多,鹘突处也不少"②,所以舍弃。在钱宝琮的《中国数学史》③一书中对《阿尔热巴拉新法》有所介绍,但是并未指出作者为傅圣泽,编译年代也难考。文章对"新法与旧法之所以异"的解析做了引用,认为新法较之于旧法,优点在于其"融通",并且提及用中国传统的天干地支对应西洋的 22 个字母,从而进行已知数(天干)和未知数(地支)的代数符号。"如西洋即用二十二个字母,在中华可以用天干地支二十二字以代之"④。

此外,余东认为梵蒂冈图书馆 Borgia·Cinese,518-15 的《对数广运解》亦为傅圣泽所著。⑤ 在傅圣泽一书中,涉及"面线不同面积相等"、"面线相等面积不同"、"尺寸不一积数相等"、"圆线内各形比例"、"求球内各形之一边"、"求球外各形之一边"、"求球内各形之一面"、"求球外各形之一面"、"求球内各形之体积"、"求球外各形之体积"、"论五金等表"等问题。此外,傅圣泽还对《周髀算经》进行过注释,魏若望认为他"广泛地思索了这部最古老的数学典籍"⑥。可见,傅圣泽对数学的研究堪称广泛,虽然他向康熙讲授"阿尔热巴拉新法"遭遇失败,但是仍然不阻挠他对数学的研究热情。

---

① 《康熙诏书》,梵蒂冈图书馆,Borgia·Cinese,439 A a。

② 《圣祖谕旨二》,故宫博物院掌故部编:《掌故丛编》,中华书局影印本 1990 年版,第 44 页。

③ 《李俨、钱宝琮科学史全集》第 5 卷,辽宁教育出版社 1998 年版,第 310 页。

④ 转引自《中国数学史》,《李俨、钱宝琮科学史全集》第 5 卷,辽宁教育出版社 1998 年版,第 310 页。

⑤ 参见余东:《梵蒂冈图书馆馆藏早期传教士中文文献目录,十六至十八世纪》,梵蒂冈图书馆 1996 年版,第 37 页。《对数广运》一卷,参见(清)玄烨撰:《故宫珍本丛刊》,清康熙内府朱墨精抄本。

⑥ 转引自[美]魏若望:《耶稣会士傅圣泽神甫传:索隐派思想在中国及欧洲》,大象出版社 2006 年版,第 174 页。

之所以在这里要论及傅圣泽对天文学和数学的研究,是由于在他的易学研究中涉及运用天文学和数学知识来研究《易经》,这将在下章探讨其思想特色中再具体论述。

五、傅圣泽易学思想特色

(一)注重易学范畴的界定

在傅圣泽的著作中,很容易看出他对中华文化概念的自我界定和运用,从而形成特有的"易学范畴"。范畴(Category)作为一种思维范式的体现,在中国文化发展中呈现出自己的特色。"易学范畴"是一个即新即旧的提法,《易经》中所涵寓的范畴毋庸置疑地已成为了中国哲学范畴的来源之一。张立文教授在《中国哲学范畴发展史》一书中对中国哲学范畴系统进行了构想和论述,其中易学范畴广而有之。比如最基础的"天道"与"人道"的范畴出自于《易经》的天、地、人三道之分,继而所形成的"阴阳"、"道器"、"动静"等范畴。《易传》继《洪范》开中国哲学范畴理论的研究,成为了中国哲学的基本范畴的主要文本之一,并且其范畴强调整体的和谐性、传统的延续性以及结构的有序性。[①] 整体和谐性体现为对天人范畴选取的圆融性,传统的延续性是指世代相继所延续的范畴认可度,结构有序性如同《周易》的《序卦传》,是标志性的对逻辑有序性的自觉,《易经》六十四卦强调的是一种在时间和空间的有序和逻辑义理上的有序。

但是并没有谁能够如傅圣泽一般,在《易经》中梳理出如此多的易学提法(64 个),以统筹易学书籍,从而呈现《易经》的核心思想。之所以能够让这些核心概念成为范畴,是由于这些概念是傅圣泽对《易经》性质、范围和种类的归类,他的范畴皆是取于《易经》。在他眼里,《易》为"五经"之原,《易》出于

---

① 参见张立文:《中国哲学范畴发展史》(天道篇),中国人民大学出版社 1988 年版,第 26—34 页。

天,而所倡导的主要有三:易学范畴的界定、关系以及运作机制。细而言之为五:其一,是对形而上最高主宰的认识以及其性质的规范,所以有"天主"、"天帝"、"天"、"主宰"、"道"、"理"、"神"、"太极"等形而上概念的出现(其中他对"道"这个范畴尤为看重,在后面"道耶对话"特色中将进一步论述)。其二,是对"圣人"这个即神即人的范畴界定,如"圣人之象"、"圣人在位一人"、"圣人是天"等。其三,是对人伦社会对应范畴认知,如"祸福"、"善恶"、"有无"、"死生"、"赏罚"、"先天后天"、"天道人事"、"阳三阴四"等。其四,是对天人之间沟通机制的规范,存在一些知识性的范畴,如"象"、"三一"、"十"、"七日"、"三角形"等。其五,是对天人范畴之间运作机制的反映,如自上而下的行为有"救济"、"造物"、"失传"、"造化"、"秘传"、"天救人罪"、"除大恶"等,自下而上的行为有"事天"、"祭享天主"、"登山祭天"、"化恶为善"等。所产生的效果如"人而神"、"天主宠佑"、"惟谦独吉"、"万国咸宁"、"天路大通",等等。这些概念通过历代传统易学著作作为文本依据,更具有传统承接性。傅圣泽对这些范畴的运用,其主旨还是为了能够显示出天主教色彩,他对范畴的界定是为了显示出易学中的"基督性"。天人关系即三位一体思想的体现,形而上范畴即为天主的别称,都为天主的"分身",而"圣人"不仅为中华至圣之人,亦为西方圣父,即天主之称。人伦社会的对应范畴即是暗指人祖犯下原罪后而形成对应之极,在"先天、后天"之别下产生了天人分离。易学认知范畴都隐含了《圣经》中的特定含义,如"象"虽以卦象所释,实为圣父之显现;"三一"与"三角形"为三才之道、之象,实象征三位一体;"十"为成之数,象征"十诫"之言;"七日"为来复之数,亦为天主创世纪之时数;等等。而天道之所施,即天主对人类的拯救与怜悯;人道之所为,乃是天主对人类的训诫。若人道遵循善道,则为"万国咸宁"获得拯救;若失正道,逆天而为,则陷入险世,万劫不复。

在易学系统中也涉及人伦社会对《易》之范畴的比附,比如天尊地卑以定乾坤,从而"卑高以成,贵贱位矣!"(《周易·系辞上》)以人伦社会的尊卑贵贱来比附天地乾坤,这种比附性思维因传统定位而被认可。而傅圣泽亦擅长此道,但是他不是采取以人类社会来比附,而是选取抽象概念"天干地支"的符号形式相配合,这让人更加"匪夷所思"。他的对应强调一种内在次序联系,并加以易学著作证明。天为干,地为支,分阴阳之用,以阴阳而论五行,成天干地支而合成六十甲子,为纪历符号。以"O"代表圣人,强调其至高地位,在此之下,才有天干地支的对应关系。按照阴阳、五行对照,而十天干甲、乙、丙、丁、戊、己、庚、辛、壬、癸所分别对应"主"(阳)、"救济"(阴)而属木;"象"(阳)、"赏罚"(阴)而属火;"太极"(阳)、"七日"(阴)而属土;"道"(阳)、"造物"(阴)而属金;"三一"(阳)、"天主"(阴)而属水。由于天干中主阳,故在阴阳对应中,"阳"所指为概念范畴,"阴"为运作机制或呈现形式,如"主"之"救济"而如春之木,象征希望;"象"体"赏罚"如离火之分明;"太极"运"七日"而为中正之数;"道"(阳)而"造物"(阴)为存天下;"三一"(阳)存"天主"(阴)为坎水之所藏。在阴阳相合的基础上,形成五行相生的关系,金生水,则"造物"之"道"成就含"天主"之"三位一体";水生木,"三位一体"而成"天主"靠圣子而施予"救济"之功;木生火,在其救济之象中体现赏罚之明;其火生土,则可理解圣子;土生金,则太极又生道,为一循环往复。从中可以看到,天干五行所体现的乃是天主派三位一体圣子降世救济万民之功,而复先天之元吉。

而十二地支中缺少"亥",仅十一地支分别对应"主宰"(阳)、"人而神"(阴)、"神"(阳)、"天"(阴)、"一"(阳)、"易"(阴)、"神明"(阳)、"一人"(阴)、"失传"(阳)、"造化"(阴)、"十"(阳)。从总体上言,地支主弱而为阴,阳弱阴盛,体现一种后天之显现,如"主宰"、"神"、"一"、"神明"、"失传"、"十"等为隐,为天主圣父之称谓与性质,而所显的为"人而神"、"天"、"易"、"一人"、"造化"等,更突出的是降世之圣子之指称和功劳。而地支本身更具有时段代表性,从传统的十二个时辰到民俗的十二生肖的对应关系即可看出,在这里,似乎更体现出一种圣父与圣子的先后顺序,圣子为圣父所生,先天经义失传,故才有后天的造化之功,从而可以看到十二地支更强调的是圣子之功。文中缺少"亥",拟猜测一是由于为了引"圣人"之地位而省掉"亥",然总数仍保持为天干地支之总数22。如前所述,这与古希伯拉文22个字母数相对应。二是由于"亥"为六阴,为阴之众,疑与《圣经》中的魔鬼相应,从而在此不论。

(二)强调在中国本土化的思想诠释

天主教"神学"与中国"经学"之间的诠释系统,自利玛窦开始逐渐形成。

利玛窦清晰明白中华传统经典的重要性,他通过从古文典籍的阅读翻译开始,继而深入到文本分析,"至于六经子史等篇,无不尽畅其意义"①,从而进行深层次的跨文化(Cross-Culture)学术交流,以寻求儒家文化与天主教义的融合之处,达到宣教的目的。自利玛窦以后来华传教士,都将《圣经》作为基督宗教的正典,作为信仰传统的奠基性文献,为历代教会和信徒提供规范,进行跨文本(Cross-Textual)解读,必然以《圣经》作为标尺,附加其他西方神学经典作为参考。如利玛窦所著的《天主实义》,便是以教义问答的对话形式,借用儒家经典和传统文化来论证天主教基本原理的护教论著,其中对天主即天主、孔子鬼神观、义利之辨、天堂地狱、孝道等阐释,均是试图通过对中国传统思想的解说论证天主教教义。反过来,又用天主教的神学、哲学思想来诠释中国文化,里面不可避免地会有附会曲解、自我发挥之嫌,其目的是使天主教中国化("Sinicizing"Christianity)②,把天主教植入中国,即所称的容儒、合儒等,使天主教教义内容与儒学可以相互印证,实现"东海西海,心同理同"③的目的。当然,其"同"的对象便是对天主的信仰。

尽管傅圣泽也有一些中西文化比附的内容,史景迁(Jonathan D.Spence,1936—   )一书中所提及的他将《易经》的诸卦如《同人》、《大有》、《复》、《涣》等卦皆含天主教的教义。④ 但是傅圣泽的解释显得更具有中华本土化特色。首先,他通过对中华经典的自我分析和论证,试图寻求到与天主教教义不谋而合的根源,而并非是用天主教的《圣经》及其他神学著作进行附会,从而使理论更加趋于中国传统文化的理解模式。比如在《经义精要》中,傅圣泽是通过引用中国传统的易学经典来解释核心概念范畴,尽管仅是通过对易学文本的梳理、引用和核心概念的简单对应关系,并无深入的思想分析,但是却属于对易学经典进行本土研究的范畴,没有在字面上加入任何天主教的内容,然而在他的核心概念中,亦能够很轻易地感受到其概念与宗教的相通性和形而上化,

---

① ［意］艾儒略:《大西利先生行迹》,民国八年(1920年)铅印本,第1页。

② John D.Young:*Cofucianism and Chrisitanity:the First Encounter*,Hong Kong Universtiy Press,1983,p.27.

③ 朱维铮主编:《利玛窦中文著译集》,复旦大学出版社2012年版,第100、180页。

④ 参见［美］史景迁:《胡若望的困惑》,陈信宏译,广西师范大学2014年版,第25页。

这无疑是为传播天主教的教义寻找到了理论基础。而《易经诸家详说》可视为《经义精要》的另一个对照版本,它是从核心概念范畴出发,去对相关的易学著作进行梳理,其中更是运用了中国传统历法中天干地支的知识,以对应核心概念,从而证明其概念在易学著作中的多频率出现和概念本身的普适性。在《中国经本于天》中,傅圣泽依然是摘抄传统易学经典文本,借用儒家道统的说法去论证中国"五经"的来源和历史传承,"五经"所体现的即易、即天,并在基础上对易之表现形式进行论说。而在《据古经传考天象不均齐》中,傅圣泽巧妙地以中国天文学知识为肇端,引入道家学说对《易经》的先天、后天之旨进行阐明,论证"变易"不仅为《易》之本,亦为天象之则。最后在《傅先生辨析儒理》中,傅圣泽依然是遵循中华文化知识和风俗习惯,引用中华典籍来对颜铛的疑惑进行解答。他在将"天"、"太极"等同于"天主"的前提下,对中华诸多形而上的概念进行归纳:从儒家伦理去理解祭祀行为;从敬畏上天来理解祭天;对报本追远来理解祭祖;从尊师重道来理解祭孔。此外,还针对易学中的"太极"概念和卜筮行为进行辩解,从而努力对儒家的道德层面进行回归,而减弱儒家义理中的宗教神秘色彩。由此可见,傅圣泽一方面更加深入地对《易经》进行文本解读,试图从其文本本身去发现天主的影子。他通过对核心概念的提炼和易学文本的引用,以此找出与天主教所提倡的教义相吻合的成分,利用传统文化本身的力量来对基督宗教文化内涵进行容纳。另一方面,傅圣泽广泛地运用传统文化的天文、历法知识来对易学进行佐证。而这些知识在傅圣泽看来亦是西方知识的基础,所以更容易找到可融通之处,从而增加中西经典文化的学理交融度,为天主教的传教事业开拓了新的方式。

傅圣泽之所以形成这样的思维特色,其原因除了个人爱好以外,这与傅圣泽与白晋在华传教的活动经历有关。傅圣泽到华以后,并不像白晋那样,立刻即在一种封闭的"环境"下从事学术活动。白晋所接触的皆为官方经典书籍,而且他自己很早便对《易经》产生了浓厚的兴趣,他的全部精力几乎花在了寻求《圣经》和《易经》的联系上。而傅圣泽则不同,他到达中国以后,先在地方上行走,他去过很多地方,如厦门、漳州、福州、抚州、南昌、临江等地,因此有了民间直接传教的经验,也有机会接触中华更多的社会流通书籍,这使得他对所接触的文化典籍更加具有自由选择性。当他到宫中帮助白晋从事《易经》研究时,他已经具备了对中华典籍的前期印象,故在行文中可以印证得信手拈来。依据鲁保禄所言,傅圣泽的兴趣点并不是对《圣经》在《易经》中的启示意义,而是强调中华经典的象征意义。这种象征意义不是直接将《圣经》浮于字面,而是在其思想深意之中,故他的学说,更多的是让中华典籍自身来显现"基督",而不是道明"基督"。

(三)道耶对话的尝试

在黄保罗所著的《大国学视野中的汉语学术对话神学》一书中提出疑问"为什么道教代表人物鲜少谈及其与基督宗教的对话呢?"[1]他所指称的是当代学术界的研究情况,但是也反映出道教与基督宗教的历史距离。另外,在基督宗教历史中,魏若望亦认为由于利玛窦对道家的否定,所以步他后尘而来的传教士们对道教并未太多涉及,仅仅认为道教是一种类似巫术的邪教,道士就是一群骗人钱财的无耻之徒。李明认为道教"求助巫术,作出各种各样荒诞的事来"[2]。可见道教在传教士印象中极其负面。然而傅圣泽却是一个特例,尽管他也知晓儒道二家的差别,但是他对道教产生了浓厚的兴趣,特别是对道家的核心范畴——"道"的探索,并长期计划写一篇关于《道德经》的"索引派解释"[3]。费赖之《在华耶稣会士列传及书目》一书中记载傅圣泽著有《道德经评注》[4],并有拉丁文和法文版本,可以看到,傅圣泽对道家学说非常重视。"当白晋将注意力集中在《易经》中的算术和几何成就时,傅圣泽却因其对道教的兴趣而超越这一点。"[5]在梵蒂冈图书馆所藏的他的易学作品中,可以看到几乎每一本都涉及道家学说。在《经义精要》(一、二)涉及易学思想中,如前所述,傅圣泽合道家思想来诠释核心概念,认为道家"道生一、一生二、二生

---

① [芬兰]黄保罗:《大国学视野中的汉语学术对话神学》,民族出版社 2011 年版,第219 页。

② [法]李明:《中国现状新志》,转引自许明龙:《欧洲十八世纪中国热》,外语教学与研究出版社 2007 年版,第 142 页。

③ [美]魏若望:《耶稣会士傅圣泽神甫传:索隐派思想在中国及欧洲》,大象出版社 2006 年版,第 201 页。

④ [法]费赖之:《在华耶稣会士列传及书目》,中华书局 1995 年版,第 559 页。

⑤ [美]魏若望:《耶稣会士傅圣泽神甫传:索隐派思想在中国及欧洲》,大象出版社 2006 年版,第 185 页。

三”以成乾象,并以此来解释“三一”,明确提出“引庄子”,以陈抟的事迹来说明“造化”之意等等,皆是对道家思想的引用。在《易经诸家详说》中,傅圣泽理解赵振芳所著的《易原》中“一”的概念时,他又引用庄子之语,认为太极包阴、阳而以阳为主,故其数一为奇,一者为万之始,乃“庄生所称神奇者也,一分两,两含一,如影相偶”①。又用老子的“无之以为用”来解释李本固《古易汇编》中的“一”,大衍之数五十,其用四十九,乃去一而言,此“一”即天一,“天一为根阴根阳之宗”②,去之而实未尝去,故无而有用。此外,在解释李本固的《古易汇编》中“太极”时,傅圣泽又以“老子曰:道可道,非常道,强名曰道”③来说明太极的地位,至一至极,同道之义。在傅圣泽的《据古经传考天象不均齐》中更是大量的运用道家学说,除了《道德经》、《庄子》、《淮南子》、《列子》以外,特别是对严君平《老子指归》一书进行了详细的剖析,从而加深了对先祖(君王、祖考)身份以及先祖宗庙的理解,进而辨先天、后天之异,辨道德仁义之别,综先祖、君王即祖考身份于一身,即指救世圣人诞世拯救万民,复先天之性,归始初之德。而在《傅先生辨析儒理》一文中,傅圣泽的回答以儒学思想为基础,首先将儒学和道家学说分开,他认为儒家的观点皆为天之主宰至尊无对,只言一尊,并非道家之说,并且将此作为儒道二家的评判标准,“故言有二尊者道家之说,言无二尊,儒家之说”④。在此处,傅圣泽并没有涉及佛教,而是把关注点放到道教身上,这与他对道教的研究有关。在梵蒂冈图书馆中有他对道家作品的专门抄录和摘注,如 Borgia·Cinese,361 的 1(c)中的第 26—28 页是对《列子·天瑞》第一篇(Le pretrieme Chapini de 列子)的摘注,在文中,傅圣泽通过引证《列子·天瑞》第一章中所提及的太易、太初、太始、太素来将世界分为四种初始状态⑤,从而理解“易”之含义。

　　太易者,易者,不穷不滞之称,凝寂于太虚之城。

---

① ［法］傅圣泽:《易经诸家详说》,梵蒂冈图书馆,Borgia· Cinese,361-3°,第 7 页。
② ［法］傅圣泽:《易经诸家详说》,梵蒂冈图书馆,Borgia· Cinese,361-3°,第 17 页。
③ ［法］傅圣泽:《易经诸家详说》,梵蒂冈图书馆,Borgia· Cinese,361-3°,第 13 页。
④ ［法］傅圣泽:《傅先生辨析儒理》,梵蒂冈图书馆,Estr· Oriente,30°,第 12 页。
⑤ 梵蒂冈图书馆,Borgia· Cinese,361 的 1(c),第 26—28 页。另参见［美］魏若望:《耶稣会士傅圣泽神甫传:索隐派思想在中国及欧洲》,大象出版社 2006 年版,第 145 页。

太初，阴阳未判。

太始，阴阳既判则品物流行也。

太素，质性也，既为物矣，则方贞刚，柔静躁沉浮各有其性。①

其中，傅圣泽认为"太易"是三者宗本，为最先存在。傅圣泽将"易"字认为是耶稣基督的一个神秘化的字。他将"太易"作为最初的存在，太阳为"圣父"天主之道，月亮为"圣灵"之形，合为"易"。圣人合阴阳，则为"圣子"耶稣基督②。而有形者生于无形者，刚好暗示了圣父派圣子降生为人，他以统天地。而"太初"类似于先天未衍之态；"太始"为先天已衍之态；而"太素"则为后天生成万物之态。他通过道家学说论说先天、后天之旨。

而德国汉学家弥维礼（Wilhelm K. Müller）著有一篇《傅圣泽对于〈道德经〉及其他中国古代经典的解读》③，即是对傅圣泽《神学问题》一书中关于汉字"道"的论争（即它是否等同于基督宗教之天主）问题的解答。其中傅圣泽将"道"比作最高存在之天主，而《圣经》中的弥赛亚即是中华传统的圣人。关于道的特性，傅圣泽认为：其一，"道"天然自生，意即应时而生。其二，"道"自为一体，且见素抱朴。其三，"道"无尽完美，尽管他朴素无华。其四，"道"一而已，但亦集难以名状之三位一身。④ 这构成了傅圣泽"道"之道家特色。傅圣泽借助《老子》、《庄子》、《列子》、《淮南子》等道家经典，他于1719年提出自己的三条索隐主义原则中，其中可以看到他对"道"的重视⑤：

---

① 梵蒂冈图书馆，Borgia·Cinese，361-1（c），第29页。

② 傅圣泽的"基督论"被认为是错误之论。（参见［美］魏若望：《耶稣会士傅圣泽神甫传：索隐派思想在中国及欧洲》，大象出版社2006年版，第145页。）

③ 参见［德］弥维礼：《傅圣泽对于〈道德经〉及其他中国古代经典的解读》，韦凌译，陈锡禹校，《国际汉学》第十二辑，大象出版社2005年版，第183—191页。

④ 参见［德］弥维礼：《傅圣泽对于〈道德经〉及其他中国古代经典的解读》，韦凌译，陈锡禹校，《国际汉学》第十二辑，大象出版社2005年版，第186页。

⑤ 参见 John Witek, *Controversial Ideas in China and in Europe: A Biography of Jean-Francois Foucquet, S. J. 1665—1741* Institutum Historicum S.I., Roma, 1982. p.219. 另外参见［美］魏若望：《耶稣会士傅圣泽神甫传：索隐派思想在中国及欧洲》，大象出版社2006年版，第190页。［美］史景迁（Jonathan D. Spence）：《胡若望的困惑之旅 18世纪中国天主教徒法国蒙难记》，吕玉新译，上海远东出版社2006年版，第16页；［美］史景迁著：《胡若望的困惑》，陈信宏译，广西师范大学出版社2014年版，第24页；张国刚等：《明清传教士与欧洲汉学》，中国社会科学出版社2001年版，第194页。

1. 中国古代文献是天启之作,来自"天"、"天主",故其来源是神性的;

2. 古书中的"道"这个概念表明永恒的智慧,及天主教徒所称的"天主";

3. "太极"一词的真正意义就是"道",也就是"天主"和"天"。

傅圣泽的"道"贯穿到他的索隐思想之中。"道"与西方的天主为对等关系,唯有以"道"作为至高存在,才能够一方面理解中国文献,否则"即使研习中国文献二十年,也没有人能够理解这些文献"①;另一方面中西文化才有交融的可能,"我们教义中关于这些问题的理论与中国古典文集中的观点之异曲同工是不言而喻的"②。因此,可以看到,傅圣泽对道家学说的研究不仅已经突破了老子、庄子的著作,还涉及道家后学的思想。此外,他还将道家的最核心概念"道"用于对天主教的教义诠释当中,他坦率声明他对《老子》的运用"仅仅是关于三位一体和化身说之神圣的象征和谜语的一层帘幕"③。由此可见,他对道家思想研究的深度。

傅圣泽使用"道"来指称基督宗教之神,对道家思想渊源进行研究,对于其他传教士所忽略的中国思想的一个侧面来说,"是一种新的尝试"④。傅圣泽一方面确定"道"为中华文化的核心,认为不仅道家作品是为了对"道"的论证,包括《易经》和《诗经》也为"道"的来源,试图"重建道家文化"。从侧面也是起到了"道儒整合"的作用,重视道家的"自然本位,以人合天"的思维框架⑤。另一方面,他将"道"同"天主"等同起来,认为"道即为基督宗教的天主"(Tao is the Christian God)⑥,因此可以说傅圣泽从"以耶释儒"转向了"以

---

① [美]魏若望:《耶稣会士傅圣泽神甫传:索隐派思想在中国及欧洲》,大象出版社2006年版,第190页。

② [德]弥维礼:《傅圣泽对于〈道德经〉及其他中国古代经典的解读》,韦凌译,陈锡禹校,《国际汉学》第十二辑,第187页。

③ [美]魏若望:《耶稣会士傅圣泽神甫传:索隐派思想在中国及欧洲》,大象出版社2006年版,第195页。

④ [美]魏若望:《耶稣会士傅圣泽神甫传:索隐派思想在中国及欧洲》,大象出版社2006年版,第303页。

⑤ 陆玉林:《论〈淮南鸿烈〉的道儒整合》,《中国人民大学学报》1993年第2期。

⑥ Paul A. Rule, *K'ung-tzu or Confucius?: the Jesuit interpretation of Confucianism*, Allen & Unwin, Sydney, London, Boston. 1986. p. 170.

耶释道"之风。

(四)"信经不信传"

经学作为系统研究和探讨儒家群经之学而成为儒家学术的基础。故《四库全书》编纂的第一大目即是"经",经学成为了中华传统文化最为特色的学问,规范着民族的思想精神和民俗风习,"其力量之宏伟、影响之深广,远非子、史、文艺可与抗衡"①。在中国经学的历史发展脉络,有明显的阶段特色,有先儒之经,有后儒之传,亦有注有疏;而后儒又根据朝代分汉学(重视训诂为主)、宋学(以讲义理为主)、新汉学(回归训诂之学)等。其中从学派上亦可分为今文经学和古文经学,以及与训诂、考据之学侧重点不同的义理之学,等等。此外,还有儒经与道经、佛经之区别。在基督宗教与中国传统文化相遇的过程中,传教士们对中华传统经典抱有求知的心态,不仅翻译文本,而且也不断尝试着注解和阐释。在白晋之前,"四书"(Tetrabiblion)和"五经"(The Doctrines)在利玛窦看来都是"为国家未来的美好和发展而集道德教诫之大成"②,故成为了传教士涉足中国文本的入门进阶。自利玛窦便有"古儒"和"新儒"的区分,认为先儒与基督宗教在"一神论和道德观上存在着一种近似性"③。基督宗教原理和新儒家学说在形而上学方面的"不兼容性"④,认为宋儒从最初的一神沦陷入泛神论和无神论,完全排除了从经典文本中得出一个创造者和全能的神的可能性,从而强调容"古儒"、斥"新儒"。如果说利玛窦排斥"新儒"(程朱理学)一方面是形而上层面的冲突,那么另一方面是由于晚明的学术思潮所影响,程朱理学已经不再为学术主流,阳明心学成为儒家的中流砥柱⑤,对程朱理学的拒斥,是与新兴的学术潮流相吻合的。

---

① 蒙文通:《论经学遗稿三篇·丙篇》,《蒙文通文集》第三卷,巴蜀书社1995年版,第149—150页。
② [意]利玛窦:《利玛窦中国札记》,中华书局1983年版,第35页。
③ [美]孟德卫:《奇异的国度:耶稣会士适应政策及汉学的起源》,大象出版社2010年版,第50页。
④ [意]科毅霖:《晚明基督论》,四川人民出版社1999年版,第374页。
⑤ 单在《明儒学案》中所收录的学者及学术派别、观点,以王守仁为中心的心学学者"占学案总数的一半以上"。(参见(明)黄宗羲著,沈芝盈点校:《明儒学案·前言》,中华书局2008年版,第2页。)

在傅圣泽的思想中,他在经学内部,更多的是以"五经"之言为基准,推崇"信经不信传",强调经学传统而非子学传统。更进一步,傅圣泽更多是以孔子及先秦经典作为言说的依据,将孔子与汉儒、宋儒区分开来对待,宋儒、汉儒皆是对儒家学说进行穿凿附会,义理诠说,从而背离孔子之原义。可以看到傅圣泽对传统经典的认知多倾向于经学路向,不仅尊崇孔子,尊崇"五经",而且对汉儒、宋儒的否定态度昭然可见。比如对待特定的概念如"天",摒弃汉儒所言宗教化的"天"以及宋儒所言理性的"天理",回归先秦的人格神化的"天";认为孔子的学说被汉儒穿凿附会,"此章是汉儒穿凿之言,岂孔子之言哉?"①汉代遭遇秦火,所以汉儒们的诠释陷入异端邪说(heresies)、怪诞(monstrosities)和错误(errors)之列。② 同理,被宋儒自我义理阐发以后的孔子学说,已并非本来面貌,比如朱熹误将圣人或者弥赛亚错误理解为一般人类的圣人。"天主"或者"天子"仅是对皇帝的称谓,这是傅圣泽所否定的。③ "伏羲、文王、周公、孔子之《河图》《洛书》非如周、程、张、朱、邵、陈等梦中说梦之《河图》《洛书》。宋儒之筮义非孔子之筮义,不足信也"④;"此是周、程、张、朱梦中说梦"⑤。此外,比如在对"太极"一词的理解上,傅圣泽否定朱熹的理解。在朱熹看来,"太极"属于本体范畴。作为宇宙本源之理,先于宇宙形成而存在。傅圣泽认为这是"周、程、张、朱梦中说梦"之语,已经脱离了"太极"本义。"太极"一词的真正意义就是"道",也就是"天主"和"天","与最根本的宇宙真理有关"⑥。进一步说,傅圣泽之所以批驳宋儒对太极的理解,是由于宋儒所说的太极已经由宇宙生成论发展到了宇宙本体论意义上了,而这与天主创

---

① 梵蒂冈图书馆,Estr· Oriente 30°,第 15 页。

② 参见 Paul A.Rule,*K'ung-tzu or Confucius?:the Jesuit interpretation of Confucianism*,Allen & Unwin,Sydney,London,Boston.1986.p.172。

③ 参见 Paul A.Rule,*K'ung-tzu or Confucius?:the Jesuit interpretation of Confucianism*,Allen & Unwin,Sydney,London,Boston.1986.p.172。

④ Paul A. Rule, *K'ung-tzu or Confucius?: the Jesuit interpretation of Confucianism*, Allen & Unwin,Sydney,London,Boston.1986.p.13.

⑤ Paul A. Rule, *K'ung-tzu or Confucius?: the Jesuit interpretation of Confucianism*, Allen & Unwin,Sydney,London,Boston.1986.p.16.

⑥ [美]史景迁:《胡若望的困惑之旅:18 世纪中国天主教徒法国蒙难记》,吕玉新译,上海远东出版社 2006 年版,第 16 页。

造世界相悖的。出现这样的经学意识,一方面是傅圣泽对"天主"元典性的认同,即是对中西方经典的同源性追溯。在西方,《圣经》乃是最古老的"圣人之言",而在中国,"五经"无疑担任着传统文化的源头角色,这种天然地将时间倒退到宗教起源的开端,追寻圣学本源的情怀,伴随着他们在异国他乡的文本研究。另一方面是由于在"五经"中更能够体现形而上学的超越性。在宋儒理学中,"天理"、"天"、"太极"等形而上问题,由于更多的理性参与,注重偏向内在精神的体验,儒生们所体现出来的不单单是哲学上对万物本体的探源,也反映出宗教思想的内在性特质。而这样的思维模式与天主教中所宣扬的至高无上、至尊无对的"天主"观念相冲突,天人关系的鸿沟是理学所不苟同的。综上可以看到,傅圣泽认为对中华传统文化的理解,应该回到先秦的"五经",而不是仅仅参照后儒们对先贤的解读。

此外,亦可以看到,傅圣泽的易学思想与他对天文学和数学研究是紧密相连。关于天文学,他的《据古经传考天象不均齐》一文即是以天文学探讨为开头的易学著作,而在《易经诸家详说》中亦是采取天干地支历法来梳理易学的核心概念。而对于数学知识,就更加融入他的易学解释中,比如在《经义精要》中有借用《尚书》中的"周髀之数"解释"日月旁行"[1]。有对具体数字概念进行易学解析,如以"一"作为数之始、"十"为数之成,所谓"一者数之始也,十者数之成也"[2]。以"五"作为数之祖,"五者数之祖也"[3],以此来论象之衍数。以"七"作为"数之所必不能越"[4],以此来解释七日为天行一定之运数等。还有将"四元形"、"三角形"数学概念上升到核心概念,引用《周易折中·启蒙附论》来对其进行诠释,认为"四元形"即为"天、地、水、火而已矣"[5];"三角形"即与圆、方相对之形,而三角形所对应的人象即是与天、地相对之象,"圆者,天象;方者,地象;三角形,人象"[6]等。由此可见,傅圣泽对易学研究不仅仅局限在易学范畴之内,还涉及其他相关领域,从而使自己的诠说更加圆融。

---

① [法]傅圣泽:《经义精要(二)》,梵蒂冈图书馆,Borgia·Cinese,380-3°,第65页。
② [法]傅圣泽:《经义精要(一)》,梵蒂冈图书馆,Borgia·Cinese,380-2°,第55页。
③ [法]傅圣泽:《经义精要(一)》,梵蒂冈图书馆,Borgia·Cinese,380-2°,第13页。
④ [法]傅圣泽:《经义精要(一)》,梵蒂冈图书馆,Borgia·Cinese,380-2°,第26页。
⑤ [法]傅圣泽:《经义精要(一)》,梵蒂冈图书馆,Borgia·Cinese,380-2°,第27页。
⑥ [法]傅圣泽:《经义精要(一)》,梵蒂冈图书馆,Borgia·Cinese,380-2°,第53页。

　　通过以上的梳理,可以看到,傅圣泽与白晋的易学特色迥异。白晋更多的是一种思想义理上的融合,通过梳理《圣经》与《易经》的发展历史,探寻其文明源头;通过对先天、后天的划分,和合中西天人之学。傅圣泽更看重范畴的运用,通过对中西秘图的对比,探索思想文化之根本,包括他通过《圣经》故事对具体卦爻的诠释,都可以看到他义理化的索隐思想,无时不体现出对天主的关照。而傅圣泽的思想似乎更加开放性,他的思想核心是范畴,中西范畴的确定便是思想的托付,然后通过引用经典的印证来说明其合理性,从而达到不证自明的象征效果。

第六章　白晋弟子马若瑟易学思想研究

马若瑟又称"马龙周"①,笔名"温古子"②或者"文古子"③。荣振华将其称为"是我们曾有过的最好的汉学家"④。他于 1666 年 7 月 17 日生于法国诺曼底(Normandie)的瑟堡(Cherbourg),1683 年 8 月 16 日进入初修院,在他来华之前,曾与傅圣泽在弗莱彻学院碰过头,二人"在这里共同生活了一年"⑤。作为白晋的学生,1698 年 3 月 27 日他与白晋一起乘安菲特利特(L'amphitrite)海神号从拉弗莱什出发前往中国,在船上共同度过了 6 个月的时光;马若瑟早在 1703 年便是白晋的助手,并自 1704 年开始便保持长期的通信往来⑥,他在华居住了长达三十余年,大部分时间都在江西(饶州、建昌、南昌、九江等地)传教,1701 年 2 月 2 日在江西抚州府发愿⑦,期间 1714—1716 年在北京辅助白晋进行易学研究,1724 年因为禁教令而被流放到广州,1732 年被

---

① ［法］荣振华:《在华耶稣会士列传及书目补编》,中华书局 1995 年版,第 280 页。

② ［比利时］钟鸣旦、［荷兰］杜鼎克、［法］蒙曦等编:《法国国家图书馆明清天主教文献》第二十六册,台北利氏学社 2009 年版,第 466 页。

③ ［法］荣振华等编:《16—20 世纪入华天主教传教士列传》,广西师范大学出版社 2010 年版,第 280 页。

④ ［法］荣振华:《在华耶稣会士列传及书目补编》,中华书局 1995 年版,第 281 页。

⑤ 李真:《来华耶稣会士马若瑟(Joseph de Prémare,S.J.)生平及学术成就钩沉》,《东亚文化交涉研究》第 5 号,2010 年。

⑥ 参见［德］柯兰霓:《耶稣会士白晋的生平与著作》,大象出版社 2009 年版,第 59 页。

⑦ 参见［法］荣振华:《在华耶稣会士列传及书目补编》,中华书局 1995 年版,第 280 页。此处 还称费赖之一书错误认为是 1701 年 2 月 24 日在福建福州发愿。(参见费赖之:《在华耶稣会士列传及书目》,中华书局 1995 年版,第 517 页。)

逐回澳门①,并于 1736 年 9 月 7 日逝世于澳门学院。

马若瑟把大部分时间和精力都花在研究中国的语言和文学上,他对中国汉语文字的学习具有极高的天赋,以至于雷慕沙称他与宋君荣二人为"在传教中国诸传教师中,于中国文学造诣最深者",且"非当时之同辈与其他欧洲人所能及"②。他不仅学习汉文、满文以便于传教布道,还对中国经书古籍进行阅读、研究。他特别看重其中关于宗教、传说等知识,并且著作甚丰③,"公精究中国经书,知我国古先王昭事上主,有迹可寻,因著书以阐明之"④,从而影响深远。

一、马若瑟与白晋的关系

关于马若瑟与白晋的关系,较之于傅圣泽来说更为复杂。一方面,他同傅圣泽一样,亦为白晋良好的教友、师生和工作协作关系。作为耶稣会士的一员,同样是受白晋的知遇之恩才来到中国,开始自己的传教事业。作为白晋的弟子,马若瑟在很大程度上受到了白晋索隐思想的影响,从一开始接触中国经文典籍,就努力去理解和学习白晋的研读方式,试图用旧约派索隐学的诠释经典的方法去窥见中华古籍和汉字背后所隐含的神秘意义。"他(白晋)的某些思考成为了马若瑟建立自己独特的索隐学体系的基础"⑤,且在白晋易学的影响下,他也开始投入《易经》的研究,于"1703 年已经开始为白晋做一些辅助性

① 通过马若瑟给福尔蒙的最后一封信的时间(1733 年 10 月 5 日)可以确定马若瑟到达澳门的时间,"1732 年 4 月 20 日,传教士被遣返至葡萄牙管辖的澳门"。(参见龙伯格:《清代来华传教士马若瑟研究》,大象出版社 2009 年版,第 78 页。)而费赖之认为是"1735 年赴澳门"。(参见费赖之:《在华耶稣会士列传及书目》,中华书局 1995 年版,第 526 页。)此外,雷立柏认为是"1733 年到澳门"。(参见卓新平主编,[奥]雷立柏编:《中国基督宗教史辞典》,宗教文化出版社 2013 年版,第 288 页。)

② [法]费赖之:《在华耶稣会士列传及书目》,中华书局 1995 年版,第 528 页。

③ 费赖之列出 25 种,不包括梵蒂冈所藏书目。巴黎国家图书馆的《经传议论》和《天学总论》亦不在其中。(参见[法]费赖之:《在华耶稣会士列传及书目》,中华书局 1995 年版,第 525—534 页。)

④ 徐宗泽编著:《明清间耶稣会士译著提要》,中华书局 1989 年版,第 402 页。

⑤ [丹麦]龙伯格:《清代来华传教士马若瑟研究》,大象出版社 2009 年版,第 10 页。

的工作"①。1704 年白晋和马若瑟开始探讨关于中国象形文字的研究,到了在 1706 年 6 月马若瑟完成了白晋《天学本义》的翻译工作。根据统计,"从 1703 年到 1708 年的五年里,马若瑟连续给白晋写了 36 封书信"②,由此和白晋的关系日益密切,也更加熟知白晋的观点,并且此后的很多思想来自于其师白晋③。而白晋对马若瑟的学术能力极为肯定,在 1714 年时便让马若瑟从江西到前往北京协助自己的索隐思想研究工作。马若瑟和白晋、傅圣泽共同探讨《易经》、《春秋》、《老子》等古籍,他们的工作先以寻求与天主教教义类似的词句④,对其进行索隐式的阐释和注解。

然而在另一方面,马若瑟对白晋的性格和研究似乎不甚满意,从而导致二人在北京短暂的相处显得并不愉快,在 1716 年二三月所写的信件中,马若瑟首先认为自己留在北京是"以生命为代价"⑤的残酷和不公,所以急切想要逃离。其次,他将白晋称为"狂人",是"固执的,持有谬误观点的人";"反对上级,一意孤行,认为无人能理解自己,诬妄别人而面不改色的人"以及"自负愚昧地认为自己是唯一真正理解中国人的人"⑥。再次,马若瑟将白晋的著作形容为"对中国书籍的夸张之辞和对天主教的曲解";"所写的几乎全是胡言乱语,只是一些无谓的强调"⑦。最后总结说:"皇帝陛下说白晋神父已经疯了是完全正确的。"⑧这样如此深刻的负面刻画已全然不顾师徒情谊,事实上他也许当年"可能是在八月"⑨就离开了北京而回到江西。他对白晋的态度,白晋

---

① 李真:《来华耶稣会士马若瑟(Joseph de Prémare,S.J.)生平及学术成就钩沉》,《东亚文化交涉研究》第 5 号,2010 年。

② 李真:《来华耶稣会士马若瑟(Joseph de Prémare,S.J.)生平及学术成就钩沉》,《东亚文化交涉研究》第 5 号,2010 年。

③ 参见[丹麦]龙伯格:《清代来华传教士马若瑟研究》,大象出版社 2009 年版,第 149 页。

④ 参见方豪:《中国天主教史人物传》,中华书局 1988 年版,第 430 页。

⑤ [丹麦]龙伯格:《清代来华传教士马若瑟研究》,大象出版社 2009 年版,第 150 页。

⑥ [丹麦]龙伯格:《清代来华传教士马若瑟研究》,大象出版社 2009 年版,第 151 页。徐宗泽一书中却称白晋"与人交际亦和蔼可亲"。(参见徐宗泽编著:《明清间耶稣会士译著提要》,中华书局 1989 年版,第 398 页。)

⑦ [丹麦]龙伯格:《清代来华传教士马若瑟研究》,大象出版社 2009 年版,第 153 页。

⑧ 参见马若瑟关于白晋的论述节选。[丹麦]龙伯格:《清代来华传教士马若瑟研究》,大象出版社 2009 年版,第 151 页。

⑨ [德]柯兰霓:《耶稣会士白晋的生平与著作》,大象出版社 2009 年版,第 88 页。

也已察觉,所以在 1716 年 8 月 30 日给中国各省的法国耶稣会士的一封信中,他认为是马若瑟自己产生了骄傲心理,且"不能抵挡那些攻击他弱点的诘难"①,所以才离开北京。

此外,马若瑟对傅圣泽的态度也不甚友好,不仅将傅圣泽和白晋一起批驳,认为二人的行为冒犯,思想夸张②,对他们使用"天"、"天主"等词语以及用中华形而上学词汇(如"理"、"太极"、"阴阳"、"三一"、"三才"等)表示天主和三位一体的思想、上古三代存在的证明、中国典籍和《圣经》比较、伏羲和以诺的等同以及中西关于大洪水的记载等方面均进行否定③。而且他也曾同巴多明、杜德美、汤尚贤一起反对傅圣泽的索隐派思想,"于 1716 年签署过有六十四项提议的驳书"④上面签上了自己的名字,正式加入了反对白晋和傅圣泽索隐思想行列。傅圣泽指责马若瑟是一个叛徒和屈服谄媚之人,是经受不起来自里昂丝毫压力的人。⑤ 柯兰霓言及"这封请愿书是为了阻止白晋继续从事《易经》研究"⑥,而马若瑟亦属于此列。这样的"倒戈相向"完全背离他的初衷,并且也失去了白晋、傅圣泽的信任。

然而在马若瑟回到江西以后,他并未放弃对索隐学的研究,而是继续利用自己的诠释路线深化对经学的理解,甚至回到欧洲依然如此,陆陆续续发表了关于中国经典特别是《易经》索隐学的数篇论文。然而在 1726 年左右他被教廷传信部召回,其原因是"他在鼓励学习汉籍《易经》的时候,破坏了对《旧约》的崇拜"⑦。在白晋去世后,马若瑟又撰文悼念白晋,称他是中国索隐学派的创立者,并且认为白晋通过对中华古籍中的探索找到了传播天主教基本教义

① ［丹麦］龙伯格:《清代来华传教士马若瑟研究》,大象出版社 2009 年版,第 154 页。

② 参见 Paul A.Rule, *K'ung-tzu or Confucius?:the Jesuit interpretation of Confucianism*, Allen & Unwin, Sydney, London, Boston.1986.p.177.

③ 参见［丹麦］龙伯格:《清代来华传教士马若瑟研究》,大象出版社 2009 年版,第 152—153 页。

④ 见［德］柯兰霓:《耶稣会士白晋的生平与著作》,大象出版社 2009 年版,第 89 页。

⑤ 参见 Paul A.Rule, *K'ung-tzu or Confucius?:the Jesuit interpretation of Confucianism*, Allen & Unwin, Sydney, London, Boston.1986.p.179.

⑥ Claudia von Collani, "*The First Encounter of the West with the Yijing——Insrodution to and edition of letters and Latin translations by French Jesuits from the 18ᵗʰ century*", Monumenta Serica 55, 2007.p.251.

⑦ ［法］荣振华:《在华耶稣会士列传及书目补编》,中华书局 1995 年版,第 280 页。

的"美妙方法"①。由此可以看到,尽管性格相异,但是秉承着对传家事业的热爱以及来华的共同经历,马若瑟与白晋、傅圣泽共同促使着中华索隐派思想的发展。

二、梵蒂冈图书馆关于马若瑟易学资料概述

在梵蒂冈图书馆里关于马若瑟的著作,除了伯希和、高田时雄书中所提及到的,加上笔者考证,包括如下:

1.Borgia·Cinese,317–1° *Zhouyi yuanzhi tan mulu*《周易原旨探目录》:Table du Tcheou yi yuan tche t'an:Ouvrage sur le *Yijing*,dû à un jésuite.peut-être du P.de prémare.(？)可能为马若瑟所作？经过笔者考证,原作者为马若瑟。②

2.Borgia·Cinese,317–5°*Taiji lüeshuo*《太极略说》,对《太极》的简要论述。提到了白晋的《天尊地卑图》。Discours abrégé sur le principe premier(*taiji* 太极)。经过笔者考证,其中"附一含三、三为一验说"一章的作者可能为马若瑟所著。③

3.Borgia·Cinese,357–9° *Meng meitu ji* 梦美土记:《Rêve d'un pèlerin》。参考李奭学④一文,作者为马若瑟。且其写作时间,李奭学考证为1709年⑤,然而文中提及"今康熙丁亥年间,一夜看诗经,看到桑柔之篇,忽然心忧以伤,默恤天下万方之乱……则心思美土之安……"⑥推

① ［丹麦］龙伯格:《清代来华传教士马若瑟研究》,大象出版社 2009 年版,第 155 页。

② 参见本书"白晋易学思想研究"一章。

③ 参见本书"白晋易学思想研究"一章。

④ 李奭学:《中西合璧的小说新体——清初耶稣会士马若瑟著〈梦美土记〉初探》,《汉学研究》2011 年第 2 期。

⑤ 李奭学:《中西合璧的小说新体——清初耶稣会士马若瑟著〈梦美土记〉初探》,《汉学研究》2011 年第 2 期。

⑥ 梵蒂冈图书馆,Borgia·Cinese,357(9)-b,12。

测其作作于 1707 年。

4.Borgia・Cinese, 357 – 10° *Liushu shiyi*《六书实义》[1] La couverture porte l'attribution au P.de Prémare. 手写本. Sur les six sortes de caractères chinois au point de vue leur formation. Préface de 1720 en forme de dialogue. Wenguzi 温古子 est un surnom littéraire pris par Prémare. Postface de Kangxi xinchou 康熙辛丑(1721), signee du Zhixinweng 知新翁.(马若瑟化名温古子所著,从汉字形成的角度对汉字六书的研究,序作于 1720 年,后记作为 1721)。

5.Borgia・Cinese, 361 的 2°-6°"与耶稣会士《易经》研究有关的各种汉语手写本。"(Manuscrits variés en chinois se rapportant aux travaux des Jésuites sur le *Yijing*)。通过考证,可知其中的 4°-I《周易理数》(又称《易理易数》)亦属于马若瑟的易学著作,并且此书内容即是对《易经原旨探目录》的内容的展开。[2]

6.Borgia・Cinese, 443 – 3° *Liushu shiyi*《六书实义》Manuscrit. C'est la dissertation sur l'écriture chinoise écrite par Prémare sous le pseudonym de Wenguzi 温古子. Donné à Montucci par Klaproth en 1816.(1816 年克拉普洛特—加龙省将它送给了蒙突奇)。

7.Borgia・Cinese, 468-2°为马若瑟的三篇拉丁语写成的论文,后面是傅圣泽神父亲笔书写的意见以及他们二人的通信。

8.Raccolata Generale・Oriente-III-203° Prémare, Joseph-Marie. *Sheng ruose zhuan*《圣若瑟传》Vie de St.Joseph, époux de la Ste.Vierge. Cordier, N° 203.2 Vols.(高第,N°203.2 卷)为马若瑟生平记载。

其中,Borgia・Cinese, 317-1°《易经原旨探目录》(1715 年完成)和 Borgia・

---

① 参见[比利时]钟鸣旦、[荷兰]杜鼎克、[法]蒙曦等编:《法国国家图书馆明清天主教文献》第二十六册,编号 181。"《六书实义》untitled dialogue Liushu shiyi 温古子(Joseph de Prémare)马若瑟,CHINOIS 906,443-502"。在此文献书中,还包括"187《天学总论》Prémare(马若瑟)7165 I 481-524";"188《经传众说》Prémare(马若瑟)7165 II 525-571"。

② 参见本书"白晋易学思想研究"一章。

Cinese,317-5°《太极略说》(与白晋合作作品,推测为1716年之前)属于易学著作。此外,司马富认为Borgia·Cinese,316的1°(b)为方便理解易经的智慧所作的评注(Notes critiques pour entrer dans l'intelligence de l'Y 易 king 经)为马若瑟所著①。通过对文中内容查阅,文章是1731年10月12完成②,由此可见,马若瑟在中国生活的时间里对《易经》的研究一直没有停止过。

三、马若瑟的易学思想研究

对于《易经》,马若瑟自来华以后便非常看重。他在给富尔蒙(Etienne Fourmont,1683—1745)的信中,时常提及《易经》的重要性,甚至曾写过一封长达50页的信,专门介绍"这部令人惊叹的作品"③。此外,他还引用孔子的"加我数年,五十以学《易》,可以无大过矣"④的话来说明《易经》在中华传统文化中的地位⑤,而且《易经》也是他索隐思想的重要体现。关于马若瑟的易学研究,首先马若瑟撰文《关于中国书籍和文字的一篇论文——选自梅尔希奥·达拉·布列加译自易西斯女神腰带的一封信》(Dissertation sur les letters et les livres de Chine,tirée d' une letter au R.P.de Briga,Interprète de la bande d' Isis)文章,龙伯格做了详细的分析⑥。文章大部分内容是对《易经》的介绍,他评论到"《易经》是一部神圣的书籍,而且事实上,它是一部关于弥赛亚的预言性的著作"⑦,并且系统地用了12页的篇幅对《易经》的六十四卦进行了具体介绍。他的另一部索隐派代表作《中国古籍之基督宗教主要教条之遗迹》(Selecta

---

① 参见 Richard J.Smith,The Yijing(Classic of Changes)in global perspective:some reflections,Paper for the Boos of Changes World Conference,Taipei,Taiwan,September 28-October 2,2002.p.31。

② 梵蒂冈图书馆,Borgia·Cinese,361(1)-b,1。

③ [丹麦]龙伯格:《清代来华传教士马若瑟研究》,大象出版社2009年版,第46页。

④ (魏)何晏注,(宋)邢昺疏,朱汉民整理,张岂之审定:《述而》,《论语注疏》卷七,李学勤主编,北京大学出版社1999年版,第91页。

⑤ 参见[丹麦]龙伯格:《清代来华传教士马若瑟研究》,大象出版社2009年版,第34页。

⑥ 参见[丹麦]龙伯格:《清代来华传教士马若瑟研究》,大象出版社2009年版,158—162页。

⑦ [丹麦]龙伯格:《清代来华传教士马若瑟研究》,大象出版社2009年版,第160页。

quaedamvestigia praecipuorum religionis christianae dogmatum ex antiquis Sinarum libris eruta）一书（1724，Canton）中对中国古代书籍进行了长达 30 页的介绍，尤其是对《易经》的介绍①。此书的法文版由博尼蒂（A. Bonnetty）1878 年出版，题为 *Vestiges des principaux dogmes chrétiens tirés des anciens livres chinois*，其中有一章专门介绍《易经》（*Observations sur lintroduction à Y Yking*），②并且博尼蒂称："他（马若瑟）将所有在他看来包含有这种原初基督宗教之暗示的地方汇集起来，并借助于这些文献来为中国撰写最美妙、最深奥的天主教护教论文。"③1730 年马若瑟作了一篇《中国的三部古代著作——〈三易〉》（*De tribus antiques monumentis qui Sinic vocant San Y*）的文献，文章对白晋对索隐学的功劳进行了肯定。认为白晋所论的"三易"即是为"找到了一条可以向中国人展示天主教基本教义的美妙方法"④。在 1731 年 8 月 27 日马若瑟将《易经理解》（*Note critiques pour entrer dans l' inteligence de l' Y King*）的文稿寄给了傅尔蒙，也称《经书理解绪论》，现藏于法国国家图书馆，法文编号 12209 号，书有三篇，手稿仅有一篇，书中只涉及《易经》的前两卦。⑤ 可见，马若瑟关于易学的研究甚为深入，且易学著作充足。本书主要探讨他藏于梵蒂冈图书馆的相关易学中文资料。

（一）关于《易经原旨探》的论述

在梵蒂冈图书馆 Borgia · Cinese，317-1°里仅存有一篇《易经原旨探目录》，其中名为"周易大旨"，"理数内外二篇"本分"义理内篇"（含目录）和"易数外篇"（仅标题，无任何内容）。在"义理内篇"中，先是《易经原旨探》的目

---

① 参见［丹麦］龙伯格：《清代来华传教士马若瑟研究》，大象出版社 2009 年版，第 174—181 页。

② Augustin Bonnetty, Paul Hubert Perny, *Vestiges des principaux dogmes chrétiens tirés des anciens livres chinois*, Bureau des Annales de philosophie chrétienne, 1878, pp.85–92.

③ Augustin Bonnetty, Paul Hubert Perny, *Vestiges des principaux dogmes chrétiens tirés des anciens livresChinois*, p.86.

④ 李真：《来华耶稣会士马若瑟(Joseph de Prémare, S.J.)生平及学术成就钩沉》，《东亚文化交涉研究》第 5 号，2010 年。

⑤ 参见［丹麦］龙伯格：《清代来华传教士马若瑟研究》，大象出版社 2009 年版，第 182—186 页。

录,与 Borgia・Cinese,361-4°-I 中所存目录相同,共 22 条,总说圣道失传之由,大秦与中国同,何以复明其大旨,明圣人之功。后为"先天后天三义总说",形式似目录,其中"先天未变实义"共 8 条,为人祖(亚当、夏娃)之初为元良美善之性;"先天已变实义"亦 8 条,为元妇(夏娃)不贞,原祖(亚当)受祸,自绝于天,连累万世子孙;"后天不变实义"共 17 条,为救世(主耶稣)诞生,拯救万民,受难后复,最后审判善恶及生死吉凶。在 Borgia・Cinese,361-4°-I 的封面标题为《周易理数》,并有意大利语说明"Saggio del libro intitolato ellani-erade trovai la vera felicità"(本书名为随笔,表明找到真正的幸福)。在第一页的装订线内,标题为《周易原旨探》,且附上了目录,而《周易理数》先名为《易理易数》,后更改之。此书存有三个目录,与 Borgia・Cinese,317-1°的《易经原旨探目录》相对比如下(见表十四):

表十四 《周易原旨探》和《周易理数》四目录对照表

《易经原旨探》目录①	《易经原旨探》目录②	《易理易数》目录③	《周易理数》目录④
义理内篇	上易理	一 周易大旨	一 周易大旨
义理之奥	易理说	二 易理何谓	二 易理何谓
道以失传而有复明之日	道失传说	三 道失传说	三 道失传说
大秦有真传可资以复明道	大秦有真传可资以复明道	四 大秦有真传可为印证以复明古学之道	四 大秦有真传可为印证以复明古学之道
中国与大秦建都立国之始	中国建都之始	十一 中国建都之始	十五 中国建都之始
古学失传之由	古学失传之故		
尧典之洪水即大秦经典之洪水	尧典之洪水即大秦经典之洪水		
古之先师中国与大秦同	古之先师中国与大秦同	九 中国先师,同大秦经载洪水以前之先师	十三 古之先师中国与大秦同
经典文字之根原	经典文字之本原	五 古经文字之本原	九 古经文字之本原

① [法]马若瑟:《易经原旨探目录》,梵蒂冈图书馆,Borgia・Cinese,317-1°,第 1 页。
② [法]马若瑟:《周易理数》,梵蒂冈图书馆,Borgia・Cinese,361-4°-I,第 1 页。
③ [法]马若瑟:《周易理数》,梵蒂冈图书馆,Borgia・Cinese,361-4°-I,第 2 页。
④ [法]马若瑟:《周易理数》,梵蒂冈图书馆,Borgia・Cinese,361-4°-I,第 16 页。

续表

《易经原旨探》目录①	《易经原旨探》目录②	《易理易数》目录③	《周易理数》目录④
	四方惟中国与大秦其言与字出于上古		
书契之原旨	书契之原旨	六 书契之大	十 书契之文
圣人制器尚象莫大乎书契	圣人制器尚象莫大乎书契	七 圣人制器尚象,莫大乎书契	十一 圣人制器尚象莫大于书契
经典古籍原关系万世万方	经典古籍原关系万世万世		
大秦国先庆后殃见于鲁国之景象	大秦国先庆后殃见于鲁国之景象		
古史之根本	古史之根本	八 古史之根本	十二 古史之根本
古史之大旨	古史之大旨	十 古史之大旨	十四 古史之大旨
史有先世后世之二元而合为一统	史本有先世后世之二元而合为一统	十五 古史与后史,大不相同。	十九 古史与后史大不相同
百世所望之大圣惟一无二	百世所望之大圣惟一无二	十二 后天再造成能,天合于人之大圣,惟一无二。	十六 后天再造成能,天合于人之大圣,惟一无二。
认佛为孔子所望之圣者大非	认佛为西方之圣者大非	十三 认佛为孔子所望之圣者大非	十七 认佛为孔子所望之圣者大非
经以寓言阐道徒作世事观则失其本旨	经以寓言阐道徒作世事观之者则失其本旨	十六 五经既为言道之书,则不可惟作世事观	
究左道之原而明所以异于正道之故	究左道之原而明所以异于正道之故	十四 左道之原由	十八 左道之原由
先天初造不测之本		十七 先天初造,不测之本	六 先天初造不测之本
后天再造不测之本		十八 后天再造,不测之本	七 后天再造不测之本
初造与再造本同义异不测之奥		十九 先天与后天一本。固也。其相异之奥,如何?	八 初造与再造本同义异不测之奥
		先天后天三义总说	五 先天后天三义总说
			二十 经之要旨原以阐道
		先天未变之实义	二十一 先天未变之实义 内有八端

续表

《易经原旨探》目录①	《易经原旨探》目录②	《易理易数》目录③	《周易理数》目录④
		先天已变之实义	二十二 先天已变之实义 内有八端
		后天不变之实义	二十三 后天不变之实义 内有八端

从上表可以看到,从《易经原旨探》目录到《周易理数》目录逐步过渡,内容大致相符,少数章节有所增减,比如将《易经原旨探》中关于"古学失传之由"、"尧典之洪水即大秦经典之洪水"、"经典古籍原关系万世万方"、"大秦国先庆后殃见于鲁国之景象"等内容去掉,而增添了"先天未变"、"先天已变"、"后天不变"三实义。且对后面两个目录编了编号,代表顺序,在叙述顺序上有所调整。可以看到,最后定本为《周易理数》,共23条,其顺序是:

一、《周易》大旨

二、易理何谓

三、道失传说

四、大秦有真传可为印证以复明古学之道

五、先天后天三义总说

六、先天初造不测之本

七、后天再造不测之本

八、初造与再造本同义异不测之奥

九、古经文字之本原

十、书契之文

十一、圣人制器尚象莫大于书契

十二、古史之根本

十三、古之先师中国与大秦同

十四、古史之大旨

十五、中国建都之始

十六、后天再造成能,天合于人之大圣,惟一无二

十七、认佛为孔子所望之圣者大非

十八、左道之原由

十九、古史与后史大不相同

二十、经之要旨原以阐道

二十一、先天未变之实义 内有八端

二十二、先天已变之实义 内有八端

二十三、后天不变之实义 内有八端

从目录即可以看到文章的主要阐释重点。关于此文的成书时间,其中在第24页处有一段以臣自居,赞颂皇帝、类似奏疏之语,称:"臣颛愚在下,踊跃鼓舞,愧无才能以效微力,二十余年幸蒙圣教开明,读中国宝训经书,沉思默悟,见其精奥之旨,多有同于大秦之古经。"①可以看到此文为进献皇帝奏折之类,且提及自己已经阅览中华古籍二十余年。在第62页又言道:"后儒学法太史公,将后史继续于古史,自黄帝至今上康熙五十四年,共四千四百余年,为一统全史。"②提及康熙五十四年,故知此书写作时间为1715年。当时马若瑟正在北京帮助白晋从事《易经》研究③,1716年又返回江西。而关于文章的主要内容,依据徐宗泽所言:"书分外篇内篇,将易之数理、图像,阐发尽致。作者之意,谓易之原旨,有合于天主,造化之功,且亦预示天主降生救赎之奥义,而吾国已失之真道,从天主教中重得之。"④似乎文章有明显的"外篇"、"内篇"区分,然在文中并没有具体言及。根据内容,可以将其分为三大部分。第一部分(1—8节)主要是以"三位一体"的思想论先天后天三易之纲,合东西方大道原旨。第二部分(9—18节)主要是分两个方面,第一个方面是论文字、古史之根本大旨,第二个方面是论证佛教与左道(敬鬼神之礼)的错误理论。第三部分(19—23节)即总论先天与后天大旨以及分论"先天未变"、"先天已变"、

① [法]马若瑟:《周易理数》,梵蒂冈图书馆,Borgia·Cinese,361-4°-I,第24页。

② [法]马若瑟:《周易理数》,梵蒂冈图书馆,Borgia·Cinese,361-4°-I,第62页。

③ 参见[德]柯兰霓:《耶稣会士白晋的生平与著作》,大象出版社2009年版,第77页。另参见李真:《来华耶稣会士马若瑟(Joseph de Prémare,S.J.)生平及学术成就钩沉》,《东亚文化交涉研究》第5号,2010年。

④ 徐宗泽编著:《明清间耶稣会士译著提要》,中华书局1989年版,第134页。

"后天不变"三实义。

第一部分(1—8节)以先天、后天三易(先天易简未变之易、先天已变之易、后天不变之易)作为《周易》大旨,不仅同天、地、人三道或三皇,而且具备数学、几何、天文、律吕等格物之道。故《易经》为文字之祖,"五经"之本,大道之原。当论及易理是,马若瑟认为历代经典之书都是大道心学的体现,而其中的精微道理全都归结于《易经》。如果分为体用讨论,先天造物主主宰天下,创造万有;而后天救世主为大德圣人,能够重新恢复先天之道,这就是《易经》的根本道理。然后大道失传,自孔子以来,历代名儒皆甚为遗憾,唯独大秦国得以保存下来。从亚当开始,历代圣人先师,从诺亚到每瑟,都不但记录《圣经》,使得大道能够传世。而中华与大秦国属于同一祖(诺亚的子孙)一州(本中国之人,中国为一州之东,大秦为一州之西),并且大秦人亦到中国(汉代)居住,所以《圣经》可以使中华文化能够重新复明。在此基础上,马若瑟便讨论先天、后天三义总说。先天后天之天道、地道、人道三义,合天皇、地皇、人皇。先天未变的时候表现为君子之道,故如同白天,他用纯明之圜(白圆)代表先天易简天道,成就元吉自然之象(天)。随后先天已变,小人道长,天下全都陷入纯阴的状态,他用纯暗之圜(黑圆)代表先天变故地道,呈现出元凶显然之象(地)。到了后天不变,造物主再造蒸民,救赎主能够趋吉避凶,拯救世人,故马若瑟用半明半暗之圜(半白半黑圆圈)代表后天不易人道,体现出降祥降殃的不移之象(人)。更进一步,马若瑟认为先天初造之本,由圣父、圣子、圣神三位一体,合三极三才,因此为天下至神造化之主;后天再造之本,虽人祖亚当、夏娃犯下原罪,然而圣子耶稣秉承着救世大任,下降为人,兼上主之至尊与人之至卑的德性。先天圣父为初造之主,后天圣子为再造之主。人祖亚当、夏娃受造于先天却败先天之元吉,圣子则诞于后天而复先天之元吉;故先天与后天、初造与再造、天父与天子,各具有三位一体无法预测的奥秘,皆一而三,皆三而一。

第二部分(9—23节)的两个方面,第一个方面分文字和古史而论其大旨。首先,针对文字。古经字文的本原在于《易经》,即伏羲初制字文之、(古主字),这是万字的本原,衍之于三(、、、),以至于十,从而形成奇偶多寡之数,体现出三极三才合一的思想。而字的数,与天干地支相同,合之为二十二;

字的形,由纵横斜正,实皆本于一点尊之、为古主字,而赫诺格一如伏羲,铭刻圣文,"古圣奥秘之圣人,其在斯乎"①。因此,书契为造物主为天下垂《河图》《洛书》之象,伏羲画八卦、造书契,形成义理文字的基础。如果考证大秦古代经典(《圣经》),《易经》为不刊经典。由于圣人制器尚象的基础在于书契,所以先天的时候造物主生成万物让人能够使用。但是人祖亚当、夏娃却犯下原罪使得生存都变得艰难,然而救世主却为万民赎罪,刱立成器。而文字作为载道的工具,所以中西方的先知都载录经典,以传圣道。其次,关于古史。马若瑟认为古史的根本是记载人事,和经典一样蕴含着大道,均推本于太极而合于易学。中国与大秦的古代先师伏羲与赫诺格本来为同一人。其一,以古史记载,从盘古氏到太昊伏羲先师,形成七代,这为始肇人世的根原。而结合《大秦经》(即《圣经》),载自亚当氏到大圣先师赫诺格,也是七代,并且在洪水之前,所以中国与大秦古史的根原同出一原。其二,伏羲与赫诺格皆为文明之祖,他们二人根据《河图》《洛书》,创造文字书契,从而教化天下。其三,赫诺格犬首人身,隐秘之象如正如伏羲的"伏"字,乃从犬从人之秘文字。其四,伏羲为三皇五帝的代表,在传统文化中多以骑龙上天的形象比喻,而赫诺格死的时候也是天神通过火龙载升天堂,所以在很多历史的记载中形象相近。其五,三皇(伏羲、神农、黄帝)在位共为 365 年,五帝(少昊、颛顼、帝喾、帝尧、帝舜)在位共为 365 年,正是赫诺格在世 365 岁,故抽象出来,定东西方的年岁天历,为 365 之规,这样中西在世年岁之数相同。此外,古史的主旨都存在于三坟五典、六经书籍中。然而先天已变,经史典籍的奥秘难以显现,后天的救赎主再造人灵,通天、地、人三才,冒上、中、下三极之道,这些都记载于古传三皇的秘文当中。再次,马若瑟论及中国建都的地点、时间以及由来。在他看来,洪水之前,中西方的先师相同,洪水之后,诺亚为新民之祖,保留着圣典,这为明德新民之大本。其船所停泊的高山之顶则接近于人祖亚当、夏娃出生的地方,自此成家立国。随后子孙分散到各地,最后形成三大州(中国与大秦为同一州)。然而由于子孙傲慢,建造高山大塔(暗示巴别塔),造物主使得世人语言混乱不通,因此中华的历史必然是在洪水之后,至今约有 4600 余年。最后,

---

① 　[法]马若瑟:《周易理数》,梵蒂冈图书馆,Borgia・Cinese,361-4°-I,第 41 页。

马若瑟强调古史与后史的不同,并对比中西方古史、后史的区别。古史相当于经典,而后史只是充当记事的作用,不能等同。在他看来,中华的天道的开始于黄帝到终止于获麟者,并且天道终止的时候便是期待圣人出现的时候,即鲁哀公十四年春,西狩获麟之期。后来儒学效法太史公马迁将后史续在古史上,自黄帝至今上康熙五十四年(1715 年)共 4400 余年,这为一统的全史,自开辟至今共计 7200 余年。而西方的历史分为上古、中古、后代三段。上古的历史,从有天地开始到洪水,共计 2000 余年;中古的历史,从洪水后到罗马城的建立(在孔子 225 年之前)共计 2637 年。后世的历史,自罗马城至今,共计1490 年。但是在这期间有 1670 年受到造物主的惩罚,万民流散。但是参考东西方的历史,大旨是相同的。

第二方面,马若瑟批判佛教和民间左道文化。首先是针对佛教,他认为将佛祖作为孔子所期望的救世圣人这是非常大的错误。历代儒者皆言论述佛教的害处,将佛教视为异端。因为佛教的义理不仅和孔子之道相背离,与各国的经典真理都大相径庭,理论非常荒诞,比如如禁杀生、轮回转生等学说。所以历代想罢黜佛教的人,比比皆是。其次,马若瑟论左道形成的缘由。他认为左道最不能得以成立的原因是在于他不认同造物主和救赎主,而是错误地崇拜其他鬼神。他根据考察《圣经》,并且结合各地风俗,发现左道兴起的原因在于洪水之后的二百年中,各国流散,都失去了正道,全都信奉民间鬼神邪术,特别是崇拜一位怪神,西方称为"盘",而如中国左道将其称为混沌"盘古",这是各国各方左道的根源。

第三部分马若瑟讲述先天与后天、初造与再造归于同一本原。首先,他强调《易经》有先天、后天之分,且含"三易"(简易、变易、不易)。而这些都存在《河图》、《洛书》之中。论述先天易简元吉见于河洛未分方圆二图,并且兼备《天尊地卑图》的自然秩序;先天已变之凶见于河洛已分方圆二图,它体现的是天地不定、尊卑失位的现象;后天不易吉凶相兼见于河洛复合方圆二图,二者相参,互为表里。所以"三易"相合,穷究了天、地、人三道相应之数,以明确圣人作《易经》的主旨。其次是论圣人的功劳,后天再造之能。先天与后天,初造与再造,同归于一本。先天初人,赋元善之良,为天福人祖;后天再造救世主,万民共睹。大圣德合天地,统上下先后、万世万方。凡经史所载,自古圣帝明王奉天命以正人心,大道大训之秘旨,为大圣之象。《大秦经传》所记世人所望天降救世大圣,实为真主宰之象。关于大圣所生之地,系四方唯一有道大秦国,与中国同为一州。而所生之时为汉哀帝元寿二年,孔子所期盼圣人出现的时候。最后,以《禹贡》为例,合中西洪水之载,从而阐明经典本义之道。将洪水分为有形的和无形的,以大禹治水之事与上主以洪水之灾,独存圣诺厄一家八口之事比喻载有形的洪水。以蚩尤作乱与人祖获罪于天比喻无形的洪水,从而论经典所记载的寓意是相同的。

接下来,对先天未变实义八端展开论述,而八端目与 317 中第一本《原旨探目录》中"先天未变实义"①雷同(见表十五)*:

表十五　《周易理数》与《原旨探目录》中"先天未变实义"对照表

序列	Borgia·Cinese,361-4°《周易理数》先天未变实义八端	Borgia·Cinese,317-1°《原旨探目录》"先天未变实义"
一	万有之始	神人万物出于自有无始之主
二	开辟天地之时	初生神人万物之序
三	造万有之序	初造天地之时
四	天地神人万物,出生者皆善而吉	神人品物初生皆善而吉
五	上主亲陶人祖,赋以元良美善之性	上主亲陶人祖赋以元良美善之性
六	上主赐神人自专,善恶祸福任其抉择	神人初禀自专,善恶祸福任其抉择
七	人祖始居福地,万世之吉凶系为	人祖始居福地,万世之吉凶系为
八	神人若恒顺钦主命,则先天元吉,永保无失	神人若恒顺命,则先天元吉,永保无失

可以看到,除了第二、三的顺序交换以外,其他大意皆相同,更能够确定两篇文章的一致性。文章仅对前四端进行论说,可以看出《周易理数》为未完成稿。第一端论及万有之始,以开辟以前唯一真主宰为万有之真原和一三大主。其三大主一为纯灵无形之天神;一为无灵有形之天地万物;一为有可见之形与不可见之灵结合而成之人。未有神人天地万物以前,唯一全能全知全善,自有之主,此为万有之原始,载之于《大秦经传》(即《圣经》)及中国经史典籍,其

---

① ［法］马若瑟:《易经原旨探目录》,梵蒂冈图书馆,Borgia· Cinese,317-1°,第 2 页。

大旨相同。第二端开辟天地之时,乃合中西天地之初的时间。其一,于季节,皆始于春。《大秦经传》以春为始,合于《易传》所言帝出乎震之东方春之时。其二,于年数,《圣经》认为从创世纪到当时不及 7300 年,与《朱子语类》中所言"自开辟以来,至今未万年"①相差不远。第三端造万有之序,根据《圣经》,天主造天地万有之序,其始小成于三日,而终大成于六日,这合于《易经》所谓的三爻为小成,六爻为大成。大明终始,六位时成,明造化之知,因此天地神人万物同本同原。第四端论述天地神人万物,初生之时皆善而吉。《圣经》中载天主造万有,各得其所,生生化化,其初皆为元善,所生人类男女二人亦为天国良民,故上覆以和,下载以乐,"尽在雍熙太和中矣"②,此先天元吉景象。考之于中国经书典籍,几近相同。到此文章结束。第二十一节的"先天未变之实义 内有八端"仅论述此四端,而后面二十二节"先天已变之实义 内有八端"、二十三节"后天不变之实义 内有八端"内容完全没有开展,从此可以看到其工作并没有完成。而文章所涉及的时间是 1715 年写作,据笔者推测,可能于马若瑟急于离京有关,他对工作的上司(康熙)、伙伴(白晋、傅圣泽等人)、环境(北京的气候)等皆不满意,所以工作未完成便走了。而文稿又被带回欧洲,也说明了文稿的重要性。

(二)关于《太极略说》的论说

此根据上一章对白晋易学著作的分析,此篇文章可知其文多由马若瑟所著(《太极略说》、"附一含三、三为一验说"),附有白晋《易学外篇》的"此论系易学七节八节"。

关于其文章内容。文章第一部分是对"太极"的解说。先总说数始于一、成于三、终于十,成《天尊地卑图》全数。在《天尊地卑图》中,一为无极而太极之象,三为太极含三之象,十为混沌太极之象。正文继而对"无极而太极"、"太极含三为一"、"混沌太极"三部分进行论说。"无极而太极"参照《天尊地卑图》,蕴含天、地、人三才,为天地万物的根本,自有自立,自为无极而太极。

---

① (宋)黎靖德编:《朱子语类》卷一,中华书局 1986 年版,第 7 页。
② [法]马若瑟:《周易理数》,梵蒂冈图书馆,Borgia · Cinese,361-4°-I,第 72 页。

文后引朱熹"太极只是个一而无对者"、邵雍"太极者。其可得而名乎,可得而知乎。故强名之曰太极者。其无名之谓乎"等言太极之名。"太极含三为一"分"太极含三未衍"和"太极含三已衍"两部分,"太极含三未衍"即一本、二元、三才之理。根据《天尊地卑图》天一地二之理,由∴而为天圆,而直线三点△隐在其中,为地方。合而一之,则△为天象地形本元,一本二元三才为衍发的义理。以数而论,微圆之三极△,未衍成象,故一即三,三即一,一为数的本原,二为阴数之元,二与一为三,三为阳数之元,从而形成天数万象;以几何而论,直线之三点∴,未衍以成形,亦一即三,三即一,一为几何的本原,二为几何广之元,三位几何厚之元,从而形成地几何万形。故为太极未衍之图△,体现三才合一之本。

"太极含三已衍"依照《天尊地卑图》,从一本二元三才开始,圆动天象为数之道,成六圆点∴,方静地形为几何之理,成三角形△,合而为一,△为圆动方静之本元,为一本二元三才已衍之理。以圆动天象而论,至高微圆为天圆阴阳万数万象之本,二层二微圆为偶数之始,凡阴天象之元;三层三微圆,为奇数之始,阳天象之元。以方静地形而论,为几何已衍之三才(大、广、厚)。△为其大,几何已衍之本也。其广者于圆之容方,由二点所生,其厚者取其中三角形,成四面之形体,△为几何厚之首,从而合数与几何,△成为太极含三已衍之图。进而论述,将△不取内,独取外,得△,明太极含三之道。《易》之数象,二为乾坤,三奇三偶,六爻之理皆于其中。为⚏三微圆之奇,容直线之偶,乾爻之元和坤爻之元皆居其中,衍而列之为☷,则乾包坤,∷∷则为三奇,则䷁为三偶,故乾之初奇,与坤之初偶而成,一本二元三才合一之象皆包含在其中。

而"混沌太极"即是按《天尊地卑图》中天一地二、天三地四合而观之,自成始于一,终于十,径一围三,成三极天圆之象∴。应《河图》天五地五十位之数,其中三层共九容方,自成始于一,终于九,径一围四,三角地方之形,而成△。应洛书九位之数,二图相合,自成浑河洛十九之式△,应常历一章日月合齐之数。(十九岁用七闰为一章,日月合齐常历也。)是为天地方圆,形象未分混沌太极之图也。由此观之,形象未分之中,始得中一微圆,乃为天地互合之心,实象道心惟微,天象地形之数,皆由其主宰。以阴阳对待而论,阴阳九六之数,合叁天两地,为二三之比例,皆以三为本。三三为九,奇也,阳也。二三为六,偶也,阴也。以此理察混沌图,虚其中之微圆,其余微圆之式,如此⊙自成三极之象,系外一围三之式,共含阴阳而象天,内所兼之式△自成三角之形,系内径一围四之方形,共浑刚柔而象地。由此火、气、水、土四行之象皆寓其中。从而以天象⊙,其数三三为九圆,包乎外而虚乎中,为奇、为阳而象火;除外三极为⊙,其数二三为六,为偶、为阴而象气;地象△,其数三三为九方,结乎内,实乎中,为奇、为刚而象土;损其三角为⊗,其数二三为六,为偶、为柔而象水。故火气土水。形而下万物皆备寓其中。由此观之,其混沌全图△浑天圆地方,阴阳柔刚,火、气、土、水四行之象,为至全之图。

随后为"附一含三、三为一验说"一章,开篇通过引征"一三"之典故,证明"一三"之本来源于《易》。结合许慎《说文解字》中的"六书",论文字与《易》之关联。"六书之名曰:一曰指事;一曰象形;一曰形声;一曰会意;一曰转注;一曰假借"①;"六书象形、指事多为文,会意、谐声多为字,转注、假借文字兼之"②。马若瑟在第7页的页眉处对"六书"进行了详细的修改:"按上古史皇制字,皆本于易,爰立六书,一曰指事(上下是也。指事者,观而可识,察而可见,在上为上,在下为下);二曰象形(日月是也。象形者,日满月亏,效其形也);三曰形声(江河是也。形声者,以类为形,配以声也);四曰会意(武信是也。会意者,止戈为武,人言为信也);五曰转注(老考是也。转注者,以老寿考也);六曰假借(长是也。假借者,数言同字,其声虽异,文意一也)。书之义,本粲然俱备"③。其"六书"的论述顺序及行文与马若瑟的著作《六书实义》中所言相同,言"欲明经者,先明乎字。欲明字者,先明乎易,至哉易其万学之原乎"④。从而把经学、文字学和易学联系起来,"依六书次序,凡指事之字,惟丶(古主字)、一、二、三、丨、丄(古上字)、丅(古下字)共七文而已"⑤,将中华文化起源归结到《易经》上来。

---

① [法]马若瑟:《六书实义》,钟鸣旦、杜鼎克、蒙曦等编:《法国国家图书馆明清天主教文献》第二十五册,台北利氏学社 2009 年版,第 451 页。
② (汉)许慎撰,(清)段玉裁注:《说文解字注》孙星衍序,中华书局 1985 年版,第 2 页。
③ [法]白晋:《易学外篇(九节)》,梵蒂冈图书馆,Borgia·Cinese,361-5,第 7 页。
④ [法]白晋:《易学外篇(九节)》,梵蒂冈图书馆,Borgia·Cinese,361-5,第 7 页。
⑤ [法]白晋:《易学外篇(九节)》,梵蒂冈图书馆,Borgia·Cinese,361-5,第 7 页。

在此基础上,马若瑟引用《说文解字》,以"一"①为天地万物之本;"二"②为地之数,从偶;"三"③为天地人之道,从三数而实为一,三即一;"四"为众数之意,其中引用"《说文》于口、叩、品并中、艹、茻等字,俱不训数。而于囗训云。众口也,舜训云,众中也"④,以此区分一二三与四之区别。"凡古书曰四方、四海、四国、四凶等,亦皆是众数之意"⑤,其中"一"、"二"、"三"皆指事,"四"为象形。在训"四"以后,马若瑟从文到数,从无极而太极之一○,到一、二、三未衍之三⋰,进而为为一二三已衍相合之六⋰⋰。六乃阴阳相合之数,能叁天能两地。在马若瑟这里,⋰⋰为太极函三已衍,然为虚、为敬,"其生神类也,畀以无形纯灵"⑥,"六也者,圣者之象也"⑦。故"六"也是无形的,"四"为象形文,为有形之象,以有形入无形,从而加四为十,乃一二三四相合而成⋰⋰,为混沌太极之象。依照《说文》中"十"之本义,一为东西,丨为南北,则四方、中央皆备,万数万象皆包于其中。在文末他总结到自己的学习中国文化的进阶,"愚臣等生长西土,审择指归。幸至中华,由六书而进读六经"⑧。可见他作为一个从西土而来的外国人,对中国文化通过读"六书",进而了解"六经",从而在传统文化中寻求与天主教教义相符的元素。

关于文后所附的"此论系易学七节八节(一明凡有角边之数象,皆生于天尊地卑图。一解此图内含有开诸方之本)"为白晋所著。文章以"读《易学外篇》七

---

①　"一,惟初太道立于一,造分天地,化成万物。"(许慎:《说文解字》卷一上,中华书局1985年版,第1页。)

②　"二,地之数也,从偶,凡二之属,皆从二。"(许慎:《说文解字注》卷十三下,中华书局1985年版,第451页。)

③　"三,天地人之道也,从三数,凡三之属,皆从三。"(许慎:《说文解字注》卷一上,中华书局1985年版,第5页。)

④　[法]白晋:《易学外篇(九节)》,梵蒂冈图书馆,Borgia・Cinese,361-5,第8页。在《六书实义》中亦言及训三、训四之别,"训三,合也,象三角之形,口、叩、品、日、昍、晶、〵、〱、〢 等";"如一、二、三、口、叩、品、中、艸、茻等字犹与△不可比";"解囗、舜等训众中也,眾口也"。参见马若瑟:《六书实义》,钟鸣旦、杜鼎克、蒙曦等编:《法国国家图书馆明清天主教文献》第二十五册,台北利氏学社2009年版,第466-467页。

⑤　[法]白晋:《易学外篇(九节)》,梵蒂冈图书馆,Borgia・Cinese,361-5°,第8页。

⑥　[法]马若瑟:《周易理数》,梵蒂冈图书馆,Borgia・Cinese,361-4°-I,第72页。

⑦　[法]马若瑟:《六书实义》,钟鸣旦、杜鼎克、蒙曦等编:《法国国家图书馆明清天主教文献》第二十五册,台北利氏学社2009年版,第472页。

⑧　[法]白晋:《易学外篇(九节)》,梵蒂冈图书馆,Borgia・Cinese,361-5°,第9页。

节八节内所云天尊地卑之图,为万数之象之宗。此说甚好。其发明指点,亦既详悉矣。但此图之理无穷,而作用无尽,愈穷究则其理愈显,因复出管见,以明其用之之法焉"为引,表明对白晋学说的肯定。后引文与 Borgia·Cinese,317-3°第二篇文章"此论系易学七节八节(一明凡有角边之数象,皆生于天尊地卑之图。一解此图内含有开诸方之本)"、317-10°《易学外篇》"易学外篇七节(此节发明天尊地卑之图,何以浑天圆地方,而为阴阳刚柔诸数象生生变化,成律吕之宗)";"易学外篇八节(此节略明诸天圆地方,阴阳刚柔之数所生变化何以由《天尊地卑图》始于一,终于十而出)"以及 316-6°中《易学外篇原稿》内容相同,不在此赘述。

四、马若瑟易学思想特色

由于两篇文章成文时正是马若瑟在京协助白晋工作之时(《周易原旨探》为 1715 年。《太极略说》不详,但是从文章内容看,亦属于和白晋工作期间所著),故其文章论述的主要方式多少受白晋影响。马若瑟亦是将《易经》作为中华文字之祖,"五经"之本,大道之原,并且包含着《圣经》中弥撒亚启示,"中国古代典籍里刻画了耶稣基督的形象"[1],"他(马若瑟)的整个体系包含着相信中国古籍中圣三位一体的神秘启示和道成肉身的理论观点"[2],从而将《易经》和《圣经》视为同一宝训之书,共载上主之言;古学大道,精奥之旨皆具其中。对于《易经》的作者,尽管在龙伯格引用的材料里面,马若瑟后来努力要将自己的观点和白晋的观点区分开来,"早些时候我曾经赞同白晋认为伏羲就是以诺(在本书指赫诺格)的看法,可是我们必须从不同的角度看这两个人"[3]。马若瑟通过对伏羲和女娲的区别,证明"伏羲不是以诺"[4]。但是从梵蒂冈图书馆的资料里面所体现的时间看,马若瑟依然持有和白晋一样的看法,

---

① [丹麦]龙伯格:《清代来华传教士马若瑟研究》,大象出版社 2009 年版,第 64 页。
② [丹麦]龙伯格:《清代来华传教士马若瑟研究》,大象出版社 2009 年版,第 165 页。
③ [丹麦]龙伯格:《清代来华传教士马若瑟研究》,大象出版社 2009 年版,第 181 页。
④ [丹麦]龙伯格:《清代来华传教士马若瑟研究》,大象出版社 2009 年版,第 181 页。

这也侧面证明这些材料的成文时间是在马若瑟早期和白晋工作的时期。将伏羲称为"太昊伏羲氏",他不仅是三皇之一(伏羲、神农、黄帝)、五帝之首(伏羲、神农、黄帝、尧、舜),而且亦认为伏羲和赫诺格重合实为一人。二者首先在时间上,都为自古史开始的第七代,"由盘古氏,至于太昊伏羲先师,成七代之序"①;"考之于大秦经,载自元祖亚当氏,至于大圣先师赫诺格,亦为七代"②。其次二人同功同劳,同为文明之先师,制器尚象,造文字书契,"即洪水之先,赫诺格先师……为千古模范,岂不又同于皇帝为五帝之宗(伏羲)? 始受《河图》,创制文字,为百代文明之祖乎"③? 再次,二人的尊号相同,赫诺格掌教化之柄,"故后世以太昊再三大之尊号称之,岂非如中国称太昊伏羲氏之尊号乎?"④最后,二人形象相同,马若瑟认为赫诺格以犬首人身,隐秘之象,为上主所宠任忠信之臣,"岂非如中国伏羲之伏字,乃从犬从人之秘文字"⑤,从"伏"字中找到二人的形象契合点。在确立《易经》的地位和作者之后,马若瑟亦是通过"以耶解《易》"的方式,分先天、后天之别,初造和再造之功,同中华与大秦,结合《圣经》和中华传统经典来对《易经》的"三易"做诠释。在具体思想中,注重以数理、图像的方式,而所采用的图像基础亦是白晋的《天尊地卑图》。马若瑟以《天尊地卑图》来论说《太极图》的演变过程,从太极未衍、太极已衍到混沌太极的发展,无论是数始于一、成于三、终于十之序,还是图像(微圆、三角形)从点、线、面之衍,皆以《天尊地卑图》为参照、为圭臬。尽管如此,马若瑟对《易经》的研究又呈现出自己的思想特色。利奥十三(Leo XIII,1810—1903)世宣称马若瑟的索隐著作"摘录了关于我们神圣宗教之传统和教义的清楚证据"⑥,由此可以看到其影响。

(一)重视文字研究

对中国文字进行研究是了解中国文化的基础,如康熙所言:"西洋人不解

---

① [法]马若瑟:《周易理数》,梵蒂冈图书馆,Borgia·Cinese,361-4°-I,第9页。
② [法]马若瑟:《周易理数》,梵蒂冈图书馆,Borgia·Cinese,361-4°-I,第9页。
③ [法]马若瑟:《周易理数》,梵蒂冈图书馆,Borgia·Cinese,361-4°-I,第10页。
④ [法]马若瑟:《周易理数》,梵蒂冈图书馆,Borgia·Cinese,361-4°-I,第10页。
⑤ [法]马若瑟:《周易理数》,梵蒂冈图书馆,Borgia·Cinese,361-4°-I,第10页。
⑥ 转引自[丹麦]龙伯格:《清代来华传教士马若瑟研究》,大象出版社2009年版,第239页。

中国字义,如何妄论中国道理之是非?"①马若瑟花了大量心血在中国语言文字、语法等方面的研究,傅尔蒙称马若瑟"对汉字做了大量的研究"②,并且著有汉语语法书《汉语札记》(拉丁文标题为 *Notitia Lingae Sinicae*,又译为《中国语言志略》)、《六书实义》等书。在汉语语法研究方面,他的代表作为《汉语札记》(*Notices sur la langue chinoise*,1728),他将汉语分为白话和文言两部分,首次向西方世界系统地介绍了中国书籍、汉字的发音、词典、语法、音韵、修辞等方面。雷慕沙认为此书"为若瑟著述中之最重要而堪注意之著述,亦为欧洲人所据此类著述中之最佳者"③。方豪将其定为"西人对我国语文的性质与结构所作第一部专著"④。他的研究为后世汉语语法研究乃至欧洲"学院式汉学"⑤的建立奠定了基础,故被认为是"真正开拓了中国语法研究"⑥。而他的《六书实义》⑦,其"序"由"折中翁"作于康熙庚子仲冬(1720 年),其"跋"由知新翁作于康熙辛丑孟春(1721 年),可知《六书实义》早于此完成。马若瑟自号"温古子",其宗旨为合三一之说与书契之原。通过书生与老夫的对话,从汉字形成的角度,将许慎《说文解字》中的"六书"理论作为对象展开宗教式诠释,对"六书"产生的来源、作用进行了详细的解释,并且将宗教与伦理之间的关系进行了思考。此书不仅是对中华文字学的研究,而且也是他索隐派思想的体现。而他的文言小说《梦美土记》通过模仿西塞罗的《西比欧之梦》,借《易经》、《诗经》、《书经》等中华经典,试图构建一个中华式的基督之国,因此被认为是"中国小说史上首见的第一部中西合璧之作"⑧。而在中华文化典籍

---

① 陈桓议:《康熙与罗马使节关系文书》,《近代中国史料丛刊》本,文海出版社 1974 年版,第 57 页。
② [丹麦]龙伯格:《清代来华传教士马若瑟研究》,大象出版社 2009 年版,第 66 页。
③ [法]费赖之:《在华耶稣会士列传及书目》,中华书局 1995 年版,第 531 页。
④ 方豪:《天主教史人物传》,中华书局 1988 年版,第 431 页。
⑤ [丹麦]龙伯格:《清代来华传教士马若瑟研究》,大象出版社 2009 年版,第 1 页。
⑥ 张西平:《清代来华传教士马若瑟研究》,《清史研究》2009 年第 2 期。
⑦ 在梵蒂冈图书馆,《六书实义》藏于两处:一处为梵蒂冈图书馆 Borgia·Cinese,357-10;另一处为 Borgia·Cinese 443-3。在梵蒂冈图书馆,《六书实义》藏于两处:一处为梵蒂冈图书 Borgia·Cinese,357-10°;另一处为 Borgia·Cinese 443-3°。另参见钟鸣旦、杜鼎克、蒙曦等编:《法国国家图书馆明清天主教文献》第二十五册,台北利氏学社 2009 年版,第 441—502 页。
⑧ 李奭学:《中西合璧的小说新体——清初耶稣会士马若瑟著〈梦美土记〉初探》,《汉学研究》2011 年第 2 期。

的翻译方面,他翻译的部分《书经》内容、《诗经》的第八章、元代杂剧《赵氏孤儿》都在中西文化交流史上占有重要的地位。特别是《赵氏孤儿》,是"欧洲最初认识之唯一中国戏曲"①,"开创了中国戏剧向欧洲传播的历史"②。由此可见,马若瑟在中国文字、文学方面的造诣非常深厚。

马若瑟首先将文字解析和《易经》相联系,从而对古经文字之本原进行探讨。其一,《易》为文字之祖。在他看来,书契之文源于《易》,《易经》和汉字同源同理,故用《易经》来诠释汉字的本原。在《六书实义》中总结为"易者乃文字之祖,五经之宗也,而大易与书契同一原一向一道一理,一言以蔽之曰象书契大易"③;"故大易一书,卦卦爻爻,句句字字,皆妙象焉"④,并且借用《夬》卦(☱)的卦象,内乾(☰)外兑(☱),其中乾为天,象征天主;兑为口舌,象征说话,二者相合表明《夬》卦蕴含着天主的圣言,"书契其代天之言乎!"⑤其二,在《六书实义》中,关于造书契者为谁,马若瑟虽提及到伏羲,但是并未给出确切答案,认为"诸说纷纷,并无可考,故曰不知也"⑥。在《周易原旨探》和《太极略说》中,他较《六书实义》更进一步,认为创造文字第一人为伏羲,"伏羲画八卦,造书契"⑦。其三,关于书契之原,马若瑟定于《河图》、《洛书》,"天主为天下,垂河图洛书之象,命圣人易之以书契"⑧,故"书契之原其出于河洛"⑨。

其次,马若瑟探讨文字之本与发衍。其一,丶(古主字)为文之本。而所

---

① ［法］费赖之:《在华耶稣会士列传及其书目》,中华书局1995年版,第530页。
② 张西平:《清代来华传教士马若瑟研究》,《清史研究》2009年第2期。
③ ［法］马若瑟:《六书实义》,钟鸣旦等编:《法国国家图书馆明清天主教文献》第二十五册,台北利氏学社2009年版,第448页。
④ ［法］马若瑟:《六书实义》,钟鸣旦等编:《法国国家图书馆明清天主教文献》第二十五册,台北利氏学社2009年版,第448页。
⑤ ［法］马若瑟:《六书实义》,钟鸣旦等编:《法国国家图书馆明清天主教文献》第二十五册,台北利氏学社2009年版,第449页。
⑥ ［法］马若瑟:《六书实义》,钟鸣旦等编:《法国国家图书馆明清天主教文献》第二十五册,台北利氏学社2009年版,第449页。
⑦ ［法］马若瑟:《周易理数》,梵蒂冈图书馆,Borgia · Cinese,361-4°-I,第43页。
⑧ ［法］马若瑟:《周易理数》,梵蒂冈图书馆,Borgia · Cinese,361-4°-I,第43页。
⑨ ［法］马若瑟:《六书实义》,钟鸣旦等编:《法国国家图书馆明清天主教文献》第二十五册,台北利氏学社2009年版,第450页。

初制文字之本为、(古主字)。马若瑟以此通过想象,其无视无形特点如无极而太极之天帝,将、(古主字)与至高无上之上主等同起来,"、者,古文字即主宰也"①。其二,由、(古主字)衍三至十成万物之象。他从、(古主字)出发,始于一,成于三,衍生出三(、、、),此为太一含三之象,亦为上主三位一体之体现,故三极三才合一,万有之大本也。继而到十,十之字,正之纵而为上下焉,因其正之横而为左右,定天地方位,成《河图》、《洛书》之数,以十至百千万之物,万殊之字文,皆为点、线构成,奇偶笔画所成。此两点思想与白晋的思想相吻合,皆以、(古主字)衍发体一位三的思想,含圣父、圣子、圣神之未发之态。其三,论文字之用。文字表达为"直"与"曲",其语又分"文"与"俚",称名有大有小,各有所用。直白、俚语之文明言天地万物,为有形世间人事之微小而用。委婉文绉之文,比拟形容,隐示道德性命的精微之奥,为万世万方吉凶应报之重大所用。其四,中西文字同源。由字察文、由文察义,通过探赜索隐,可由有形之字文通无形之深意,得大道之旨,西有赫诺格,如东之伏羲,创立天文律吕、诸格物之学术,铭刻圣文其文之旨,皆为相同,其均失传已久。考察大秦古传,为天下各方古今文字之原,其字之数,同天干地支十与十二,共二十二。其字之形,由纵横斜正,相合而成,实皆本于一点、(古主字)。故"钦崇上主"与中国"皇天天主"四字等同均为至尊之文。天主教教宗所戴绒帽或者小瓜帽(Camauro 或者 Zucchetto)和中国天子所戴的冕旒相同,皆为一点、之象征。

再次,梳理历史证明书契之文,亦经亦史,为义理文字之所归。上古文字未立,故文明未成,而天主为天下垂《河图》、《洛书》之象,命圣人(如伏羲)作之以书契,作君作师,教化万民,呈先天后天之奥秘。故书契之用,对于一国一家一人皆可识记。论起深意,则明天道、阐人心性命,为万代治人心之工具。大秦国中古圣人每瑟亦为了拨乱反正,领造物主默示之言,录书为不刊之经,以辨邪正、别真伪,行善防恶,趋吉避凶,从而复先天之元吉。更进一步,马若瑟结合东西方圣人,从先天、后天之变论书契乃圣人制器尚象的最终体现。先

---

① [法]马若瑟:《六书实义》,钟鸣旦等编:《法国国家图书馆明清天主教文献》第二十五册,台北利氏学社 2009 年版,第 456—457 页。

天之初,天主所造万物皆为人之所用;然而人祖获罪于天,先天大变,从而导致后世子孙生存维艰。幸好天主怜爱下民,命圣人出,仰观俯察,格物明理,为天下后世创立成器,以备斯民之用。造书契而生文籍,制器之理皆在其中,圣教精微之理由圣贤大儒所撰之文,教行于天下。

最后,关于文字的拆分,一方面,马若瑟引用了白晋对很多关于文字的诠释,比如:丶(古主字)为天主;"船"字从舟从八口,象征诺亚一家人,反映《圣经》中关于洪水之灾的故事;以伏羲之"伏"象征其形象为犬头人身;等等。另一方面也有他的创新,特别是在《六书实义》中如训"四"字为"从口从八","八者,别也,有四焉,则可别;口者,四方也,象形有形焉,可别四方"①,以此表明众数之意。又如"和"从口从丨,口者金口也,丨上下通也②。"厶"本训"逃"也,本义从人从乚,乚训匿也,象迟曲隐蔽形读若隐③。此外,参看马若瑟在《六书实义》对"一"(为上主)、"乘"(耶稣基督乘十字)、"来"(耶稣受难缚在十字)、"金"(亚当夏娃二人犯罪)、"午"(耶稣受难时间)、"史"(布道者,形容耶稣)等字进行解析。④

而在写作用语方面,马若瑟更是擅长模仿经典。比如模仿老子对"道"的描述,"吾不知其名,强字之曰道,强为之名曰大"(《老子》二十五章)来对至上天主的描述。又如"大主大本之奥乎,故自古圣贤,强而言之云高矣,幽矣"⑤如此等等。由此可见,他对中国传统文化的熟悉程度。

(二)对佛教和"左道"鬼神的批判

在《圣经》中对偶像崇拜的禁令为"十诫"中的第二条,"不可为自己雕刻偶像,也不可做什么形象仿佛上天、下地,和地底下、水中的百物。不可跪拜那

---

① 〔法〕马若瑟:《六书实义》,钟鸣旦等编:《法国国家图书馆明清天主教文献》第二十五册,台北利氏学社 2009 年版,第 466—467 页。

② 〔法〕马若瑟:《六书实义》,钟鸣旦等编:《法国国家图书馆明清天主教文献》第二十五册,台北利氏学社 2009 年版,第 469 页。

③ 参见〔法〕马若瑟:《六书实义》,钟鸣旦等编:《法国国家图书馆明清天主教文献》第二十五册,台北利氏学社 2009 年版,第 475 页。

④ 参见〔丹麦〕龙伯格:《清代来华传教士马若瑟研究》,大象出版社 2009 年版,第 171—172 页。

⑤ 〔法〕马若瑟:《周易理数》,梵蒂冈图书馆,Borgia・Cinese,361-4°-I,第 30 页。

些像,也不可事奉它,因为我耶和华,你的神,是忌邪的神"(《出埃及记》20:4—5)。并且它成为了基督徒最基本的训诫,这种"偶像禁令"将对天主的信仰与偶像崇拜完全对立,从而强调神性与形象的区别,以及天主的唯一性和至上性。基督徒们一直遵循此道,故他们到了中华,正验证了《新约》中关于师徒保罗到雅典时,"看见满城都是偶像,就心里着急"①的状态。于是他们便对中国兴盛的偶像崇拜猛烈抨击,其中对佛教的排斥与攻击比对道教更甚,将佛教为中国传教的最大障碍。利玛窦从"耶僧"转为"儒僧"以后便对佛教的诸多教理如偶像崇拜、以空为务、六道轮回、戒训杀生等方面进行批驳,他对佛教的态度影响着后来传教士对佛教的态度。传教士对佛教的敌对态度有增无减,不仅认为从思想层面批驳佛教的"偶像崇拜",并且经文烦琐单调,"往往连他们自己都不了解其意"②。而且从生活方面指责佛教徒的腐化,如他们宣称戒色,"他们往往把女人藏在秘密的地方"③。总之,佛教徒们"表面道貌岸然、一本正经,内心却往往卑鄙下流、无恶不作。他们比并不以虔敬自炫的寻常百姓更不相信他们那些滑稽可笑的神灵"④;他们"过的是一种懒散又淫荡的生活"⑤。由此可见,佛教在传教士的认知里面已经成了绝对的敌人。

在梵蒂冈图书馆里面关于白晋的中文易学思想中,并没有发现他对佛教的批驳,仅仅是在论及如何通达造物主"三位一体"思想时,认为造物主并非亲示于人,而是通过录经记传以垂于后世,然人不能信"释道二家所记,一佛,二菩萨,三座一个三清大帝等传"⑥,将此作为异端之思以此警示。在白晋的

① 《圣经·使徒行传17:16》(中英对照),中文和合本,英文新国际版,中国基督教三自爱国运动委员会、中国基督教协会2007年版,第241页。
② 利国安神父(Laureati)致德泽雅(De Zea)男爵的信(摘要)1714年6月26日于福建。[法]杜赫德编:《耶稣会士中国书简集》(中国回忆录)II,大象出版社2001年版,第127页。
③ [法]杜赫德编:《耶稣会士中国书简集》(中国回忆录)II,大象出版社2001年版,第127页。
④ [法]杜赫德编:《耶稣会士中国书简集》(中国回忆录)II,大象出版社2001年版,第128页。
⑤ [法]杜赫德编:《耶稣会士中国书简集》(中国回忆录)II,大象出版社2001年版,第130页。
⑥ [法]白晋:《古今敬天鉴》,参见郑安德编:《明末清初耶稣会思想文献汇编》,第二卷,第二十九册,北京大学宗教研究所2003年版,第286页。

《古今敬天鉴》中举到两例作为"攻乎异端"之所引。一为《论语·为政》中子曰"攻乎异端,斯害也已";二为《日讲易经讲义》中"异端指杨氏墨氏,及仙家佛家,一切妖妄术数之类,后世邪教横行,在道日盛,奸诡邪僻之徒,方为之标榜附会其说,以蛊或天下,弃人伦而灭天理"①。这两条在马若瑟的文中皆被引用②。推测其原因,可能是由于白晋长期居于宫中,对佛教在民间的影响感知程度有限,所以对佛教的认知多从书籍中以及间接经验中得知。马若瑟比白晋更加详尽,首先,引用朱熹的"邪说横流,坏人心术,甚于洪水,惨于夷狄篡弑之祸"③,并借刘凝《觉斯录》所言:"丘琼山极咎,明帝谓其开兹大衅,以为中国千万年无穷之祸害,岂非名教中之罪人哉,其言最为激切"④等等,将佛教视为异端的典型。其次,他以儒家的立场,批驳佛教大背于孔子之道,妄自称圣,故需辟之。再次,他举例说明证明佛教理论的妄诞。一是对禁杀生的反驳,认为这与传统违背,不仅帝王郊祀天主时需要用太牢大礼,而且在位的卿大夫在进行养亲养老典礼时亦需要杀生祭祀。故佛教所规定的不可杀生与中西自古圣贤所训皆违背。二是对轮回转生之说的批驳,认为这为"最无凭无据之诞言,以迷惑愚民而乱正道者"⑤,轮回之说不仅不能够扬善惩恶,而且还会助长恶行,使人处于万罪的危险之中。最后,他认为佛教之理与各国自古经典,所传真实之理,大相悖谬。所以,马若瑟以白晋在《古今敬天鉴》中所引《请除释教》的"不忠不孝,削发而揖君亲,游手好闲,易服以逃租赋"⑥;"御批:痛斥异端,理明气壮,始能为此非过激也"⑦,以及《论佛骨表》中"夫佛本夷狄之人,与中国言语不通,衣服殊制;口不言先王之法言,身不服先王之法

---

① 〔法〕白晋:《易钥》,梵蒂冈图书馆,Borgia · Cinese,317-16,第9页。

② 〔法〕马若瑟:《周易理数》,梵蒂冈图书馆,Borgia · Cinese,361-4°-I,第55页。

③ (宋)朱熹撰:《滕文公下》,《孟子集注》卷六,《四书章句集注》,中华书局1983年版,第273页。

④ (清)刘凝:《觉斯录》,参见郑安德编:《明末清初耶稣会思想文献汇编》第三卷,第三十三册,北京大学宗教研究所2003年版,第426页。

⑤ 〔法〕马若瑟:《周易理数》,梵蒂冈图书馆,Borgia · Cinese,361-4°-I,第56页。

⑥ 董诰:《全唐文》卷一三三,中华书局1987年版,第1347页。

⑦ 〔法〕白晋:《古今敬天鉴》,参见郑安德编:《明末清初耶稣会思想文献汇编》第二卷,第二十九册,北京大学宗教研究所2003年版,第426页。另参见〔法〕马若瑟:《周易理数》,梵蒂冈图书馆,Borgia · Cinese,361-4°-I,第56页。

服;不知君臣之义,父子之情"①;"御批:义正词直,足以祛世俗之惑,允为有唐一代儒宗"两例来加以论证说明。此外,他还引用了《毁佛寺制》中"蔓衍滋多,以至蠹耗国风而渐不觉,诱惑人意而众益迷";"其天下所拆寺四千六百余所,还俗之僧尼二十六万五百人"②及"御批:明断之举,弘硕之论,洵有裨于风化人心"为例,说明历代明士儒生对佛氏的排斥,从而论证其异端性。

在对佛教进行批驳以后,马若瑟转向对"左道"的责难。这里的"左道"代表中国民间鬼神信仰,"中国人最大的迷信就是占卜问神、测算吉凶祸福"③。马若瑟先对"左道"形成之根由做了说明,他将后稷作为新民之元祖元后,为再造之大本,大圣之像,后稷配天主,行郊祭之礼,以报本反始,为天地正道。然"左道"为不正之道,忘先天初造天主,后天再造大圣,而妄立敬千万鬼神之礼,称颂奉事。马若瑟举例说明,比如对先天初造之功的祭拜,却妄立太极混沌之神,天地二尊之神,日月二明之神,五行之神,二十八宿、至于周天万星之神,等等。而对后天再造之功的敬拜,却妄立太极盘古氏等,以金、木、水、火、土为五行之帝,等等。在此基础上,马若瑟对应《大秦经》和古时民俗,论证左道之根由来源于洪水之后诸亚子孙不敬天主,而兴大凶之国,故衍及四方,西土诸国,同失正道,而尽流于鬼神邪术。马若瑟以"盘古"为左道之例,此怪神"西音亦名盘,如中国左道所称混沌盘古者"④,以此兼奉天地,日月五行七政,周天万星之神,从而日月星宿,无不以为能降祸福之神,故各国各方左道,其说虽有异,而深究其始末根由,实同出于一原。

综上所述,马若瑟在统合《圣经》和《易经》的基础上,重视文字研究,对佛教和鬼神左道观念进行批驳,从而论证中西宗教、文化相合之源和相异之因等。我们可以看到,马若瑟努力协调东西文化,尽管在现实层面遭受压制和无立足之地,但无可否认的是,他的易学研究不仅是易学索隐派思想的重要组成

---

① 闫琦:《韩昌黎文集注释》下,三秦出版社 2004 年版,第 397 页。
② (后晋)刘昫等撰:《武宗本纪》,《旧唐书》卷十八上,中华书局 1975 年版,第 605 页。
③ [法]杜赫德编:《耶稣会士中国书简集》(中国回忆录)II,大象出版社 2001 年版,第 128 页。
④ [法]马若瑟:《周易理数》,梵蒂冈图书馆,Borgia·Cinese,361-4°-I,第 59 页。

部分,使得基督宗教与中国传统文化有了义理互释的渠道,而且也为易学的海外传播作出了努力,从而推动了中西文化的交流。

五、刘凝对马若瑟研《易》的影响

在马若瑟的易学中,他与儒生刘凝(1620—1710?)①的交往值得注意。在白晋、傅圣泽的易学研究中,尽管引用、赞美了诸多中国的儒生、学人,但似乎并没有提及与特定的中国学者有过直接交流。白晋和傅圣泽身边多有中国助手帮忙抄录书籍,如"在博津处,果然有入其教之直隶地方鲁姓举人一名,替博津造词编句"②,而傅圣泽在北京的时候(1711—1722 年),就曾经拥有过几个中国人秘书和助理,这些助手"不但帮他誊写大篇的中文章节,还学会抄写他用意大利语、法语和拉丁语的信件"③。此后在他返回欧洲时,还带着胡若翰(Jean Hou),专程作为他的抄写员。而马若瑟不同,他的思想上有直接影响之人,即为刘凝、方豪言及马氏之学,"其得力最大者,则为六二至先生"④。

关于刘凝的生平事迹,在《建昌府志》、《南丰县志》、《崇义县志》等均有

---

① 关于刘凝的出生年,龙伯格一书认为是 1625—1715 年。(参见[丹麦]龙伯格:《清代来华传教士马若瑟研究》,大象出版社 2009 年版,第 189 页。)荷兰学者 Adrian Dudink 杜鼎克认为是 1625 年,且为《天学集解》(约 1715)的结集者。(参见 *The Rediscovery of a Seventeenth-Century Collection of Chinese Christian Texts:The Manuscript Tianxue Jijie*,《中西文化交流史杂志》,XV·1993,第 1—19 页。)根据肖清和最新考证其出生年为 1620—1710 年。(参见肖清和:《清初儒家基督徒刘凝思想简论》,载《史林》2011 年第 4 期;肖清和:《清初儒家基督徒刘凝生平事迹与人际网络考》,载《中国典籍与文化》2012 年第 4 期;肖清和:《复儒易佛:清初儒家天主教徒刘凝考》,"基督宗教与传统文化——中韩基督宗教的本色化研讨会",上海大学历史系、韩国高等神学研究所 2009 年 11 月 7 日。)

② 中国第一历史档案馆编:《康熙朝满文朱批奏折全译》,王小虹等编译,中国社会科学出版社 1996 年版,第 722 页。

③ [美]史景迁:《胡若望的困惑之旅 18 世纪中国天主教徒法国蒙难记》,吕玉新译,上海远东出版社 2006 年版,第 17 页。

④ 方豪:《十七八世纪来华西人对我国经籍之研究》,《方豪六十自定稿》上册,台湾学生书局 1969 年版,第 198 页。

记载①,在龙伯格一书中专门有章节对刘凝做了专门的介绍②,可见刘凝对马若瑟的影响已被公认。刘凝不仅接受了洗礼,皈依天主教(圣名保禄 Paulus,亦翻译为保罗 Paolo),还著有关于天主教方面的书籍,比如在他的《觉斯录》里含有《原本论》、《天主之名非创自西域》等文章,均是对天主教的护教文章。《原本论》③主要讲述了天主教的由来以及天主教与中国的关系。首先,刘凝从天为性教本原出发,认为事天即事天主,通性命之路。天主教虽自西方而来,实为阐千圣之绝学,继孔孟之实学真传。刘凝将天主教徒称为"西儒",指出中国学者的态度,如徐光启、李之藻、杨廷筠等 15 人对天主教是赞同附和的态度,但亦有对西学持指责反对者,并反驳了非议者如熊人霖、方以智、刘人侗等人的观点。最后,总结天主降躬示教诲乃同孔孟之微旨,而降生救赎罪人乃天主教的宗旨。《天主之名非创自西域》④一文主要是通过对《左传》中所言"天主"之名,强调畏天与爱人的关联,进而阐释爱天主、敬畏天主之意。此外,还考证其他经史书籍中关于天主之名,"天主"一名并非西方首创,本为中国自古有之,然秦汉以后各种宗教充斥中土,导致"天主"晦暗不明的原因,而敬事天主本为尧、舜、周、孔之圣学真传,然亦因后世大道而逐渐芜塞。西儒东来,使得敬天、畏天的儒门真谛重新复明。由此可见,刘凝作为虔诚的天主教徒,一直在为护教工作而努力。

关于马若瑟和刘凝二人的交往。一方面二人见过面,刘凝为江西建昌府南丰县人,马若瑟来华以后即前往江西传教。1701 年,马若瑟访问了刘凝的

---

① 参见肖清和:《清初儒家基督徒刘凝思想简论》,载《史林》2011 年第 4 期。另外参见[丹麦]龙伯格:《清代来华传教士马若瑟研究》,大象出版社 2009 年版,第 189 页。肖清和认为对刘凝的介绍是在《南丰县志》卷 25,《人物三》《崇义县志》卷 7《名宦》;而龙伯格一书所引为《南丰县志》第 27 卷,《崇义县志》第 4 卷。

② 参见[丹麦]龙伯格,《清代来华传教士马若瑟研究》,大象出版社 2009 年版,第 189—193 页。

③ (清)刘凝:《觉斯录·原本论》,参见钟鸣旦、杜鼎克编:《耶稣会罗马档案馆明清天主教文献》第九册,台北利氏学社 2002 年版,第 531—542 页。另参见北京大学宗教研究所编:《明末清初耶稣会思想文献汇编》第三卷,第三十三册,郑安德译,北京大学宗教研究所 2003 年版,第 416—423 页。

④ (清)刘凝:《觉斯录·天主之名非创自西域》,参见钟鸣旦、杜鼎克编:《耶稣会罗马档案馆明清天主教文献》第九册,台北利氏学社 2002 年版,第 543—547 页。另参见郑安德编:《明末清初耶稣会思想文献汇编》第三卷,第三十三册,北京大学宗教研究所 2003 年版,第 424—426 页。

故乡南丰①,于是二人有过见面交谈。另一方面二人的学术旨趣不谋而合。二人对中国的文字学有着浓厚的兴趣,特别是对许慎的《说文解字》一书,他们均在其中努力寻找文字古义背后的经典原意。马若瑟试图通过对中国文字的研究,发现与天主教义相合之处,便于传教;而刘凝试图通过古文研究和小字功夫,能够回归经典,发展经学。有趣的是,针对许慎所提及的"六书",刘凝著《六书夬》、《说文解字韵原》等,马若瑟著《六书实义》,可见二人的研究方向有相合之处。马若瑟且称"许氏以下,能明六书而以本义本训解古字者,南丰刘凝二至一人而已"②。在马若瑟的著作中,刘凝的出现频率最高,他不仅在《六书实义》、《经传议论》、《中国古籍中之基督宗教教条之遗迹》③等书中多次提及刘凝,对其学说进行了基本的介绍,称他为研究《说文解字》的优秀专家,而且在给富尔蒙的信中,也不忘提及这对他影响很大的人:"这个人就是刘凝,字二至,马若瑟很敬重他。马若瑟后来在写给富尔蒙的信中,尤其是在《六书实义》中还多次提到刘凝。"④马若瑟多次引用刘凝之语,如"江右刘凝曰:徐鼎臣谓横者象天地人之气,其说谬甚……"⑤;"刘凝曰:阳奇阴耦。奇耦皆一"⑥。对刘凝的学术研究充分肯定,称"刘氏此论,深得制字本义,甚合于大易,真可辅翼许氏,并为先师功臣也"⑦。由此可见,马若瑟对刘凝在文字学、经学方面的研究是给予充分肯定的,且对刘凝的赞许和思想借鉴跃然纸上。

综上所述,白晋及其弟子们在信仰上是一致无二的,学识上饱谙经史,关系上亦师亦友,经历上同入中华,兴趣上皆好《易经》等,诸多相似点促成了他

---

① 参见[丹麦]龙伯格:《清代来华传教士马若瑟研究》,大象出版社2009年版,第16页。

② [法]马若瑟:《六书实义》,钟鸣旦、杜鼎克、蒙曦等编:《法国国家图书馆明清天主教文献》第二十五册,台北利氏学社2009年版,第453页。

③ 《中国古籍中之基督宗教主要教条之遗迹》(*Selectae quaedam vestigua praecipuorum religionis christianae dogmatum ex antiquis Sinarum libris eruta*,也称《中国经书古说遗迹选录》,拉丁文本),现藏于巴索邮政图书馆。

④ [丹麦]龙伯格:《清代来华传教士马若瑟研究》,大象出版社2009年版,第159—160页。

⑤ 梵蒂冈图书馆,Borgia·Cinese,361-4,I,7。此语类似于"徐错谓一者天地人之气,尤舛谬也,刘二至云太始无形气为形之最微者,然亦形也"。(马若瑟:《六书实义》,[比利时]钟鸣旦、[荷兰]杜鼎克、[法]蒙曦等编:《法国国家图书馆明清天主教文献》第二十五册,台北利氏学社2009年版,第462页。)

⑥ [法]白晋:《易学外篇(九节)》,梵蒂冈图书馆,Borgia·Cinese,361-5°,第7页。

⑦ [法]白晋:《易学外篇(九节)》,梵蒂冈图书馆,Borgia·Cinese,361-5°,第8页。

们构成了索隐学派的核心组成人员。学术流派的形成以及早期中西方官方的支持(特别是康熙帝对其的宠爱)更为他们的研究提供了有力的庇护。梵蒂冈图书馆里所馆藏的关于傅圣泽和马若瑟二人的中文易学资料,多为他们在北京期间跟随着白晋从事易学思想研究的资料,一方面,并不是二人完整的易学思想体现,仅仅是管中窥豹;另一方面,在研究旨趣和特色方面上与老师白晋多有重合之处。比如在对《易经》的认知上,都赋予了《易经》极其高的学术地位,将其作为唯一能与西方《圣经》相媲美的经典。而在《易经》研究主旨上,皆是秉承着以《易》为准,从先天、后天三易之旨出发,继而将《圣经》中最主要的教义故事或者人物蕴含其中,等等。但是显而易见,傅圣泽和马若瑟在易学诠释上,又各具特色,比如在易学研究内容上,傅圣泽更多的是对易学著作进行摘抄和注释,不仅对易学著作进行思想梳理,更重要的是分析出核心概念,特别是对中西形而上的概念进行对比,进而融合中西文化思想源头。马若瑟对易学的研究更加倾向于通过对历史和文字的角度来论说《易经》先天、后天三易之旨,从文字的初创之本和历史的起源时间来融合中西文化的源头,通过对应先天与后天、初造与再造之功等方面来论述《圣经》与《易经》的相近,从而将二者作为文化的起源。此外,他注重利用图像的方式对“太极”的诠释,参照白晋的《天尊地卑图》对“无极而太极”、“太极含三为一”、“混沌太极”等先天、后天已衍未衍之象进行分析。在易学研究方法上,傅圣泽更注重“以中解中”的易学诠释,注重中华经典的自我分析和论证,利用天文学(天干地支以及天象学等)及数学知识(注重数理)作为佐证,并且融入道家思想来论说先天、后天之旨。马若瑟与白晋的研究方式更为接近,首先是注重文字的拆分,论证《易》中太极之一含三,三为一之思想。其次是利用图像的方法,特别是对《易经》的先天、后天之旨对佛教和鬼神之左道进行批驳,从反面论证了西宗教、文化相异之原因等。马若瑟努力试图协调汉学和神学,尽管没有白晋和傅圣泽那样夸大,但是仍然遭受压制和无立足之地①。可以看到,他们作为白晋的弟子,其易学思想各有特色,皆是易学索隐派思想的重要组成部分。

---

① 参见 Paul A.Rule,*K'ung-tzu or Confucius?:the Jesuit interpretation of Confucianism*,Allen & Unwin,Sydney,London,Boston.1986.p.181。

第七章　白晋易学思想的影响

可以想象，对于远渡重洋的传教士来说，在一个非基督宗教的国家里发现基督存在的"痕迹"是一件多么让人振奋的事情。《易经》具有海纳百川的义理性质，其强大的包容性和广大的义理诠释空间为传教士们提供了"方便之门"。这对于饱读经书的耶稣会士而言，可谓是"天赐良机"。对于白晋而言更是如鱼得水，他可以在《易经》的世界里畅游，在这潭活水中寻求天主的影子。白晋所采取的思想进路已经完全区别于生硬的宗教介入，也不同于寻常的民间走访，而是通过从事官方认可的学术研究以实现上层路线，这比单纯的言说传教更具有"技术含量"。上层路线要求"首先归化中国的上层社会，特别是朝廷中的皇亲国戚，甚至是皇帝本人，再通过上层促进民间的'福音'化"①。白晋通过其官方身份，在语言文字、生活经验、文化环境等完全适应以后，以一种深入文化内核的方式去关照中华经典，以此打动人心。与此相应，白晋也将毕生的精力投入到了《易经》的研究当中。将白晋与利玛窦相比：其一，白晋的活动范围更加有限。利玛窦由于四处讲学和译著经典，所以他的社交圈更加广泛，波及官方系统、儒生士大夫、文人雅士、平民百姓等各个层面。而白晋一到中国，便留在皇帝身边，为皇帝讲课，专门从事学术研究，基本上是在宫廷活动，所接触的范围极其有限。其二，白晋的学术研究更带有特定性和官方性质。利玛窦的著述众多，涉及范围广泛，对传统文化的关注更多的是在"四书"上。首先，白晋的学术研究集中在《易经》上，

---

① ［法］荣振华：《16—20世纪入华天主教传教士列传》序，广西师范大学出版社2010年版，第7页。

且其对易学研究是在官方体系下的研究，"白晋在中国的皇权中枢里花去了几乎全部时间"①。再次，白晋对《易经》的研究更加深入和创新。利玛窦虽也关注到《易经》，并介绍《易经》（已亡佚），但是并没有进行更多的关注。而白晋用中国人熟知的文字语言和表达方式对《易经》进行"十余载朝夕苦心，久覆研究"②，透过《易经》的文本经义以及具体语境分析，将《圣经》的思想有机地融合其中，无论是对《圣经》还是《易经》，都是一次思想上的大胆尝试。最后，白晋的身份更加学术化。利玛窦作为"第一批入华耶稣会士中间最具历史影响的杰出人物"③，其贡献是多方面的。而白晋的易学研究，是基督宗教进行传教的策略转型，实现了学术传教。故在传教实践中，白晋可称为名副其实的"传教理论家"（Missionary theorists）或"传教学者"（Missionary Scholar），通过基督宗教经典与中国经典文化的义理互释，推动了中西文化的交流。故综而论述，白晋的易学研究持续了他的整个在华时光，而其思想所产生的影响是多元的。首先，《易经》经历了一次全新的诠释体验。《易经》在发展历史上，本为卜筮学的它，在经历了儒《易》、道《易》、佛《易》以后，又与天主教邂逅，这部"万能"之书又一次成为了耶稣会士思想诠释的重要文本依据，试图开展别具一格的耶《易》研究。其次，白晋所带动的耶《易》的发展正处于"礼仪之争"的风尖浪口之处，他通过《易经》研究而对礼仪之争核心问题的解答推动了礼仪之争的发展，在一定程度上将"礼仪之争"转到"诠释学之争"。再次，《易经》研究构成了索隐派思想的内核。由于白晋的主导作用，《易经》研究承载其索隐思想的主体部分，在一定程度上，易学索隐派可视为《圣经》索隐的发展。最后，由于白晋及其弟子的研究和传播，《易经》在欧洲世界更加风靡，成为了最热门的中国话题之一，不仅对欧洲学术界特别是莱布尼茨的学术起到了借鉴和辅助论证的作用，而且对汉学特别是法国汉学的发展提供了充足的原始资料和思想动向。

---

① ［美］孟德卫：《莱布尼茨和儒学》，张学智译，江苏人民出版社1998年版，第35页。
② ［法］白晋：《易经总说稿》，梵蒂冈图书馆，Borgia·Cinese，317-3°，第15页。
③ 朱维铮主编：《利玛窦中文著译集》，复旦大学出版社2012年版，第1页。

一、耶《易》的经学发展

前述已定位,之所以能够成有耶《易》提法的产生,最大贡献者非白晋及其弟子莫属。白晋所做的工作,就西方人研究《易经》而言,起到了深化且创新的作用,使得《易经》与《圣经》的关系从"似曾相识"发展到了"本是同根生"。就《易经》本身而言,白晋及其弟子通过"以耶解《易》"的方式来进行了文本对话,以经学的角度把《圣经》故事中赋予到《易经》中,将《易经》的研究引入到了一个全新的领域。儒《易》自为易学正统;道学《易》跻身进了四库馆臣所定的"两派六宗"之一;而外来佛教亦成功地将《易经》化作了自己的文本来源,成为了研易之主要宗派。故要对《易经》进行耶化的诠释,这需要作为主体的传教士暂时抛开将神学宗教的因素,用中国经学传统的方式去和《易经》建立联系,从而能够理解《易经》这样一个复杂而自成一体的诠释系统。

白晋在具体的经学诠释中,清楚耶《易》研究不是在天主教的宗教氛围中进行,而是在中国传统经学研究中发生,故并不忽视传统的诠《易》之则。其一,遵循《易经》的话语系统,即在思想论述上,不仅有对易学历史的分析,而且有对具体卦爻进行诠释;不仅有义理阐释,也有象数图形的辅助。在取象方面,白晋虽然植入了《圣经》人物或者故事,但是亦不忽略对《易经》本身所取天地诸物之象的利用。其二,把握《易经》天人之学的主旨,在天、地、人三道的圆融中把握宏大的易学视野。在他看来,《易经》的三才之道刚好与《圣经》中的"三位一体"思想契合,故天人之学为易学哲学的根本体现,亦是白晋易学著作中行文的主线。其三,分"三易"而论易学。白晋对"易"的划分界定很清晰,不仅有《连山》、《归藏》、《周易》之分,而且有简易、变易、不易之别,从而在此基础上论《易》之先天与后天。其四,划分"先天易"与"后天易","先天"、"后天"与《圣经》中的《旧约》、《新约》相对应。先天之学为体,后天之学为用,不仅具有历史上的发展性,亦有逻辑上的承接性。其五,论阴阳交感之变易。阴阳两仪为易道之最初体现,根据乾坤阴阳而论爻位变化,以阴阳作为变化之因。故白晋特此遵循易经阴阳之理而论福祸吉凶的变化,并且运用《乾》《坤》二卦对《泰》《否》《屯》《小畜》等卦象进行诠释,这都是传统的易学诠释方法。其六,强调尚中守正之道。如在《泰》卦九二爻中定先天之中道,以行中道为尚,在《泰》卦九三爻中又言守正之功,行万善中正之道,从而成其泰象。《否》卦则从反面论及失中正之道,即为凶,过犹不及皆为不中,倡中正君子之道,由此免《否》之凶,故中正之德成就中正之道,形成吉象。

在白晋之前,传教士自利玛窦开始对中国传统文化的涉猎成果颇丰,多以人物(孔子、老子等)、学派(儒家、道家等)进行研究,也涉及传统经典,对于《易经》也进行了一定程度的注译工作。而白晋所做的工作是将文化策略主动转到对经典文本《易经》的深入研究。如果说利玛窦等人对待传统文化的适应政策是"以耶解儒"抑或"以耶化儒",那么白晋的方式则是"以耶解《易》",侧重一种"经学传教"的趋向。他对《易经》的研究,已经不再停留在对其的翻译或者注释上,而是利用天主教作为利刃来剖析《易经》,用天主教的视角来审视《易经》的整个框架结构,对《易经》的作者人物、历史源头、重要卦爻、关键字义都进行了天主教式的意义含蕴的阐发,将天主教的主要教义内化为《易经》的思想内容,体现出他独创的"援耶解《易》"特色。首先,重视一神论(Monotheism)的天主、天主与《易经》中的"太极"、"道"、"天"之关系,从而汇通耶儒的形而上建构。其次,在宇宙论上,重视"三位一体"(Trinity)与天、地、人三才之道的关系。再次,在性命论上,天主教所宣扬的原罪观和中国传统文化的性善论截然不同。而在心性论上,白晋首先重视将圣父、人祖和圣子所具之心与"道心"、"人心"相联系,再将以伏羲画卦作易之图来规范"道心"之象,自一而三为道心之最初体现,进而将"人心"和"道心"的关系运用在具体的卦爻解释中,探寻心性之学。最后,在修养论方面,白晋重视德性修养。他倡导圣父之慈、圣子之仁,以对应《易经》中的圣人之功。此外,白晋对《易经》中的人物如"君子"、"妇人"、"帝乙归妹"、"取女"等做了《圣经》式处理,注重《易经》的象征意义,这亦是他的思想特色。

由此可以看到,关于耶《易》研究,在一定程度上促使了传教士在华文化适应政策的转变。孟德卫认为白晋"在耶稣会适应政策演变过程中起领导作用"①。柯兰霓认为白晋的思想远远超越了利玛窦所创建的适应策略,"是真正联结东西方的媒介"②。由此可见,白晋的易学研究上承利玛窦等人的"适应政策"所进行学术转变,下启耶《易》的进一步深入研究,其弟子傅圣泽、马若瑟等人皆在此路上继续前行。

二、耶《易》与礼仪之争

耶《易》的产生并非无源之水,它与"礼仪之争"(The Chinese Rites Controversy)③紧密相连。而"礼仪之争"这个不可避免的话题不仅涉及在华传教士内部在传教策略上的分歧,而且也波及传教士、清朝朝廷与罗马教廷之间关于中国祭祀祭孔等礼仪问题的争议。期间宗教、政治、文化各方面的矛盾一步步升华,从内部修会的争论到中西文化的分歧,进而上升到教俗领域和政治对立,最后直接导致教廷对耶稣会的解散和康熙全面的在华禁教。许明龙根据高第(Henri Cordier,1849—1925,亦译为考狄)所著《中国书目》(*Bibliotheca sinica*:*dictionnaire bibliographique des ouvrages relatifs à l'Empire chinois*:*supplément*)的不完全统计,在礼仪之争期间,欧洲各国出版的相关中国的西文著作多达 162 种,此外还有上百种的日记和书信。④ 由此可见,当时礼仪之争在西方世界引起的波澜蔚为大观。

---

① ［美］孟德卫:《奇异的国度:耶稣会适应政策及汉学的起源》,大象出版社 2010 年版,第329 页。

② ［德］柯兰霓:《耶稣会士白晋的生平和著作》,大象出版社 2009 年版,第 219 页。

③ 关于礼仪之争的研究,参见 Nicolas.Standaert, *Handbook of Christianity in China*, Volume one:635—1800.pp.680—688。另外参见孙尚扬、［比］钟鸣旦:《一八四〇年前的中国基督宗教》,学苑出版社 2004 年版,第 343—363 页。黄一农罗列到中文方面的资料,参见陈垣所辑:《康熙与罗马使节关系文书》(1932);罗光《教廷与中国使节史》(1961);李天纲:《中国礼仪之争:历史、文献和意义》(1998);顾卫民:《中国与罗马教廷关系史略》(2000);张国刚:《从中西初识到礼仪之争:明清传教士与中西文化交流》(2003);等等。(参见黄一农:《两头蛇:明末清初的第一代天主教徒》,上海古籍出版社 2006 年版,第 388 页。)

④ 许明龙:《欧洲十八世纪中国热》,外语教学与研究出版社 2007 年版,第 48 页。

在白晋来华之前,"礼仪之争"已经几近白热化的程度。在利玛窦 1610年去世以后,耶稣会士于 1615 年就取得教宗保罗五世(Paul V)的同意,在进行祭礼的过程中可以使用当地的教徒和语言①,教廷与传教士之间相安无事。且在中国,由于传教士的组成相对单一(多属耶稣会士),故他们都遵循"利玛窦规矩"行事,教务顺利开展。但是,随着 17 世纪初叶耶稣会士内部管理策略的改变以及托钵修会(Mendicants)的来华导致暗涌袭来。一方面,在耶稣会士内部,龙华民继利玛窦以后担任耶稣会总会长,他与利氏观点迥异,反对利氏的扬儒贬佛的态度,认为儒耶绝非相同,利玛窦的策略不仅为偶像崇拜开了绿灯,而且也失去了基督宗教的本真,"是一种信仰嬗变和蜕化"②,从而破坏了天主教的纯粹性。后来他在礼仪之争中被视为利玛窦的对立面③,为利玛窦传教策略的主要反对者。另一方面,在传教士中,耶稣会与托钵修会(多明我会、方济各会、奥斯定会等)的门户之争成为了礼仪之争扩大的直接因素。方济各会士利安当(Antonius a SantaMaria Caballero,1602—1669)率先挑起了"与耶稣会之间的礼仪之争"④。而多明我会士黎玉范(Juan Bautista de Morales,1597—1664)于 1643 年将关于中国礼仪"十七个问题"的状纸送至教廷,将关于中国利益问题从远东地区扩展到了欧洲,并且从英诺森十世(Innocentius X)那里获得了禁止中国礼仪的敕书,他于 1645 年 9 月 12 日发表了禁止通谕⑤,从而导致礼仪之争的正式爆发。

归而纳之,中华礼仪问题主要有三:第一,中国的哪些字词可以代表天主?耶稣会士试图在中国古典中寻求到天主的"中国称谓"(a name for God)⑥。

---

① 参见 Kenneth Scott Latourette,*A history of Christian Missions in China*,Cheng-wen Publishing Company,Taipei,Taiwan,1973.p.133。

② 卓新平:《索隐派与中西文化认同》,王晓朝、杨熙楠主编:《沟通中国文化》,广西师范大学 2006 年版,第 25 页。

③ 参见 Paul A.Rule,*K'ung-tzu or Confucius?:the Jesuit interpretation of Confucianism*,Allen & Unwin,Sydney,London,Boston.1986.p.74。

④ 孙尚扬、[比]钟鸣旦:《一八四〇年前的中国基督宗教》,学苑出版社 2004 年版,第348 页。

⑤ [美]苏尔、诺尔编:《中国礼仪之争——西文文献一百篇》,沈宝义、顾卫民、朱静译,上海古籍出版社 2001 年版,第 1—8 页。

⑥ Kenneth Scott Latourette,*A history of Christian Missions in China*,Taipei:Cheng-wen Publishing Company,1973.p.133.

第二,关于儒生们祭祖、祭孔行为,应该视为迷信而被禁止,还是视为一种道德尊敬而被容忍? 甚至有第三条路线,即去除必要的形式而调整为天主教可容忍的行为。第三,关于一些不能忽视的各种枝节问题,如天主教徒是否能够参与非宗教的中国传统祭祀节日? 对基督徒的祖辈(不信仰基督宗教),是否能够用基督宗教的仪式? 神父是否可以忽略儒家道德规范为女性实施圣礼? 欧洲天主教的仪式、教义是否能够转化为中国可接受的形式? 如此等等。关于这些问题的回答可以分为遵循利玛窦方法模式"Thesis"和反对适用利玛窦方法的对立模式"Antithesis"①。

针对所提出来的问题,耶稣会士积极回应。1651 年耶稣会派卫匡国不远千里到罗马对中国礼仪问题进行辩驳,1656 年 3 月 23 日,教宗亚历山大七世(Alexander Ⅶ)裁定,准许耶稣会士照他们的意见去做那些含有迷信的礼节与丧礼,只要不妨碍教徒的根本信仰,这些仪节均可以自由参加。② 且传信部于1659 年也发出传教指令:"只要中国人不公开反对宗教和善良风俗,不要去尝试说服中国人改变他们的礼仪、习俗方式。"③然而多名我会的成员不满意这样的结果,继续上诉。直到 1669 年 12 月 20 日,教宗克莱门特九世(Clement Ⅸ)颁布法令重申 1645 年法令并未取消,但是两个法令都是"根据问题、环境以及各种情况所定"④,故自相矛盾的这两项决议同时有效。至此,礼仪之争还在教会内部行进,并不涉及政治交涉,而且康熙鉴于传教士在治理历法、军事武器、外交条约等多方面的贡献,于 1692 年正式颁布了对传教士的"宽教敕令",不仅取消了 1669 年所颁布的禁令⑤,还给予了传教士官方的认可地位,

---

① Standaert, Nicolas., *Handbook of Christianity in China*, *Volume one*: 635—1800, Leiden, Boston, Köln: Brill, 2001. p.681.

② 参见 Kenneth Scott Latourette, *A history of Christian Missions in China*, T 参见 aipei: Chengwen Publishing Company, 1973. p.137.

③ [美]苏尔、诺尔编:《中国礼仪之争——西文文献一百篇》,沈宝义、顾卫民、朱静译,上海古籍出版社 2001 年版,第 11 页。

④ Kenneth Scott Latourette, *A history of Christian Missions in China*, Taipei: Cheng-wen Publishing Company, 1973. p.138.

⑤ 皇帝于康熙八年批准过如下判决:"天主教除南怀仁等照常自行外,恐直隶各省复立堂入教,仍着严行晓谕禁止。"(转引自杜赫德编:《耶稣会士中国书简集》(中国回忆录)Ⅱ,大象出版社 2001 年版,第 192 页。)

这是历代传教士艰辛入华的最大心愿。本来以为愿望成真,但是就在传教士最得恩宠之时,教会内部的"同室操戈"导致"后院起火",预示了更大的传教灾难。而兴起这场"内讧"的是耶稣会士的头号敌人巴黎外方传教团(Societe de s Missions Etrangeres de Paris),他们依仗着法国政府和教廷支持,不仅打击着葡萄牙在东方传教的势力,也对耶稣会士的传教方式深深不满。其宗座代牧颜珰于 1693 年 3 月 26 日发布了牧函,禁止福建教区信徒遵循"利玛窦规矩"①。颜珰成了在中国打击耶稣会士的始作俑者,而这纸牧函的威力不仅将教会内部问题公布于众,而且"直接导致了罗马教廷与康熙皇帝的冲突正式大爆发"②。随后,巴黎外方传教团在曼特农夫人(Madame de Maintenon,1635—1719)③的支持下,更是不顾一切地对耶稣会士的行动进行批责和反对,搜罗对耶稣会士不利的文献上呈教廷,甚至将龙华民的《论中国宗教的几个问题》(Niccolò Longobardo:Traité sur quelques points de la religion des Chinois,1701)等出版法文版,试图证明耶稣会士内部教士对自身"错误"的"觉醒"。并相继推出了一系列的反耶稣会士论文,如《一位神学家就耶稣会士们的一部反道德准则的新书致一位上层人士的信》等,重点针对李明和郭弼恩的著作向索邦神学院提出诉讼④,使得耶稣会士在政治、宗教、学术等多方面完全溃败。

此时,耶稣会士们积极寻求康熙的帮助,通过奏疏的形式,将自己对祭拜孔子、祖先、天地等的理解呈于康熙。在康熙三十九年(1700 年)十月二十日的上奏中,闵明我、徐日升、安多、张诚等人即称拜孔子乃"敬其为人师范,并非祈福佑、聪明、爵禄而拜也";祭祀祖先乃"出于爱亲之义"、"惟尽孝思之念

---

① Paul A. Rule, *K'ung-tzu or Confucius?: the Jesuit interpretation of Confucianism*, Allen & Unwin,Sydney,London,Boston.1986.pp.129—130.

② 孙尚扬、[比]钟鸣旦:《一八四〇年前的中国基督宗教》,学苑出版社 2004 年版,第 357 页。

③ 全名为曼特农夫人弗朗索瓦丝·德奥比涅(Françoise d'Aubigné,marquise de Maintenon,1635—1719),路易十四的第二任妻子。

④ 参见[法]艾田蒲:《中国之欧洲——从罗马帝国到莱布尼茨》上卷,许均、钱林森译,广西师范大学出版社 2008 年版,第 294 页。

而已"；祭天"乃祭天地万物根源主宰"①。康熙对此御批："这所写甚好，有合大道。敬天及事君亲、敬师长者，系天下通义，这就是无可改处。钦此。"②面对耶稣会士和巴黎外方传教团对于中国礼仪的论战，康熙特地对中国祭祖祀孔之事做了说明，强调其与宗教无关，供牌是"想念其父母"与画父母之像相同，祀孔乃为"至圣先师之所应尊应敬也"③。

　　中国士人关于对祭祖祀孔问题的说明，在民间材料上更是不胜枚举，在耶稣会档案馆中藏有诸多对此问题进行辩说的文章。④ 其中在《大清国江西省赣州府赣县圣教》（1702）⑤一文中，针对"西洋先生还要疑惑之人要行禁止"之事，同教绅士共行发誓礼，并希望能够转奏罗马教宗察议施行：

　　　　——誓拜孔子之礼，原是谢他的教训，与佛老大不相同，故奉祀他的礼，俱用奉祀师傅的礼，并无异望保佑之意。

　　　　——誓拜祖宗之礼，因为父母死后不忍忘他的恩爱，故设立牌位祀奉他，如父母在生一般，并无灵魂在上之说，亦无求福之意。

　　　　——誓中国拜祖宗，原不是说牌上有灵魂来享受香烟饮酒食肉，只为不立牌位便是忘恩，故此不必禁止。

　　　　——誓中国"天"字有形无形，而解凡"造物"、"真宰"、"天主"等字，

---

　　①　黄伯禄编：《正教奉褒》，参见韩琦、吴旻校注：《熙朝崇正集、熙朝定案》外三种，中华书局 2006 年版，第 362—363 页。

　　②　黄伯禄编：《正教奉褒》，参见韩琦、吴旻校注：《熙朝崇正集、熙朝定案》外三种，中华书局 2006 年版，第 363 页。

　　③　故宫博物院：《文献丛编》第六辑，《康熙五十九年十一月十八日》，国立北平故宫博物院文献馆 1937 年版，第 11 页。

　　④　参见"外教人不知独教内人知之，祭祖先立牌位写祖先名号于上，所以不忘肉身根本没有灵魂在牌位上，故无所望无所求，我们教内人之祀祖先都如是耳。……江西吉安府永新县贺利诺 谨对"。（参见罗马耶稣会档案馆，Japonica·Sinica，160，F3-f2。）又如："问中国礼拜孔子及祀祖先其意何居？……孔子大圣人也，为天下之所崇，奉祖先一本也，为各家之所主，祀于理无害于天，无违约举其可拜可祀之说，以陈。江南苏州府常熟县吴登。"（参见罗马耶稣会档案馆，Japonica·Sinica，160，F12-f9。）又如"副启承问中国礼拜孔子祀祖先及祭天三者有何意思？愚见以为拜孔子……种种可师可法，故崇饰文庙拜之祀之。……祀祖先者为感父母生身鞠养之劬劳，因念我生于父生于祖故鲁子曰慎终追远，民德归厚矣。……苏州府 李良呈。"（参见罗马耶稣会档案馆，Japonica·Sinica，160，F220-223v。）

　　⑤　罗马耶稣会档案馆，Japonica·Sinica，160，F234。

俱是说天地万物之真主。

康熙四十一年九月初二日具

候选教谕　吴伯多禄　候补都司　粟若瑟

生员　刘若亚敬

生员　郭奥吾斯定

生员　郭伯多禄

从发誓愿可以看到礼仪之争的争论核心以及辩论论据。当时中国教徒大抵认为祭孔乃尊师重道之礼;祭祖乃感恩父母祖辈之恩,设立牌位亦是铭记其恩,并非宗教行为;关于中国"天"字及其他具有形而上含义之字如"造物"、"真宰"、"天主"等皆是代表天主。之所以如此竭力的陈述,目的是为了缓和天主教与中国传统文化的冲突。然而事态已经一发不可收拾,1704 年 11 月 20日,教宗克莱门特十一世(Clement XI)发出七条"禁约"①。铎罗将此谕令带到中国。铎罗到来和对颜铛的召见令不为康熙所悦,不仅下达了对颜铛等人的驱逐令,还下达谕旨,对滥议中国礼仪之西洋人行为及其往来加以限制,"只得将定例先明白晓谕,命后来之人谨守法度,不能少违方好"②。并于1708 年正式制定"印票"制度:

　　于四十七年四月内由武英殿议得,凡各省天主堂居住修道西洋人等有内务府印票者,任其行走、居住,不必禁止,未给印票者,凡堂不许居住,往澳门驱逐等,因具奏通行各省在案查得此等,西洋人俱仰慕圣化航海而来,与本国人共相效力,居住各省者,俱领有印票,各修其道,历有年所并无妄作非为,其御史樊绍祚条奏严行禁止之处,相应无容议可也。③

---

① 参见方豪:《嘉乐传》,《中国天主教史人物传》,宗教文化出版社 2007 年版,第 457 页。
② 中国第一历史档案馆编:《清中前期西洋天主教在华活动档案史料》第一册,中华书局 2003 年版,第 11 页。
③ "康熙诏书",梵蒂冈图书馆,Borgia·Cinese,439A(m)2。

在诏令中已经表明,除了保护领有在华传教印票的传教士以外,其他人都一律驱逐出境。1709 年克莱门特十一世再次公开发布禁令,严厉批责了耶稣会士。然而此时的耶稣会士已经完全不受教宗的约束,继续在中国实施"耶稣会式"的传教。耶稣会士的敌人不再只是外方传教团,教廷也站在了他们的对立面,从而矛盾已经难以调和。到了 1720 年 12 月,嘉乐(Carlo Ambrogio Mezzabarba,1685—1741)带着禁令来华,这一次康熙已经被彻底惹恼了,认为嘉乐"不解中国字义,如何妄论中国道理之是非?"①且于 12 月 28 日在教宗通谕"批示":"以后不必西洋人在中国行教,禁止可也,免得多事"②。后来虽然嘉乐为了缓和矛盾而制定的"八项特许"③,其结果却事与愿违,不仅康熙不买账,认为西洋人不仅"不通中国诗书,不通中国文义"④,而且"西洋人自己流入异端之处"⑤,仍然不留余地地传旨禁教。此外,在教廷方面,首先教宗克莱门特十二世(Clement XII)于 1733 年宣布含有八项特许的牧函"为完全和永远地无效、无用和废止"⑥,而教宗本笃十四世(Benedict XVI)在 1742 年 7 月 5 日所颁布的《自上主圣意》(Ex QuoSingulari)宪章⑦中再次宣布无效,由此"礼仪之争"导致了在华的禁教。

从时间上来看,"礼仪之争"的激烈论争贯穿了白晋在华的整个时期,在

---

①　陈垣编:《康熙与罗马教宗使节关系文书》,北平故宫博物院民国二十一年编,影印本;参见中国宗教历史文献集成编纂委员会编纂:《东传福音》第八册,黄山书社 2005 年版,第 134 页。

②　陈垣编:《康熙与罗马教宗使节关系文书》,故宫博物院影印本 1932 年版,第 138、144 页。

③　"八项准许"内容,参见[美]苏尔、诺尔编:《中国礼仪之争——西文文献一百篇》,沈宝义、顾卫民、朱静译,上海古籍出版社 2001 年版,第 105—106 页。另参见孙尚扬、[比]钟鸣旦:《一八四〇年前的中国基督宗教》,学苑出版社 2004 年版,第 361—362 页。

④　陈垣编:《康熙与罗马教宗使节关系文书》,北平故宫博物院民国二十一年编,影印本。参见中国宗教 历史文献集成编纂委员会编纂:《东传福音》第八册,黄山书社 2005 年版,第 132 页。

⑤　陈垣编:《康熙与罗马教宗使节关系文书》,北平故宫博物院民国二十一年编,影印本。参见中国宗教 历史文献集成编纂委员会编纂:《东传福音》第八册,黄山书社 2005 年版,第 140 页。

⑥　[美]苏尔、诺尔编:《中国礼仪之争——西文文献一百篇》,沈宝义、顾卫民、朱静译,上海古籍出版社 2001 年版,第 110 页。

⑦　此宪章被称为"有关中国礼仪的最后的,也是最明确有力的决议"。(参见[美]苏尔、诺尔编:《中国礼仪之争——西文文献一百篇》,沈宝义、顾卫民、朱静译,上海古籍出版社 2001 年版,第 88 页。)

他去世(1730 年)以后仍然继续。作为耶稣会士的他,由于热衷于中国典籍的研究,难免卷入了涉及关于中国礼仪的核心问题中。正如史学家赖德烈(Kenneth Scott Latourette,1884—1968 年)所言,耶稣会士所所面临的正是礼仪之争的激烈时期,"并且他们的学术研究更加使情形复杂化"①。从文化交流角度而言,礼仪之争的核心问题:一是关于天主称谓正确与否的术语问题;二是中国礼仪特别是祭祀仪式和基督宗教教义的冲突上。② 与《易经》研究紧密联系的是东西方术语问题即天主的称谓界定,这也是白晋所致力要解决的问题。从白晋的立场来看,认为中西关于天主的称谓具有可统合性,且"白晋在同情中国礼仪的这一边起着领导作用"③,故他努力回应关于天主在中国称谓的问题。他的研究毫无疑问地备受阻挠。"尽管 18 世纪早期索隐派在私下仍有发展,却已沦为礼仪之争和自身异端色彩的牺牲品。"④关于天主的称谓不仅未能够缓和礼仪之争,而且使得礼仪之争的问题愈来愈无法调和。不仅是其他传教士,甚至连曾经离康熙最近的耶稣会士也渐渐失去康熙的亲睐和朝廷的支持,也激起了民间对他们的进一步敌视和对立,从而使传教事业举步维艰。

三、耶《易》与索隐易学

帕斯卡在《思想录》的"论天主想要隐蔽自己"⑤一节中认为,天主即是部分地隐蔽起来而又部分地显现出来,这似乎最符合来华传教士的感受。在他们眼里,《圣经》的正统地位自然是不容捍动的。而到了中国,面临着与异质

---

① Kenneth Scott Latourette,*A history of Christian Missions in China*,Taipei:Cheng-wen Publishing Company,1973.p.139.

② 参见 Paul A.Rule,*K'ung-tzu or Confucius?:the Jesuit interpretation of Confucianism*,Allen & Unwin,Sydney,London,Boston.1986.p.45。

③ [美]孟德卫:《莱布尼茨和儒学》,江苏人民出版社 1998 年版,第 35 页。

④ [美]孟德卫:《奇异的国度:耶稣会士适应政策及汉学的起源·导言》,大象出版社 2010 年版,第 9 页。

⑤ [法]帕斯卡:《思想录——论宗教和其它主题的思想》,何兆武译,商务印书馆 1986 年版,第 263 页。

文化的沟通问题。如何与中国传统文化进行交流，这需要对中国传统文化进行宗教经验式的审视，采取一种视角既能与中国经学相容纳，又对天主以及天主相关问题进行思考，达到对宗教反思的共识。白晋在《易经》中找到了让"隐蔽"天主得以显现的"光"，这样的"光"不仅能够认识天主，而且是中华人民能够得到基督的拯救，而索隐学便是他探索《易经》的方式。

在白晋之前，早在文艺复兴时期，合类型学（typological exegesis）、古代神学（ancient theology）、犹太—基督宗教神秘教义（the Judaeo-Christian cabala）三种方法为一的索隐方法已广被运用。其中最为出名的是基歇尔著有《中国宗教、世俗和各种自然、技术奇观及其有价值的实物材料汇编》（*China Monumentis qua Sacris qua profanis，Nec non Variis Natarae&Artis Spectaculis，Aliarumque rerum memorabilium Argumetis illustrata*）一书，简称《中国图说》（*china illustrata*）。书中首先引用卫匡国的说法，伏羲作为文字的发明人。基歇尔在此基础上，将伏羲视为诺亚的后代，古中国人作为埃及人的后裔，将古代中国文字与古埃及的象形文字联系起来，"汉字的基础由殷商人的祖先和Mercury Trismegistos（Naraimus 之子）奠定了"①。从而中国古汉字有了西方文化寓意的象形破译。此外，他对《圣经》中的一些人物做了全新的索隐解释，特别突出了《圣经》人物以诺（Henoch）的地位。② 而保罗·伯里耶（Paul Beurrier）在《从自然、文字和福音三个层面思考基督宗教》（*Speculum Christianae religious in triplici lege naturali，mosaic et evangelica*）一文中将《圣经》中最广为熟知的故事，如创世纪、大洪水、每瑟著录《圣经》、救世主的降临、受难与复活以及最后的审判等重要的故事纳入到具体民族的故事当中，其中提及中国人也具有对《旧约》故事的认识。③ 李约瑟认为在 17 世纪时，对非字母符号的语言文字存在着普遍的赞颂，从广为人知的埃及象形文字，自然而

---

① ［德］阿塔纳修斯·基歇尔：《中国图说》，张西平、杨慧玲、孟宪谟译，大象出版社 2010年版，第 390 页。

② 参见［德］柯兰霓：《耶稣会士白晋的生平与著作》，大象出版社 2009 年版，第 10 页。

③ 书目《在自然法、书面法及赦免法三种状态下的信仰与基督宗教之永恒》（*La perpétuité de la foy et de la religion chrétienne dans les trois états de la loi de nature，de la loiécrite et de la loi de grâce*，1680），转引自［德］柯兰霓：《耶稣会士白晋的生平与著作》，大象出版社 2009 年版，第11 页。

然地会在早期汉语研究中认为中文起源于埃及文字,这种观点持续了很长的时间。① 而对古代中国和《圣经》先祖的关系,在早期耶稣会士的著作中已经多有涉及。在鲁保禄一书中,对门多萨、罗明坚、龙华民、安文思、李明等人的索隐观点进行了介绍,尽管他们都从不同方面涉及关于《圣经》诺亚传递天主真实知识的故事与中华人物伏羲的关系,但是他们仅凭一个古代文明而呈现问题显然是与"犹太—基督宗教"神秘教义完全隔离。② 而关于《易经》与索隐主义的关系,其实在卫匡国对《易经》的思想假设中已见端倪,他将《易经》作为包含着基督宗教教义的天主经典,很可能对白晋有直接的启发③,为《圣经》的教义能在中国经典中显现提供了理论支撑。随着神学和圣经学的不断发展,其索隐诠释学也得到完善。在传教士们中,特别是耶稣会士深谙此术,他们热衷于在异国的文化中去寻求基督宗教的影子。由此可见,白晋所做的尝试即是将西方索隐学的方法引入到对《易经》的研究上,"索隐派的开宗要籍是《易经》"④,通过《易经》构建出独特的易学索隐法。

就本书所主要探讨的索隐派而言,中国古籍中有表层和深层两种意义:表层意义记载于中国经典中;深层意义"只能通过理解和信奉基督宗教、熟知《圣经》内容者才能真正发现"⑤。不可否认,白晋及其他的弟子们都不同程度地相信在中国经典中能够找到天主的启示。关于创世纪,比如人类的堕落、洪水等,也预示了救世主的到来,又如三位一体、最后的晚餐等。而他们在进行易学索隐思想的研究时,表现出不同的偏好,故导致易学索隐派思想难以形成的最大困难即是他们内部的分歧,对中国经典的诠释并没有一个统一的体系。⑥

---

① 参见 Joseph Needham, *Science and Civilisation in China*, Vol. I. Cambridge University Press, 1954. Preface. p. 38。

② 参见 Paul A. Rule, *K'ung-tzu or Confucius?: the Jesuit interpretation of Confucianism*, Allen & Unwin, Sydney, London, Boston. 1986. p. 153。

③ 参见吴莉苇:《当诺亚方舟遭遇伏羲神农——启蒙时代欧洲的中国上古史论争》,中国人民大学出版社 2005 年版,第 251 页。

④ 李奭学:《中西合璧的小说新体——清初耶稣会士马若瑟著〈梦美土记〉初探》,《汉学研究》2011 年第 2 期。

⑤ 卓新平:《索隐派与中西文化认同》,参见王晓朝、杨熙楠主编:《沟通中国文化》,广西师范大学 2006 年版,第 6 页。

⑥ 参见 Paul A. Rule, *K'ung-tzu or Confucius?: the Jesuit interpretation of Confucianism*, Allen & Unwin, Sydney, London, Boston. 1986. p. 154。

白晋作为整个索隐派体系的建立者,研究重点是通过对《易经》的研究来论证"预言"(Prophency)的确定性。傅圣泽则关注于《书经》中寻求中国历史的起源,从而揭示历史背后隐藏的寓言,类似于《旧约》历史中的索隐(Figures)。马若瑟更多地探寻对古老经典中的文化遗迹(Vestiges),从而揭示本身的原始意义。所以,从严格意义上来说,"只有傅圣泽是索隐派"①。白晋似乎提升了索隐派的地位,但是却走到了象征主义和预言理论的路上;而马若瑟则是集中于对遗迹的探索②。由此在易学索隐研究路上,看似形成了索隐派,其实各持己见,他们先于他们的时代审视着中西文化的本质差异,在宗教、神话、经典中试图寻求诠释机制。易学索隐思想因在欧洲总体上受到教廷传教总部的压制,著作无法在欧洲出版发行,其思想也只能为少数人知晓③,且在中国关于索隐派的易学著作亦从未刊行发表,故尚未发现有古代中国文人对其进行评价和研究。可见他们的易学研究并未形成气候。但是,索隐学派对《易经》的研究努力不能抹杀,他们在中西文化特别是宗教哲学的比较研究方面影响深远。

四、耶《易》的欧洲之旅

白晋及弟子们身处中华,却不自觉地担任起了中西文化特别是中法文化的"信使",游弋在异质文化的两岸,载运着他山之石,互通有无。而在纯学术研究领域,他们的《易经》研究的贡献亦是举足轻重。

(一)白晋易学研究与莱布尼茨

众所周知,白晋与莱布尼茨的通信可谓是具有世界影响的通信。莱布尼

---

① Paul A. Rule, *K'ung-tzu or Confucius?*: *the Jesuit interpretation of Confucianism*, Allen & Unwin, Sydney, London, Boston.1986.p.155.

② 参见 Paul A.Rule, *K'ung-tzu or Confucius?*: *the Jesuit interpretation of Confucianism*, Allen & Unwin, Sydney, London, Boston.1986.p.155。

③ 张国刚:《明清传教士与欧洲汉学》,中国社会科学出版社 2001 年版,第 272 页。

茨作为当时最伟大的哲学家之一;而白晋作为法国国王派到中国的"国王数学"领头人,所带领的耶稣会士中,其中几个人后来成为"十八世纪法国最出色的汉学家",而他自己是"莱布尼茨的通讯人之一"①,"白晋是 17 世纪末 18 世纪初最富天才的传教士之一"②。当看了莱布尼茨的著作《中国近事》(*Novissima Sinca*,1697)之后,白晋能够确信莱布尼茨不仅是一位出众的思想者,而且也是耶稣会士的朋友。加上莱布尼茨对中国的浓厚兴趣,故白晋立即给莱布尼茨写信,并附上他的作品《中国皇帝的历史画像》(*Portrait Historique de l' Empereur de la Chine*,1697)一书③,二人的交流擦出了思想的火花。《易经》是白晋和莱布尼茨通信的主要内容,根据孟德卫统计,"莱布尼茨和白晋的来往信件至少有 15 封,日期在 1697 年至 1707 年或稍后"④。其实早在 1698 年,白晋给莱布尼茨的信中就已经谈及《易经》在中国文化的重要影响,那时莱布尼茨还没有发表关于二进制的论文⑤,似乎《易经》和莱布尼茨还没有任何关系。在 1700 年 11 月 1 日时,莱布尼茨在给白晋的信中(已佚)一方面解释了自己的二进制,另一方面希望白晋进一步解释关于伏羲以及中国的人文、自然历史。⑥ 而到了 1701 年,当白晋收到莱布尼茨关于二进制的论述时,立即用《易经》为"阴爻--"和"阳爻—"与二进制为"0"和"1"相对应,按照 1,10,11,100,111,1000 等来表示二进制的数序⑦,并以 $2^6 = 64$ 将二进制与伏羲八卦关系(见表十六)、二进制与文王六十四卦关系(见表十七)进行说明。

---

① [法]戴密微:《法国汉学研究概述》(上),《中国文化研究》1993 年第 2 期。

② [美]孟德卫:《1500—1800 中西方的伟大相遇》,新星出版社 2007 年版,第 129 页。

③ Richard M. Swiderski: *Bouvet and Leibniz: A Scholarly Correspondence*, Eighteenth-Century Studies, Vol.14, No.2(Winter, 1980—1981), p.137.

④ [美]孟德卫:《莱布尼茨和儒学》,江苏人民出版社 1998 年版,第 38 页。许明龙一书称莱布尼茨给白晋写信到 1709 年。(许明龙:《欧洲十八世纪中国热》,外语教学与研究出版社 2007 年版,第 50 页。)

⑤ 其实莱布尼茨于 1679 年 3 月 15 日写了一篇拉丁文手稿,题为《二进制算术》,但是当时没有公开发表。(参见李存山:《莱布尼茨的二进制与〈易经〉》,《中国文化研究》2000 年第 3 期。)

⑥ 参见 Richard M.Swiderski: *Bouvet and Leibniz: A Scholarly Correspondence*, p.142。

⑦ 参见 Hellmut Wilhelm: *Heaven, Earth, and Man in the Book of Changes*, Seattle and London: University of Washington Press, 1977.p.9。

表十六　二进制与伏羲八卦关系对照表

二进制	十进制数	《易经》卦名	卦象
000	0	坤	☷
001	1	艮	☶
010	2	坎	☵
011	3	巽	☴
100	4	震	☳
101	5	离	☲
110	6	兑	☱
111	7	乾	☰

表十七　二进制与文王六十四卦关系对照表

二进制	十进制数	《易经》卦名	卦象
000000	0	坤	䷁
000001	1	复	䷗
000010	2	师	䷆
000011	3	临	䷒
000100	4	谦	䷎
……	……	……	……
111111	63	乾	䷀

　　白晋宣称在六十四卦中找到了莱布尼茨的二进制原理。"六百余年以后,邵雍的卦图通过耶稣会士到了莱布尼茨的手上。他意识到在这个系统当中正好体现了他数学原理的实质。"①此外,白晋还将《易经》的作者伏羲与《旧约》中的以诺、希腊神话中的赫尔墨斯相等同,从而将《旧约》里面的重要

----

　　①　Wilhelm Hellmut；Wilhelm Richard，*Understanding the I Ching—The Wilhelm lectures on The book of Changes*.Princeton University Press，Princeton，New Jersey，1979.p.115.

族谱和中华圣人联系了起来。① "随着白晋 1701 年 11 月 4 日给莱布尼茨的长信收入 1704 年的《科学院论文集》杂志中出版,白晋的通信已为更多的欧洲关中国所知"②。而莱布尼茨于 1703 年"对八卦图作了二进制的解释,并且把八卦、天主创世与二进制数的美妙性联系起来"③。可以看到,莱布尼茨的二进制与《易经》之间虽没有因果关系且存在着本质的区别(如《易经》中没有零数),但是白晋和莱布尼茨二人均对二进制与《易经》之间的联系达成了共识,二者用不同的符号系统(二进制为 0 和 1,《易经》为阴爻−−和阳爻—)来作为数之基础,演算一切数的进位规则。

毋庸置疑,白晋"索隐化"后形成的"耶《易》",不仅给西方人带去了《易经》,曾经对《易经》"不得其门而入"的西方人,终于有了理解《易经》的路向。更是透过白晋与莱布尼茨的交往,使得《易经》在欧洲的传播更为广泛,莱布尼茨作为当时公认的哲学大家,他对白晋学说的赞扬,使得《易经》的重要性在欧洲世界内得到更多的认可,特别是在欧洲学术界的地位骤然上升。法国历史学家达朗贝尔(Jean-le-Rond D'Alembert,1717—1783)认为,"耶稣会士们关于中国礼仪的争论响彻整个欧洲"④。

(二)"耶《易》"与法国汉学研究

汉学是以研究客体命名,包含着世界各国对中国社会的政治经济、历史文化、哲学宗教、语言文字、天文地理、工艺科技等各方面的研究情况。它基于东西交流和文化交流史的基础上应运而生,是西方通过"丝绸之路"而发现进入中国的"凭证",这片地处远东地区的"绿洲"使得西方人欢欣雀跃。中世纪的欧洲在宗教的禁锢下混乱不堪,暴乱四起,宗教改革运动撼动了整个欧洲。而罗马教廷的反宗教改革运动成为了耶稣会士成立的契机,出于对教廷的捍卫,作为教廷的"禁卫军"的耶稣会获得了许多宗教特权,从而为他们在远东地区

---

① 参见 Nicolas Standaert, *Handbook of Christianity in China*, Volume one:635—1800, Leiden, Boston, Köln:Brill, 2001. p.670。
② [美]孟德卫:《莱布尼茨和儒学》,江苏人民出版社 1998 年版,第 39 页。
③ 樊洪业:《耶稣会士与中国科学》,中国人民大学出版社 1992 年版,第 173 页。
④ 转引自[法]戴密微:《中国汉学研究史》,载《中国史研究动态》1980 年第 1 期。

的势力发展奠定了基础。

耶稣会士的来华是欧美汉学史上具有标志性的事件,但凡涉及汉学发展史的,多会对此事件进行浓墨重彩的描述。欧洲最早的汉学研究源即是来自于在华传教士们寄回欧洲的书信、著作。在基督宗教的传教传统中,书信是至关重要的汇报情况方式和思想交流手段,华传教士们一直都保有与欧洲的书信往来。特别是在礼仪之争中,无论属于那个修会,对立双方都撰写了大量书信和关于中国的报道寄回欧洲,"使法国甚至欧洲震惊"①。而耶稣会士尤擅此道,"耶稣会具有高度发达的书面通讯和报告制度"②,加上耶稣会士"对中国的体制、政治、宗教、文化、经济等方方面面都有了相对深入的了解"③,故他们的书信看上去俨然就是一篇篇学术论文。白晋及其弟子亦不例外,在他们的信件中,一方面带回了关于中国的各方面的社会生活、风俗习惯、语言文字等通俗介绍;另一方面对《易经》以及其他中国古代典籍做了更加全面、深入的学术介绍,且将自己的研究成果寄回欧洲,从而成为了传教士汉学的开拓者,亦兴起了欧洲汉学研究之风。

尽管在中国文化研究上,意大利是先驱。但是从 17 世纪下半叶开始,欧洲对汉学的研究中心开始转移到法国,法国人的地位首屈一指。而以白晋为代表的"国王数学家"入华为其标志,"实位于西教教士中国研究之顶点,为西人极东研究史上放一异彩也"④。白晋等人较之于前期的传教士,最大的不同是他们的身份不单单是传教士,而且还是科学家、数学家等,他们极强的学习能力和语言天赋,是他们能够成为汉学发展先锋的必要条件。随着他们来华的任务有了法国皇室的介入,从布道增至为布道传教与中国(科学文化)研究相结合。白晋等人不仅要听从天主的召唤,还要服从国王的命令,宗教和世俗的使命在他们身上得到了融合。因此,他们对中国典籍开展研究成为了一种自觉的学术行为。到达中国以后,白晋对《易经》的研究刚好契合康熙的旨

---

① ［法］戴密微:《法国汉学研究概述》(上),《中国文化研究》1993 年第 2 期。
② ［荷兰］许理和:《十七至十八世纪耶稣会研究》,辛岩译,张西平编:《他乡有夫子——汉学研究导论》(上),外语教学与研究出版社 2005 年版,第 173 页。
③ 罗芃:《法国文化史》,北京大学出版社 1997 年版,第 451 页。
④ 莫东寅:《汉学发达史》,大象出版社 2006 年版,第 60 页。

趣,在《康熙朝满文朱批奏折》中提及从康熙五十年(1711 年)五月初七、初十、十三、十九、二十二、二十五、六月初七、初十、十三等日白晋向康熙进呈的易学和易图研究情况①,由此可见当时白晋与康熙之间关于《易经》研究交往甚密,《易经》已经成为他工作很重要的一部分。

白晋不负众望,在 1693 年回访法国时,不仅带回诸多中国礼物,而且还在枫丹白露写下《中国现状》(*L' Etat présent de la Chine*) 及《中国皇帝的历史画像》(*Portrait Historique de l' Empereur de la Chine*) 两本书,为汉学研究的重要史料。他还于 1697 年在巴黎做了一次演讲,纠正了大多数传教士认为《易经》是迷信之书的印象。他提出《易经》具有深邃的哲学原理,不仅与古希腊哲学(柏拉图、亚里士多德等)一样合理而完善,而且是了解中国哲学的正确之道;至为重要的是,《易经》与基督宗教有一致之处。他的易学言论在欧洲范围内反响很大。②

除了白晋,他的弟子也为欧洲汉学作出了杰出的贡献。傅圣泽在返回欧洲时,携带到欧洲的书籍甚多。如前所述,在梵蒂冈图书馆 Borgia · Cinese 357 中所列书目让人瞠目结舌,其中每一个书单中所涉及的易学书籍都是大手笔,足可以看到傅圣泽对《易经》的重视程度。并且在书单中,还可以看到傅圣泽自己的书籍和白晋的相关易学书籍,这些易学书籍散落在各大图书馆,成为了欧洲汉学研究的重要史料。他还相继会见了诸多在文化、哲学、文学等

---

① 参见中国第一历史档案馆编:《康熙朝满文朱批奏折全译》,王小虹等编译,中国社会科学出版社 1996 年版,第 721、722、723、723、723、726、727、731、732、733 页。1.康熙五十年五月初七日(编号 1716),"恭进王道化送到博津(白晋——引者注,后同)书写之易经四张";2.康熙五十年五月初十日(编号 1719),"恭进王道化送到博津所书易经五张";3.康熙五十年五月十三日(编号 1724),"窃本月初十日,呈进博津所书易经五张";4.康熙五十年五月十九日(编号 1731),"恭进王道化送来博津易经五篇";5.康熙五十年五月二十二日(编号 1734),"恭进王道化送来博津所书易经六篇";6.康熙五十年五月二十五日(编号 1738),"本月二十二日奏博津所书易经折";7.康熙五十年五月二十八日(编号 1741),"恭进王道化所送到博津所写易经四篇";8.康熙五十年六月初七日(编号 1752)博津所著《易经》,"退回书九段、图二张";"现王道化送来、博津所著易经五篇,图二张";9.康熙五十年六月初十日(编号 1755),"再者,王道化送来、博津所著易经五篇,图一张,一并谨奏";10.康熙五十年六月十三日(编号 1759),"恭进王道化送来、博津所著易经五篇,图一张"。

② 参见杨宏声:《本土与域外——超越的周易文化》,上海社会科学文化出版社 1995 年版,第 186 页。

方面的名人,如杜赫德所著的《耶稣会士书简集》成为介绍耶稣会士在华研究重要资料。伏尔泰(François-Marie Arouet,1694—1778)在其《风俗论》中谈及透过傅圣泽所了解的中国哲学情况。孟德斯鸠(Baron de Montesquieu,1689—1755)记载了他与傅圣泽的会晤情况以及傅圣泽对中国的看法等。此外,还包括德柏罗斯(Charle De Brosses,1709—1777)、傅尔蒙(Ètienne Fourmont,1683—1745)等人,使得关于中国的信息扩散到欧洲社会的多个领域。马若瑟对汉学研究的功劳亦不能忽视,他与白晋、傅圣泽一起对《易经》的研究,成为了索隐易学派的核心人物。在与法国著名学者傅尔蒙的通信中,马若瑟对易学索隐思想进行了介绍,其中涉及对《易经》本身的评价,并且努力在经文中宣扬天主,将其作为传教的途径。"如果我们向中国人说明他们的'经'中有救世主的话,那么一半以上的中国人都会成为天主教徒"①,并且他也与齐瓦利尔·拉姆塞(Chevalier Ramsay,also called Andrew Michael Ramsay,1686—1743)建立了联系,将自己的索隐学思想介绍与他,在拉姆塞的《自然宗教和天启宗教中的哲学原理》一书中,专门介绍了马若瑟的索隐思想。② 而他所翻译的汉学书籍,如《汉语札记》、《六书实义》、《梦美土记》、《赵氏孤儿》等书分别从汉语言文字、文学、戏剧等多方面介绍汉学,在欧洲世界影响深远。故沙畹言:"以科学方法研究中国,实肇于18世纪,创始者为法国耶稣会士"③,他们对汉学的贡献可谓"筚路蓝缕",功不可没。

---

① 〔丹麦〕龙伯格:《清代来华传教士马若瑟研究》,大象出版社2009年版,第215页。
② 参见〔丹麦〕龙伯格:《清代来华传教士马若瑟研究》,大象出版社2009年版,第234页。
③ 转引自田永秀、鲜于浩:《鸦片战争前的法国汉学和中法文化交流》,巴蜀书社2006年版,第311页。

第八章　白晋易学思想局限的审视与反思

　　秉持着对《易经》的极大热情,白晋几乎把在华期间的全部精力都诉诸《易经》研究上。然而他的耶《易》研究道路并非一路坦途,而是布满荆棘,艰辛异常。不仅面临着正统儒学的批驳,还要应付佛、道二教的反对,还有来自民间势力的抵制。然而其中最大阻力是来自教会内部。其一,耶《易》研究在内容上与基督宗教本身的诸多教义有所冲突,故"相信所有的基督宗教神秘真理都在中文经典中显示出来,这就惹恼了一些其他的耶稣会士和基督徒"①。其二,在耶《易》研究实施过程中,白晋以自己在清朝廷的特权让傅圣泽、郭中传、马若瑟等人相继前往北京协助他研究《易经》,这与天主教上级传教使命相冲突,违背了教会的教义规定,也在一定程度上引起教区上级和其他传教士的不满。其三,在华传教策略方面,铎罗于 1707 年所颁布的"南京法令"(Nanking Decree)使一些本对白晋理论感兴趣的传教士选择了放弃。在"南京法令"之后,赫苍壁(Père Jul-Placidus Hervieu, 1671—1745)和冯秉正(Joseph Marie-Anne de Moyriac de Mailla, 1668—1721)②都成了白晋的反对者③。而殷弘绪(Francois Xavier d'Entrecolles, 1664—1741)④作为白晋的上

---

　　① 　[美]孟德卫:《奇异的国度:耶稣会适应政策及汉学的起源》,大象出版社 2010 年版,第 342 页。

　　② 　冯秉正,法国人,耶稣会士,在会 64 年,在中国传教 45 年。1748 年 6 月 28 日于北京去世。葬于正福寺墓地,墓碑现存于北京石刻博物馆。(参考明晓燕、[法]魏扬波主编:《历史遗迹——正福寺天主教墓地》,文物出版社 2007 年版,第 119 页。)

　　③ 　[丹麦]龙伯格:《清代来华传教士马若瑟研究》,大象出版社 2009 年版,第 148 页。

　　④ 　殷弘绪,法国人,耶稣会士,在会 60 年,在中国传教 40 年。1741 年 7 月 2 日于北京去世,享年 79 岁。葬于正福寺墓地,墓碑现存于北京石刻博物馆。(参考明晓燕、[法]魏扬波主编:《历史遗迹——正福寺天主教墓地》,文物出版社 2007 年版,第 107 页。)

级,对白晋与康熙的接触以及白晋的易学研究均作了一定的限制,其中包括将《易经》中先天、后天视为救世主的预言等,并且对白晋的中文、拉丁文手稿特别是关于《易经》的文章进行严格的审查。① 之所以采取这样的措施,一方面是为了规范法国耶稣会士的传教职责;另一方面也为了避免法国耶稣会士的行为受到葡萄牙教团的批驳。但是,此举依然无法阻挡其他传教士对白晋的批评,不仅有巴黎外方传教士,甚至是耶稣会士内部也饱受争议。"他的思想受大多耶稣会士的批评"②;"Stumpf(纪理安——引者注)、Mailla(冯秉正——引者注)和 Regis(雷孝思——引者注)曾于 1715 年前后批评 Bouvet(白),说他太强调《易经》研究,迷失方向"③;等等。甚至连他的弟子马若瑟,对索隐易学也放弃过一段时间。而给予白晋易学研究最为严厉批评的即是法国耶稣会士汤尚贤,他的中文造诣一般,然而对白晋及其跟随者的批评非常苛刻,杜撰了很多带有色彩但又切中主题的词汇来形容他们,比如"白晋派(the sect of Père Bouvet)"、"白晋主义(Bouvetism)"、"象形学(this hieroglyphic science)"、"新以诺主义(the new family of Enochists)"、"伏羲—以诺派(the Fu His-Enochist Fathers)"、"易经学派(the I-chingists)",等等④,甚至在欧洲后面出现"耶稣会士主义"⑤一说。此外,包括白晋之后来华的传教士们大多对白晋的

---

① 参见 Paul A.Rule,*K'ung-tzu or Confucius?*:*the Jesuit interpretation of Confucianism*,Allen & Unwin,Sydney,London,Boston.1986.p.159。

② 卓新平主编,[奥]雷立柏编:《中国基督宗教史辞典》,宗教文化出版社 2013 年版,第 42 页。

③ 卓新平主编,[奥]雷立柏编:《中国基督宗教史辞典》,宗教文化出版社 2013 年版,第 125 页。

④ Paul A. Rule, *K'ung-tzu or Confucius?*: *the Jesuit interpretation of Confucianism*, Allen & Unwin,Sydney,London,Boston.1986.p.155 此外,还有张国刚一书提及到的唯经主义者(Kinsticae,纪理安语)、《易经》主义者(YKingnistes,钱德明语)等负面称谓。(参见张国刚:《明清传教士与欧洲汉学》,中国社会科学出版社 2001 年版,第 189 页。)这些带有情感色彩的词汇不同于钟鸣旦书中提及的名称,如象征学家"symbolist"、易经学家"Kinist"(from Ye Kim, i.e. Yijing)、以诺学家"Enochist"、神话学家"mythologist",等等。(参见 Standaert, Nicolas., *Handbook of Christianity in China*, Volume one:635—1800,p.688。)此外,卜文气(Louis Porquet,1671—1752)神父则将白晋以及他研究的中国经典中神化的人物称为"神话学家 theMythologists",认为是对中国文化特别是儒家经典的神话解释。(参见 Paul A.Rule, *K'ung-tzu or Confucius?*:*the Jesuit interpretation of Confucianism*, Allen & Unwin,Sydney,London,Boston.1986.p.156。)

⑤ "耶稣会士主义"指为了达到良好的目的可以不择手段,口是心非的处世之道。(参见张国刚:《明清传教士与欧洲汉学》,中国社会科学出版社 2001 年版,第 267 页。)

《易经》研究持有否定态度。"对白晋提出批判的已经是新的一代人了,如宋君荣和雅嘉禄(P.Jean-Baptiste Jacques,1688—1728 年)。"①他们以中国教友约翰(Johannes)对白晋研究"后稷"的批驳作为切入点,指出索隐派的危害,认为"白晋的体系根本就是无本之木、无源之水,必须被禁止"②。更为严重的是,白晋的"反常"和"执着",以至于他的同伴们特别是在北京的法国传教士中间引用康熙之言"白晋受了《易经》气魔"("Bouvet has absorbed the spirit of the Yijing"or "Bouvet was fascinated by the Yijing"),讽刺白晋对《易经》的痴迷乃是"着了《易经》的魔"③(le diable de l'y Kim qui l'obsede)。连白晋的弟子马若瑟亦言白晋"这个可怜的老头儿已因思考《易经》而走火入魔"④。加上巴多明将"mo"解释为"魔鬼"(devil)和"恶魔"(demon)⑤,所以白晋在传教士当中的名声严重受损。尽管康熙后来纠正了此说,傅圣泽也对此作了解释,但是却无济于事。关于白晋的诸多负面言论被不断地传入欧洲,近乎"异端"的形象成为当时传教士对白晋的普遍认知。在教会内部,白晋的《易经》研究俨然成为了众矢之的,引起了强烈的异议和反对的声音。而在传教士外部,也兴起了对白晋易学研究的反对之风,如圣西门(Saint—Simon)、弗雷烈(Fréret)以及其他某些人⑥,特别是索邦神学院(Sorbonne)的教授们,他们对索隐学的批判,对白晋及其弟子来说更是"雪上加霜"。可以看到,无论是教内还是教外,反对者多数是站在维护宗教纯洁性的立场上对白晋等人的易学研究进行唇枪舌剑的反驳。因此,我们应该抛开宗教因素,对白晋易学研究思想本身的局限性做审视和反思。

在柯兰霓的书中提及白晋的传教理论之所以没有被真正投入实践的原

---

① [德]柯兰霓:《耶稣会士白晋的生平与著作》,大象出版社 2009 年版,第 100 页。

② [德]柯兰霓:《耶稣会士白晋的生平与著作》,大象出版社 2009 年版,第 101 页。

③ Albert Chan,S.J,*Chinese Books and Documents in the Jesuit Archives in Rome*,Armonk,N.Y.:M.E.Sharpe,2002.p.518.

④ [丹麦]龙伯格:《清代来华传教士马若瑟研究》,大象出版社 2009 年版,第 154 页。

⑤ Claudia von Collani,*The First Encounter of the West with the Yijing——Insrodution to and edition of letters and Latin translations by French Jesuits from the 18th century*,Monumenta Serica 55(2007),pp.251–252.

⑥ 参见克劳德·昂列·圣西门(Claude Henri de Rouvroy,comte de Saint-Simon,1760—1825),法国哲学家;尼古拉·弗雷烈(Nicolas Fréret,1688—1747 年),法国人文学者。

因:一是由于思想的零散性,并未形成一个完整的理论体系;二是由于传教士内部传教策略的分化,没有内部条件保障其学术理论的实施;三是由于政治上教廷和朝廷的矛盾,外部环境(主要是"禁教令"的颁布)也影响到白晋的研究工作,从而理论无法得到实现和完善。① 故毋庸说后人对白晋易学思想的推广,就连对其的整理和评价的文献也很难寻求,"迄今为止,也只有极少数的散落在各个图书馆的索隐派的著作被比较完整地分析和评价过,但是与此有关的很多作品都已经遗失了"②。不仅仅是白晋的著作,连关于他屈指可数的弟子相关材料亦是难寻踪影。"马若瑟的多部索隐学著作尘封在档案馆之中。"③故他们写作的大量论文和著作不仅没有得到任何的出版,而且很多都在图书馆中同历史一起沉默。故随着他们的相继去世,索隐学派越来越散,易学、索隐学也随之湮灭入土。

具体到本书,所涉及的耶稣会士关于易学阐释的文本局限,从梵蒂冈图书馆所馆藏的中文易学资料来看,主要表现为:其一,是白晋对易学阐释的重点主要是通过《圣经》故事,不仅统摄天、地、人三道,也以救世主耶稣作为先天、后天《易》划分之标准,这完全偏离了易学史的轨道,易学成为了《圣经》的"傀儡"。其二,是关于易学相关原理的探讨,比如对天学的分析等,白晋及其弟子们都重视天人之学,但多是对中华典籍的材料堆砌,尽管罗列出诸多哲学范畴,但是缺乏思想论证。其三,在白晋的易学研究中,无论是对易学的义理诠释,还是象数的图像说明,都缺乏严重的历史真实性,带有很强的主观臆断性,沦为附会之嫌。其四,在对《易经》具体卦爻进行分析时,所掌握的梵蒂冈图书馆中文材料,仅仅涉及《乾》至《否》这十二卦,对其他卦的涉及也多为零散之辞,所以没有一个对易经详细解释的完整体系。而相比白晋而言,傅圣泽则表现为:一是更注重对中西文化概念范畴的界定,然而却缺乏对哲学范畴的因果关系进行逻辑思考,仅有框架而无思想内涵。二是注重本土化的思想对应,"以中注中",虽没有浓厚的《圣经》的痕迹,但是却生硬对应,亦是缺乏深入的

---

① 参见[德]柯兰霓:《耶稣会士白晋的生平和著作》,大象出版社2009年版,第213—214页。

② [德]柯兰霓:《耶稣会士白晋的生平和著作》,大象出版社2009年版,第214页。

③ [丹麦]龙伯格:《清代来华传教士马若瑟研究》,大象出版社2009年版,第239页。

理性分析。三是开展了道耶对话,注重道学诸家之说,广泛涉及道学著作,借道解耶,然而引用居多,存有主观臆断之嫌。四是重视"信经而不信传",这亦是对利玛窦等人思想的延陈,并无高深创新之处。关于马若瑟的易学研究,一是非常重视文字研究,将文字学和易学相联系,试图用文字去做《易经》和《圣经》的沟通媒介,在文字中寻求二者的联系。然而文字的拆分难免是对思想的简单化,从而减弱《易经》的思想性。二是在马若瑟的易学研究里含有佛教和鬼神的批判。尽管对佛教和民间宗教的批判在来华传教士中屡试不爽,然而将其与《易经》联系,着实颇具新意。但是马若瑟仅仅点到为止,并没有追寻问题本质或者进行系统阐释。三是马若瑟对刘凝思想的借鉴,较之于白晋和傅圣泽,他与学者刘凝的学术交往,显得其学术更具有中国文化的气质。然而刘凝用功最多之处毕竟是文字学,故马若瑟对他思想借鉴多是在文字学上,而非易学上。

综述白晋、傅圣泽、马若瑟三人的易学研究,可以看到三人的思想本身存在的理论缺陷,是导致易学研究无法在历史上延续的重要原因之一。本书对白晋易学思想局限的审视与反思主要有四:首先,是关于白晋易学思想的价值定位,他到底是以《易经》为本,还是以《圣经》为本? 其次,是易学诠释方法,他所采取的进路属于《易经》义理学,还是《圣经》诠释学? 再次,在对《易经》作者伏羲的形象解读中,白晋是故意曲解("以中合西")还是刻意化解("中西融合")? 最后,在整体的思想冲突上,白晋对《易经》所做的努力是一种传统经学的突破还是他传教的本分? 根据以上的思考,一方面力求更加全面地解读白晋的易学思想;另一方面也以一种开放式的心态来呈现白晋研究《易经》的状况,从而对经学研究的多元研究路向进行思考,寻求新的思维起点。

一、价值定位:《易经》本位还是《圣经》本位?

我们应该清楚,白晋及其弟子的易学思想不能视为中西文明价值观的冲突,一方面是由于他们的观点不仅在教会内部没有得到认可,受到很大程度上的限制,而且在西方学术界也遭到批责,他们被看作是对天主的不敬,更是

"亵渎"学术,并不能够代表当时西方主流文化的观点;另一方面他们试图想在融合中西文化价值的基础上达到传教的目的。故较之于其他的修会更加强调中西方文化的融合性而非对立性,在礼仪之争中耶稣会士扮演的角色恰好是教廷的对立面,试图调和礼仪问题。尽管如此,但是白晋及其弟子的易学思想依然不能将其归为中华传统文化这一方,因为他们的目的依然是在中华大地上显现基督的面孔,这便形成了文化交流史上一个特殊的现象。他们的价值观(宣扬天主)和实施方式(耶易和合)表面结合,却存有内在冲突。从自身而言,无论是经学研究还是传教事业,都没有取得预期的效果。从效果而言,中西方统治阶层、宗教界、文化界都不满意。康熙帝 1717 年正式颁布禁教,而雍正、乾隆时朝更是明文禁教,最终随着最后一名耶稣会士钱德明(Jean-Joseph-Marie Amiot,1718—1793)①的逝去,在华传教的精英团体耶稣会士终于消失殆尽。而教宗克莱门特十四世(Clement XIV,1705—1774)亦于 1773年宣布解散耶稣会,自此耶稣会沉默在历史当中,直到 1814 年教宗庇护七世(Pius VII,1742—1823)批准恢复耶稣会。

　　传教士秉承着虔诚信仰来到中国,在他们的眼中,教会经典《圣经》的权威远远高于世俗文本。因此,在处理宗教信仰与世俗文化的关系中,尽管试图去理解人间的伦理道德实践,但依然很难抛开信仰的主宰痕迹。作为耶稣会士也不例外,他们在对待《易经》时,其研究立场是基于基督宗教的信仰,自然而然体现出一种浓厚的宗教情怀。而对于文本解读而言,一旦有先入为主的宗教立场预设便不可避免地出现思想偏向,其学术研究必然有失偏颇。《易经》在他们眼中所呈现的是带有天主的启示的,这种启示跳跃在异国文字中,不断地拨动他们的心弦。借用施莱尔马赫(Friedrich Schleiermacher,1768—1834)的神学观点,"一切基督宗教神学命题,无论在形式上多么精确并具有客观性,它的意义的根源都必须由耶稣基督所传达的并保存于《圣经》和教会中的基督徒宗教意识中去寻找"②。所以,白晋带着强烈的宗教意识将宗教生

---

①　钱德明,法国人,耶稣会士,在会 38 年,在中国传教 43 年。1793 年 10 月 8 日于北京附近去世,享年 75 岁。葬于北京正福寺墓地,现墓碑存于北京石刻博物馆。(参见明晓燕、[法]魏扬波主编:《历史遗迹——正福寺天主教墓地》,文物出版社 2007 年版,第 163 页。)

②　黄毅:《意识的神学:施莱尔马赫神学方法研究》,人民出版社 2013 年版,第 7 页。

活开展在非基督文化背景的中国,所要做的不是中西文化的客观"调和",而是在对《易经》智慧的理解中注入基督的影子,试图以西方之"经"(《圣经》)作为圭臬来界定东方"经"(《易经》)的基调,以促成对基督宗教的认知。

客观而言,《圣经》和《易经》有着本质的区别:其一,关于文本性质。《圣经》为宗教启示性文本,且不乏人文性。它是信仰之源,所指称的世界属于天主的世界,所体现的便是基于天主的"创造"(Creation)和对人间"护佑"(Providence)的神人关系。而《易经》属于人文经典,它所宣扬的世界偏向于自然生机论的"生生"的世界,所阐释的天人关系是一种不断交互的过程,"一个'生'意将天人之际贯穿了起来"①,且人伦关系比神人关系更为重要。"在中国,则从来不曾主张爱神应该过于爱人,及爱人应本于爱神的学说。"②其二,关于作者问题。两本经典同为完书,但是《圣经》作为启示录,其作者是未知的,"个人并不营造开端"③,它是历代智慧的汇集,"《圣经》前后有四十几位作者,所处的时代不同,职业、身份不同,写作环境也有很大差异"④。而关于《易经》的作者,尽管迄今无定论,《汉书·艺文志》有"人更三圣,世历三古"之说,而普遍认为是"易更三圣"即伏羲、周文王和孔子。"三古"即伏羲画八卦为上古,周文王演绎六十四卦为中古,孔子作"十翼"为近古。"若东汉以前,儒者皆言伏羲画卦,文王重卦,孔子作《系辞》;更无异说。"⑤当然,关于重卦六十四的作者,还有主张伏羲说(《淮南子》)、神农说(郑玄)或者夏禹说(孙盛)⑥。此外,还根据《汉书·律历志》记载:"伏羲画八卦,由数起,至黄帝、尧舜而大备。"加上了黄帝、尧舜。还有提出《周易》为殷亡后遗民所(陈梦家)、筮者所作(顾颉刚、李镜池),等等。然而在主流观点上,依然停留在"三圣"身上。其三,关于主要内容。《圣经》是一部启示录和"契约书",具有深厚的宗教内容。按照基督宗教认为,《旧约》是天主通过摩西与以色列人所订,

---

① 向世陵:《易之"生"意与理学的生生之学》,《周易研究》2007年第4期。
② 唐君毅:《中国哲学思想之比较研究集》,台湾学生书局1988年版,第247页。
③ [德]施特劳斯:《神学与哲学的相互影响》,林国荣译、何子建校,参见王晓朝、杨熙楠主编:《沟通中国文化》,广西师范大学2006年版,第133页。
④ 蔡德贵:《孔子与基督》,世界知识出版社2009年版,第129页。
⑤ 傅宏星主编:《钱基博集——经学论稿》,华中师范大学出版社2011年版,第311页。
⑥ 蔡尚思主编:《十家论易》,上海人民出版社2006年版,第7页。

视为神人间的约;《新约》则是通过耶稣基督与信者所订,为人之间的约。《旧约》内容主要是天主创造世界、诺亚方舟、选定民族、成立国家,以色列分裂即战争以及救世主降生的预备。而《新约》内容便是对救世主耶稣从诞生到复活的生平以及作为教训的"四部福音"。而《易经》包含六十卦,三百八十四爻,卦有卦辞,爻有爻辞。虽然文辞简单抽象,但是其内容所反映的多是一些现实社会生活状况、生活经验总结以及对后世的警示作用。其四,在思想观念上,《圣经》中所宣扬的原罪观,无法自救的人性观,与《易经》中的应时而变的自然人性观迥异;关于三位一体的神性观也与天、地、人三才结构截然不同;等等。其五,二者与哲学、历史的关系。《圣经》作为神学作品,拒绝与哲学的整合,言称把握绝对真理且真理自证,任何哲学理论都不能与《圣经》的同日而语。而《易经》本身即为一个哲学作品,它蕴含着丰富的哲理和生命学问,特别是在宇宙观、辩证法、社会观等方面影响深远。《圣经》的历史是分超越的历史和有限的人间历史,人间的历史是具有末世论和终结论的,《圣经》凌驾于历史之上,且主宰着历史;而《易经》中的历史观是统合的,且经史多相为表里,互为诠释。且考虑到宗教信仰与文化比较中必然存有一定的自我本位的倾向。如马若瑟曾对《圣经》和《易经》做过比较,认为"中国的'经'是远远比不上《旧约》的"①。由此可见,《圣经》与《易经》本属于异质文化形态和话语体系,要在中华语境中达到融合,绝非易事。

白晋所持有的立场,表面上是以《易经》为本位的经学研究。他以一个西方传教士的眼光来领略中华的思想精髓,并且卓有成效,这也符合当时康熙对他的期许。但是实质上,《易经》仅仅是白晋的基督信仰传播载体,他没有一刻忽略至上天主,也没有丝毫对天主教义的偏离。所以较之于佛道二教的《易经》研究,尽管佛道二教也存在着价值观的本然对立,但是他们却懂得适当的"卑躬屈膝",在教义上能够"能屈能伸"。而白晋他们不是以《圣经》来附会《易经》,而是试图用《易经》来适应《圣经》,这样的根本方式的不同导致与佛道二教不同的命运。由此可见,尽管白晋试图在《圣经》与《易经》之间建立一座虹,然而虹却因为基督信仰的强势和对《易经》的偏离而无法实现。

---

① ［丹麦］龙伯格:《清代来华传教士马若瑟研究》,大象出版社2009年版,第214页。

二、方法取向:《易经》义理学还是《圣经》诠释学?

在文本理解方面,此文涉及一个中西经学诠释观的问题。诠释观包括诠释主体、诠释文本(客体)、诠释方式以及诠释语境等要素。诠释主体的立场决定了诠释性质。作为耶稣会士的白晋及其弟子,他们的宗教立场决定了其诠释的宗教性,而诠释文本《易经》又属于经学著作,具有中华典籍的权威性,这便产生了一定的"对峙性"。《圣经》的权威性使得它所要求是"《易经》注我",尽管对于《易经》本身义理的开放性来说,并非完全不可能。白晋及其弟子试图通过"以耶释《易》"的方式达到一种义理调和,但是鉴于所诠释文本的理解对象乃是中国人,而非欧洲人,故诠释语境和接收对象的确定使得这样的主观想法无法落实。诠释的目的是为了理解,在本书中白晋更是试图进行中西视域的跨文化交融,期望能够将基督带到中国文本中,透过经典而被理解、接纳甚至信仰。这样的思想诠释必然带动文化比较和经学思考,白晋在对《易经》章句的理解上确实做到了通晓以及一定程度上的训诂,而且也有专业的义理训练,能够将《易经》体系圆融地把握。然而先见立场和宗教知识使得他的训诂、校勘变成了中西方经典的杂合,尽管从字面上也能够理解其意思,但全属牵强附会之文,无根之论。随着时间发展,越来越沉积的"歪曲"与"背离",不仅传教士们觉得荒谬至极,连康熙和儒生士大夫也无法忍受,最终白晋的经学诠释活动由最初的兴奋变成了一种困难的坚守。

在他的易学方法论中,其一,他试图结合《易经》中"六位时成"和"七日来复"与《圣经》传世纪的时间六天劳作、七日休息的规定相联系,用时间来证明《圣经》与《易经》同源性。然而却忽略了《易经》的先天、后天的逻辑性,这不仅是《圣经》时间概念中所不涵寓的,这样的数字附会本身就是一种理论缺陷。其二,对《易经》中所出现关键字词进行"《圣经》式"的文字拆分,对应《圣经》故事,通过神卦象和文字来索隐基督宗教的真理。这样的诠释依据有明显的神学特征,而与文字本义南辕北辙,并且主观性地放大文字对思想的效用。其三,在诠释易经中重视数理图像的方法,白晋的目的并不是对《易经》

本身的思想诠释,他结合象、数、理,以形象的方式来证明《天尊地卑图》为万数象之宗,而又将《天尊地卑图》回溯到《圣经》先知所绘制图上,这样的象数说明丝毫无益《易经》本身。其四,白晋遵循传统义理释经,以索隐的方式来体现《易经》的象征意义,并且引经据典,赋予释经权威。但是这样的经学方式并没有缓解矛盾,他一方面竭力在维护《圣经》的真实度,另一方面也在认真地研习《易经》,希望通过各自的"真"来说明共同的"真",这无疑是"异想天开"。要在宗教经典和世俗经典找到契合点,必然需要双方有一定的"妥协",这样才可能在中西文化独立发展的平行线上找到交汇点。

在他的易学思想中,其中最大的"谎言"即是将《圣经》中"三位一体"(Trinitas)的思想同《易经》中天、地、人三才思想相统合。在《圣经》里,天主的身份即造物主,它造万物,即是从一出多,而出现的"父"与"子"的称谓实为拉近了造物主与被造之人的距离,"圣"与"神"(或"灵")的对应为造物主化生万物的另外一种显现,"三位一体问题,在根本上是天主之显——隐问题"①。在经历了"经世三位一体论"(Economic View of the Trinity)、"动态论的神格唯一论"(Dynamic monarchianism)、"形态论的神格唯一论"(modalistic monarchianism)、"正统派神学的三位一体结构"(One ousia in three hypostases)等②发展以后,"三位一体"的理论得到一定的完善,然而却依然无法解决三个位格的独立和与天主实体的整合关系。"尽管每个位格都是一,但他们却并不能加起来而成为三个实体。"③最终,奥古斯丁的《论三位一体》(On Trinity)解决了三位一体的本质问题。三位一体不是三神,而是一神,是具有同一本质的合一,即是对天主本身的规定,"除了'三一'(Three Persons in one)的天主外,便没有天主可被称为天主了"④,故"圣父、圣子和圣灵是同一个实体(hy-

---

① 黄裕生:《宗教与神学的相遇——奥古斯丁与托马斯·阿奎那的基督宗教哲学研究》,凤凰出传媒集团 2008 年版,第 209 页。

② [美]米拉德·J.艾利克森著,L.阿诺德·休斯塔德编:《基督宗教神学导论》,陈知纲译,上海人民出版社 2012 年版,第 142—145 页。

③ [美]米拉德·J.艾利克森著,L.阿诺德·休斯塔德编:《基督宗教神学导论》,陈知纲译,上海人民出版社 2012 年版,第 145 页。

④ Gilson, Etienne, *The Christian Philosophy of Saint Augustine*. London: Victor Gollancz, 1961, p. 214. 转引自陈驯:《创造与恩典——奥古斯丁〈创世纪字义解释〉中的神学人类学》,宗教文化出版社 2012 年版,第 33 页。

postasis)。三个位格（Personae）"①所体现的根本原则即是"位格概念中体现出来的本质和存在的统一"②。德尔图良断言"三位一体的教义必须依靠天主启示出来，而不是靠人建构出来，就是正确之举了"③。而托马斯·阿奎那的著作《神学大全》的第一册专门探讨了"天主三位一体"的问题，他从天主位格出发，探讨了位格的起源即出发（Processio），区分 Person（位格）与 Substantia（自体、实体或本体，以及本质）的区分关系以及位格的多数性，"天主之位或位格不局限于'三'这个数目"④。进而分别论述圣父、圣子、圣神之位格。天主的本体是一个，位格是三个，三位同属一体，"就基督宗教宣称天主是独一的天主同时又有三位格同为天主这一点，基督宗教信仰是独一无二的"⑤。天主是独一的，且三位皆具神性⑥，从而显示全能，故"必须把天主看成三而一的天主，换言之，也就是视为三位一体的天主"⑦。

白晋带着这样的"三位一体"认知来体认《易经》的天、地、人三才之道，首先他以《易经》的先天、后天来区分《圣经》的《旧约》和《新约》，从而定下文本的范围。他将太极之本"太一"视为天主之化身，"太一"是主，再造三一，圣子耶稣乃一位三体。而在《易钥》中，不仅将"三位一体"（圣父、圣子、圣神）与伏羲的先天八卦图相对应说明《易经》与三位一体的关系，而且以天、地、人三才合天皇、地皇、人皇等同为天主三位。而这样的比附是具有理论缺陷的，

---

① 黄裕生：《宗教与神学的相遇——奥古斯丁与托马斯·阿奎那的基督宗教哲学研究》，江苏人民出版社 2008 年版，第 212 页。

② 徐龙飞：《行上之路："Una essentia-tres personae"——论奥古斯丁的三位一体上帝论的哲学建构》，《同济大学学报》2011 年第 5 期。

③ 参见[美]米拉德·J.艾利克森著，L.阿诺德·休斯塔德编：《基督宗教神学导论》，陈知纲译，上海人民出版社 2012 年版，第 149 页。

④ ［意]托马斯·阿奎那：《神学大全》第一册，周克勤等译，中华明道会/碧岳学社 2008 年版，第 446 页。

⑤ ［美]米拉德·J.艾利克森著，L.阿诺德·休斯塔德编：《基督宗教神学导论》，陈知纲译，上海人民出版社 2012 年版，第 135 页。

⑥ 关于三位一体在《圣经》中的体现，如圣父即上帝，乃为"你们在天上的父"；圣子耶稣"本有上帝的形象"（腓立比书 2：6）并且被称为"主"（诗 102：25），他降世为人，显现奇迹，死而复生，末日审判，皆为他神性的体现。圣灵同样被描述为上帝的属性，并且行上帝所行之事，"圣灵叫人重生，赐下新生命"（约 3：8），从而圣父、圣子皆为圣父所显。

⑦ ［美]米拉德·J.艾利克森著，L.阿诺德·休斯塔德编：《基督宗教神学导论》，陈知纲译，上海人民出版社 2012 年版，第 139 页。

《圣经》中的三位一体思想具有明显的从属关系,圣父为一,是一神论的基本特征。《易经》中的天、地、人三才的关系更多的是体现一种并列关系,所代表的天、地、人三道构成这个世界的基本宇宙观,且在卦爻中以上、下、中的位置相应体现,构成卦象以释其辞。二者存在着本质区别,不能混为一谈。

更进一步,在不同的天人关系下对"天"的概念也是截然不同的。天主之"天"自《创世纪》天主以分天地以后便具有了神学象征意义,为天主住所、福音所在、启示所来,"指天主居住神圣奥秘之处,天堂指向信徒所期盼之终极福乐处"①。奥古斯丁在《忏悔录》后三卷论及《传世纪》第一章"天,是耶和华的天;地,他却给了世人"②。认为天是"天上之天"或"天外之天",这样的天"属于天主而不属于人的子孙"③。由此可见,天主之天仅属于神圣一方,高高在上。而《易经》中"天"的意义具有多重含义:一是指代苍苍自然之天,"苍苍之谓天,运转周流不已"④。二是指代主宰运命之天,主宰之天的"天"主要和"帝"、"天帝"紧密结合在一起,将天人格化,如"帝出乎震"。三是为义理物则之天。这是一种抽象之天,是对天地物理规则之规范。而白晋在进行"天"的转化时,多将"天"神化以对应《圣经》之天,即天主之天,从而脱离了《易经》天之本来含义。

在对《河图》、《洛书》的理解上,白晋首先将《河图》、《洛书》作为《易》数、象、图之根原,为先师作《易》之所据。在《易学外篇》中以专节讲授"易数象图本于河洛",认为先天、后天三易之数象图,皆由河洛而衍生。白晋结合《易传·系辞上》所言"河出图,洛出书,圣人则之"⑤一语,反推圣人出是由于天下乱为河图洛书分之凶,故以河洛之分合来定先天、后天三易之吉凶。河洛未分之时,为先天连山《易》之元吉,以正三极;河洛分为二图,乃归藏《易》之凶,

①　林鸿信:《从基督宗教的天人关系看儒学的天人关系——经文辨读的思考方式建议》,收录中国人民大学基督宗教文化研究所主办:《传教士与中国经典——基督宗教文化学刊》2011年第26辑。

②　《圣经·诗篇115:16》(中英对照),中文和合本,英文新国际版,中国基督教三自爱国运动委员会、中国基督教协会2007年版,第997页。

③　[古罗马]奥古斯丁:《奥古斯丁忏悔录》,徐玉芹译,志文出版社1985年版,第316页。

④　(宋)黎靖德编,王星贤点校:《朱子语类》卷一,中华书局1986年版,第5页。

⑤　(魏)王弼注,(唐)孔颖达疏:《周易正义·系辞上》,李学勤主编:《十三经注疏》标点本,北京大学出版社1999年版,第290页。

失自然之正；而河洛二图的复还成后天《周易》，复先天元吉。其次，将伏羲与每瑟相等同，皆为作图之先师，传授天道秘学。伏羲所传先天八卦之图源于《河图》、《洛书》，由《河图》、《洛书》到八卦、六十四卦，便是天道之展现。而每瑟所传为三极三才之图，同于《天尊地卑图》，其数象起于一而成于三，同为一本二元而终于十，乃《河图》、《洛书》乾坤天地相合之全数。最后，每瑟所传秘书《圣经》即为《河图》、《洛书》之原，《圣经》为圣教之原旨，所表现形式为三才三极之图传至中国，虽形式上已经异于《天尊地卑图》，然后其数、其序、其道、其理、其用实为相同，为《河图》、《洛书》之原，从而统中西元典，合文化之原。当然这是白晋自我的臆想推断。在中华，河洛虽本为地理概念，实为一个文化概念，象征着中华文明之发生。特别是在易学中，伏羲作《河图》而至八卦，夏禹作《洛书》而至九畴，无论先秦易学中所言能预测圣人来世的祥瑞神物（龙马与神龟）、汉代谶纬易学中所记载的负图贡书的神话传说，还是宋代图书易学中黑白象数的抽象体现，《河图》、《洛书》在易学研究中的地位可见一斑。关于《河图》、《洛书》的起源问题在历史上本为众说纷纭，莫衷一是，这使得白晋有了发挥的空间，将中西两种经典的源头透过先圣的合一（伏羲与每瑟实为一）而相遇，共阐天学道理。

所以，白晋在进行《易经》研究的过程中，客观而言，可看作是"《易经》注我"的经学义理路向，属于《易经》义理学的大范畴。但是根据白晋的宗教立场，更多的是作为《圣经》诠释学的延伸，以《圣经》作为蓝本，将其主旨体现于《易经》之中，《易经》成为了《圣经》索隐的文本载体。

三、形象解读：对伏羲形象的曲解还是化解？

白晋关于《圣经》与《易经》的人物形象的对应在他的易学研究中随处可见，最为重要的即是圣子（救世主）、圣父天主、圣母玛利亚以及魔鬼撒旦在《易经》中的体现。不管是否得当，可看作是白晋以耶释《易》的特色体现之一。其中关于描绘蛇与伏羲形象，是思想上的一个无法回避的问题，这与传统认知发生了冲突。

关于蛇的形象。受宗教背景、知识结构等多方面影响,在白晋的认知里面,谈及《圣经》中蛇的形象必然和"魔鬼"联系在一起,蛇作为魔鬼的化身,不仅与天主对立,而且引诱了人类的原罪。其实在早期希腊罗马神话中,"魔鬼"是介于神与人之间的生物,"社会伦理地位虽然比不上神,但肯定高于人"①。到了《圣经》时代,魔鬼的伦理地位已经彻底和天主对立起来,成为道德善恶的两极象征。在《圣经》中,"撒旦(Satan)"为魔鬼(Devil)的总代言人。"撒旦就是抵挡的意思,乃魔鬼的别名"②。还有称"鬼魔"、"邪灵",如"圣灵明说:在后来的时候,必有人离弃真道,听从那引诱人的邪灵和鬼魔的道理"③。"恶魔"如"神使恶魔降在亚比米勒和示剑人中间"④。此外,还有称"别西卜(Beelzebub)是鬼王的名"⑤,等等。尽管在伦理上天主与魔鬼对立,但是地位上魔鬼是低于天主的。《圣经》是一神论的,故只有唯一的至上神存在。在白晋的描述中,亦是遵循《圣经》的。关于蛇的形象,除了有两处引用使用摩西之"铜蛇"⑥象征救世主的正面形象以外,其余"蛇"都由于引诱人祖夏娃犯下原罪而为负面形象,与"魔鬼"等同。特别是在《易钥》和《易引原稿》中,对"蛇"之形象进行了具体描述。概而论之,其一,蛇为"恶魔"的化身,其至初至大之恶在于害人祖犯下原罪,恶魔"特借蛇形以己邪魔之毒气吐染上主所禁之果以耽人祖"⑦。其二,蛇为"邪魔",不仅自己与天主决斗,而且还引诱人与上主对立,"邪魔自角天帝,引人同角"⑧。其三,蛇为"傲虐之

---

① 林中泽:《早期基督宗教及其东传》,上海古籍出版社 2011 年版,第 2 页。

② 《圣经·马太福音 4:10》(中英对照),中文和合本,英文新国际版,中国基督教三自爱国运动委员会、中国基督教协会 2007 年版,第 5 页。

③ 《圣经·提摩太前书 4:1》(中英对照),中文和合本,英文新国际版,中国基督教三自爱国运动委员会、中国基督教协会 2007 年版,第 368 页。

④ 《圣经·士师记 9:23》(中英对照),中文和合本,英文新国际版,中国基督教三自爱国运动委员会、中国基督教协会 2007 年版,第 409 页。

⑤ 《圣经·马太福音 10:25》(中英对照),中文和合本,英文新国际版,中国基督教三自爱国运动委员会、中国基督教协会 2007 年版,第 18 页。

⑥ 《泰卦》上六:"据天主《圣经》,古者立铜金蛇蟠于水杆,以为天主子降生,乘十字之木致命。"(梵蒂冈图书馆 Borgia·Cinese,317-2°,第 22 页。)另参见《乾卦》九五:"奉主命举立刚金之铜蛇,乘十字木,利子民见,而救之"。([法]白晋:《大易原义内篇》,梵蒂冈图书馆,Borgia·Cinese,317-9°,第 13 页。)

⑦ [法]白晋:《易钥》,梵蒂冈图书馆 Borgia·Cinese,317-2°,第 5 页。

⑧ [法]白晋:《易钥》,梵蒂冈图书馆 Borgia·Cinese,317-2°,第 21 页。

魔",毒害人心,使人狂傲无知,不尊上主,"及于毒人心之蛇,即傲虐之魔所害之世"①。其四,蛇为天下灾害之象,"天国之风俗大败,流诸邪术,四方异端逢蛇起"②,"趋恶神,逐龙蛇等害"③,从而预设天地无道,正义难以行于世。其五,以蛇对照中国神话人物共工的形象,如《山海经》所言"共工人面蛇身朱发也"④,并且通过《说文》、《尔雅》等对蛇进行字义解释。在此基础上,引用《淮南子》"昔者共工与颛顼争为帝,怒而触不周之山,天柱折,地维绝"⑤之语将共工与颛顼争帝之事来对应恶魔(天使露即拂尔)与天主的对立,"异傲亢逆登飞与帝天角"⑥。由此可以看到,蛇已经与"魔鬼"混为一类,在《圣经》中属于阴暗势力。然而蛇在中华的形象并没有如此极端的负面伦理色彩。在一定程度上恰恰相反,比如在民俗中还作为十二生肖之一,且被称为"小龙",化为祥瑞之征。至为重要的是中华诸多文献载籍中,作为华人祖先的伏羲和女娲的传统形象即为"人蛇合一"、"人首蛇身",这便大大提高了蛇在文化中的地位。

关于伏羲的形象。首先是伏羲的本土角色。由于"神话历史化"⑦的作用,伏羲逐渐由一个神话传说人物演化成历史人物,由上古氏族部落首领或者英雄化成为了人间的帝王,更跻身为上古圣王的三皇之列,成为三皇之

---

① [法]白晋:《易钥》,梵蒂冈图书馆 Borgia·Cinese,317-2°,第7页。
② [法]白晋:《易钥》,梵蒂冈图书馆 Borgia·Cinese,317-2°,第8页。
③ [法]白晋:《易钥》,梵蒂冈图书馆 Borgia·Cinese,317-2°,第14页。
④ (东晋)郭璞传:《大荒西经》第十六,《山海经》三,中华书局1985年版,第127页。另外,梵蒂冈图书馆中还涉及《说文》、《尔雅》《淮南子》《史记》等文中对共工形象的记载,如"《归藏启筮》云:'共工人面蛇身朱发'(先天易,易同丧神人万灵之命而为《归藏》,其凶因本于魔,取蛇,故《归藏启筮》归之于蛇身)。《说文》:'螣,神蛇也。'《尔雅》'螣,螣蛇'。(注)龙类能与云雾(叛神初螣于天如龙后坠于地蟠木如蛇)。《淮南子》:'昔者,共工与颛顼争为帝,怒而触不周之山,天柱折,地维绝。'《史记》:'颛顼,东至于蟠木'(蟠木有蛇虫所蟠之木)'"。[法]白晋:《易引原稿》,梵蒂冈图书馆,Borgia·Cinese,317-6°,第32页。另外参见"《纲鉴补》云:'太昊氏(天皇也)没共工氏作乱。'又云:'共工任知自神'。《六韬》曰:'共工氏自贤,以为无可臣者'。《归藏》启云:'共工人面,蛇身,朱发。'《文中子》曰:'赤帝为火灾。'又云:'共工为水害。'此之谓也。"[法]白晋:《易学外篇》,梵蒂冈图书馆,Borgia·Cinese,317-10°,第6页。
⑤ 《淮南子·天文训》,《百子全书·列子》第三册,岳麓书社1993年版,第2826页。
⑥ [法]白晋:《易引原稿》,梵蒂冈图书馆,Borgia·Cinese,317-6°,第30页。
⑦ 刘惠萍:《伏羲神话传说与信仰研究》,陕西师范大学出版总社有限公司2013年版,第19页。

首。"伏羲、女娲、神农,是三皇也"①;"伏羲、女娲、神农为三皇"②。其次,
关于伏羲的模样。在汉代纬书中,《春秋纬·元命苞》"伏羲大目,山准,龙
颜"③;《春秋纬·合诚图》中亦言及"伏羲龙神牛首、渠肩达腋、山准日角、
奯目珠衡,骏毫翁鬣,龙唇龟齿。长久尺有一寸,望之广,视之专"④。并且
多与女娲形象一样,为人首蛇身。"包羲氏没,女娲氏代立……亦蛇身人
首。"⑤再次,他在佛道二家中的形象。伏羲作为传统神话中的始祖神与创
世神,除了儒家以外,佛教和道家对其的形象皆有所用。在佛教中多与菩萨
对应。比如东晋道安在《二教论·服法非老第九》引用《须弥四域经》中"宝
应声菩萨名曰伏羲,宝吉祥菩萨名曰女娲"⑥;法琳在《辩正论》卷五云"伏
羲皇者应声大士,女娲后者吉祥菩萨"⑦;等等。而在道家中,伏羲被视为太
上老君的后世弟子,"老君下为师,号曰无化子,一名郁华子,教示伏羲,推
旧法,演阴阳,正八方,定八卦,作《元阳经》以教伏羲"⑧。还有说法,太上老
君是将《天皇内经》十四篇和《灵宝图道德五千文》授予给了伏羲,伏羲号曰
"天真景星真人"⑨。最后,天主教关于伏羲的形象。前已陈述,在白晋之
前,就有传教士如柏应理、门泽尔、巴耶尔、约翰·韦伯等人都将伏羲与《圣
经》人物联系在一起。甚至清初国人李祖白(生年不详—1665)在《天学传
概》中有类似说法:"大东大西有人之始,具时略同,在中国为伏羲氏,既非
伏羲,亦必先伏羲不远为中国有人之始。此中国之初人实如德亚之苗裔,自

① (汉)应劭撰,王利器校注:《风俗通义校注》卷一,中华书局1981年版,第2—3页。
② (梁)萧统编,(唐)李善注:《文选》卷一,文津出版社1987年版,第30页。
③ [日]安居香山、中村璋八辑:《纬书集成》,河北人民出版社1994年版,第589页。另参见刘惠萍:《伏羲神话传说与信仰研究》,陕西师范大学出版总社有限公司2013年版,第29页。
④ [日]安居香山、中村璋八辑:《纬书集成》,河北人民出版社1994年版,第762页。
⑤ (晋)皇甫谧撰:《帝王世纪》,中华书局1985年版,第2页。
⑥ (唐)释道宣:《广弘明集》卷八,《大正新修大藏经》第五十二册,日本大正新修大藏经刊行会1960年版,第140页。
⑦ (唐)法琳:《辩正论》卷五,《大正新修大藏经》第五十二册,日本大正新修大藏经刊行会1960年版,第5216页。
⑧ 《太上老君开天经》,见《正统道藏·续道藏》第五八册,新文丰出公司1985年版,第95页。
⑨ (宋)张君房编:《天尊老君名号历劫经略》,《云笈七签》卷三,中华书局2003年版,第45页。

西徂东,天学固其所怀来也。"①可见他将伏羲作为基督宗教与中华文化的圣人。

白晋根据字义和中西神话人物的对比(与赫诺格 Henoch 比较)对伏羲的形象进行了转换,通过文字的拆分,借《说文解字》中"[人部]伏司也。从人从犬。房六切"②一语,认为伏羲的形象即为"狗头人身",而非传统文化中的"人头蛇身"。这样的形象转换到底是白晋对伏羲形象的刻意曲解?或者说是对中西文化差异的有意化解?可以看到,一方面在白晋之前,伏羲不仅已经被佛道二家纳入了自己的宗教体系之中,并且与《圣经》中的人物形象(如亚当、赫诺格等)已经建立了联系;另一方面,伏羲作为传统认知中《易经》的作者和文明之始祖,白晋对其投入了极大的关注,试图通过文字的拆分以及对《易经》的分析索隐伏羲的形象。为了使伏羲与赫诺格形象完全等同,白晋不仅是从各自在文化中的出现时间、文化作用以及历史地位等方面进行论证,而且针对二人的形象做了对比,从而为将伏羲纳入《圣经》的体系寻求到更充足的证据。这样的形象比附实为一种为了适应传教策略而进行的刻意曲解,白晋并非单纯的文化使者,而是更为笃志的基督宗教传教士。所以,这种形象比附即使含有对中西文化差异的化解,但其化解的根源依然来自信仰力量的驱使,从而这种"善意"的曲解并非是为了消融中华伏羲的形象,而是希望能够使伏羲的形象多元化,他不仅是中华圣人,更是天主所派来的先知,在中华大地体现出基督宗教的光环。

四、整体冲突:经学的突破还是传教的本分?

从白晋的经学研究本身而言,其易学思想纷繁复杂,对《易经》的起源、作者、原理、具体卦爻辞、易图等多方面皆有论及,他可称为传教士当中对《易经》涉足最广最深之人。但是其内容由于主观设定,所以"历史类比方面存有

---

① (清)杨光先:《与许青屿侍御书》,《不得已》,参见中国宗教历史文献集成编纂委员会编纂:《东传福音》第九册,黄山书社 2005 年版,第 538 页。
② (汉)许慎:《说文解字注》八篇上,中华书局 1985 年版,第 381 页。

史实考证上的明显缺陷或失误,显得牵强附会"①。从他的易学研究可以看到他的"用心良苦",需要他对《易经》及其他经典烂熟于心;亦可以看到他的"杯水车薪",因为信仰决定了《圣经》本位,故对《易经》的理解进路是有前提预设的,从而导致在整体思想上的矛盾。

首先,神学普遍性原则与文化具体性的冲突。简而言之,本书所涉及的是一般宗教与具体文化的相遇问题。基督宗教所宣扬的是一种普世天主,所有民族的经典文本不仅是天主借助不同语言的自我显现,而且由天主保障其权威性。在这样的天主观下,一方面《圣经》神学是"放之四海而皆准"的真理;另一方面《易经》具有强大的兼容性,也可以为宗教服务(道教、佛教等)。但却需要以中华文化为语境平台,并非将《易经》分裂成思想碎片。比如《圣经》为天主创造万物,属于一神论的路向,而《易经》讲"万物化生"②,倾向于自然本体论。其天道更偏向于自然生机论的"生生"的世界,强调一种自然法则,凭借其卦爻象数模式,推衍万物生成之理和阴阳消长之则。而在具体内容上,比如原罪与恩典意识为基督宗教宗教意识的基本组成部分,如果没有罪的意识和由基督所带来的救赎意识,"根本谈不上基督徒"③。基督宗教的原罪论一是确定神人分离;二是预定了耶稣基督,基督作为完美人性和神学的结合,其对人类的救赎是一种理想回归;三是对人的心灵和信仰的规范,祈祷救赎。尽管在中华传统中有荀子的性恶论之传统,但与原罪论截然不同,荀子的性恶是没有预设主宰,自然而成,圣凡同一,且每个人可以靠后天德性、礼义法度而化性起伪。原罪与恩典不仅具有道德意义,还具有先天预设性,并非中国传统文化固有,更非《易经》思维之特色,《易经》中更多的体现是一种天人关系,这与神人关系截然不同。又比如末世论,这样的末世语言在中国文化中难以被理解,特别是儒家和道家,皆不曾有末世情结,"杞人忧天"无非是庸人自扰的讽刺,佛教的六道轮回也是在逻辑空间中所生发的生灭轮转,而非时间上的末

---

① 卓新平:《索隐派与中西文化认同》,参见王晓朝、杨熙楠主编:《沟通中国文化》,广西师范大学 2006 年版,第 1 页。

② (魏)王弼注,(唐)孔颖达疏:《周易正义·系辞上》,李学勤主编:《十三经注疏》标点本,北京大学出版社 1999 年版,第 365 页。

③ 黄毅:《意识的神学:施莱尔马赫神学方法研究》,人民出版社 2013 年版,第 130 页。

世。由此可以看到,在基督宗教中所宣扬的普遍性认知(创世、原罪、救赎以及末世)等与《易经》的思想体系完全迥异。尽管白晋在《易经》诠释中做了大量的努力,试图将基督宗教的一般知识纳入到《易经》的思想体系中,比如将天主三位比作数之一、二、三相生之理,"天主三位,互相生发于内,精理微妙之序,如一、二、三互相生之序然"①。而一、二、三之理又与"《易》有太极,是生两仪"②的"太极"、"阴阳"、"两仪",以及老子的"道生一,一生二,二生三,三生万物"③中的一、二、三联系起来,为一切生生之源。白晋又通过对《易经》先天、后天三易之吉凶界定,认为吉转为凶之原因为人祖所犯下的原罪而致。而在具体的十二卦爻解释中,从《乾》、《坤》到《泰》、《否》卦,皆是围绕着人祖犯下原罪,救世主基督下世拯救万民之功而阐述,达到了几乎卦卦是基督、爻爻是《圣经》的程度。此外,在《讼》卦中还提到了最后的审判,预示着最后末日的到来。这样的神学诠释尽管达到了将《圣经》引入到易学中来的目的,但是却是对《易经》思想的扭曲诠释,而并不是与《易经》本身的义理知识达到融合。《圣经》中的"太极"观念和阴阳观念是自然的生成论范畴,不具有人格化的神学理论。先天《易》和后天《易》的划分是一种时间和逻辑上的划分,是历史性与逻辑性的统一体现,本并没有吉凶之别。而在具体卦爻中,白晋对其内容的解释更是无中生有,其中涉及的无论是历史事件,还是社会活动,白晋都将其作"圣经化"的处理,违背了《易经》的本质。

其次,神学超验论与易学经验论的对立。"超验"一词本在经验之外,在康德那里更是超出一切可能经验之上,它并非经验和理性所能感知,属于天主无限性的表现维度。《圣经》的历史即是一部超验历史的先知书,它所关注的是天主之城,而天主并不是人类认识的对象,而是信仰的对象。对于阿奎那而言,天主作为名词,只是指代了神性④,是作为神圣的存在而存在。

① [法]白晋:《易钥》,梵蒂冈图书馆,Borgia·Cinese,317-2°,第2页。
② (魏)王弼注,(唐)孔颖达疏:《周易正义·系辞上》,李学勤主编:《十三经注疏》标点本,北京大学出版社1999年版,第340页。
③ (魏)王弼注,(唐)孔颖达疏:《周易正义·系辞上》,李学勤主编:《十三经注疏》标点本,北京大学出版社1999年版,第117页。
④ 转引自濮荣健:《理性和信仰的界限:对阿奎那的圣餐变质说的研究》,徐志伟主编:《基督宗教思想评论》十六辑,上海人民出版社2013年版,第35页。

故天主的活动是超验范畴,属于宗教探讨的范围,从而对《圣经》历史的记叙是一种合神学与人学的谱系。即使对于降临人世的耶稣而言,其神性和先存性亦是被预定了的,构成耶稣史料的《四福音书》,由于著者皆是"以传教为目的"①,所以对耶稣的形象和人格尽量完美化,趋于神性,成为救世主。并且神人通过契约而联系在一起,天主的超越性通过人来得以见证。这种宗教信仰与世俗信仰大不相同:宗教信仰的启示真理来源于天主的恩典,这是自上而下的一种赐予;而世俗信仰是通过感觉经验的叠加重合,不断证明其效用性,这是自下而上的一种推崇。《易经》算得上世俗的信仰,在中华传统文化中地位首屈一指,作为卜筮之书,起源于对经验生活的总结,以符号化的形式成为社会生活的指导,是可以进行理性推理给予证明的。白晋试图要将无限性的宗教信仰(《圣经》)借以有限性的世俗信仰(《易经》)体现出来,以经验推导超验,必然需要跨越经验的界限。而在中国文化中,儒家更多的是一种理性德性的追求,强调理性精神从有限到无限的跨越。道教抓住生死问题,将有限和无限问题具体化,崇尚有限生命的延续,从而接近无限,探寻生命的终极。佛教主张打破"我执",使有限归于无限,从而达到"一一世界微尘数"②,且"此一复入一切,一切皆入此一"③。而白晋采取的进路是通过《天尊地卑图》作为承载无限天主信息的文本自西往东传播,从而打开中华对天主启示认识的大门。他首先界定中华文化精神是由于秦火之害而不明于世,因存"大易之图之文"④而文明不绝,其图实出于大秦国每瑟圣人所画秘学图即《三极三才之图》,其文实出于天主古《圣经》。通过西方七十二贤士翻译文字,游学中华,以复圣教之旨,启易学圣学。通过这样的图文溯源,将《圣经》之文和《易经》之学联系起来。由图像进而发展到数、表等,这一类具有形象表意功能的载体形式,通过不同的义理进行诠释,无论是《圣经》的三位一体还是《易经》的天、地、人三才,都可以在图像数字中得

①　燕京研究院编:《赵紫宸文集》第一卷,商务印书馆2003年版,第456页。
②　《金刚顶经大瑜伽秘密心地法门义诀》卷上,《大正新修大藏经》第三十九册,日本大正新修大藏经刊行会1960年版,第810页。
③　《金刚顶经大瑜伽秘密心地法门义诀》卷上,《大正新修大藏经》第三十九册,日本大正新修大藏经刊行会1960年版,第818页。
④　[法]白晋:《易钥》,梵蒂冈图书馆,Borgia·Cinese,317-2°,第1页。

以体现,将易理源头基督化、圣经化,从而连通无限天主与有限易理的界限。然而这样的做法并不能真正解决神学超验论与易学经验论的冲突,因为《圣经》的思想主线是神圣的启示以及救赎、恩典的通告,整个文本都是在一神论的宗教维度展开,是在超验的内在体验中行进;而《易经》所言的是"推天道以明人事"的天人关系,将《易》之理用于社会人事之中,将自然法则的启示转化为自己的主体精神和内在品质,从而通过进退、存亡、兴衰、治乱之变,最终合天、地、人三道,体用合一。所以,白晋对《圣经》的超验性与《易经》的经验性的连接其实是在扭曲历史真实的基础上所建构的一个"海市蜃楼",无法在现实中得到验证。

最后,天主主体性和《易经》客观性的区别。天主是终极存在,具有绝对的主体性和无限存在的唯一性,他不仅创造万物,主宰一切,而且尽善尽美,全知全能。这样的主体性便决定了《圣经》的神圣权威,天主与万物包括人类之间是一种创造与被创造的关系,带有强烈的神学目的论。在白晋进行易学研究时,《圣经》的至高权威性在《易经》诠释中受到整个学术语境的限制,天主的主体性表现方式也由显转为隐。白晋试图把信仰变成合乎理性的追求,通过历史人物的形象对比以及经典的中西重合,从而促进《圣经》与《易经》的历史相合,《旧约》、《新约》与先天、后天的逻辑统一。然而这样的做法一方面并非《圣经》教义所允许,天主无需理性分析,更不能靠经验积累,它是超越在历史证据之上的绝对真理,所以它的历史是纯正的神学历史,在天主的时间和逻辑中行进。另一方面也违背了《易经》的客观性原则。《易经》的客观性体现在它从自然界出发来分析天人之道,通过符号系统的规范性和关联性来总结出生命活动的来源和法则,它属于经验综合的范畴,它每一卦爻的物象和人类生存活动紧密相连,它所关切的天人关系是人与自然界相互感应和作用的探讨,这个过程是对应的,且不断演变,是一种"天地大德曰生"的生机论的体现,是一种"生生之谓易"的状态呈现。这种天人合一不是神秘的玄学思维,而是客观存在的切实体验。

通过梳理白晋的价值定位、诠释方法以及形象解读,可以看到他的整体思维在主观上依然是在传教主旨下所进行的学术研究。在天主教看来,"每一种文化的深处都有趋向于完美的冲动,我们可以说,文化本身就有内在的能力来接受神圣的启示"①。白晋及其弟子们也是秉承着如此美好的愿望来进行文化融合,体现集信仰、学理、实践为一体的互动过程。他们试图在《易经》中再现天主创世纪之功和耶稣基督道成肉身进而出生、死亡及复活的过程,应征《圣经》中"道成了血肉,住在我们中间"②,从而使得《易经》成为福音的载体,其经学研究是福音显现的过程,即耶《易》研究包含着《圣经》的核心内容,如同在《易经》中播撒了天主的种子。然而这粒种子却由于没有历史真实性、内在义理的圆融性和外在教内教外的认可性而无法破土而出,永远埋在了中华大地中,成为历史的遗憾。然而在客观上讲,他们对《易经》的研究却开拓了一个新的诠释路向,这样的诠释理念是传统易学研究所不具备的新鲜元素,在一定程度上是一种经学的突破。耶《易》研究所突破的不仅仅是儒家和道家本土的《易经》诠释,还有道教和佛教的宗教化易学诠释。在具体诠释上,白晋引入了西方最大的宗教基督宗教的经典文本《圣经》作为《易经》的参考文本,用《圣经》的主旨来贯穿易学研究,用《圣经》的故事对应《易经》的具体卦爻,用《圣经》的人物来对应易学人物,等等。本来这样的文本对比佛教、道教皆有所用,然而《圣经》的"高高在上"需要《易经》的"俯首称臣",不仅为易学义理本身所不容纳,也为当时世人及支持白晋《易经》研究的康熙所不容,加上其他传教士的不理解,所以白晋的"耶《易》"缺失了必需的生存语境,他的经学研究也就停留在了尝试阶段,并没有取得实质性的突破。尽管如此,理论上的矛盾并没有消减白晋"耶《易》"的魅力,他的思想不仅让天主在中华大地有了学术的"栖息之地",也使《易经》在欧洲世界得到更广泛的传播,特别是汉学研究上占有重要的一席之地。

---

①　教宗若望·保禄二世之语。转引自[新西兰]杰拉尔德·A.阿巴克尔:《基督宗教、身份认同与文化:个案研究》,柳博赟译,中国人民大学基督宗教文化研究所主办:《文化身份——基督宗教文化学刊》2012 年第 28 辑。

②　《圣经·约翰福音 1:14》(中英对照),中文和合本,英文新国际版,中国基督教三自爱国运动委员会、中国基督教协会 2007 年版,第 160 页。

结　语

　　本书通过对梵蒂冈图书馆内关于白晋中文易学资料的概述、分析，勾勒出其易学研究旨趣及其特色。在白晋看来，《易经》即是天主显现给中国人的样子，中国人之所以无法理解天主，是由于一直没有发现其中的奥秘。而他要做的工作，就是将天主从《易经》中索隐出来，以显现在中华这片大地上。白晋将傅圣泽和马若瑟招至京城协助其易学研究之时（1714—1716 年）正是耶《易》成果最为丰盛的时期，他们共同在《易经》中寻求天主的面孔。在他们看来，耶《易》研究不仅是亲近中华文化的最佳方式，也是将基督介绍到中国的不二选择。此外，还可以对现实礼仪之争问题提供有效的学理解释。故白晋的耶《易》成为了他学术研究的重心，亦是易学研究维度多元展开的体现，是在经学的语境下对《易经》所进行的神学诠释，为易学研究提供了一个全新的维度。

　　对易学研究而言，这是与儒《易》、道《易》及佛《易》完全不同的一次经学尝试。白晋及其弟子靠着对中国语言文化的精通以及对《易经》的热情，在通其言、晓其义、懂其象、明其旨的基础上，将《圣经》的故事教义赋予到《易经》发展历史、具体卦爻、数理图像等方面，这不仅仅是文本比较的工作，还是文本融合的学术研究。他们的文本语境是中华本土文化，然而其思想宗旨却是为基督宗教神学服务，故耶《易》不仅仅是以一个西方人的视角来看中华传统经典，更是以一个宗教徒的身份来体察异国世俗经典，在信仰层面进行思想对话。当然，白晋的研究遇到了很大的阻碍，不仅遭受到传教士内部的不断质疑和指责，而且在朝廷这边，其研究也渐渐不为康熙所理解和重视，加上马若瑟的退出、傅圣泽的回国，白晋陷入了孤军奋战的地步。然而这些阻碍丝毫没有让白晋退缩,他一直都坚持着耶《易》的研究直到逝世。支撑白晋的除了信仰以外,别无他物。他作为一名天主教徒,之所以觉得《易经》如此亲切,即认为是天主的启示与召唤。这样的"分内"使命,让白晋满心欢喜,备受鼓舞,所以无论遇到教内还是教外的阻挠,对他来说,都只是一种必经的考验。尽管他的"耶《易》"在一定程度上可以说是为了方便基督宗教在中国的传播而对《圣经》的"削足适履",信仰层面寸步不让的硬质对抗导致他的易学研究并没有延续下去,但是他不仅使得天主教与中国传统宗教文化进行了一次学理上的深入"会面",而且也将《易经》纳入到世界神学的思考范畴,从而引发世界范围内对《易经》进行关注和研究,从人类文化发展的角度看,这样的"迈出"即是一种成功。

附　　录

梵蒂冈图书馆 Borgia·Cinese,439-C(c)1.1-1.2 核心命题:

一、《大秦经》,系每瑟圣人,天主命之而作,故经皆记天主曰:中国伏羲所遗之经书,若同于大秦,何以无天主曰?

二、中国之书,亦有记自盘古至伏羲,中间尚有多氏,不止七代。

三、皇帝非三皇五帝之宗。

四、若合三皇五帝在位之年数,为圣赫诺格之岁数,则三皇五帝是谁,况其年尚少十数。

五、荀子之言,不是说天主降生。

六、言既是天主第二位,一与言为二,是天主与第二位为二矣。

七、一是至父难道阴阳是至子至神么?

八、伏羲既是圣赫诺格,伏羲造天地,是赫诺格造天地么?

九、第二位圣子,从没有以女像称之者。

十、因为人都是从一个理气化生出来的,所以说是同胞兄弟,天地万物为一体。

十一、人入教后,尚有多少变作不善的,如何为不变?

十二、中国之洪水,不过是黄河水灾,鲁亲验流沙龙门等处,与禹贡同。

十三、耶稣是第二位,有人肉身灵魂,位属天主不属人,说不得三体合为一位。

十四、人得罪天地何尝失位? 若说天是天神,则天神背叛,因于人犯罪之故了。

十五、中国书上说天人合,不是说天主降生。

十六、天家人家以人比例天主大非。

十七、自古圣人,代天主言是专指天主降生。

十八、谈不得再造,若说再造,便是邵子言天地穷尽周而复始。

十九、地狱不是太宁,太清是道家的话。

二十、天主全能,没有什么不及的。

二十一、若如此说,如今奉教的人,该谢天主生养之恩,谢救赎之恩,还该谢垂《河图》、《洛书》之恩。

二十二、亚当与天主救世,做不得对。

二十三、是人的灵魂都预包在元祖的灵魂里。

二十四、后稷是周家的祖宗,说不得是救世天主。启奏过教化皇,中国祭祖宗,是教外的事,不是教中的事,教化皇终准行。若依此说,是自古祭祖宗,配享天主,原是教中的事? 若是教化皇得了,这不凭据越看作异端? 不准行了。

二十五、一个数,不能自己生一个数,得外再加一个数,终时二。

二十六、先天是圣父,后天时圣子,没有圣神了。

二十七、三才是天地人,难道圣父圣子圣神,不过是天地人么?

二十八、天主性与人性,说不得平等。

二十九、若如此说,则老子、庄子、张子、周子、程子、朱子都是先知的圣人,如今教中念圣人祷文,也该念先知老子、庄子圣人云云。

三十、奉教之后,不是复性。

三十一、中国人说凭我们经书之旨属谁? 何用你问? 经书之旨属谁? 都讲解在各书上,你看就知道了,何用你问?

梵蒂冈图书馆 Borgia·Cinese,439-C(c)1.3

一、自元祖以下唯赫诺格圣人其功德独为隆大,且诺厄圣人亲受其典籍贻而传之至洪水后所录为大秦之经者实本于此。

二、盘古氏以下包羲氏为第七代之君。《大秦经》载自人祖以下赫诺格亦为七代之世祖。

三、黄帝为三皇五帝之宗。

四、圣赫诺格在世三百六十五岁之数,原出于三皇在位年之合数,五帝在位年之合数。

五、《荀子》云:一与一为人者谓之圣人。

六、《庄子》云:(以)一(谓)与言为二(生),二与一为三,据《大秦经》造物主圣三之第二位乃第一位之言。

七、《淮南子》道曰:规始于一,一而不生故分而为阴阳,阴阳合和而万物生,故曰一生二,二生三,三生万物。

八、伏羲造天地。

九、女娲造天立极。

十、民吾同胞,四海之内皆兄弟,天地万物为一体。

十一、后天不变。

十二、洪水、禹贡。

十三、天主三位一体,圣人三体一位。

十四、天地设位,圣人成能。

十五、天人合。

十六、天家、人家二性之合。

十七、天为不言之圣人,圣人为能言之天。

十八、再造。

十九、圣人之德,上及太清下及太宁。

二十、补天主下人之所不及。

二十一、天主为天下垂《河图》、《洛书》。

二十二、亚当为先天元后,天人大圣,为后天元后。

二十三、元祖包万世万方之众。

二十四、后稷为天地神人之主,配享天主。

二十五、如数之一生一,如己之一为二。

二十六、先天归于圣父,后天归于圣子。

二十七、先天三极三才,后天三极三才。

二十八、天人大圣,一朕之躬。

二十九、天理由此而明。

三十、张子、周子、朱子、老子、庄子、程子。

三十一、克己复性。

三十二、经书之旨不归之于天主救世将奚属哉?

参考文献

一、一手文献

（一）白晋易学著作

梵蒂冈教廷图书馆（Biblioteca Apostolica Vaticana）

Borgia・Cinese317-2°《易钥》（*Yi louen*），应为（*Yi yo*）。

Borgia・Cinese317-3°《易经总说稿》（*Dissertation générale sur le Yi king*）。

Borgia・Cinese317-4°《易考》（*Yi K'ao*）。

Borgia・Cinese317-6°《易引原稿》（*Yi yin yuan kao*）。

Borgia・Cinese317-7°《易稿》（*Yi kao*）。

Borgia・Cinese317-8°《易学总说》（*Yi hio tsong chouo*）。

Borgia・Cinese317-9°《大易原义内篇》（*Ta yi yuan yi nei p'ien*）。

Borgia・Cinese317-10°《易学外篇》（*Yi hio wai p'ien*）。

Borgia・Cinese317-11° *I'Y King*（无中文标题）。

Borgia・Cinese317-12°《魔方排列法》（*Maniere d'arranger les quarrés magiques*）。

Borgia・Cinese317-14°《天学本义》（*T'ien hio pen yi*）。

Borgia・Cinese317-15°《易钥》（*Yi yo*）。

Borgia・Cinese316-18°《真宰明鉴》（*Zhengzai mingjian*，sur le Créateur et ses noms dans la littérature chinoise）。

367

Borgia·Cinese316－14°《古今敬天鉴天学本义》(Gujing jingtian jian tianxue benyi)。

Borgia·Cinese 357－9°《敬天鉴引——发明天学本义》。

Borgia·Cinese 361－5°《易学外篇九节》(Maria de trovare la vera felicità)。

Borgia·Cinese 361－6°《易学外篇原稿》。

罗马耶稣会档案馆(Roman Jesuit Archives)

Japonica·Sinica, 1V 5《识根本真宰明鉴(Shihken-pen chen-tsai ming chien)》。

Japonica·Sinica, 1V 5《天主三一论(T'ien-chu san-i lun)》。

Japonica·Sinica, 1V 25－2°《天尊地卑图 T'ien-tsun ti pei t'u》。

Japonica·Sinica, 1V 25－2°《六十四卦图 Liu-shih-ssu kua t'u (The Sixty-four Diagrams of the Book of Changes)》。

Japonica·Sinica, 1V 25－3°白晋写给耶稣会士总会长的信件[The page 1－2 consist of Joachim of Joachim Bouvet's letter to the general of Society of Jesus (Michelangelo Tamburini, 1648—1730)]。

Japonica·Sinica, 1V 25－4°《河图密法 Ho-t'u mi fa》、《洛书密法 Lo-xu mi fa》、《伏羲六十四卦次序图 Fu-hsi liu-shih-ssu kua tz'u-hsu t'u》、《伏羲六十四卦方圆二图 Fu-hsi liu-shih-ssu kua fang yuan erh t'u》、《文王六十四卦原图 Wen-wang liu-shih-ssu kua yuan t'u》等。

法国国家图书馆 Chinois, 7161《古今敬天鉴 Gu jin jing tian jian》(Catholicisme apologétique et controverse)。

(二)傅圣泽易学著作

梵蒂冈教廷图书馆(Biblioteca Apostolica Vaticana)

Borgia·Cinese, 317－13°《据古经传考天象不均齐》。

Borgia·Cinese, 317－14°《天象不齐考古经籍解》。

Borgia·Cinese, 361－3°的《易经诸家详说》。

Borgia·Cinese, 380－2°、3°、4°为《经义精要》(一、二、三)。

Borgia・Cinese,380-5°《中国经本于天》。

Borgia・Cinese,439 皇帝诏书。

Estr.Oriente,30°《傅先生辨析儒理》。

(三)马若瑟易学研究著作

梵蒂冈教廷图书馆(Biblioteca Apostolica Vaticana)

Borgia・ Cinese,317-1°《易经原旨探目录》。

Borgia・ Cinese,317-5°《太极略说》(与白晋合作作品,推测为 1716 年之前)。

Borgia・ Cinese,316-4°(I)《周易理数》。

二、二手文献

(一)外文文献

1.著作类

Amt,Emilie,*Women's Lives in Medieval Europe:A Source Book*,Routledge:New York,1993.

Beijing Administrative College,*Appendices・History recorded on Stone-The cemetery of Matteo Ricci and other Missionaries during four turbulent centuries*.Beijing:Beijing Publishing Group LTD.Beijing Publish House.2013.

Bouvet,Joachim,*Portrait historique de l'empereur de la Chine*,Paris,1697.

Bouvet,Joachim,*L'Estat présent de la Chine en figures*,Paris:P.Giffart,1697.

Bouvet,Joachim,*icon Regia Monarchae Sinarvm Nvnc Regnantis Ex Gallico Versa*,1699,*Bayerische StaatsBibliothek*.

Chan,Albert S.J,*Chinese Books and Documents in the Jesuit Archives in Rome*,Armonk,N.Y.M.E.Sharpe,2002.

Collani,Claudia von.,*Joachim Bouvet S.J.:Sein Leben und sein werk*.Nettetal,

Germany：Steyler Verlag，1985.

E.Mungello，David，*Curious land：Jesuit accommodation and the origins of si-nology*，F.Steiner Verlag Wiesbaden，1985.

Diderot，Denis，*Oeuvres complètes de Diderot：revues sur les éditions originales. Etude sur Diderot et le mouvement philosophique au XVIIIe siècle.*Tome 20.Paris：Garnier frères，1875—1877.

Dehergne，Joseph，*Répertoire des Jésuites en Chine de 1552 à 1800*，Institutum Historicum S.I.（Bibliotheca Instituti Historiei S.I.，vol.XXXVII.Rome，1973.

Dictionnaire encyclopédique de la France ，par M.PH.LE.BAS，Paris：Firmin Didot Frères，éditeurs，1812.

Dong，Yu，*Catalogo delle opere cinesi missionarie della Biblioteca apostolica vaticana，XVI−XVIII sec.*Città del Vaticano，Biblioteca Apostica Vaticana，1996.

Gadamer，Hans-Georg，*Truth and Method*，2nd edn，London：Sheed and Ward，1989.

J.Smith，Richard，*Fathoming the Cosmos and Ordering the World：The Yijing （I-Ching，or Classic of Changes）and Its Evolution in China*，University of Virginia Press，2008.

Knud Lundb k：*Joseph de Prémare（1666—1736）S.J.：Chinese Philology and Figurism.* Aarhus：Aarhus University Press，Acta Jutlandica，1991.

Latourette，Kenneth Scott，*A history of Christian Missions in China*，Cheng-wen Publishing Company，Taipei，Taiwan，1973.

Martin，Malachi，Les Jésuites，Monaco，Le Rocher，1989.

Noel，Francois，*Les Livres Classiques de l'Empire de la Chine*，Kessinger Pub-lishing，1786.

Needham，Joseph，*Science and Civilisation in China*，Vol.I and III，With the research assistance of Wang Ling.Cambridge University Press，1954，1959.

Pelliot，Paul，*Inventaire sommaire des manuscrits et impreimes chinois de la Bibliotheque Vaticane*，13 JUIN−6 JUILLET 1922.

Pfister，Louis，*Notices biographiques et bibli-ographiques sur les jésuites de l' ancienne mission de Chine* 1552 – 1773. Shanghai, Imprimerie de la mission lazariste, 2 vols.

Rule, Paul A. , *K'ung-tzu or Confucius?*: *the Jesuit interpretation of Confucianism*, Allen & Unwin, Sydney, London, Boston. 1986.

Spence, Jonathan D. , *The Memory Palace of Matteo Ricci*, New York Viking, 1984.

Standaert, Nicolas. , *Handbook of Christianity in China*, *Volume One*: 635—1800. Leiden, Boston, Köln: Brill, 2001.

Standaert, Nicolas. *Jesuits in China*, the cambridge companion to the Jesuits, Cambridge Univ. Press, 2008.

Standaert, Nicolas, Dudink Adrian. *Chinese Christian Texts from the Roman Archives of the Society of Jesus* , 2002, procura generalizai della compagnia di GESú ente riconosciuto con Decreto 10—1—1950, Borgo Santo Spirito 4, Borgo Santo Spirito 4, Roma, Italia.

Tokio, TAKATA, *Inventaire sommaire des manuscrits et impreimes chinois de la Bibliotheque Vaticane*. A POSTHUMOUS WORK by Paul Pellit. Istituto Italiano di Cultura Scuola di Studi sull' Asia ORientale. KYOTO 1995.

Tokio, TAKATA, *Supplement a l'inventaire des livres chinois de la Bibliotheque Vaticane*, Kyoto University Institute for Human Sciences, 1997.

Witek, John W. , *Controversial ideas in China and in Europe*: *a biography of Jean-François Foucquet*, *S. J.* , (*1665—1741*), Institutum Historicum S. I. , Roma, 1982.

Young, John D. , *Cofucianism and Chrisitanity*: *the First Encounter*, Hong Kong: Hong Kong Universtiy Press, 1983.

Wilhelm, Hellmut, *Heaven, Earth, and Man in the Book of Changes*, Seattle and London: University of Washington Press, 1977.

Wilhelm, Hellmut; Wilhelm Richard, *Understanding the I Ching—The Wilhelm lectures on The book of Changes*. Princeton University Press, Princeton, New Jersey, 1979.

Zacher, H. J., *Die Haupstschriften Zur Dyadik von G. W. Leibniz*, Frankfurt, 1973.

Vieira, António etl. *Chave dos profetas Biblioteca Nacional (Portugal) Textos (Biblioteca Nacional)*, Glossário de nomes próprios, Lisboa: Biblioteca Nacional Portugal, 2001.

2.论文类

Collani, Claudia von, *The First Encounter of the West with the Yijing: Introduction to and Edition of Letters and Latin Translations by French Jesuits from the 18th Century.* Monumenta Serica 55(2007), pp.227−387.

C.Hsia Source, Florence, *Chinese Astronomy for the Early Modern European Reader*, Eighteenth-Century Studies, Vol.14, No.2(Winter, 1980—1981), pp. 135−150.

Dudink, Adrian, *The* Japonica · Sinica, *Collections I−IV in the Roman Archives of the Society of Jesus.* An Overview Monumenta Serica 50(2002), pp.481−536.

Rule, Paul A., *The Jesus of the Confucian Christians of the Seventeenth Century*, in The Chinese face of Jesus Christ, vol.2, ed.Roman Malek, Sankt Augustin: Institut Monumenta Serica and China-Zentrum, 2003.pp.499−516.

Zürcher, Erik, *From Jesuit Studies to ' Western Learning '*, Europe Studies China Papers from an International Conference on the History of European Sinology, ed.John Cagley and Ming Wilson, London: Han-shan Tang Book, 1995, pp.264−279.

J.Smith, Richard, *Jesuit Interpretations of the Yijing (Classics of Changes) in Historical and Comparative Perspective*, article based on the conference " Matteo Ricci and After: Four centuries of Cultural Interactions between China and the West", sponsored by the City University of Hong Kong and Beijing University, October 13−16, 2001.

J.Smith, Richard, *The Yijing (Classic of Changes) in global perspective: some reflections*, Paper for the Boos ofChanges World Conference.

Taipei, Taiwan, September 28−October 2, 2002.pp.19−20.

M.Swiderski, Richard: *Bouvet and Leibniz: A Scholarly Correspondence*, Eighteenth-Century Studies, Vol.14, No.2(Winter, 1980—1981).pp.135-150.

Qi, Han: *Sino-French Scientific Realtions Through the French Jesuits and the Académie Royale Eighteenth Centuries.* in China and Christianity: Burdened Past, Hopeful Future, eds. Stephen Uhalley, Jr. and Xiaoxin Wu (Armonk, London, 2001), pp.137-147.

(二)中文文献

1.古籍类

(汉)司马迁:《史记》,中华书局 1959 年版。

(汉)郑玄注,(唐)贾公彦疏:《周礼注疏》,李学勤主编:《十三经注疏》标点本,北京大学出版社 1999 年版。

(汉)孔安国传,(唐)孔颖达疏:《尚书正义》,李学勤主编:《十三经注疏》标点本,北京大学出版社 1999 年版。

(汉)刘安:《淮南子》,顾迁译注,中华书局 2009 年版。

(汉)班固撰,(唐)颜师古注:《汉书》,中华书局 1962 年版。

(汉)许慎撰,(清)段玉裁注:《说文解字》,中华书局 1985 年版。

(汉)严遵著,王德有点校:《老子指归》,中华书局 1994 年版。

(魏)王弼注,(唐)孔颖达疏:《周易正义》,李学勤主编:《十三经注疏》标点本,北京大学出版社 1999 年版。

(魏)王弼撰,楼宇烈校释:《周易略例》,《周易注校释》,中华书局 2012 年版。

(魏)王弼注,楼宇烈校释:《老子道德经注校释》,中华书局 2008 年版。

(魏)何晏注,(宋)邢昺疏:《论语注疏》,李学勤主编:《十三经注疏》标点本,北京大学出版社 1999 年版。

(西晋)郭璞传:《山海经》,中华书局 1985 年版。

(西晋)皇甫谧:《高士传》,《四部备要》本,中华书局 1989 年版。

(东晋)范宁集解,(唐)杨士勋疏:《春秋穀梁传注疏》,李学勤主编:《十三经注疏》标点本,北京大学 1999 年版。

（后晋）刘昫等撰：《旧唐书》，中华书局 1975 年版。

（南朝）范晔撰：《后汉书》卷三十五，中华书局 1965 年版。

（梁）萧统编，（唐）李善注：《文选》卷一，文津出版社 1987 年版。

（唐）魏征等：《隋书》，中华书局 1973 年版。

（唐）柳宗元：《柳宗元集》，中华书局 1979 年版。

（宋）欧阳修、宋祁等编纂：《新唐书》，中华书局 1975 年版。

（宋）邵雍著，郭彧整理：《邵雍集》，中华书局 2010 年版。

（宋）朱熹：《四书章句集注》，中华书局 1983 年版。

（宋）朱熹著，朱杰人等主编：《朱子全书》，上海古籍出版社、安徽教育出版社 2002 年版。

（宋）黎靖德编，王星贤点校：《朱子语类》，中华书局 1986 年版。

（宋）周敦颐：《周敦颐集》，中华书局 2009 年版。

（宋）张君房编，李永晟点校：《云笈七签》，中华书局 2003 年版。

（明）徐光启：《徐光启集》，上海古籍出版社 1984 年版。

（明）来知德：《周易集注》，上海古籍出版社 1990 年版。

（明）王守仁：《王阳明全集》，上海古籍出版社 2011 年版。

（明）章潢编：《图书编》，成文出版社有限公司 1971 年版。

（元）脱脱：《宋史》，中华书局 1977 年版。

（清）黄宗羲，全祖望等编：《宋元学案》卷十一，中华书局 1982 年版。

（明）黄宗羲著，沈芝盈点校：《明儒学案》，中华书局 2008 年版。

（清）纪昀等总纂，李学勤、李祖德等主审：《四库全书》研究所整理：《钦定四库全书总目》，中华书局 1997 年版。

（清）纪昀等总纂，陆锡熊、孙士毅等原总纂：《四库全书》研究所整理：《钦定四库全书总目》（整理本），中华书局 1997 年版。

（清）孙奇逢著，张显清主编：《孙奇逢集》，中州出版社 2003 年版。

（清）胡渭撰：《易图明辨》，巴蜀书社 1991 年版。

（清）皮锡瑞著，周予同注释：《经学历史》，中华书局 1959 年版。

（清）李道平：《周易集解纂疏》，中华书局 2004 年版。

（清）李光地：《御纂周易折中》，上海古籍出版社 1990 年版。

（清）顾颉刚:《古史辨》,上海古籍出版社 1982 年版。

（清）孙诒让撰,孙启治点校:《墨子间诂》,中华书局 2001 年版。

（清）黄本骥编:《历代职官表》,上海古籍出版社 1980 年版。

（清）王夫之:《船山全书》,中华书局 1981 年版。

（清）章梫纂,褚家伟、郑天一、刘明华校注:《康熙政要》,中共中央党校出社 1994 年版。

（清）王先谦、刘武撰:《庄子集解　庄子集解内篇补正》,中华书局 1987 年版。

《四库全书存目》丛书编纂委员会编:《四库全书存目丛书》,齐鲁书社 1997 年版。

（清）永瑢、纪昀主编:《四库全书总目提要》,河北人民出版社 2000 年版。

《船山全书》编辑委员会编校:《船山全书》,岳麓书社 1996 年版。

《清史稿》,上海古籍出版社、上海书店 1995 年影印本。

《景印文渊阁四库全书》,台湾商务印书馆 1986 年版,书籍如下:

（宋）朱熹:《原本周易本义》,经部六;

（宋）杨简:《杨氏易传》,经部八;

（宋）胡瑗撰,（北宋）倪天隐述:《说卦》,《周易口义》,经部八;

（明）蔡清撰:《易经蒙引》提要,经部二十三;

（宋）方实孙:《淙山读周易》,经部十九;

（明）来知德撰:《周易集注》,经部二十六;

（明）黄道周:《易象正》,经部二十九;

（明）张次仲撰:《周易玩辞困学记》,经部三十;

（清）傅以渐、曹本荣奉敕撰:《易经通注》敕,经部三十一;

（清）牛钮等奉敕撰:《日讲易经讲义》,经部三十一;

（清）黄宗炎:《未济卦》,《周易象辞》,经部三十四;

纬书八本,《附录》,经部四十七;

（清）程廷祚:《否卦》,《大易择言》,经部五十二;

（宋）邵雍撰:《皇极经世书》,子部一〇九;

（宋）张行成:《皇极经世索隐卷二卷》,子部一一〇;

（宋）张行成:《易通变》序,子部一一〇;

（宋）李觏:《旴江集》,集部三十四;

（宋）欧阳修:《文忠集》,集部四十一;

（宋）姚铉编:《唐文粹》,集部二八三。

2. 著作类

A

阿塔纳修斯·基歇尔:《中国图说》,张西平、杨慧玲、孟宪谟译,大象出版社 2010 年版。

阿·克·穆尔:《一五五〇年前的中国基督宗教史》,郝镇华译,中华书局 1984 年版。

爱德华·卡伊丹斯基:《中国的使臣——卜弥格》,张振辉译,大象出版社 2001 年版。

艾田蒲:《欧洲之中国》（上下册）,河南人民出版社 1992 年版。

艾儒略:《大西利先生行迹》,民国八年铅印本 1920 年版。

安居香山、中村璋八辑:《纬书集成》,河北人民出版社 1994 年版。

奥古斯丁:《论三位一体》,周伟驰译,上海人民出版社 2005 年版。

奥古斯丁:《奥古斯丁忏悔录》,徐玉芹译,志文出版社 1985 年版。

澳门理工学院中西文化研究所主编:《文化与宗教的碰撞——纪念圣方济各·沙勿略诞辰 500 周年国际学术研讨会论文集》,澳门理工学院 2007 年版。

B

白晋:《康熙皇帝》,赵晨译,黑龙江人民出版社 1981 年版。

北京大学宗教研究所编,郑安德译:《明末清初耶稣会思想文献汇编》,北京大学宗教研究所 2003 年版。

伯希和编,高田时雄校订、补编:《梵蒂冈图书馆所藏汉籍书目》,郭可译,中华书局 2006 年版。

博西耶尔夫人:《耶稣会士张诚:路易十四派往中国的五位数学家之一》,辛岩译,大象出版社 2009 年版。

C

蔡德贵:《孔子与基督》,世界知识出版社 2009 年版。

曹越主编:《紫柏老人集》,北京图书馆出版社 2005 年版。

蔡鸿生:《仰望陈寅恪》,中华书局 2004 年版。

陈方中、江国雄:《中梵外交关系史》,台湾商务印书馆 2003 年版。

陈梦雷:《周易浅述》,上海古籍出版社 1982 年版。

陈驯著:《创造与恩典——奥古斯丁〈创世纪字义解释〉中的神学人类学》,宗教文化出版社 2012 年版。

陈寅恪:《陈寅恪史学论文选集》,上海古籍出版社 1992 年版。

陈垣:《陈垣学术论文集》,中华书局 1980 年版。

陈垣编:《康熙与罗马教宗使节关系文书》,故宫博物院影印本 1932 年版。

D

邓恩:《从利玛窦到汤若望——晚明的耶稣会传教士》,余三乐、石蓉译,上海古籍出版社 2003 年版。

杜赫德编:《耶稣会士中国书简集:中国回忆录》I,郑德弟、朱静等译,大象出版社 2001 年版。

杜赫德编:《耶稣会士中国书简集:中国回忆录》II,郑德弟、朱静等译,大象出版社 2001 年版。

狄尔泰:《历史理性批判手稿》,陈锋译,上海译文出版社 2012 年版。

F

樊洪业:《耶稣会士与科学》,人民出版社 1992 年版。

方豪:《中西交通史》(上下册),上海人民出版社 2008 年版。

方豪:《中国天主教史人物传》,中华书局 1988 年版。

方豪:《方豪六十自定稿》,台湾学生书局 1969 年版。

冯友兰:《中国哲学史新编》,人民出版社 1998 年版。

费赖之撰:《在华耶稣会士列传及书目》,冯承钧译,中华书局 1995 年版。

费尔南·门德斯·平托等:《葡萄牙人在华见闻录》,王锁英译,海南出版社 1998 年版。

傅宏星主编:《钱基博集——经学论稿》,华中师范大学出版社 2011 年版。

傅敬民:《〈圣经〉汉译的文化资本解读》,复旦大学出版社 2009 年版。

G

伽达默尔:《真理与方法》第二卷,洪汉鼎译,台湾时报文化出版有限公司 1993 年版。

高雪君:《易经来注图解》,巴蜀书社 1988 年影印本。

冈田武彦、荒木见悟主编:《王心斋全集》,据日本嘉永元年(1846)和刻本影印,台北中文出版社出版,广文书局印行 1975 年版。

顾卫民:《中国天主教编年史》,上海世纪出版集团 2003 年版。

郭沫若、闻一多、许维遹:《管子集校》,中华书局 2001 年版。

故宫博物院掌故部编:《掌故丛编》,中华书局影印本 1990 年版。

H

杭辛斋:《读易杂识》,《杭州易学七种》,民国十一年(1922)研几学社铅印本,天津古籍出版社 1988 年影印本。

黄保罗:《大国学视野中的汉语学术对话神学》,民族出版社 2011 年版。

黄保罗:《大国学视野中的汉语学术圣经学》,民族出版社 2012 年版。

黄进兴:《优入圣域》,允晨文化公司 1994 年版。

黄进兴:《圣贤与圣徒》,允晨文化公司 2001 年版。

黄一农:《两头蛇:明末清初的第一代天主教徒》,上海古籍出版社 2008 年版。

黄正谦:《西学东渐之序章——明末清初耶稣会史新论》,中华书局 2010 年版。

黄裕生:《宗教与神学的相遇——奥古斯丁与托马斯·阿奎那的基督宗教哲学研究》,江苏人民出版社 2008 年版。

洪汉鼎:《诠释学——它的历史和当代发展》,人民出版社 2001 年版。

洪万生:《孔子与数学》,明文书局 1991 年版。

胡阳、李长铎:《莱布尼茨二进制与伏羲八卦图考》,上海人民出版社 2006 年版。

胡戟、张弓、葛承雍、李斌城主编:《二十世纪唐研究》,中国社会科学出版社 2002 年版。

J

姜广辉主编:《中国经学思想史》第一卷,中国社会科学出版社 2003
年版。

K

柯兰霓:《耶稣会士白晋的生平与著作》,李岩译,张西平、雷立柏审校,大
象出版社 2009 年版。

科毅霖:《晚明基督论》,王志成、思竹、汪建达译,四川人民出版社 1999
年版。

孔汉思、秦家懿:《中国宗教与西方神学》,吴华主译,联经出版事业公司
1989 年版。

L

莱布尼兹:《中国近事——为了照亮我们这个时代的历史》,梅谦立等译,
大象出版社 2005 年版。

赖德烈:《基督宗教在华传教史》,雷立柏、静也、瞿旭彤、成静译,汉语基
督宗教文化研究所出版 2009 年版。

理查德·E.帕尔默:《诠释学》,潘德荣译,商务印书馆 2012 年版。

李炽昌主编:《文本实践与身份辨识——中国基督徒知识分子的中文著
述(1583—1949)》,上海古籍出版社 2005 年版。

李天纲:《中国礼仪之争——历史·文献和意义》,上海古籍出版社 1998
年版。

李天纲:《跨文化的诠释:经学与神学的相遇》,新星出版社 2007 年版。

李学勤:《周易经传溯源》,中国社会科学院出版社 2007 年版。

李俨、钱宝琮:《李俨、钱宝琮科学史全集》第 5 卷,辽宁教育出版社 1998
年版。

利玛窦、金尼阁:《利玛窦中国札记》,何高济等译,中华书局 1983 年版。

廖名春、康学伟、梁韦弦等:《周易研究史》,湖南出版社 1991 年版。

廖名春:《〈周易〉经传十五讲》,北京大学出版社 2004 年版。

廖平:《古学考》,《廖平学术论著选集》(一),巴蜀书社 1989 年版。

林金水:《易经传入西方考略》(上下册),《文史》第 29 辑,中华书局 1987

年版。

林悟殊:《唐代景教再研究》,中国社会科学出版社 2003 年版。

林悟殊:《中古三夷教辩证》,中华书局 2005 年版。

林子淳:《多元性汉语神学诠释》,宗教文化出版社 2008 年版。

林中泽:《早期基督宗教及其东传》,上海古籍出版社 2011 年版。

刘北成编注:《福柯思想肖像》,上海人民出版社 2000 年版。

刘钝等编:《科史薪传——庆祝杜石然先生从事科学史研究 40 周年学术论文集》,辽宁教育出版社 1997 年版。

刘惠萍:《伏羲神话传说与信仰研究》,陕西师范大学出版总社有限公司 2013 年版。

刘琳:《华阳国志校注》,巴蜀书社 1984 年版。

刘树森编:《基督宗教在中国:比较研究视角下的近现代中西文化交流》,上海人民出版社 2010 年版。

刘文明:《天主与女性——传统基督宗教文化视野中的西方女性》,武汉大学出版社 2003 年版。

刘耘华:《诠释的圆环 —— 明末清初传教士对儒家经典的解释及其本土回应》,北京大学出版社 2005 年版。

龙伯格:《清代来华传教士马若瑟研究》,李真、骆洁译,大象出版社 2009 年版。

卢龙光主编:《基督宗教圣经与神学词典》,宗教文化出版社 2007 年版。

罗炽:《方以智评传》,南京大学出版社 1998 年版。

罗芃:《法国文化史》,北京大学出版社 1997 年版。

罗光:《教廷与中国使节史》,传记文学出版社 1983 年版。

罗渔译:《利玛窦全集》,台湾光启出版社、辅仁大学出版社 1986 年版。

M

马可·波罗:《马可·波罗游记》,梁生智译,中国文史出版社 1998 年版。

门多萨:《中华大帝国史》,何高济译,中华书局 1998 年版。

孟德卫:《灵与肉:山东的天主教,1650 年—1785 年》,潘琳译,大象出版社 2009 年版。

孟德卫:《奇异的国度:耶稣会士适应政策及汉学的起源》,陈怡译,大象出版社 2010 年版。

孟德卫:《莱布尼茨和儒学》,张学智译,江苏人民出版社 1998 年版。

米歇尔·福柯:《疯癫与文明》,刘北成、杨远婴译,三联书店 1999 年版。

明晓燕、[法]魏扬波主编:《历史遗迹——正福寺天主教墓地》,文物出版社 2007 年版。

N

南宫梅芳:《圣经中的女性——〈创世纪〉的文本与潜文本》,社会科学文献出版社 2012 年版。

南怀瑾、徐芹庭:《周易今注今译》,重庆出版社 2009 年版。

南乐山:《在上地面具的背后——儒道与基督宗教》,辛岩、李然译,社会科学文献出版社 1997 年版。

米拉德·J.艾利克森著,L.阿诺德·休斯塔德编:《基督宗教神学导论》,陈知纲译,上海人民出版社 2012 年版。

莫东寅:《汉学发达史》,大象出版社 2006 年版。

诺曼·费尔克拉夫:《话语与社会变迁》,殷晓蓉译,华夏出版社 2003 年版。

诺斯洛普·弗莱:《伟大的代码:圣经与文学》,郝振益等译,北京大学出版社 1998 年版。

O

蕅益智旭大师:《周易禅解》,新文丰出版公司印行 1979 年版。

P

帕斯卡:《思想录——论宗教和其它主题的思想》,何兆武译,商务印书馆 1986 年版。

潘德荣:《文字·诠释·传统——中国诠释传统的现代转化》,上海译文出版社 2003 年版。

潘雨廷:《道藏书目提要》,上海古籍出版社 2003 年版。

潘雨廷:《〈易〉与佛教,〈易〉与老庄》,上海古籍出版社 2005 年版。

庞朴注释:《东西均注释》,中华书局 2001 年版。

Q

戚印平:《远东耶稣会士研究》,中华书局 2007 年版。

戚印平:《日本早期耶稣会史研究》,商务印书馆 2003 年版。

钱钟书:《管锥篇》,中华书局 1986 年版。

清史委员会编:《清代人物传稿》第八卷(本卷主编:王思治,李鸿彬),中华书局 1995 年版。

卿希泰主编:《中国道教思想史》(第一卷),人民出版社 2009 年版。

R

荣新江、李孝聪主编:《中外关系史:新史料与新问题》,科学出版社 2004 年版。

荣振华、方立中、热拉尔·穆赛、布里吉特·阿帕乌:《16—20 世纪入华天主教传教士列传》,耿升译,广西师范大学出版社 2010 年版。

荣振华:《在华耶稣会士列传及书目补编》,耿升译,中华书局 1995 年版。

S

沈善洪、吴光编:《黄宗羲全集》,浙江古籍出版社 2005 年版。

施维主编:《周易八卦图解》,巴蜀书社 2005 年版。

尚秉和:《周易尚氏学》,中华书局 1980 年版。

史景迁讲演:《文化利用与文化类同》,廖世奇、彭小樵译,北京大学出版社 1997 年版。

史景迁:《利玛窦的记忆之宫——当西方遇到东方》,陈恒、梅义征译,上海远东出版社 2005 年版。

史景迁:《胡若望的困惑之旅 18 世纪中国天主教徒法国蒙难记》,吕玉新译,上海远东出版社 2006 年版。

史景迁:《胡若望的困惑》,陈信宏译,广西师范大学出版社 2014 年版。

石景迁:《中国皇帝:康熙自画像》,吴根友译,上海远东出版社 2001 年版。

宋黎明:《神父的新装——利玛窦在中国[1582—1610]》,南京大学出版社 2011 年版。

[美]苏尔、诺尔编:《中国礼仪之争——西文文献一百篇》,沈宝义、顾卫

民、朱静译,上海古籍出版社 2001 年版。

孙尚扬、[比利时]钟鸣旦:《1840 年前的中国基督宗教》,学苑出版社 2004 年版。

T

汤用彤:《汉魏两晋南北朝佛教史》,人民出版社 1999 年版。

汤因比、曹未风等译,《历史研究》,上海人民出版社 1986 年版。

唐君毅:《中国哲学思想之比较研究集》,台湾学生书局 1988 年版。

田永秀、鲜于浩:《鸦片战争前的法国汉学和中法文化交流》,巴蜀书 2006 年版。

W

汪学群:《清初易学》,商务印书馆 2004 年版。

王明:《太平经合校》,中华书局 1980 年版。

王晓朝、杨熙楠主编:《沟通中国文化》,广西师范大学出版社 2006 年版。

王仲尧:《易学与佛教》,中国书店 2001 年版。

王子今、张经:《中国妇女通史》(先秦卷),杭州出版社 2010 年版。

维吉尔·毕诺:《中国对法国哲学思想形成的影响》,耿升译,商务印书馆 2000 年版。

魏若望:《耶稣会士傅圣泽神甫传:索隐派思想在中国及欧洲》,吴莉苇译,大象出版社 2006 年版。

魏若望编:《传教士·科学家·工程师·外交家南怀仁 1623—1688 鲁汶国际学术研讨会论文集》,社会科学文献出版社 2001 年版。

乌多·蒂茨:《伽达默尔》,朱毅译,中国人民大学出版社 2010 年版。

吴莉苇:《当诺亚方舟遭遇伏羲神农 —— 启蒙时代欧洲的中国上古史论争》,中国人民大学出版社 2005 年版。

吴孟雪:《明清时期——欧洲人眼中的中国》,中华书局 2000 年版。

X

谢和耐:《中国和基督教:中国和欧洲文化之比较》,耿升译,上海古籍出版社 1991 年版。

谢和耐:《中国和基督教:中西文化的首次碰撞》,耿升译,上海古籍出版社 2003 年版。

　　谢金良：《〈周易禅解〉研究》，巴蜀书社 2006 年版。

　　徐葆耕：《释古与清华学派》，清华大学出版社 1997 年版。

　　徐芹庭：《易图源流——中国易经图书学史》，中国书店 2008 年版。

　　徐芹庭：《易学源流》上册，台湾国立编译馆 1987 年版。

　　徐元诰撰，王树民、沈长云点校：《国语集解》，中华书局 2002 年版。

　　徐宗泽编著：《明清间耶稣会士译著提要》，中华书局 1949 年版。

　　徐宗泽：《中国天主教传教史概论》，上海世纪出版社 2010 年版。

　　徐宗泽：《增订徐文定公文集》，徐家汇天主堂 1933 年版。

　　许明龙：《黄嘉略与早期法国汉学》，中华书局 2004 年版。

　　许明龙主编：《中西文化交流先驱》，东方出版社 1993 年版。

Y

　　阎宗临：《中西交通史》，广西师范大学出版社 2007 年版。

　　燕京研究院编：《赵紫宸文集》，商务印书馆 2003 年版。

　　杨慧林：《追问天主：信仰与理性的辩难》，北京出版社 1999 年版。

　　杨庆中：《周易经传研究》，商务印书馆 2005 年版。

　　杨庆中：《二十世纪中国易学史》，人民出版社 2000 年版。

　　雅克·德里达：《多重立场》，佘碧平译，三联书店 2004 年版。

　　叶潇：《自由中国——伏尔泰、艾田蒲论"中国礼仪之争"》，群言出版社
2007 年版。

　　殷小平：《元代也里可温考述》，兰州大学出版社 2012 年版。

　　余东：《梵蒂冈图书馆馆藏早期传教士中文文献目录》，梵蒂冈图书馆
1996 年版。

Z

　　曾德昭：《大中国志》，何高济译，上海古籍出版社 1998 年版。

　　张国刚等：《明清传教士与欧洲汉学》，中国社会科学出版社 2001 年版。

　　张国刚、吴莉苇：《启蒙时代欧洲的中国观——一个历史的巡礼与反思》，
上海古籍出版社 2006 年版。

　　张立文：《帛书周易注译》，中州古籍出版社 2008 年版。

张善文主编:《周易辞典》,中国大百科全书出版社 2005 年版。

张先清:《史料与视界——中文文献与中国基督宗教史研究》,上海人民出版社 2007 年版。

张其成:《象数易学》,中国书店出版社 2003 年版。

张善文:《周易辞典》,中国大百科全书出版社 2005 年版。

张西平:《传教士汉学研究》,大象出版社 2005 年版。

张西平编:《他乡有夫子——汉学研究导论》(上下),外语教学与研究出版社 2005 年版。

张西平:《欧洲早期汉学史——中西文化交流与西方汉学的兴起》,中华书局 2009 年版。

张星烺编注,朱杰勤校订:《中西交通史料汇编》,中华书局 2003 年版。

张文智:《周易集解导读》,齐鲁学社 2005 年版。

张雪松:《唐前中国佛教史论稿》,中国财富出版社 2013 年版。

赵晖:《西学东渐与清代前期数学》,浙江大学出版社 2010 年版。

赵维本:《译经溯源——现代五大中文圣经翻译史》,中国神学研究所 1993 年版。

章雪富:《基督宗教的柏拉图主义》,上海人民出版社 2001 年版。

郑吉雄:《易图象与易诠释》,台湾大学出版中心 2004 年版。

郑吉雄:《易图像与易诠释》,华东师范大学出版社 2008 年版。

中国第一历史档案馆编纂:《清中前期西洋天主教在华活动档案史料》第一册,中华书局 2003 年版。

钟鸣旦、杜鼎克、黄一农、祝平一等编:《徐家汇藏书楼明清天主教文献》五册,辅仁大学神学院 1996 年版。

钟鸣旦、杜鼎克、蒙曦等编:《法国国家图书馆明清天主教文献》二十六册,台北利氏学社 2009 年版。

钟鸣旦、杜鼎克主编:《耶稣会罗马档案馆明清天主教文献》十二册,台北利氏学社 2002 年版。

朱伯崑:《易学哲学史》第四卷,华夏出版社 1995 年版。

朱维铮主编:《利玛窦中文著译集》,复旦大学出版社 2012 年版。

朱谦之:《中国景教:中国古代基督宗教研究》,东方出版社 1993 年版。

卓新平:《基督宗教与中国文化的相遇、求同与存异》,香港中文大学崇基学院 2007 年版。

卓新平主编,雷立柏编:《中国基督宗教史辞典》,宗教文化出版社 2013 年版。

中国第一历史档案馆编:《康熙朝满文朱批奏折全译》,王小虹等编译,中国社会科学出版社 1996 年版。

《正统道藏》第 57 册,新文丰出版公司 1977 年版。

3. 期刊类

白晋:《康熙帝传》,林植译,《中央周刊》1946—1947 年连载。

陈鼓应:《王弼道家易学诠释》,《台大文史哲学报》2003 年第 58 期。

陈欣雨:《李贽以史观〈易〉思想探微》,《福建论坛》2012 年第 7 期。

陈欣雨:《李贽以心论〈易〉及对自然人性论的阐述》,《周易研究》2012 年第 6 期。

陈欣雨:《文渊阁〈四库全书·经部〉之和合思想研究》,《鹅湖月刊》(台湾)第 447 期。

戴密微:《法国汉学研究概述》,《中国文化研究》1993 年第 2 期。

杜石然、韩琦:《17、18 世纪法国耶稣会士对中国科学的贡献》,《科学对社会的影响》1993 年第 3 期。

方国根:《王畿心学思想的走向与发展——兼论王畿与王阳明及王门后学的异同》,《中国文化研究》1999 年第 2 期。

方国根:《王艮心学思想发微——兼论王艮与王阳明、王畿心学的异同》,《中国哲学史》1999 年第 3 期。

方国根:《"四句教"与王学分化》,《湖湘论坛》1998 年第 3 期。

黄保罗:《汉语索隐神学——对法国耶稣会士续讲利玛窦之后文明对话的研究》,《深圳大学学报人文社科版》2011 年第 2 期。

韩琦:《科学与宗教之间:耶稣会士白晋的〈易经〉研究》,载陶飞亚等编:《东亚基督宗教再诠释》,香港中文大学崇基学院宗教与中国社会研究中心 2004 年。

韩琦:《白晋的〈易经〉研究和康熙时代的"西学中源"说》,《汉学研究》1998 年第 1 期。

韩琦:《康熙朝法国耶稣会士在华的科学活动》,《故宫博物院院刊》1998 年第 2 期。

韩琦:《再论白晋的〈易经〉研究——从梵蒂冈教廷图书馆所藏书稿分析其研究背景、目的及反响》,荣新江、李孝聪主编:《中外关系史:新史料与新问题》,科学出版社 2004 年版。

李存山:《莱布尼茨的二进制与〈易经〉》,《中国文化研究》2000 年第 3 期。

李奭学:《中西合璧的小说新体——清初耶稣会士马若瑟著〈梦美土记〉初探》,《汉学研究》2011 年第 2 期。

李真:《来华耶稣会士马若瑟(Joseph de Prémare, S.J.)生平及学术成就钩沉》,《东亚文化交涉研究》2010 年,第 5 号。

李学勤:《帛书〈周易〉与荀子一系〈易〉学》,《中国文化》1989 年第 1 期。

林忠军:《论顾炎武易学思想与清代易学转向》,《东岳论丛》2012 年第 33 期。

陆玉林:《王阳明晚年心境与哲学思想》,《孔子研究》1997 年第 2 期。

陆玉林:《论〈淮南鸿烈〉的道儒整合》,《中国人民大学学报》1993 年第 2 期。

罗丽达:《白晋(Joachim Bouvet)研究〈易经〉史事稽考》,《汉学研究》1997 年第 1 期。

马达:《〈列子〉与〈周易乾凿度〉——马叙伦〈列子伪书考〉匡正之一》,《常州工业技术学院学报》1997 年第 1 期。

梅谦立:《〈孔夫子〉:最初西文翻译的儒家经典》,《中山大学学报》2008 年第 2 期。

弥维礼:《傅圣泽对于〈道德经〉及其他中国古代经典的解读》,韦凌译,陈锡禹校,《国际汉学》第十二辑,大象出版社 2005 年版。

柯毅霖:《本土化——晚明来华耶稣会士的传教方法》,《浙江大学学报》1999 年第 1 期。

潘凤娟:《从西学到汉学:中国耶稣会与欧洲汉学载》,《汉学研究通讯》2008 年第 27 期。

肖清和:《清初儒家基督徒刘凝思想简论》,《史林》2011 年第 4 期。

肖清和:《清初儒家基督徒刘凝生平事迹与人际网络考》,《中国典籍与文化》2012 年第 4 期。

向世陵:《易之"生"意与理学的生生之学》,《周易研究》2007 年第 4 期。

徐龙飞:《行上之路:"Una essentia-tres personae"——论奥古斯丁的三位一体上帝论的哲学建构》,《同济大学学报》2011 年第 5 期。

杨宏声:《明清之际在华耶稣会士之"易"说》,《周易研究》2003 年第 6 期。

杨平:《耶稣会传教士〈易经〉的索隐法诠释》,《周易研究》2013 年第 4 期。

岳峰、程丽英:《索隐式翻译研究》,《中国翻译》2009 年第 1 期。

张国刚、吴莉苇:《礼仪之争对中国经籍西传的影响》,《中国社会科学》2003 年第 4 期。

张立文:《和合学方法的诠释》,《中国人民大学学报》2002 年第 3 期。

张立文:《儒佛之辩与宋明理学》,《中国哲学史》2000 年第 2 期。

张立文:《〈周易〉对中国社会的影响》,《周易研究》2005 年第 3 期。

张克宾:《朱熹理学视域中的"乾坤"》,《周易研究》2010 年第 4 期。

张西平:《梵蒂冈图书馆藏白晋读〈易经〉文献初探》,《文献季刊》2003 年第 3 期。

郑锦怀、岳峰:《金尼阁与中西文化交流》,《东方论坛》2011 年第 2 期。

《中央研究院历史语言研究所集刊》2007 年第 9 期。

中国人民大学基督宗教文化研究所主办:《传教士与中国经典——基督宗教文化学刊》2011 年第 26 辑。

周桂钿:《略论中国古代历史观的发展》,《哲学研究》1997 年第 11 期。

邱凡诚:《清初耶稣会索隐派的萌芽:白晋与马若瑟间的传承与身份问题》,国立台湾师范大学硕士论文,2011 年。

张永路:《〈国语〉和合思想研究》,中国人民大学博士论文,2012 年。

索　引

关键词索引

人名索引

399

地名索引

后　记

博士毕业至今,已一年有余,终于完成了博士论文的修改工作。

至今回想在人民大学的受业四年,点点滴滴,历历在目。早在 2009 年的夏至,初次拜见了恩师张立文教授,先生和蔼可亲,鼓励晚生向学。当日中午的一碗素面和一盘糍粑,以及对晚生的教导,都是存留心中的关于那个夏天的温暖记忆。2010 年 9 月,正式拜入先生门下。此后,无论专业学习,还是立身处事皆受教于先生。专业问题上稍有疑难,先生必循循善诱如金针度人,发蒙启蔽以解惑困顿,微言大义而引人深思。至于博士论文的撰写、修改,先生更是费心不少,从探讨选题到材料分析;从整体纲目到斟字酌句都给予悉心指导。甚至在 2014 年春节期间,先生依然在帮我审阅部分章节的初稿,提出修改意见。谆谆教诲,春风化雨,无声浸润,受益终生。

在中国人民大学求学的岁月里,要十二分的感谢哲学院的向世陵教授、罗安宪教授、彭永捷教授、干春松教授、林美茂教授、温海明教授、陆玉林教授、韩东晖教授、张风雷教授、欧阳谦教授、张雪松副教授等以及国学院的梁涛教授、杨庆中教授、陈壁生副教授等诸位老师的教诲,使得在人大的学习时光变得充实而有益。师门的王武龙师兄、陆玉林老师、王甬师兄、朱璐师姐、段海宝师兄、张瑞涛师兄、张永路师兄、石双华师妹、李犇师弟、肖永奎师弟等都对我的慷慨帮助,感受到师门的情谊温暖而美好。感谢宗晓兰、候潇潇、王基钊、富丽贞、李杰、喻长海、王彬彬、王思远等朋友的相伴,使得人大生活变得轻松而自在。此外,还感谢中国哲学专业的八位同道,曹婉丰、陈旭辉、李勇强、罗祥相、阮诚忠、王敏光、杨泽、袁晓晶等,使得最后的学生岁月快乐而难忘。

在博士阶段的学习期间,我有机会获得国家留学基金委公派留学的机会前往罗马大学完成联合培养计划。留学岁月虽仅一年之期,然收获甚丰。国外导师马西尼教授(Prof.Federico Masini)精通汉学,耐心咨询我研究计划与进展,不仅告知国外研究现状,还推荐相关书籍,并推荐我前往梵蒂冈图书馆、耶稣会档案馆、罗马国立中心图书馆、罗马大学图书馆、乌尔班大学历史档案馆和乌尔班大学汉学研究中心。其中以梵蒂冈图书馆藏书最甚,三个月我徜徉书海,是留意生活中最充实的部分。在这里收集的资料成为我日后写作博士论文最坚实的材料基础。在罗马大学历史学院的史华罗教授(Prof.Paolo Santangelo)的耐心指导和帮助下,有幸在国际期刊上《明清研究》(MingQing Studies)发表了题为 *The hexagrams of the Yijing(Book of Changes)in historical studies—Li Zhi's Jiuzheng Yiyin* 的英文学术论文。罗马圣言会的毕连德(Dr. Paulino Belamide)院长针对论文的英文部分做了专业而严格的校对,再次致谢。时任罗马大学孔子学院中方院长的文铮副教授热心帮助我租房,并推荐我加入到语言课程学习以及参与国际交流活动等,从而使得我在罗马的生活得以顺利开展。特别感谢中国国际广播电台的杨晓囡女士在留学期间对我的照顾,从初到罗马时的接机、困难时的收留以及别离时的送机,她像大姐姐一样教会我很多人生道理和生活技巧,一直陪伴着我的留学生活。此外,传信大学的弥维礼(Wilhelm K Mueller)神父、"福若瑟中心"负责人的李奥斯定(Augustine Lee)神父、中国研究中心的赵宏涛神父、韦欢神父,以及中国留学生杨思思、宋晓庆、贾振国等人也给予我了极大帮助,一并致谢!

我的硕士导师蔡方鹿教授如师如父,一直给予我无私的帮助,作为我的专业启蒙导师,让我窥见到了哲学研究的领域。正是他的悉心调教,使我有机会考上博士继续深造,在专业的道路上走得更远。除此之外,他的刻苦努力,严谨治学,待人仁厚,做人诚信一直影响着我,不断策我前行。四川师范大学的张桂权老师、谭贵全老师、董博老师等亦是受业良师,特此致谢。

在学习生涯中,我还有幸得到台湾元智大学的詹海云教授、中国文化大学的曾春海教授、陕西师范大学的林乐昌教授、中山大学的杨海文教授、华东师范大学的朱杰人教授、山东大学的傅有德教授、西南民族大学的尹邦志教授等师长的赐教。他们在专业问题上对我的启发和指导,让我得益不少,也激励着我一直专事学术。

　　身体发肤受之父母，"父母之恩，云何可报，慈如河海，孝若涓尘"，感谢父母的养育。母亲的积极奋进与坚韧恒心最是激励我。前年回家，无意间看到母亲在一个已很破旧的本子上密密麻麻地写满了字，写着她能够忆起的往事，不禁让我泪眼摩挲。母亲读书不多，却一心向往学习。她小学、初中一直是班上第一名，但她的求学之路却止步于初中。一是由于外婆家里八个小孩，家里又太穷，送不起她上学；二是当时四川农村，没有送女孩读书的观念。当母亲的学业被迫终止后，她哭了几天几夜，眼睛都哭肿了。在我的记忆里，即使工作再忙、家务再繁累，母亲都一直坚持抄读报纸、书籍、杂志，一直坚持了这么多年。如今，年过知天命之年的她，依然对《黄鹤楼记》、《木兰诗》、《海燕》、《长征》等小学课文倒背如流，而我对曾经学过的这些课文，顶多剩些只言片语了。妈妈对读书的渴望让我感动与心疼，于我而言，母亲与书在我心里合成了一束生命之光，使生活的阴影无处藏匿。兄长是历时最久的玩伴与学伴，他自小懂事勤快，成绩优异，各项全能，成为了我一直"吹嘘"的资本。感恩生命中有他，对我关爱有加，让我的成长有了一把无比坚实且伴随一生的保护伞。此外，还要特别感谢在北京生活的舅舅、舅妈对我的关心，让我在京城一直有家的温暖。

　　我的爱人张涪云，博士同窗，从最初的陌生，到渐渐熟识，最后缘定壬辰仲夏。期间异地三载，恋跨德意，然心有灵犀，不离不弃。其人举止优雅，中庸内敛，谦谦君子，不矜不伐，较我之活泼，更显儒者之风。而其专业为外国哲学，致力法国哲学，与其探讨颇具中西比照之趣。书稿的写作承蒙受其不断"否定"和"疑惑"才得以不断的修正和完善。

　　此外，我还要感谢两位前贤。

　　其一是李贽。确切而言，是李贽让我真正的接触中国哲学，一直伴我至今。从2007年年底开始写本科毕业论文《论李贽"非反孔"之辩》，迄今已八年载。而后的硕士毕业论文《李贽经学批判及反理学思想研究》亦是以他为研究对象，至博士阶段陆续发表关于李贽的论文特别是易学相关文章六篇，最后还发表了一篇英文论文在国际学术期刊上。故李贽于我而言，宛若故友，一直相随，已然"忘年交"。而之所以能够后续的研究转向对传教士的易学研究，也多亏李贽的"引导"。一方面李贽身处明代后期，其困惑在儒、释、道，甚至其自身的伊斯兰文化中无法圆融。李贽的整个思想困顿和人生悲剧是那个时代文化多元性的伤痕，他的思想困顿也促使他透过利玛窦而接触到天主教；另一方面，他在与利玛窦接触后，言称"基督之道是唯一真正的生命之道"。这样的评价，也让我对于明末清初的天主教作为外来信仰进入到晚明清初时期的士人思想局面产生了兴趣。继李贽易学研究之后，我开始了针对传教士对易学研究的史料进行搜集和整理，由此开展了对来华传教士易学的系统研究。感恩偶然的历史相遇，这段"前缘"还会在我的学术生涯中继续延续下去。

其二是本书的主角法国耶稣会士白晋。时隔三百余年，我与他在意国他乡相遇。还记得第一次在梵蒂冈图书馆阅读到他的手稿时，那份感动依然存留。字字句句，满是心血，甚至断缣寸纸都是其笔记。作为一名传教士，他一生都献给了信仰，初期经历了康熙的至上宠爱，晚年又遭遇了残酷的禁教。最后病死异国，陨落中华，真是苍凉悲怆！他不断摸索中西文明间的对话方式，最后倾注了毕生的精力注经释经，时常会想象他曾经是怀着怎样的心情渡过千山万水来到这片异土生活了三十余年，而其书稿又辗转漂洋过海，沉睡在梵蒂冈的书海里，虽非故土却是教宗所在之地，他的信仰之乡，对他而言，这兴许是一份安慰吧。是什么促成我与这些书稿的短暂相逢，难以想象，唯有感恩。回到京城，一直想探访其墓地。可惜正福寺天主教墓地早已被损毁，其墓被掘，遭遇义和团开棺暴尸之悲剧，心痛至极。而其墓碑被移到五塔寺中国石刻博物馆内，无奈博物馆一直关门维修，无法前往，只有待开放之时，再前去凭吊。唯有怀着荣幸之至的心来完成这本书稿，以不负古人。

在论文写作、出版期间，人民出版社方国根编审对我的帮助甚大，从论文写作、修改、出版都给予我莫大的指导和帮助。

恩长笔短，尺幅难表，挂一漏万，铭而致谢。

陈欣雨　于 2015 年 8 月 1 日凌晨　记

责任编辑:方国根

图书在版编目(CIP)数据

白晋易学思想研究——以梵蒂冈图书馆见存中文易学资料为基础/
　陈欣雨 著. —北京:人民出版社,2017.4
ISBN 978－7－01－016190－7

Ⅰ.①白…　Ⅱ.①陈…　Ⅲ.①白晋(1656~1730)-《周易》-哲学思想-研究
　Ⅳ.①B979.956.5②B221.5

中国版本图书馆 CIP 数据核字(2016)第 095250 号

白晋易学思想研究

BAIJIN YIXUE SIXIANG YANJIU

——以梵蒂冈图书馆见存中文易学资料为基础

陈欣雨　著

人民出版社 出版发行

(100706　北京市东城区隆福寺街 99 号)

涿州市星河印刷有限公司印刷　新华书店经销

2017 年 4 月第 1 版　2017 年 4 月北京第 1 次印刷
开本:710 毫米×1000 毫米 1/16　印张:26.25
字数:386 千字

ISBN 978－7－01－016190－7　定价:69.00 元

邮购地址 100706　北京市东城区隆福寺街 99 号
人民东方图书销售中心　电话 (010)65250042　65289539